서양 유토피아의 흐름 5

보위에로부터 피어시까지
(20세기 중엽 – 현재)

서양 유토피아의 흐름

보위에로부터 피어시까지:
20세기 중엽 - 현재

5

필자 박설호

울력

ⓒ 박설호, 2023

서양 유토피아의 흐름 5
보위에로부터 피어시까지 (20세기 중엽 – 현재)

지은이 | 박설호
펴낸이 | 강동호
펴낸곳 | 도서출판 울력
1판 1쇄 | 2023년 6월 30일
등록번호 | 제25100-2002-000004호(2002. 12. 03)
주소 | 서울시 구로구 개봉로23가길 111, 8-402 (개봉동)
전화 | 02-2614-4054
팩스 | 0502-500-4055
E-mail | ulyuck@naver.com
정가 | 20,000원

ISBN | 979-11-85136-72-1 94800
　　　979-11-85136-52-3 (세트)

· 잘못된 책은 바꾸어 드립니다.
· 지은이와 협의하여 인지는 생략합니다.
· 저작권법에 의해 보호 받는 저작물이므로 무단 전재나 복제를 금합니다.

차례

서문 _ 7
1. 보위에의 디스토피아 『칼로카인』 _ 17
2. 베르펠의 『태어나지 않은 자들의 별』 _ 37
3. 오웰의 『1984년』 _ 57
4. 생태 공동체와 생태주의 유토피아 _ 79
5. 스키너의 유토피아 공동체, 『월든 투』 _ 97
6. 헉슬리의 『섬』, 제3세계 유토피아 _ 121
7. 르 귄의 『빼앗긴 자들. 어떤 모호한 유토피아』 _ 141
8. 칼렌바크의 『에코토피아』 _ 163
9. 피어시의 『시간의 경계에 선 여자』 _ 185
10. 망드라의 『시골 유토피아 나라로의 여행』 _ 207
11. 칼렌바크의 『에코토피아 출현』 _ 227
12. 애트우드의 『시녀 이야기』 외 _ 247
13. 크리스타 볼프의 『원전 사고』 _ 271
14. 노이만의 유토피아, 『레본나』 _ 289
15. 피어시의 『그, 그미 그리고 그것』 _ 309
16. 나오는 말: 생태 공동체와 대아 유토피아 _ 329

서문

> "경쟁, 무한대의 이익 추구, 엘리트주의, 자연 파괴 등은 실증주의의 단선적 사고 속에서 자라난 것이다. 이와 관련하여 협동, 절제, 평등 그리고 상생 등은 생태적 사고의 토대로 정립될 수 있다." (필자)
>
> "계급, 종파, 정당, 국적, 성, 인종, 나이 등과 같은 구분과 차별 속에는 '나누어라 그리고 지배하라(Divide et impera)'라는 지배자의 저의가 숨겨져 있다." (필자)

친애하는 M, 우리는 『서양 유토피아의 흐름』제5권에서 1940년대 이후의 문학 유토피아를 다루려 합니다. 이것은 평화운동, 환경 운동 그리고 여성운동과 결부되어 있습니다. 첫째로, 경쟁 지향적인 국가 내지는 국가 이기주의에 대한 비판은 평화운동을 촉발했습니다. 둘째로, 지구 전체로 확장된 환경 파괴, 특히 핵에너지에 대한 비판은 환경 운동의 관건이 되었습니다. 셋째로, 남녀 불평등의 급진적인 혹은 점진적인 비판은 여성운동이 아직도 유효하다는 것을 말해 줍니다. 19세기 말부터 20세기 전반기까지의 문학 유토피아는 전체적으로 파시즘과 스탈린주의와 같은 전체주의 국가의 폭력을 다루고 있었습니다. 그런데 20세기 중엽에 이르러 인류는 세계대전으로 치닫는 국가적 폭력과 갈등보다는 여성 문제, 환경 문제 그리고 평화 공존에 주목하게 되었습니다. 가령 정치적 유토피아의 마지막을 장식하는 오웰의 『1984년』이 1949년에, 생태주의 유토피아의 출발을 알리는 스키너의 『월든 투』가 1948년에 나란히 발표되었다는 사실은 그 자체 의미심장합니다. 이 시점을 기준으로 20세기 전반부와 후반부의 문학 유토피아의 경향은 첨예하게 분할되고 있습니다.

흔히 사람들은 오웰의 『1984년』 이후로 정치적 유토피아의 설계는 종언을 고했다고 주장합니다. 가령 허버트 마르쿠제, 헬무트 셀스키 그리고 대니얼 벨 등은 "유토피아는 얼마든지 발전된 과학기술로 보완될 수 있다"고 천명하며, 유토피아의 종말을 선언하기도 하였습니다. 그러나 이들의 입장이 국가 시스템이라는 측면에 국한된다는 점에서 결정적인 하자를 드러냅니다. 유토피아는 지금 여기에 새롭게 출현한 문제점 그리고 이에 대한 대안을 추구한다는 특징을 고려할 때, 생태주의 유토피아는 필연적으로 출현한다고 말할 수 있습니다. 생태계 파괴로 인한 기후변화, 식량 문제 그리고 잘사는 국가와 못사는 국가 사이의 대립 등의 난제는 현대인에게 유토피아의 어떤 새로운 기능을 요청합니다. 20세기 후반부터 첨단 과학기술의 발전으로 삶의 질은 나아졌으나, 거대한 범위에서 빈부 차이가 출현하였습니다. 게다가 인구 폭발과 생태계 파괴 현상은 현대인에게 삶의 의미를 근본적으로 짚어 보게 하였습니다. 과거에는 여러 가지 유형의 억압에 대항하는 투쟁이 관건이었다면, 21세기에 이르러 "물구나무선 먹이 피라미드"(필자)를 복원시키는 과업이 동서양에서 가장 중요한 과제로 부상하게 된 것입니다.

본서에서 다루는 문학 유토피아는 다음과 같습니다.

1. 보위에의 디스토피아 『칼로카인』(1940): 스웨덴 작가, 카린 보위에는 내적인 사상·감정을 투시할 수 있는 약물, "칼로카인"을 다루고 있습니다. "칼로카인"은 최면요법을 대체하는 심리 치료의 수단으로 활용될 수 있지만, 국가의 차원에서 불순분자를 제거하는 잔인한 수단으로 얼마든지 악용될 수 있습니다. 보위에는 내적 사상·감정을 투시할 수 있는 약물의 발명을 서술함으로써, 개개인이 국가에 어떻게 이용당하는지를 서술합니다. 세계국가의 시스템은 전체주의적이며, 개개인의 자유를 억압하고 있습니다. 국가는 지속적인 전쟁 상태에 처해 있으므로, 집권층의 독재와 테러가 강력하게 행해집니다.

2. 베르펠의 『태어나지 않은 자들의 별』(1945): 베르펠의 미래 소설은 십

만 년 이후의 인간 세계를 다루고 있습니다. 작가는 시대 비판으로서 인종 갈등, 전쟁으로 인한 파괴 그리고 죽음 등을 고발하고, 이에 대한 해결책을 모색합니다. 101945년 시점의 새로운 사회에서는 첨단 무기 등으로 인한 전쟁의 위험이 완전히 사라진 것은 아니지만, 거의 완벽한 제도를 마련하여 평화를 정착시키려고 합니다. 유대인과 비유대인 사이의 갈등도 해결되어 있습니다. 미래의 우주인은 자신의 영혼을 "씨눈"으로 전환해 겨울 정원에 보관하고 있습니다. 이로써 작품에서 핵심적으로 다루어지는 것은 전쟁, 인종 갈등 그리고 죽음의 문제 등입니다.

3. 오웰의 『1984년』(1949): 조지 오웰의 『1984년』은 20세기 정치적 유토피아의 대미를 장식하는 "검은 유토피아"입니다. 여기에는 자연과학에 대한 직접적 비판이 생략되어 있습니다. 그만큼 작가는 전체주의의 정치적 시스템을 집중적으로 다루려고 했습니다. 전체주의 국가는 인간 삶의 자유로운 사고를 위로부터 통제하고 검열합니다. 이 장은 오웰의 작품 『1984년』의 줄거리와 주제를 추적합니다. 개개인에 대한 국가의 감시와 통제는 자먀찐의 『우리들』 이후로 가장 첨예하게 작동되고 있습니다. 특히 우리가 예의 주시해야 할 사항은 "사회주의 체제는 어느 정도 예측이 가능하지만, 하나의 명징한 틀로서 확정될 수 없는 무엇"이라고 판단한 오웰의 사상적 유연성과 독창성입니다.

4. 생태 공동체와 생태주의 유토피아: 과학기술은 유토피아의 사고를 완전히 대체하지는 못합니다. 왜냐하면 과학기술은 지금까지 지하에 있는 화석 에너지를 활용함으로써 오늘날 생태계 파괴를 불러일으켰기 때문입니다. 물론 생태주의 유토피아는 20세기 중엽에 출현한 서구 사회에서 포스트모던 운동과 궤를 같이하여 나타난 것입니다. 그러나 이것들은 의향에 있어서 근본적으로 다릅니다. 포스트모던이 역사적 발전과 유토피아를 부정하고 하나의 마지막 냉담한 현실을 여과 없이 드러내고 있다면, 생태주의 유토피아는 전-지구적으로 확장된 핵 문제, 인구 폭발, 생태계 파괴 현상 그리고 제반 차별을 용인하지 않는 생존의 문제 등

을 지적하며 어떤 대안을 찾으려고 합니다.

5. 스키너의 유토피아 공동체 『월든 투』(1948): 20세기 전반에 서구에서는 디스토피아 문학작품들이 우후죽순 격으로 출현하였습니다. 그런데 『월든 투』는 이와는 달리 인간의 심리 속에 도사린 공격 성향을 극복하기 위한 단초를 마련한다는 점에서 그 자체 독창성을 지니고 있습니다. 월든 투 공동체에서는 인간의 분노와 공격 성향이 심리학의 프로그램을 통해서 유년 시절부터 차단되고 있습니다. 이로써 개개인 사이의 갈등과 싸움 그리고 국가적 차원에서의 전쟁은 미연에 방지할 수 있습니다. 나아가 작품은 자원을 낭비하지 않고 자치적으로 살아가는 새로운 소규모 공동체의 삶의 가능성을 타진합니다.

6. 헉슬리의 『섬』, 제3세계 유토피아(1962): 『섬』에서는 제3세계의 찬란한 삶이라는 장소 유토피아가 등장하고 있습니다. 이로써 작품은 디스토피아 문학과는 차이를 드러냅니다. 헉슬리는 어느 가상적인 섬을 묘사한 이유를 두 가지로 설명합니다. 그 하나는 경제적으로, 문화적으로 착취당하는 제3세계의 문제점에 대한 우회적 서술입니다. 그렇다고 헉슬리가 마치 프란츠 파농(Frantz Fanon)처럼 제3세계의 관점에서 반식민주의의 지조를 드러낸 것은 아닙니다. 다른 하나는 제3세계의 멋진 공간과 자연 친화적인 삶에 대한 강조입니다. 헉슬리는 서구 사회의 과학기술과 동양의 자연 친화적 삶의 방식을 조화롭게 결합하려고 했습니다.

7. 르 귄의 『빼앗긴 자들. 어떤 모호한 유토피아』(1974): 르 귄은 우라스와 아나레스라고 불리는 두 개의 행성에 존재하는 사회 구도를 서술함으로써, 현대사회와는 다른 현실적 정황 그리고 이와 결부된 사회적 삶의 범례를 묘사하고 있습니다. 우리가 예의 주시해야 할 행성은 우라스가 아니라, 아나레스 공동체의 사회적 체제입니다. 이를 통해서 작가는 세 가지 사항을 밝히려고 했습니다. 첫 번째는 남성적 지배 구도 대신에 사랑과 평화를 중시하는 여성 중심의 사회를 하나의 해결책으로 내세우는 일입니다. 두 번째는 전쟁 산업의 폐해를 지적하고, 상생을 위한 사회

체제의 가능성을 타진하는 일입니다. 세 번째는 인구 폭발이라는 난제를 지적하고, 이를 극복할 수 있는 구체적인 가능성을 가리킵니다.

8. 칼렌바크의 『에코토피아』(1975): 에코토피아는 1980년대 말경에 미국 서부의 광활한 땅에서 생겨난 신생국가로 설정되어 있습니다. 생태 국가의 사람들은 환경 생태의 문제, 인종 문제, 그리고 남녀 불평등의 문제 등을 점진적으로 해결해 나가려고 합니다. 이는 20세기 후반의 유토피아가 지향하는 환경 운동, 여성운동 그리고 평화운동의 방향성을 문학적으로 형상화한 것입니다. 작품은 사회 유토피아의 시스템과 틀을 체계적으로 서술한다는 점에서 독창성을 드러내고 있으며, 전통적인 문학 유토피아의 긍정적 면모를 명시적으로 보여 준다는 점에서 토머스 모어의 장소 유토피아의 전통을 다시 계승하고 있습니다.

9. 피어시의 『시간의 경계에 선 여자』(1976): 피어시의 작품에 등장하는 것은 미래의 가상적 사회입니다. 가령 "마타포이세트"는 미래 시점의 미국 매사추세츠로 설정되어 있는 공동체입니다. 이 공동체는 양성구유의 인간형을 통해서 남녀평등의 삶을 실천할 뿐 아니라, 국가와 개인 사이의 구분을 인정하지 않습니다. 그렇기에 국가 내지는 사회 그리고 개개인의 공적이며 사적인 삶 사이의 갈등의 소지는 처음부터 차단되어 있습니다. 작가는 마타포이세트 공동체를 묘사함으로써 미국 사회의 환경 파괴, 의료 체계의 문제점, 남녀 불평등의 구조 그리고 감시 사회의 문제점 등을 간접적으로 비판하고 있습니다.

10. 망드라의 『시골 유토피아 나라로의 여행』(1979): 앙리 망드라는 69 학생운동 세대로서, 머레이 북친(Murray Bookchin)의 사회 생태주의의 실천을 가장 중시한 사회학자입니다. 그는 프랑스 가스코뉴에서 생태 공동체의 실천을 염두에 두고 『시골 유토피아 나라로의 여행』을 집필하였습니다. 비-국가주의 생태 공동체는 외부 사회, 즉 생태 공동체를 둘러싼 사회질서로부터 완전히 등을 돌릴 수 없습니다. 망드라의 생태 공동체 운동은 자유와 평등 그리고 자치, 자활, 자생을 기치로 하는 자발

적 공동체의 삶을 추구하는데, 프랑스 사회의 여러 가지 문제점을 극복하려고 시도하고 있습니다.

11. 칼렌바크의 『에코토피아 출현』(1981): 『에코토피아 출현』은 구조상으로 그리고 그 의향에 있어서 1975년에 발표된 칼렌바크의 『에코토피아』를 보완하는 작품입니다. 작가는 무엇보다도 미국 사회에 만연한 "생태계의 파괴 현상, 온갖 화학제품의 남용으로 인한 암(癌) 증가 현상, 권력자와 재벌 사이의 암묵적인 부정부패 그리고 자동차 문화 등으로 인한 자원의 낭비" 등을 고발하고 있습니다. 『에코토피아』가 1999년에 미국 서부 지역에서 새롭게 건립된 생태 국가의 구도를 정태적으로 서술하고 있다면, 『에코토피아 출현』은 1980년까지 생태 국가, 에코토피아의 건국 과정을 역동적 방식으로 묘사하고 있습니다.

12. 애트우드의 『시녀 이야기』 외(1986): 작품은 여성의 삶을 통제하고 억압하는 가부장 체제, 여성을 출산 도구로 이해하는 국가의 인구 정책, 여성 학대와 남성주의의 폭력 등을 신랄하게 비판하고 있습니다. 물론 작가는 핵전쟁과 이로 인한 인간 삶의 파멸 현상에 관해서 자세하게 언급하지는 않았습니다. 그렇지만 작품 속에 등장하는 길리어드 공화국에서는 사회적 과업의 수행에 있어서 여성들이 철저히 배제되어 있습니다. 만약 의학적, 사회적 그리고 예술적 차원에서 여성의 역할이 철저하게 배제되면, 어떤 끔찍한 결과가 초래되는가를 작가는 암시합니다. 나아가 이 장의 말미에는 브래드버리의 『화씨 451』도 약술되어 있습니다.

13. 크리스타 볼프의 『원전 사고』(1987): 동독 출신의 작가, 크리스타 볼프는 체르노빌 원전 사고에 자극을 받고 소설을 집필하였습니다. 원전 사고는 주인공 "나"의 남동생의 뇌 수술과 평행하게 서술되고 있습니다. 작가는 작품 내에서 세 가지 사항을 비판합니다. 1. 파괴 충동 비판: 인간의 뇌, 특히 좌측 뇌가 신속하게 발전된 근본적인 배경에는 같은 종족과 싸우고 열등한 인간을 제거하려는 노력이 숨어 있었습니다. 2. 언어 비판: 언어는 인간의 의식을 개방시켜 주지만, 다른 한편으로 터득하고

의식한 내용을 다시금 무의식 속으로 가라앉히는 역할을 담당합니다. 3. 맹목적 자연과학자들에 대한 비판: 자연과학자들은 본능적으로 기술의 발전과 개발을 집요하게 추구합니다.

14. 노이만의 유토피아, 『레본나』(1986): 사회학자인 발터 G. 노이만의 유토피아 소설, 『레본나. 2020년의 사랑과 사회(Revonnah. Liebe und Gesellschaft im Jahre 2020)』는 114페이지 분량의 짤막한 작품으로서 1986년 하노버에서 간행되었습니다. 제목에서 암시되고 있듯이, 노이만이 묘사하고 있는 "레본나"라는 가상적인 사회는 하노버(Hannover)를 거꾸로 쓴 지명으로서, 무엇보다도 사회적 차원에서 그리고 심리적 차원에서 두 가지 사항을 대안으로 제시하고 있습니다. 그 하나는 자본주의를 극복한 사회주의의 경제적 삶을 가리키며, 다른 하나는 시민사회의 가족제도가 파기된 새로운 사랑의 삶을 지칭합니다.

15. 피어시의 『그, 그미 그리고 그것』(1993): 피어시의 소설은 미래의 사이버 현실에 관한 사항을 다룬다는 측면에서 이른바 "컴퓨토피아"의 특성을 문학적으로 형상화하고 있습니다. 왜냐하면 작품 속에는 이른바 새로운 세계 질서가 작가의 상상에 의해 재편되고 있기 때문입니다. 작품은 기계가 인간의 육체를 부분적으로 보조하거나 인간의 육체를 대신할 수 있음을 지적하고, 사이보그와 해방된 여성이 미래 사회의 발전과 평화에 궁극적으로 이바지하리라는 점을 암시하고 있습니다.

16. 나오는 말: 생태 공동체와 대아 유토피아: 마지막 장은 서양 유토피아의 흐름을 요약 정리한 것입니다. 가장 시급한 문제는 우리의 삶과 의식을 훼손시키는 자본주의의 가시적·비가시적 폭력을 어떻게 극복하는가 하는 물음입니다. 이를 해결할 방안은 두 가지로 요약됩니다. 첫 번째 방안은 협동을 통한 "노동조합(Labour Union)" 운동을 활성화하는 일이고, 두 번째 방안은 생태 공동체 운동을 전개해 나가는 일입니다. 이로써 인간은 "양날의 칼에 해당하는" 과학기술에 더 이상 모든 것을 의존하지 말고, 생명체의 상생과 평화를 위한 삶의 방식 내지는 이를 선취하는 예

술 활동을 병행해 나가야 할 것입니다.

그렇다면 자연에 대한 인간의 일방적 시각을 차단하기 위해서 인류는 어떻게 행동해야 할까요? 현대인은 합리성을 바탕으로 자연과학과 기술을 발전시켜 왔으나, 생태계 파괴와 사회경제적 불평등과 직면하게 되었습니다. 우리는 특히 코로나19의 여파로 인하여 생태적 문제점과 인간 사이의 제반 갈등이 얼마나 현대인의 육체적·정신적 건강과 결착되어 있는지 깨닫게 되었습니다. 그러니 평화와 상생과 결부된 사회적 삶의 틀을 마련하고, 이와 관련되는 새로운 윤리 내지는 예술적 성향을 재정립하는 것이 급선무일 것입니다. 필자는 하나의 생태 공동체 운동을 통해서 이러한 문제의 해결 가능성을 찾으려고 합니다. 여기서 지칭하는 생태 공동체가 반드시 아나키즘에 근거한, 기존의 폐쇄적 단체에 국한되는 것은 아닙니다. 물질 이후의 시대에 생태 의식을 실천하려는 인간이 사회적으로 참여하는 그룹 내지는 단체라고 광의적으로 이해하면 좋을 것 같습니다. 핵가족은 아니지만, 대가족 공동체 내지는 종교적인 신앙 공동체도 얼마든지 차제에 하나의 튼실한 생태 공동체로 발전될 수 있습니다. 이를 위해서 필요한 것은 다음과 같은 두 가지 새로운 사고일 것입니다.

첫째로, 우리는 서서히 성장한 실증주의의 단선적 사고를 연속적으로 비판해 나가야 합니다. 경쟁, 무한대의 이익 추구, 엘리트주의, 자연 파괴 현상 그리고 AI 만능주의 등은 실증주의의 가시적인 사고 속에서 자라난 것입니다. 이와 관련하여 협동, 절제, 평등 그리고 상생 등은 생태적 사고의 토대로 정립되어야 할 것입니다. 이를 위해서 우리가 되찾아야 하는 것은 인문학과 문학예술의 본원적인 기능일 것입니다. 필자는 20세기 중엽 이후로 출현한 문학 유토피아를 분석함으로써 무엇보다도 협동과 호혜, 근검절약과 절제, 남녀평등 그리고 상생과 나눔 등을 실천할 수 있는 생태적 삶의 가능성을 서술하려고 했습니다. 이와 관련하여 우리의 관심은 반-학문적인 신정론 내지는 객관적 결정론 대신에, "역사 속에 도사린 자유로운 결정을 위한 의지의 동기"(Martin Buber)로 향할 필요가 있습니다. 왜냐하면 반계몽주의의 운명론이라든가 역사적 결정론은 "역사 속에 도사린 자유로운 결정을 위한 의지의 동기" 내지 사회적 삶의 변화 가능성을 처음부터 용인하지 않기 때문입니다. 누구도 유토피아에 포함된, 변화를 위한 역동적 사고 내지는 개방성을 포기할 수 없습니다.

둘째로, 생태 위기에 직면하여 새로운 인간형은 어떠한 방식으로 새로이 설정되어야 할까요? 이는 서구의 개인주의를 극복할 수 있는 인간형이어야 하는데, 일차적으로 인간에 대한 인간의 선입견이 제거되어야 할 것입니다. 여기서 말하는 선입견이란 계급, 종교, 정당, 국적, 인종, 성, 나이 등에 입각한 구분과 차별을 가리킵니다. 언젠가 로버트 오언은 이러한 토박이 속물들을 한마디로 "편견으로 가득 찬 지역화 된 동물(the localised animal of prejudice)"이라고 규정하였습니다(Robert Owen: The Book of the new moral world 1842, August M. Kelly publishers: New York, 1970). 자고로 인간에 대한 인간의 구분 내지 차별은 동서고금을 막론하고 바닥나기들의 편견과 무지에서 비롯된 선입견입니다. 무지와 편견은 결국 광기를 낳고, 광기는 낯선 새로움에 대한 부정적 아집을 부추기기 마련입니다. 그렇지만 역사는 인간에 대한 인간의 구분 내지는 차별이 주어진 현실의 고유한 가치라고 용인해 왔습니다. 가령 개인은 "나누어지지 않는 존재(In-Dividuum)"로 독립성을 지닌다고 하지만, 대부분의 현대인은 여전히 고립되고 차단된 개체로서 소외되어 있습니다.

인간 동물은 진실로 사회적 존재로서 상호 영향을 끼치면서 살아갑니다. 육체의 건강은 혼자 힘으로 버틸 수 있지만, 영혼의 건강은 그렇지 않습니다. "서른 개의 바퀴살이 하나의 둥근 바퀴에 모이듯이(三十輻共一轂)," 영혼 역시 상호적 사랑에 의해 지탱되는 바퀴살에 비유될 수 있습니다. 어쩌면 물심양면의 상호적 도움은 — 크로포트킨도 언급한 바 있듯이 — 인간의 본성에 합당한 행위일 수 있습니다. 인간의 존재는 사랑과 우정으로 연결되어 있다는 점에서 하나이자 여럿이라고 말할 수 있습니다. 이러한 사고는 자연과학과 실증주의로는 명확하게 해명할 수 없습니다. 인간의 DNA 속에는 한 인간의 모든 특성이 내재하고 있으며, 불교에서 말하듯이 "작은 먼지 속에는 온 우주가 포함되어 있습니다(一微塵中含十方)." 상기한 사항을 고려할 때, 우리는 특정인에 대한 가시적인 구분과 차별이 근본적으로 지배와 억압의 의도에서 비롯되었음을 인지해야 할 것입니다. 그렇기에 새로운 구성체는 계급, 종교, 정당, 국적, 성별, 인종, 나이 등으로 나누고 구별하는 일련의 행동과 제도 등을 사전에 차단해야 합니다. 따라서 우리에게 남아 있는 과제는 다음과 같은 물음일 것입니다. 공동체라는 새로운 사회적 삶의 가능성 속에서 어떻게 새로운 인간 유형으로 자유와 평등을 실천하며, 올바른 인간관계를 설정할 것인가? 이러한 질문은 생태 공동체에서 추구하는 두 가지 과업과 함께 제기되어야 할 물음입니다. 다시 말해, 이윤이 아닌 필요에 의한 생산과 절제된 소비가 첫 번째 과업이라면, 바람직한 생태 사회의 삶을 예술적으로 선취하려는 노력이야말로 두 번째 과업이라고 여겨집니다.

   마지막으로 양해와 감사의 말씀을 남기려고 합니다. 『서양 유토피아의 흐름』은 동양 사상 내지는 한국의 정신사적 관점을 부분적으로 반영하려 했습니다. 지금까지 노력했지만, 여전히 과문한 필자는 이를 무람없이 서술했을 뿐, 심층적으로 그리고 체계를 갖추어서 논의할 수 없었습니다. 나중에 후학들이 이 책의 부족한 부분을 보충해 주기를 바랍니다. 모르긴 해도 나의 책에서는 하자가 드러날 것이니, 독자들의 비판과 질정을 부탁드립니다. 필자는 일일이 거명하지는 않으나, 집필에 도움을 주신, 국내외의 고마운 분들에게 다시 한 번 감사드립니다. 오랫동안 무심한 간서치(看書痴)를 아무런 핀잔 없이 대해 준 식솔들 그리고 울력의 강동호 사장님에게 큰절 한 번 올립니다.

장산의 끝자락에서
필자 박설호

1. 보위에의 디스토피아 『칼로카인』

(1940)

1. 속마음을 털어놓게 하는 묘약: 서양 유토피아의 흐름의 획을 긋는 일련의 디스토피아 작품들은 20세기 전반부에 우후죽순처럼 출현하였습니다. 그 까닭은 다음과 같은 세 가지 시대적 정황에서 비롯합니다. 첫째로, 자본의 증식을 추구하는 열강들이 제각기 국가 이기주의의 정책을 추구하였습니다. 이로 인하여 개개인의 자유는 국가의 전체적 관점에 의해 무시되거나 억압되었습니다. 둘째로, 산업이 발전하면서 인구가 폭발적으로 늘어났으며, 유럽의 열강들은 원자재 확보를 위해서 식민지 쟁탈전에 뛰어들었습니다. 이로 인하여 제1세계와 제3세계의 갈등은 더욱 첨예화되었습니다. 셋째로, 과학기술의 발전으로 대량 살상무기가 획기적으로 개발되었습니다. 광산 사업을 위해 발명된 다이너마이트가 사람을 대량 살상하는 무기로 활용된 것은 좋은 범례입니다. 이 장에서 다룰 작품은 스웨덴의 시인이자 작가인 카린 보위에(Karin Boye, 1900-1941)의 소설 『칼로카인(Kallocain)』입니다. 작품에서 세계국가는 더 이상 개개인의 안녕과 행복을 도모하는 게 아니라, 모든 권력을 남용하는 기관입니다. 그것은 모든 것을 통솔하고, 심지어 개개인의 사생활까지 감시·감독하고 있습니다. 칼로카인은 부작용이 없는 생화학 액체로서, 누군가이 약을 복용하면, 무의식의 상태에서 자신의 속마음을 발설하게 됩니

다. 작가는 이러한 액체, 칼로카인을 발명해 내는 주인공을 통해서 주어진 현실과 이로 인해 나타나는 심리적 상태 등을 정교하게 묘사하고 있습니다.

2. 보위에의 삶: 카린 보위에는 1900년 괴테보리에서 기술자의 딸로 태어났습니다. 보위에의 선조들은 유럽 중부의 뵈멘 출신이었는데, 1844년에 스웨덴으로 이주했다고 합니다. 1909년에 그미는 가족과 함께 수도인 스톡홀름으로 거주지를 옮겼습니다. 보위에는 1921년부터 1926년까지 웁살라 대학에서 문학을 공부하였습니다. 학생 시절에 프랑스의 앙리 바르뷔스(Henri Barbusse)의 평화적 공산주의를 추종하는 서클에 가입하였습니다. 보위에는 당시의 정황을 고려할 때 적극적으로 정치에 참여한 것 같습니다. 당시 대부분의 지식인들이 그러했듯이, 보위에 역시 불과 26세의 나이에 소련을 여행하여 그곳의 혁명적인 분위기를 생생히 체험하였습니다. 그러나 소련의 현실 변화에 커다란 실망감을 느끼고 스웨덴으로 돌아옵니다. 1928년 석사 학위를 취득한 보위에는 "모탈라(Motala)" 지역에서 중등학교 교사로 일하면서, 가끔 좌익 문예지에 시와 비평 등을 기고하였습니다.

보위에게 결혼 생활은 삭막한 것이었습니다. 1929년에 자신이 가담했던 평화 서클의 비서, 라이프 뵈르크와 결혼한 바 있으나, 이는 형식적 혼인이었다고 합니다. 말하자면, 보위에는 오로지 서류상으로 1934년까지 라이프 뵈르크와 혼인 상태에 있었습니다. 1932년에 보위에는 마침내 자신의 진정한 임과 만납니다. 군넬 베르그스트룀이라는 이름을 지닌 여성이었습니다. 말하자면, 군넬 베르그스트룀은 보위에와 동성애 관계에 빠지게 된 것입니다. 군넬은 사랑하는 보위에로 인하여 남편인 시인, 군나르 에켈뢰프와 이혼하였습니다. 그러나 보위에와 베르그스트룀의 사랑은 오래 지속되지 못했습니다. 이별 후의 극도의 절망감을 극복하기 위해서 보위에는 1933년 여름에 베를린에 머물렀습니다. 이때 그미는 마르고트 하넬과 처음으로 만납니다. 마르고트는 19세의 독일 처녀였는데, 이때부터 보위에는 그미와 함께 괴테보리에서 살았습니다. 이 시기에 보위에는 교사로 일하면서, 신문과 잡지에 가끔 자신의 글을 발표하였습니다. 1941년 4월 24일 보위에는 괴테보리에서 50킬로미터 떨어져 있는 어느 숲에서 시체로 발견됩니다. 보위에의 죽음은 음독자살로 밝혀집니다. 마르고트는 보위에의 사망 직후에 연인을 따라 목숨을 끊었습니다. 자살의 이유는 끝내 밝혀지지 않았습니다.

3. 보위에 문학의 특성: 보위에의 초기 문학은 놀라운 긴장감을 불어넣는 이상주의와 개인적 진실을 찾으려는 열정 등으로 요약될 수 있습니다. 그미의 문학은 생동감 넘치는 진지함과 정신분석학적 치밀함을 지니고 있는데, 이념과 현실, 의무감과 충동, 인습과 삶의 심원함 사이의 제반 갈등 등을 집요하게 추적하고 있습니다. 자신의 체험을 예술적으로 승화시킨 작품, 『크리스(Kris)』(1934)는 보위에의 삶에 대한 진솔한 태도, 진리에 대한 사랑 그리고 젊음과 미래에 대한 믿음 등을 형상화시키고 있습니다. 독자는 이 작품에서 특유의 섬세한 영혼이 느끼는 불안과 두려움 등을 아울러 감지할 수 있습니다. 그렇지만 『칼로카인. 21세기의 장편소설(Kallocain. Roman från 2000-talet)』(1940)은 이전에 알려진 보위에의 문학적 경향과는 커다란 대조를 이룹니다. 소설은 전체주의 시스템이 어떻게 개개인에게 끔찍한 억압 기제로 작용하는가 하는 물음을 제기합니다. 보위에의 문학 세계는 독일 출신의 유대인 극작가, 페터 바이스에 의해 널리 알려지게 됩니다(Haug: 38). 바이스는 스웨덴에서 오래 체류했는데, 이때 북구의 문학을 깊이 천착하였습니다. 그는 논문 소설, 『저항의 미학(Die Ästhetik des Widerstands)』 제3권에서 보위에의 불행은 남성 지배의 횡포에 기인한다고 지적하였습니다(Weiss 3: 32f).

4. 독일 파시즘 침략에 대한 불안, 스웨덴의 조직적 정치 이데올로기: 보

위에의 『칼로카인』을 제대로 이해하려면 우리는 1940년대의 스웨덴의 현실을 냉정하게 직시할 필요가 있습니다. 독일의 파시스트들은 서서히 스칸디나비아반도를 옥죄기 시작합니다. 스웨덴 정부는 막강한 힘을 지닌 외부의 적과 정면으로 대결하는 대신에, 저자세를 취하였습니다. 실제로 스웨덴은 40년대 초부터 독일에게 철강 생산을 위한 원자재를 공급해 주었습니다. 스웨덴 정부는 국민 대다수가 히틀러를 싫어한다는 것을 잘 알면서도 자청해서 독일의 국가사회주의에 동조하며 히틀러를 추종했습니다. 그것은 다름 아니라 국민들로 하여금 불신과 고립을 강화시키는 정책이었습니다. 당국은 반정부 인사들을 가혹하게 처벌하고 이들을 밀고하는 자들에게 상을 내렸습니다. 이로 인하여 스웨덴 사람들은 서로 대화를 기피하고 이간질을 일삼았습니다. 어쩌면 보위에는 정부에 의해 은밀하게 이행되는 교묘한 통제 정책과 이로 인한 일반 사람들의 히스테리 반응을 희화화하려고 했는지 모릅니다.

5. 개인과 사회: 일단 작품의 일부분을 인용하려고 합니다. 여기서는 개별 인간과 사회가 개별 세포와 전체로서의 조직으로 비유되고 있습니다. "모든 군인은 어린 시절부터 저열한 삶과 고결한 삶의 차이를 배워야 했다. 저열한 삶은 복잡하지 않고 분화되지 않은 삶을 가리킨다. 가령 우리는 동식물을 예로 들 수 있다. 이에 비하면 고결한 삶은 복잡하며, 다양하고, 분화된 것이다. 가령 세밀하고, 훌륭하게 기능하는 일원적인 인간의 육체를 생각해 보라. 모든 군인들은 사회의 개혁에 언제나 동일한 행동을 취하는 것을 배워야 했다. 사회는 처음에는 아무런 계획 없는 집단이었는데, 고도로 조직화되고, 분화된 형태로 발전했다. 그리하여 생겨난 것이 우리가 처한 세계국가이다. 개인주의에서 공동체주의로, 고독한 삶에서 공동의 삶, 이것이 거대하고 성스러운 조직의 길이요 행적이었다. 거대한 조직에서 개별적 존재는 하나의 세포와 같다. 그것은 오로지 전체로서의 조직에 봉사하고 기여할 뿐이다"(Boye: 47). 세계국

가에서 개인의 자유는 철저히 차단되고 있습니다. 국가가 하나의 조직이라면, 개인은 조직에 종속된 미세한 세포와 같습니다. 국가는 개인의 자유를 지속적으로 차단하고 구속합니다. 개인이 자기 스스로 비판 의식을 발전시키면, 궁극적으로 국가의 적으로 핍박당하게 됩니다.

6. 작품의 배경: 소설 『칼로카인』은 총 19장으로 이루어져 있는데, 미래의 시점, 즉 21세기의 세계국가를 배경으로 합니다. 문학사적으로 고찰할 때, 많은 작가들은 검열을 고려하여 문학적 배경을 의도적으로 과거로 이전하였습니다. 계몽주의 극작가, 레싱(Lessing)은 작품 「에밀리아 갈로티(Emilia Galotti)」(1772)의 배경을 18세기 독일이 아니라 과거의 이탈리아로 옮겨 놓았으며, 토머스 모어는 16세기 영국 대신에 미지의 섬을 작품의 배경으로 설정한 바 있습니다. 보위에 역시 의도적으로 시대적 배경을 미래의 어느 시점으로 옮겨 놓았습니다. 보위에는 작품 발표 이전에 편집자와 편지를 교환했는데, 작품의 배경을 중국으로 설정하면 어떨까 하고 오랫동안 고심했다고 합니다(Nolte: 15). 그 밖에 우리는 작가의 이러한 가상적 설정에서 조너선 스위프트의 『걸리버 여행기』를 떠올릴 수 있습니다. 정확하게 말하자면, 소설의 배경은 『걸리버 여행기』 제1부에 묘사되고 있는 작은 사람들의 나라와 유사합니다. 세계국가는 인민들을 전체적으로 통솔하지만, 이들이 어떻게 살아가는지는 아랑곳하지 않은 채 우주 국가와 헤게모니 다툼에 혈안이 되어 있습니다. 국가에게 개인들은 거대한 시스템의 부속품과 같습니다. 문제는 세계국가가 주위에 인접한 우주 국가에 의해서 끊임없이 공격당하면서 체제 파괴의 위협을 받고 있다는 사실입니다.

7. 우주 국가와 세계국가: 우주 국가는 그 크기에 있어서 세계국가를 훨씬 능가합니다. 그래서 세계국가는 우주 국가의 공격을 방어하기 위하여 지하에 도시를 축조하였습니다. 지하의 도시에서는 다음과 같은 슬로

건이 난무합니다. "국가는 모든 것이며, 개인은 무(無)와 다름이 없다." 따라서 중요한 것은 오로지 국가이며, 국가의 안녕을 위해서 개인은 자신의 모든 것을 희생해야 합니다. 대부분의 사람들은 국가에 충성을 바치는 것을 자랑스러운 의무로 생각합니다. 그렇기에 두려움과 나약함은 사악한 태도로 이해되고, 국가를 위해서 싸우는 것은 하나의 미덕으로 간주됩니다. 소설의 주인공은 다음과 같이 말합니다. "만약 우리의 앞길에 온통 철조망이 쳐져 있다면, 우리는 이러한 부자유의 질곡을 그냥 받아들일 것인가? 국가는 이러한 질곡이 출현하지 않도록 모든 것을 쏟아 붓는다. 따라서 우리는 국가를 위해서 모든 일을 해야 하며, 국가에 희생이 돌아가서는 절대로 안 된다고 믿는다"(Boye: 12).

8. 체제 옹호적인 주인공 레오 칼: 소설은 1인칭으로 이루어져 있습니다. 주인공 "나"는 젊은 과학자 레오 칼입니다. 주인공은 인간의 핵심이 결코 파괴되지 않는다는 가설을 하나의 사실로 믿으며, 국가권력에 충실하게 봉사하는 것을 당연하게 생각합니다. 왜냐하면 "나" 역시 당국에 의해서 비밀리에 세뇌되어 있기 때문입니다. 이런 점에서 레오 칼은 자먀찐의 『우리들』의 주인공과 오웰의 『1984년』의 윈스턴 스미스와 마찬가지로 처음에는 국가에 무조건적으로 충성하는 체제 옹호적인 태도를 취하고 있습니다. 그러나 시간이 흐름에 따라 레오 칼은 이에 대해 회의하기 시작합니다. 왜냐하면 가족에 대한 사랑과 인류성 등의 관점이 국가에 대한 충성심 못지않게 중요한 덕목이라는 것을 서서히 깨닫기 때문입니다(Jens 2: 1011). 레오 칼은 부인 린다와 함께 지하에 건립된, 이른바 화학 도시에 살고 있습니다. 그들에게는 세 명의 자식이 있었지만, 이제 두 명밖에 남지 않았습니다. 왜냐하면 여덟 살 된 아들은 군인이 되기 위하여 어디론가 떠나야 했기 때문입니다. 세계국가의 아이들은 만 5세가 되면, 집단적으로 교육을 받고, 부모와 영원히 이별해야 합니다.

9. 레오 칼, 칼로카인이라는 마약을 발명하다: 레오 칼의 집에는 가정부가 배속되어 있습니다. 가정부는 가사를 돕지만, 가정 구성원을 은밀히 감시합니다. 만인은 주위 사람들을 감독하고, 또한 제각기 감시당하면서 살아갑니다. 지하 도시 사람들의 사생활은 엄격한 규정에 의해 철저히 제한당하고 있습니다. 각 방마다 감시 카메라가 설치되어 있고, 모든 건물마다 거주 담당 공무원이 지속적으로 개개인들의 일거수일투족을 관찰합니다. 심지어 레오 칼의 침실에도 감시를 위한 블랙박스가 몰래 설치되어 있습니다. 당국의 고위 관리자들은 레오 칼을 우호적으로 평가합니다. 이른바 공동의 안녕을 수호하는 일꾼이라는 것입니다. 주인공은 어느 날 칼로카인이라는 놀라운 마약을 발명합니다. 칼로카인은 연초록 색깔의 생화학 물질입니다. 그것은 사람들에게 의학적으로 어떠한 부작용도 일으키지 않는다는 점에서 놀라운 발명입니다. 한두 대의 주사만 투여되더라도 칼로카인의 효능은 즉각적으로 나타납니다. 여기서 중요한 것은 칼로카인 주사를 맞은 사람이 모든 두려움과 수치심을 잊고 자신의 내면의 비밀스러운 생각, 자신이 갈망하는 내용과 자신의 두려움 등을 빠짐없이 실토한다는 사실입니다. 요약하건대, 칼로카인은 인간의 내면에 도사린 모든 사상·감정을 도출해 내는 묘약으로 활용될 수 있습니다.

10. 칼로카인의 작용: 레오 칼은 자먀찐의 『우리들』의 주인공보다도 더 끈덕지게 국가에 대한 자신의 충성심을 고수하며, 칼로카인을 개발하는 데 성공을 거둡니다. 이에 대해 그는 과학자로서 대단한 자부심을 드러냅니다. 레오 칼은 일단 자신의 발명품이 얼마나 유효한지 확인하기 위하여 주위 사람들을 대상으로 임상 실험을 해 보기로 합니다. 이른바 충직하다고 알려진 열 명의 팀 동료들은 자발적으로 실험에 참여합니다. 레오 칼은 새로 발명한 마약, 칼로카인의 임상 실험에 관해 사전에 그들에게 아무런 언질도 주지 않습니다. 왜냐하면 칼로카인의 약물 실험을

미리 공개하게 되면, 사람들은 실험에 편한 마음으로 응하지 않을 게 분명하기 때문입니다. 실험이 시작되고 팀원들이 무의식의 상태에 빠지려고 할 때, 레오 칼은 그들의 귀에다 다음과 같은 말을 들려줍니다. "희생과 의무 중앙위원회에 카드 하나가 비치되어 있는데, 여기에다 당신의 기억을 저장하면, 당신은 큰 돈을 벌게 될 것이다"(Boye: 52).

11. 칼로카인, 비밀을 폭로하게 하다: 마지막 실험을 통해서 레오 칼은 자신이 전혀 알지 못했던 놀라운 사항들을 간파하게 됩니다. 그것은 실험에 참가했던 모든 사람들이 따뜻한 태양을 동경한다는 사실이었습니다. 지하의 어둡고 고립된 생활이 사람들로 하여금 태양을 그리워하게 만든 게 분명했습니다. 그들은 자유롭게 생활하기를 갈망하며, 자발적인 감정을 자연스럽게 드러낼 수 있는 환경을 애타게 갈구하고 있었습니다. 모두가 국가의 감시 체제에 대해 의식적으로나 무의식적으로 불편함을 드러내고 있습니다. 개별적으로 자신의 내밀한 사랑을 갈망하고, 친구들 사이에 서로 신뢰하며, 평화를 즐기면서 평범하게 살고 싶어 합니다. 더욱 놀라운 것은 실험에 참여한 10명의 팀원들이 거의 대부분 과거의 사회적 삶의 방식을 생생하게 기억한다는 점이었습니다. 그것은 다름 아니라 이른바 국가 체제를 위협한다고 하는, 체제 파괴적인 사랑의 삶에 관한 생활 방식이었습니다. 특히 팀의 어느 여자는 남녀 사이의 관능적 사랑을 동경하고, 자식들과 함께 가족 공동체를 꾸리며, 친구들과 자연스럽게 교우하는 삶을 희구하고 있었습니다.

12. 칼로카인은 국가의 감시 기능을 극대화할 수 있는 수단으로 작용한다: 주인공은 실험 결과에 소스라치게 놀랍니다. 왜냐하면 그는 인간의 내면이 이런 식으로 체제 비판적으로 그리고 개인주의적으로 대응한다는 사실을 처음으로 감지하였기 때문입니다. 실험의 결과는 주인공으로 하여금 자신의 삶을 성찰하게 합니다. 레오 칼과 린다는 처음부터 이러

한 감시 체제에 순응해 왔습니다. 두 사람은 지금까지 자신들이 감시당한다는 것을 한 번도 불편해하지 않았습니다. 감시란 처음부터 당연한 것이라고 믿어 왔습니다. 왜냐하면 자신에게는 당국을 위태롭게 하는 어떠한 비밀도 없었기 때문입니다(Saage: 343). 칼로카인의 발명과 실험의 과정을 통해서 주인공은 자신이 국가의 일개 부속품이라는 사실을 처음으로 깨닫습니다. 체내에 마약을 투여하게 되면, 시민들은 자신의 전의식 속에 머물고 있는 가장 비밀스러운 사상·감정을 빠짐없이 발설하게 됩니다. 이러한 과정을 통해서 레오 칼은 자신의 직업에 대해서 난생 처음으로 회의감을 느끼게 됩니다. 소설이 진행되는 과정에서 레오 칼의 충성심은 사라지고, 그 대신 마음속에 개인주의의 경향이 서서히 자라납니다.

13. 마약의 정치적 남용: 가장 곤란한 문제는 칼로카인이 얼마든지 정치적으로 남용될 수 있다는 사실입니다. 당국은 약물을 통해서 체제 파괴적인 인물들을 색출하여, 그들을 제거할 수 있게 된 것입니다. 레오 칼은 생각이 여기에 미치자, 자신이 칼로카인을 발명했다는 사실을 두고두고 후회합니다. 레오 칼은 자신 역시 세뇌당한 채 지금까지 국가에 봉사하며 살아왔다고 느낍니다. 바로 이 순간 자신의 실험실 분과 위원장인 에도 리센에 대해 참을 수 없는 증오심과 시기심이 치밀어 올랐습니다. 리센은 평소에 개인이 품어서는 안 되는 인간적 감정을 여러 번 드러내곤 하였습니다. 칼로카인이 개발되었을 때, 리센은 다음과 같이 말한 적이 있습니다. "칼로카인이 개발되면, 마지막 남은 우리의 사생활마저 당국에 넘기는 형국이 될 거야." 사적인 삶을 중시하는 리센의 태도는 개인을 국가보다 더 중요하게 생각한다는 점에서 얼마든지 반역죄로 기소될 수 있습니다. 레오 칼은 처음에 리센의 바로 이 점이 마음에 들지 않았습니다.

14. 아내에 대한 질투심: 게다가 평소에 아내, 린다를 대하는 리센의 태도가 여간 거슬리는 게 아니었습니다. 두 사람 사이에 자주 비밀 면담이 이루어지는 것도 껄끄러웠습니다. 어쩌면 아내가 행여나 리센과 불륜 관계를 맺고 있는 게 아닐까? 주인공은 편집 망상의 추측을 통해서 다음의 사항을 사실이라고 단정합니다. 즉, 아내와 리센은 자신을 속이고 불륜 관계를 맺고 있다는 의심 말입니다. 일전에 리센은 "사람들은 국가 체제에 대해 항상 불안해하고 두려워한다"라고 말한 적이 있었습니다. 또한 세계국가 내에는 체제 파괴적인 단체가 있다는 말도 서슴지 않았습니다. 실제로 세계국가 내에는 더욱더 인간답게 그리고 평화적으로 살아가려는 반정부적인 단체가 있는데, 이 사람들은 "레오르"라고 불리는 사내를 마치 신과 같이 떠받들면서, 비밀리에 공동체를 결성했다고 했습니다. 주인공은 자신의 분과 위원장, 리센이 반드시 처형당해야 한다고 확신합니다. 그래서 칼은 한편으로는 질투심 때문에, 다른 한편으로는 국가에 대한 충성심 때문에 리센을 당국에 고발합니다.

15. 과연 칼의 아내는 그를 사랑하는가?: 그런데 칼로서는 사전에 무언가를 확인할 게 있었습니다. 그것은 아내 린다의 내적인 감정이었습니다. 그래서 레오 칼은 몰래 린다에게 칼로카인을 투여합니다. 린다는 자신의 내적 갈망을 있는 그대로 토로합니다. 자신은 국가가 시키는 대로 "아이 낳는 기계"로 살고 싶지 않고, 사랑하는 남편과 오순도순 살고 싶다고 했습니다. 그미는 자식들과 헤어지지 않고, 죽을 때까지 칼과 아이들과 함께 살고 싶다고 고백합니다. 린다가 의식을 되찾았을 때, 그미는 남편이 자신에게 칼로카인을 투여했음을 알아차립니다. 그런데도 린다는 주인공의 약물 투여를 비난하지 않습니다. 레오 칼과 린다는 이 세상에 참된 사랑이 존재한다는 것을 마침내 인지하게 됩니다. 이전에는 사랑이 무엇인지, 사랑의 감정이 인간의 삶을 얼마나 변화시키는지 전혀 몰랐습니다. 그러나 두 사람은 이제 세상에서 가장 중요한 게 국가가 아

니라 두 사람 사이의 애틋한 사랑이라는 사실을 깨닫습니다. 사랑은 레오 칼의 마음속에 엄청난 변화를 불러일으킵니다. 지금까지 그는 한 번도 어떤 연민, 애호 그리고 사랑과 같은 사적인 감정에 함몰된 적이 없었습니다. 사적인 사랑의 삶은 주인공에게는 그저 지엽적인 사항에 불과한 것이었습니다. 왜냐하면 국가의 과업에 따라 충직하게 연구에 몰두하는 일이야말로 가장 중요하고 당연한 태도라고 믿어 왔기 때문입니다(Jens 2: 1012).

16. 체제 비판적인 인간으로 변한 주인공과 그를 탄핵하는 국가: 레오 칼은 자신이 국가의 이념을 충실히 따르는 도구가 아닌가 하고 뒤늦게 고민합니다. 자신이 그저 권력의 하수인으로 살아왔다는 것을 깨닫는 순간, 고통과 해방의 감정이 뒤섞인 심경은 일시적으로 그를 괴롭힙니다. 이제 그에게 중요한 것은 칼로카인의 생산과 같은 화학 실험이 아니라, 지금까지 망각하면서 살아온 사적인 삶의 행복, 바로 그것이었습니다. 이러한 사고의 변화를 통해서 주인공은 리센이 무고한 자유인이라고 판단합니다. 자신의 고발로 인하여 리센이 처형당하는 것은 통탄할 일이었습니다. 그래서 레오 칼은 자신의 행동을 후회하면서 리센이 처형당하지 않도록 조처를 취합니다. 그러나 리센은 이미 사형선고를 받은 터였습니다. 레오 칼은 양심의 가책으로 괴로워하면서, 어떻게 해서든 리센을 구조하려고 백방으로 노력합니다. 이 와중에 세계국가는 우주 국가에 의해서 정복되는 일이 벌어집니다. 레오 칼은 우주 국가 사람들에 의해 감옥에 갇힙니다. 그는 세계국가의 시스템에 적극적으로 협력했다는 혐의를 받고 우주 국가의 사람들로부터 문초를 당합니다. 그는 감옥에서 자신이 겪었던 모든 사항들을 낱낱이 기술하기 시작합니다. 그는 다음과 같이 기술합니다. "내가 할 수 있는 일이라곤 아무것도 없어. 내 영혼의 환상을 파괴할 수 없다니까. 그럼에도 새로운 국가 건설에 나의 능력을 발휘하여 일조하고 싶은 생각뿐이야"(Boye: 159).

17. 양날의 칼, 칼로카인: 놀라운 것은 칼로카인이라는 마약의 효능입니다. 그것은 이른바 양날의 칼로 기능합니다. 칼로카인은 인간의 내면을 투시할 수 있는 도구이지만, 주인공에게는 사회적 진실 내지 자신의 고유한 내면적 사고를 깨닫게 해 주는 수단으로 작용했습니다. 의사는 칼로카인을 사용함으로써, 최면 요법을 보완하여, 환자들의 심리적 질병을 치료할 수 있습니다. 그러나 이 약은, 다른 방식으로 국가의 차원에서 고찰할 때, 불순분자를 제거하는 잔인한 무기로 활용될 수 있습니다. 칼로카인은 인간의 내면을 훤히 들여다볼 수 있는 마약이기 때문입니다. 이로써 작가, 카린 보위에가 말하고자 하는 바는 자명합니다. 그것은 다름 아니라 20세기부터 걷잡을 수 없이 이어진 국가적 폭력에 관한 사항입니다. 국가의 엄청난 폭력이 출현한 데에는 여러 가지 이유가 있겠지만, 국가의 힘이 제어할 수 없을 정도로 막강하게 되었다는 사실은 20세기 초의 가장 중요한 화두로 받아들일 수 있습니다.

18. 헉슬리의 『멋진 신세계』와의 차이점, 전체주의 국가에 대한 비판: 보위에의 소설은 그 구도에 있어서 헉슬리의 디스토피아 『멋진 신세계』와 흡사합니다. 21세기의 세계국가는 전체주의 시스템으로 개별 인간들을 조종한다는 점에서 헉슬리의 『멋진 신세계』에 묘사된 미래 국가와 유사합니다. 그렇지만 두 작품에서 다루어진 두 사회는 경제적 측면에서 분명한 차이점을 드러냅니다. 보위에의 세계국가는 『멋진 신세계』만큼 풍족한 복지사회가 아닙니다. 세계국가의 경제적 생활수준은 몹시 낮지만, 시민의 안전은 의외로 어느 정도 보장되고 있습니다. 이에 비하면 헉슬리의 미래 국가의 사람들은 경제적인 부를 최대한 만끽하고 있습니다. 게다가 『칼로카인』에 등장하는 세계국가 사람들은 유전자 조작으로 태어나는 것도 아니고, 인위적인 정책에 의해 계층적으로 구분되는 것도 아닙니다. 보위에의 세계국가는 우주 국가와의 지속적인 전쟁 상태에 처해 있기 때문에 집권층의 독재와 테러가 더욱 강력하게 자행되고 있습니

다. 헉슬리의 작품에서는 모든 정치적 시스템이 고도의 과학기술의 활용으로 인하여 몇몇 엘리트들의 손에 의해 인위적으로 작동되고 있습니다.

19. 가정은 없다: 세계국가는 만인을 통솔하기 위해 가정이라는 사회적 하위 체제의 기능을 소멸시켰습니다. 남자와 여자가 서로 만나면, 자식을 낳기 위해서 공동으로 생활합니다. 그런데 자식의 나이가 5세가 되면, 아이는 부모와 헤어져 교육 공동체로 보내지게 됩니다. 아이는 교육받는 동안 주말에 겨우 부모를 만날 수 있을 뿐입니다. 아이의 나이가 8세가 되면, 아이는 어디론가 멀리 떠나 군인 혹은 공무원이 되는데, 죽을 때까지 더 이상 부모와 만날 수 없습니다. 왜냐하면 아이들은 예외 없이 국가의 소유물이기 때문입니다. 특정 부부가 아이들을 8세까지 다 키우게 되면, 부부 역시 그 순간부터 영영 이별해야 합니다. 그럼에도 자식과의 이별을 슬퍼하는 자는 체제 파괴적이고, 반국가적이며, 사악한 이기주의자로 매도되어 처벌당합니다. 가족의 형성과 해체 등이 가능한 까닭은 세계국가에서 살아가는 모든 인간들이 사적인 사랑의 감정을 인지하지 못하기 때문입니다. 국민들은 처음부터 국가에 의해서 철저히 세뇌당해 있습니다. 인간은 예나 지금이나 간에 세계국가에 대한 믿음을 철저하게 고수합니다. 그러나 이러한 믿음은 당국이 의도적으로 조작한 거짓 망상에 불과합니다.

20. 인륜성과 자식들: 인간의 내적 감정은 외부적 영향에 의해서 은폐될 수는 있으나, 결코 파괴될 수 없습니다. 이러한 경우는 —『서양 유토피아의 흐름』제2권에서 다룬 바 있는 — 모렐리의『자연 법전』에 등장하는 내용입니다. 모렐리가 아이들의 교육을 국가에 떠맡김으로써 사적이고 개인적인 이익보다 중요한 것이 사회 국가의 이익이라는 사실을 숙지시키려고 했다면, 보위에의 경우 이보다 더 완강한 내용을 전해 줍니다. 만약 사람들이 가정과 가족을 중시할 경우 이는 결국 국가의 이익에

대한 결정적 악재로 작용한다는 것입니다. 따라서 국가는 가정의 결속력을 부분적으로 약화시킴으로써 국가의 권익을 더욱더 튼실하게 유지할 수 있다고 확신하고 있습니다. 가령 레오 칼은 딸, 마릴이 태어났을 때 딸에 대한 애틋한 사랑의 감정을 느낍니다. 이는 이전에 아들, 오수가 태어났을 때 느끼지 못했던 감정이었습니다. 소설의 마지막에 이르러 주인공은 딸 마릴과 이별해야 한다는 것을 감지하고 처절한 비애 속으로 빠져듭니다. 그것은 자신의 자식에 대한 애틋한 사랑 내지는 아버지의 정으로 이해되는 것이었습니다(Boye: 167).

21. 국가 이데올로기의 편집광증: 보위에는 모든 삶에 부정적으로 작용하는 전체주의 국가를 의심하고 그에 대해 회의했습니다. 특히 문제는 전쟁과 위기의 국면에 대응하여 추진하는 국가의 병적인 정책입니다. 세계국가는 우주 국가로부터 커다란 위험에 직면해 있습니다. 이러한 위험한 국면을 만회하기 위해서 세계국가는 국민들의 자유와 평화를 억압하고 그들을 육체적으로 그리고 심리적으로 압박을 가한 뒤에 군인으로 근무하도록 조처했습니다. 다시 말해, 국가는 나라의 붕괴에 대한 책임을 국민에게 전가함으로써 그들을 압박하고 서로 불신하게 만들었습니다. 그렇게 되면 국가는 외부적으로 은폐되어 있지만, 누구에 의해서도 파괴될 수 없습니다. 국가는 개개인의 죄를 벌할 수 있지만, 개개인이 국가를 탄핵하고 처벌할 방도는 처음부터 주어져 있지 않습니다. 대부분의 인간들은 전체주의적 국가권력에 대해 불안과 압박감을 느끼지만, 어느 누구도 이에 항의할 수 없습니다. 모두가 불안한 마음으로 의심합니다. 설령 불신이 잘못된 것이라는 것을 인민 스스로 인지한다고 하더라도 국가의 존립이 무엇보다 우선이라고 확신하기 때문에, 감시체계와 타인에 대한 불신은 시종일관 정당화될 수 있습니다.

작품 내에서 세계국가는 "우주 국가의 침략"이라는 위기를 일반 사람들에게 알립니다. 세계국가는 그들의 정책이야말로 유일무이한 해결책이라는 것을 의식적으로 그리고 무의식적으로 세뇌시킵니다. 이로써 사람들은 자유와 평등을 사랑하는 주권자들이 아니라, 국가의 정책을 무조건 추종하는 군인으로 변모해 있습니다. 주인공 레오 칼은 자신의 상사인 리센과의 대화에서 다음과 같이 천명합니다. "만약 사람들이 신뢰할 수 있는 근본적인 원인이 존재했더라면, 국가는 형성되지 않았을 것입니다. 국가 형성을 위한 성스럽고도 필연적인 토대는 상대에 대한 우리의 불신이지요"(Boye: 104f). 여기서 주인공이 국가의 존속을 정당화하는 이유로 내세우는 것이 바로 인간과 인간 사이의 불신입니다. 불신의 근본적인 이유는 우주 국가의 침략과 전쟁 그리고 이로 인한 위기 때문이라는 것입니다. 따라서 작품에서 가장 중요한 문제는 전쟁과 위기에 어떻게 해서든 대응해야 한다는 위정자들의 편집광증 내지 국민에 대한 그들의 세뇌 이데올로기로 요약될 수 있습니다. 국가를 다스리는 자들은 실험에 참가한 사람들을 결국 체제 파괴적인 몽상가로 비판한 뒤에 쥐도 새도 모르게 숙청합니다. 그 다음부터 국가는 레오 칼이 발명해 낸 칼로카인의 사용에 관해 함구해야 합니다. 그렇지만 우리는 최소한의 희망 사항 하나를 생략할 수 없습니다. 그것은 인간의 내적 영혼의 힘이 절대적인 권력을 휘두르는 국가의 폭력 하에서도 은밀하게 지속되리라는 희망 말입니다. 이로써 작가는 특정 개인이 내적으로 지니고 있는 사랑의 능력과 전체적 국가의 폭력에 대항하는 저항에다 일말의 희망의 여지를 남기고 있습니다.

22. 여성의 세계관: 보위에의 작품에는 페미니즘이 지향하는 바가 강하게 반영되어 있습니다. 가령 등장인물 린다의 경우가 그것입니다. 린다는 사회 정치적 문제보다는 인간의 근본적인 심리인 사랑의 감정에 더욱 충실하려는 인간형입니다. 레오 칼은 린다를 통해서 비로소 자신이 얼마나 국가권력의 충직한 하수인이었는가 하는 점을 깨닫게 됩니다. 린다는 인간과 인간을 서로 연결시켜 주는 매개체가 국가권력과 직업 세계의 공

적인 관계가 아니라, 본질적으로 사랑과 우정과 같은 순수한 영혼의 교감이라는 점을 알려 줍니다(Ross: 127). 이를 고려할 때, 린다는 공적인 삶과 사적인 삶에 있어서 제반 갈등을 풀어 줄 수 있는 긍정적 인물로 평가될 수 있습니다. 지금까지 디스토피아 소설에서는 여성의 세계관 자체가 한 번도 언급되거나 중요한 이슈로 다루어지지 않았다는 점을 고려하면, 보위에의 경우는 하나의 예외가 아닐 수 없습니다. 전체주의 국가에서 여성의 참혹한 희생은 — 본서의 제12장에서 다루게 될 — 마거릿 애트우드의『시녀 이야기(The Handmaid's Tale)』(1985)에서 다시 한 번 묘사되고 있습니다.

23. 작품은 20세기 유럽에서 발생한 특정 사건을 패러디한 것은 결코 아니다: 작품의 주제는 조지 오웰의『1984년』의 그것과 매우 흡사합니다. 오웰이 사회 전체를 세밀하게 구획하여 세 계층으로 나눈 다음, 전체주의 국가 시스템의 횡포를 다양한 각도에서 광활하게 다루었다면, 카린 보위에는 작품의 틀을 무엇보다도 레오 칼이라는 엘리트 기술자의 이야기에 국한시키고 있습니다. 물론 작가는 주어진 사회에 대한 구체적인 비판을 처음부터 염두에 두지 않았습니다. 이미 언급했듯이, 작가 보위에는 출판사 사장인 보니에르와의 편지 교환에서 "소설의 배경을 중국으로 설정하면 어떻겠는가?" 하고 자신의 의견을 피력한 바 있습니다. 어쩌면 우리는 중국의 홍위병이 중앙집권적으로 일사불란하게 움직이는 국가 행정 방식을 떠올릴 수 있습니다. 그렇다면 우리는 이 작품을 하나의 우화로 수용해야 할까요? 그렇지는 않습니다.

24. 작품의 주제는?: 보위에의 작품에 대한 해석은 무척 다양합니다. 혹자는 작품의 배경이 스탈린주의의 전체주의적 폭정이라고 주장하는 반면에, 혹자는 히틀러의 인종 이데올로기 내지 사악한 감시 감독 체제를 통렬하게 비판했다고 주장합니다. 해석의 다양한 가능성을 고려할

때, 이러한 사실을 작품의 주제로 못 박을 수는 없습니다. 우리는 여기서 다음의 사항을 분명하게 짚고 넘어가야 합니다. 보위에의 『칼로카인』은 조지 오웰의 소설이 공개되기 9년 전인 1940년에 발표되었습니다. 당시 독일은 파시즘의 독재 정책을 펼쳐 나가면서 덴마크와 스칸디나비아반도에 군사적 영향력을 떨치고, 소련은 핀란드 지역을 간접적으로 통제하고 있었습니다. 스웨덴은 말하자면 두 세력의 중간 지역으로서, 더욱더 강성해 가는 독일의 군사력에 커다란 위협을 느끼고 있었습니다. 이미 언급했듯이, 당시의 스웨덴은 정치적으로 모순적인 태도를 취했습니다. 스웨덴 정치가들은 히틀러의 독재에 대해 거부반응을 느꼈지만, 아리아인의 순수 혈통을 고수하자는 나치의 주장에 대해 부분적으로 동참했습니다. 어쩌면 보위에는 작품을 통하여 소련의 전체주의적 공산주의 시스템을 비난하려 한 게 아니라, 오히려 30년대 말부터 스웨덴의 정치적 분위기를 감싸던 히틀러의 국가사회주의 이데올로기의 허구성을 폭로하려고 의도했는지 모릅니다(Waschkuhn: 158). 실제로 히틀러에 충직하게 봉사하던 과학자들은 개개인을 감시하기 위해서 온갖 생화학적 실험을 마다하지 않았으며, 병자와 정신이상자를 가려내서 그들에게 화학적 거세까지 감행하기도 하였으니까요.

25. 무고한 자 역시 얼마든지 죄를 꾸며 내어 자백할 수 있다: 칼로카인은 처음부터 당국의 계획적 술수에 의해서 만들어진 약품입니다. 무고한 자들도 이러한 약품을 통해서 얼마든지 죄를 뒤집어쓸 수 있습니다. 여기서 중요한 것은 약품 자체가 아니라, 개인에 대한 당국의 서슬 푸른 협박 내지 탄압입니다. 비근한 예로 우리는 아서 케스틀러(Arthur Koestler)의 『개기 일식(Darkness at Noon)』을 들 수 있습니다. 이 소설은 1941년에 영어판으로 처음 간행되었습니다. 주인공, 루바소프는 실존하던 정치가들, 이를테면 트로츠키, 라덱 그리고 부하린 등을 연상시키는 남자입니다. 그는 왕년에 수사반장으로 일하다가, 혁명이 발발했을 때 공산당

의 지도자로 활약합니다. 1930년대 말 그의 동지들은 대부분 스탈린주의자들에 의해 숙청당합니다. 루바소프 역시 체포되어 감옥에 수감됩니다. 비록 혁명가로 일한 전력 때문에 고문은 면하지만, 밤낮으로 진행되는 심문 동안에 주인공은 제대로 잠을 잘 수 없었습니다. 처음에는 자신의 옛 동지인 이바노프가 심문을 주관했지만, 도중에 반역 혐의로 체포되어 어딘가로 끌려가고, 이번에는 클레트킨이라는 젊은이가 주인공의 심문을 담당하게 됩니다. 문제는 젊은 클레트킨이 스탈린의 열혈 추종자로서 모든 심문과 재판을 공개적으로 거행하는 데 있습니다. 당국의 끔찍한 심문으로 인하여 루바소프는 자신이 저지르지 않은 범행을 거짓으로 자백합니다. 당이 없으면 자신은 죽은 목숨과 마찬가지이며, 고백하는 게 당에 봉사하는 마지막 기회라고 판단되었기 때문입니다(Koestler: 576).

스탈린의 숙청 사건을 이토록 신랄하게 비판한 문학작품은 아마 없을 것입니다. 나아가 케스틀러의 소설은 허위 자백으로 인한 부당한 처벌을 고발하는 놀라운 문헌이기도 합니다. 『개기 일식』은 1940년대에 30개 언어로 번역되었으며, 1946년에만 프랑스에서 약 40만 권이 팔렸습니다. 재미있는 것은 다음의 사실입니다. 당시 프랑스 공산당은 케스틀러의 작품으로 인하여 심한 갈등을 느끼다가, 그의 프랑스어 판본을 모조리 구매하여 분서갱유 했다고 합니다.

참고 문헌

바이스, 페터 (2016): 저항의 미학 3, 홍승용 역, 문학과 지성사.
Boye, Karin (1986): Kallocain: Roman aus dem 21. Jahrhundert, Frankfurt a. M..
Haug, Wolfgang Fritz (1981): Vorschläge zur Aneignung der "Ästhetik des Widerstands," in: hrsg. von Karl-Heinz Götze und Klaus Scherpe, "Ästhetik des Widerstands" lesen, Literatur im historischen Prozess, Berlin, 29-40.
Jens (2001): Jens, Walter (hrsg.), Kindlers neues Literaturlexikon, 22 Bde., München.
Koestler, Arthur (1998): Darkness at Noon. Translated by Daphne Hardy, Harmondsworth.
Nolte, Ulrike (2002): Kallocain als Darstellung der totalitären Bedrohung, in: Schwedische "Social Fiction." Die Zukunftsphantasien moderner Klassiker der Literatur von Karin Boye bis Lars Gustafsson, Monsenstein und Vannerdat: Münster
Ross, Bettina (1989): Politische Utopien von Frauen. Von Christine de Pizan bis Karin Boye, Dortmund.
Saage, Richard (2006): Utopische Profile, Bd. 4, Widersprüche und Synthesen des 20. Jahrhunderts, 2. korrigierte Aufl. Münster.
Waschkuhn, Arno (2003): Politische Utopien. Ein Überblick von der Antike bis heute, München/Wien.
Weiss, Peter (1984): Die Ästhetik des Widerstands, 3 Bde., Frankfurt a. M.

2. 베르펠의 『태어나지 않은 자들의 별』

(1945)

1. 유토피아인가, 디스토피아인가? 평화 공존과 인종 극복의 유토피아:
프라하 출신의 독일 작가, 프란츠 베르펠(Franz Werfel, 1890-1945)은 수십 년 동안 독일과 슬라브 민족 사이에서 자리하던 보헤미안 문화에 경도되어 있었습니다. 유대인의 피를 물려받았지만, 자신을 가톨릭 시인으로 규정하였고, 사라진 오스트리아-헝가리 이중 군주국의 예술적 보헤미안의 정서를 죽을 때까지 고수하였습니다. 베르펠은 자신의 조국, 체코로부터 박해당하고, 이른바 "넥타이 유대인"이라는 이유로 유대인들로부터 거부당했으며, 자신의 신앙의 산실인 로마가톨릭교회로부터 배척당했습니다. 그가 미국에서 『태어나지 않은 자들의 별(Stern der Ungeborenen)』(1946)을 탈고한 뒤 며칠 후에 사망했을 때, 그의 곁을 지킨 사람은 알마 말러-베르펠 한 사람밖에 없었습니다. 마지막 작품 속에는 유럽의 전란으로부터 도피한 외로운 작가의 애환과 마지막 생을 앞둔 작가로서의 갈망과 해원이 복합적으로 농축되어 있습니다. 작품은 "우크로니아"의 사이언스 픽션이라는 형식을 갖추고 있지만, 이승과 저승의 시공간을 넘나든다는 점에서 동양의 정서가 어느 정도 감지되기도 합니다. 또한 인종 갈등과 비극적 죽음의 극복 가능성의 측면에서 유토피아의 성분을 보여 줍니다. 그렇지만 미래의 찬란한 현실과 마지막 파국의 장면 그리고 새로운 시대에 대한 작가의 갈망과 염세주의적 성찰 등이 서로 대비된다는 점에서 묘하게 유토피아와 디스토피아의 한계를 희석시키는 것도 사실입니다(Paulsen: 265). 이는 20세기 후반의 사이언스 픽션 계열의 문학 유토피아에서 새롭게 나타나는 특징인데, 우리는 마지 피어시의 문학을 예로 들 수 있습니다.

2. 보헤미안 소수 문화와 프란츠 베르펠: 사실 프란츠 베르펠만큼 다른 인종, 다른 언어 그리고 다른 신앙을 이유로 처참하게 도륙당한 무고한 사람들의 피맺힌 한을 문학적으로 형상화한 작가도 없을 것입니다. 그의 대표작으로서 아르메니아인들에 대한 인종 학살을 다룬 문제 소설 『무샤다크의 40일(Die vierzig Tage des Musa Dagh)』(1933/1947) 그리고 어느 성스러운 처녀의 기이한 동화 이야기인 『베르나데트의 노래(Das Lied von Bernadette)』(1941) 등이 있습니다. 그 밖에 많은 산문 작품들이 그의 명성을 높여 주었지만, 베르펠은 슐레지엔의 신비주의 시인, 안겔루스 실레지우스(Angelus Silesius)를 추종하면서, 스스로 보헤미안의 가톨릭 시인으로 자처하였습니다. 베르펠의 후기 문학을 이야기할 때 우리는 그의 동반자 알마 말러-베르펠(Alma Mahler-Werfel, 1879-1964)의 예술적 영향을 생략할 수 없습니다. 그미는 20세기 초에 살롱을 경영하면서 수많은 예술가와 문인들과 교우하였으며, 동유럽 지역 작가의 예술 창작에 지대한 영향을 끼쳤습니다. 토어베르크는 그미의 자유분방한 삶과 복잡한 남자관계를 염두에 두면서, 노골적으로 그미를 "팜므 파탈" 내지는 "위대한 숙녀이자 시궁창"이라고 폄훼하기도 했습니다(Torberg: 643f).

3. 알마 말러, 알마 그로피우스로 개명하다: 사실 알마 말러-베르펠은 아름다움과 미학에 자신의 모든 것을 다 바칠 정도로 예술가와 작가들에게 직간접적인 영향을 끼쳤습니다. 그미는 원래 어린 시절부터 아버지

를 극진히 사랑했는데, 아버지에 대한 과도한 사랑이 결국 알마를 심리적으로 혼란스럽게 만들었습니다. 알마는 구스타프 말러와 결혼했는데, 장년의 음악가를 선택한 까닭은 무엇보다도 44세의 음악가가 자신의 아버지를 닮았기 때문이었습니다. 그미는 집안 살림에 서툴러 20세나 나이 많은 남편을 제대로 보필하지 못했습니다. 이로써 알마는 유대인 음악가의 대가족적 분위기에 적응하지 못하고 외로움을 느꼈습니다. 남편인 말러가 사망한 지 얼마 지나지 않아, 화가 오스카 코코슈카(Oskar Kokoschka)와의 사랑을 통해서 도취의 격정을 체험합니다. 알마는 오래전부터 살롱을 경영하면서 수많은 예술가들과 교우하던 터였습니다. 코코슈카는 그미가 애호하는 남자들에 대해서 광적인 질투심을 드러냈습니다. 코코슈카의 공예 작품 〈인형(Puppe)〉(1919)은 알마에 대한 색정적 애착과 질투의 기괴한 변덕 등을 표출하고 있습니다. 알마가 자신의 아이를 낙태했을 때, 군에 입대한, 광기 넘치는 화가는 장총으로 자살까지 시도하였습니다. 그렇지만 알마가 최종적으로 선택한 남자는 나중에 위대한 건축가로 이름을 떨치게 될 발터 그로피우스(Walter Gropius)였습니다. 알마는 발터 그로피우스와 만나 결혼한 다음에 딸을 낳았습니다. 그러나 세계대전이 결국 그로피우스와 알마를 이별하게 만듭니다. 왜냐하면 그로피우스는 장교로 징집되어 전선에 주둔해야 했기 때문입니다.

4. 알마 그로피우스, 알마 베르펠로 개명하다: 알마 그로피우스가 자신보다 11살이나 나이 어린 베르펠을 만난 것은 1917년이었습니다. 처음 살롱에서 조우했을 때, 베르펠의 외모는 투박하고 볼품이 없었습니다. 뚱뚱한 몸, 안짱다리에다 두툼한 입술의 유대인을 흠모하는 여인은 한 명도 없었습니다. 그러나 베르펠의 끈질긴 구애는 지속되었고, 끝내 좋은 결실을 맺게 됩니다. 두 사람은 오랜 관계 속에서 아들을 낳았으나, 태어난 아이, 마르틴은 일찍 사망하고 맙니다. 놀라운 것은 알마가 베르펠과 만남으로써 지금까지의 자유분방한 삶을 청산하고 갱생의 길을 걷

기 시작했다는 사실입니다. 그미는 수많은 남자들과의 애정 편력을 그만두게 되었고, 오랫동안 견지했던 반유대주의적 지조조차 일거에 떨쳐 버립니다. 베르펠 역시 그미를 통해서 심리적 안정을 찾고 집필에 몰두할 수 있었습니다. 베르펠이 죽을 때까지 가톨릭 신앙을 고수한 것도 그미의 영향 때문이었습니다.

5. 베르펠의 초현실주의의 묵시록: 베르펠은 죽기 직전인 1945년에 아내와 캘리포니아의 비벌리힐스에서 거주했는데, 이 작품을 탈고한 지 며칠 후 심장마비로 사망하였습니다. 이 작품의 13장은 잡지 『노이에 룬트샤우』 1945년 6월호에 실렸는데, 여기서 작가는 자신의 작품을 토마스 만에게 헌정하고 있습니다. 당시에 소설의 영감으로 작용한 것은 단테의 『신곡』과 토마스 만의 『파우스트 박사』였습니다. 베르펠은 작품의 모두에서 디오도로스 크로노스(Diodoros Kronos)의 말을 인용합니다. "시인의 사명은 멀리 떨어진 섬의 기이한 존재들, 하데스에 머무는 죽은 사람들과 그들의 별에 있는 태어나지 않은 자들을 찾아가는 일에 있다"(Werfel: 7). 여기서 태어나지 않은 자들의 별은 작가가 내적으로 갈구하는 가상적 고향을 가리킵니다. 베르펠은 작가가 문학적으로 갈망하는 가상적 판타지 및 이와 관련되는 신화의 세계를 무엇보다도 중요하게 여겼습니다. 작품에는 다음과 같은 주인공의 발언이 실려 있습니다. "신화는 냉정한 역사 서술가도 알고 있듯이 단순하고 공허한 환영이 아니라, 어떤 의미심장함을 내포하는 가상적 현실이다"(Werfel: 557). 허황된 말처럼 들릴지 모르나, 인간은 적어도 꿈의 세계 속에서는 죽음의 운명을 비켜 간다고 상상할 수 있습니다. 꿈의 세계 속에서는 우리의 의식으로써 해독할 수 없는 어두움과 현존재의 수수께끼가 충만해 있습니다. 그렇기에 가령 회화 작품 속에 반영된 갈망의 현실상들은 하나의 명징한 의미를 전해 주는 게 아니라, 그 자체 어떤 비유의 상 내지 초현실주의의 묵시록일 수 있습니다. 베르펠은 자신의 꿈에 출현하는 행성과

항성의 정신에 관해 다음과 같이 정의를 내립니다. 즉, 행성과 항성은 사람들의 마음속에 깊이 각인되어 있는 갈망의 빛이라고 합니다. 그렇기에 별의 정신이란 우리의 영혼이 끝없이 꿈틀거리는 상이라고 합니다. 예술가는 이를 하나의 예술적 소재로 설정하여, 이러한 상에다 시간과 장소라는 구체적인 색깔을 칠해야 한다는 것입니다.

6. 별천지에 관한 사흘 동안의 경험: 800페이지에 육박하는 방대한 작품은 세 부분으로 나누어집니다. 주인공 "나"인 F. W.는 불과 3일 동안에 놀라운 사건을 차례대로 경험합니다. 주인공은 영성을 추구하는 어느 모임에 참석하여 서기 101945년의 시점, 다시 말해 처녀좌의 11번째 대세계의 해로 소환 당하게 됩니다. 그곳은 지구가 아니라, 천체의 다른 행성입니다. 그의 "멘토"에 해당하는 B. H.라는 사내는 주인공을 우주 속을 꿰뚫고 기이한 곳으로 안내합니다. 여기서 B. H.는 작가 프란츠 베르펠의 죽마고우인 시나리오 작가이자 영화 평론가로 활약했던 빌리 하스 (Willy Haas, 1891-1973)를 암시합니다(Werfel: 35). 지금까지의 문명은 과학기술을 활용해 인류에게 편리한 삶을 안겨 주었지만, 이에 대한 반대급부로서 전쟁 산업을 통해서 수많은 인간의 아까운 생명을 앗아 갔습니다. 그렇기에 기술의 시대는 전쟁으로 점철되었다는 점에서 "야만적 과거"에 속합니다. 과거에는 국가들과 계급들 사이의 투쟁으로 인하여 세계대전이 발발하였습니다. 그런데 서기 101945년에 세계는 하나의 우주 국가의 체제로 변해 있습니다. 지구는 우주의 도시 내지 수많은 도시국가의 형태로 유지되고 있습니다. F. W.는 놀라운 변화에 경탄을 터뜨립니다. 왜냐하면 사람들은 가상과 현실 사이의 한계를 허물고, 스스로 얼마든지 우주의 특정 영역 속으로 잠입할 수 있기 때문입니다.

7. 작품의 발단, 시간 여행: 소설의 배경은 분명한 시점을 알 수 없는 지구에서 사망을 예견한 시점부터 약 십만 년 후의 미래의 시간입니다. F.

W.는 친구, B. H.의 도움으로 깨어납니다. 그는 수많은 시신 사이에서 발견되어 생명을 부여받은 셈입니다. 새롭게 깨어난 주인공은 처음에 자신이 과연 죽었는지 살았는지 스스로 정확히 감지하지 못합니다. 왜냐하면 자신의 목숨이 이미 오래 전에 끊어졌다고 확신하기 때문입니다. 그렇지만 주인공은 이전의 삶에 관해서 아무것도 떠올리지 못합니다. 언젠가 지상에서 살다가 죽은 것 같은데, 그때가 언제, 어디인지 기억나지 않습니다. 자신의 사망은 너무나 오래 되었기 때문에 그저 기억의 편린으로 뇌의 한 구석에 어렴풋이 저장되어 있을 뿐입니다. 누군가 자신을 땅 속에 묻었을 때 연미복을 입혀 두었습니다. 그렇지만 이러한 옷차림은 새로운 세계에서는 아무런 의미가 없습니다. 왜냐하면 이곳 사람들은 속이 비치는 면사포를 걸치거나 아예 옷 없이 생활하기 때문입니다. 그를 잠에서 깨운 사람은 B. H.인데, 주인공은 그를 단번에 알아차리지 못합니다. B. H.는 "다시 태어난 자들" 그룹의 일원이었습니다. 이들은 한 번 살았다가 다시 태어나는 사람들로 구성되어 있습니다. 그렇지만 인간이 다시 태어날 때는 이전과는 다른 육체를 지닌 제3자의 모습으로 부활하게 됩니다. 말하자면, B. H.는 주인공이 3일간 머무는 동안 천체 인류의 세계에 대한 안내자 역할을 맡고 있습니다.

8. 천체의 우주인들의 자연과학 활용: 주인공은 약 3일간 머물면서 천체의 우주인들의 찬란한 삶 내지 근본적인 위기를 체험합니다. 이때 우연히 자신의 과거 삶에서 기술된 몇몇 문장들을 접하게 됩니다. 그것은 자신이 죽기 전에 메모한 것이었는데, 별로 중요한 내용은 아니었습니다. 말하자면 F. W.는 10만 년 후에 "처녀좌의 11번째 거대 세계"에서의 3일을 다시 살아가게 된 셈입니다. 10만 년을 기점으로 하여 세상은 몇몇 사항에 있어서 변해 있습니다. 여기서 중세 내지 르네상스 시대는 서로 경미한 차이를 드러낼 정도로 거의 동일하게 인지되어, 인류의 출발로 명명되고 있을 정도입니다. 10만 년 이후의 세상은 놀라울 정도로 변

해 있습니다. 주인공은 B. H.의 안내에 따라 이곳저곳을 돌아다닙니다. 가령 B. H.의 손에는 "멘텔로볼(Mentelobol)"이라고 불리는 이동 기구가 들려 있어서 단추를 누르면, 두 사람은 순식간에 목적지에 도착해 있습니다(Innerhofer: 234). 멘텔로볼을 통해서 두 사람은 먼 지역을 신속하게 찾아갈 수 있습니다. 정확히 표현하면, 두 사람은 가만히 있는데, 마치 세상이 신속히 이전되어, 순식간에 목적지가 그들 앞에 마치 TV 화면처럼 출현하는 것입니다. 멘텔로볼을 만지면, 두 사람의 몸은 어떤 블랙홀, 다시 말해 거대한 구멍 속으로 빠져들어 다른 곳으로 이전되어 있습니다. 멘텔로볼은 시간 여행도 가능하게 해 줍니다. 이때 그들은 스스로 몸을 움직일 필요가 없고, 인간의 감각만이 유동하는 것을 느낄 뿐입니다. 두 사람은 과거를 거슬러 인류의 시작 시기 사이를 헤집고 여행합니다.

9. 첨단 자연과학의 활용: 두 사람의 여행은 20세기의 자연과학으로는 도저히 해명하기 어려운 것입니다. 거의 십만 년이라는 시공간을 넘나들게 되는 것은 오로지 첨단 과학의 활용으로 가능합니다. 어린아이조차도 텔레파시를 사용하여 먼 곳에 거주하는 사람들과 소통할 수 있습니다. 과거에 사람들은 약 천 미터 높이의 건축물에서 거주했습니다. 사람들은 높은 건물에 거주하면서 "회전 비행기(Gyroplane)"를 타고 세상을 돌아다녔는데, 이제 그들 대부분은 지하에서 생활하고 있습니다(Zemsauer: 112). 왜냐하면 이곳 사람들은 다시 전쟁이 발발할지 모른다는 일말의 불안감에 사로잡혀 있기 때문입니다(Jens 17: 555). 그들은 과거의 전쟁의 끔찍한 참상을 생생하게 기억합니다. 전쟁이 끝난 다음에 그들은 더 이상 군이 지상으로 이주하려 하지 않습니다. 행성의 표면에는 "중겔(Dschungel)"이라고 불리는 원시 종족이 생활하고 있으며, 지하에는 첨단 과학기술을 활용하는 천체 인간들이 거주하고 있습니다. 이들은 ― 제4권에서 다룬 바 있는 ― 불워-리턴의 작품, 『미래의 사람들』(1871)에 등장하는 낯선 종족처럼 느껴질 정도입니다. 어차피 행성의 분위기는 단

조롭고, 구름도 전혀 나타나지 않기 때문에 지상의 환경 역시 별로 흥미롭지 않다는 것입니다. 모든 질병이 그들의 삶에서 자취를 감추었으며, 인간 수명은 과거에 비해 세 배로 늘어났습니다.

10. 평범한 가정, 나체의 생활 관습: 주인공이 처음 찾게 된 첫 번째 장소는 어떤 평범한 가정입니다. 그 집의 딸이 결혼식을 준비하고 있습니다. F. W.는 바로 그미의 결혼식에 즈음하여 죽음의 상태로부터 깨어난 것입니다. 이곳의 누군가가 결혼식의 들러리로 활용할 사람을 위해서 주인공을 마치 "죽음의 정원"에서 빼내어 온 것 같습니다. 주인공은 가족의 구성원들과 인사를 나눕니다. 신랑, 신부, 신랑신부의 부모와 조부모, 증조모가 가족들입니다. 신랑은 "이오-도," 신부는 "이오-라"라는 이름을 지니고 있습니다. "이오"는 주체라는 의미를 지닙니다. F. W.는 탄생의 충격과 놀라운 삶의 변화에 일순간 피곤함을 느끼지만, 그들의 결혼식에 참가합니다. 천체 사람들은 자신이 이전에 만났던 부류의 인간과는 다른 유형입니다. 이들은 나이 차이를 드러내지만, 대부분 아름답고 나이보다 젊어 보입니다. 천체 사람들은 그다지 개별적 삶을 선호하는 것 같지는 않습니다. 그렇기에 행성에서 혼자 사는 사람은 거의 드뭅니다. 그들은 자신의 고유한 아름다운 취향을 가꿉니다. 예컨대 이곳 사람들에게는 머리카락이 하나도 없습니다. 머리카락은 아주 먼 시대에나 존재했을 뿐입니다. 그들 대부분은 가발을 쓰고 있는데, 이것은 그들의 직위라든가 그들이 속해 있는 공동체 등을 식별하게 해 주는 수단이 됩니다. F. W.는 신부의 집 안으로 들어가게 되는데, 그곳에서 모두가 나체로 지낸다는 것을 확인합니다. 일순간 주인공의 뇌리에는 목욕하기 위해서 나체를 드러내던 과거 시대의 여왕과 운동 경기장에서 반나체로 뛰어 다니던 스포츠 선수들이 떠오릅니다. 그러나 이러한 경우는 옷 벗고 운동했다는 사실만을 말해 줄 뿐, 이곳 사람들의 일상적 나체의 삶과는 아무런 관련이 없습니다. 집 안에서 옷을 걸치지 않는다고 해서, 타인들이

이를 바라보며 성욕을 느끼는 것은 아닙니다. 주인공은 부끄러움을 느끼는 것 자체가 오히려 어색한 감정이라는 것을 인지합니다. 그들은 아무런 가식 없이 순진무구하게 살아갑니다.

11. 빛이란 때로는 불명료함을 드러내는 도구일 수 있다: 물론 빛이 환하게 비친다고 해서 나체의 생활 관습이 일거에 사라지는 것은 아닙니다. 빛은 대상을 환하게 밝혀 주는 게 아니라, 오히려 대상을 흐릿하게 해 주고 대상의 윤곽을 불명료하게 투시하게 해 준다는 점에서 천체 사람들에게 안온함을 안겨 줍니다. 이러한 유형의 조명은 방이라든가 벽에 장착되어 있습니다. 그래서 F. W.는 처음에 이러한 조명의 빛을 벽걸이 양탄자로 인지할 정도였습니다. 빛은 사물을 명료하게 보이게 할 뿐 아니라, 그 윤곽을 흐릿하게 함으로써 포근하고 안온한 분위기를 연출합니다. 주어진 현실의 상은 눈에 피상적으로 투영되지 않습니다. 오히려 인간의 정서에는 가시적 상보다 비가시적 상이 더 중요할 때도 있습니다. 가령 우리는 미술관에 전시된 조각상을 예로 들 수 있습니다. 즉, 조각상을 바라보고 골몰할수록, 우리는 그게 형태상으로 아름답다는 것을 명확하게 파악하게 됩니다.

12. 첫 번째 위기 그리고 어처구니없는 종말: F. W.는 결혼식을 거행하려는 신랑과 인간적으로 더 가까워집니다. 그렇다고 해서 "이오-도"라는 이름의 신랑이 마음에 쏙 드는 것은 아닙니다. 그는 무기를 수집하고, 잿빛 과거 시대의 원시적 물건들을 즐겨 모읍니다. 이오-도가 수집하는 것은 주로 과거의 권총 종류들입니다. 신랑은 멀리 떨어져 있는 그림자를 파괴할 수 있는 작은 대롱과 같은 관(管) 또한 소장하고 있습니다. 이 관을 지닌 자는 마음만 먹으면 도시 전체를 파괴할 수 있습니다. 사실 사람들은 이러한 관을 이용해서 최근의 전쟁을 완전히 종식시켰습니다. 무기 수집에 혈안이 된 자의 방에서 주인공은 이유를 알 수 없는 암울함과

답답함을 느낍니다. 신부의 아버지는 자신을 찾은 손님에게 염세적으로 다음과 같이 말합니다. "우리는 위협을 당하고 있어요." 여기서 말하는 위협은 실제 현실에서 일어나는 전쟁으로부터 비롯되는 게 아니라, 사이버 현실의 가상적인 투쟁입니다. 일부의 천체 사람들은 자발적으로 위협에 저항함으로써 심리적 압박감을 극복하려 합니다. 그들은 일부의 동족에게 그리고 미지의 생명체에게 공격 성향을 드러냅니다. 따라서 전쟁이 없다고 해서 인간관계의 갈등과 이로 인한 투쟁이 사라지는 것은 아닙니다. 작품의 마지막에 이르러, 모든 것은 파괴되고 천체 인간의 삶은 안타깝게도 종언을 고하고 맙니다. 이러한 사건은 작은 실수로 인한 인재(人災)라기보다는 "피할 수 없는 시대적 멸망이라는 전환점"과 같습니다(Werfel: 218). 어쩌면 행성의 파괴는 역사적 파국의 영원한 회귀라는 측면에서 이해될 수 있습니다. 지하 세계가 폐허 속으로 내려앉게 되자, 행성에서 살아남는 자는 다소 야만적인 "중겔"들밖에 없습니다(Werfel: 84).

13. 주위 환경: 101945년의 사람들은 — 사이버 영역의 가상적, 심리적 전쟁을 제외하면 — 실제 현실에서의 전쟁에 종지부를 찍었습니다. 그들은 전쟁을 일으키는 제반 갈등이 처음부터 발생하지 않도록 모든 조처를 강구하였습니다. 물론 과거의 모든 과학기술 내지 기계적 동력은 거의 대부분 파괴되었지만, 고도의 과학은 새로운 사회에서 삶의 편리함을 극대화시키고 있습니다. 기술자들은 바퀴를 굴려 이동하는 모든 차량들을 폐기 처분하였습니다. 새로운 사회에는 국가, 계급, 강제 노동 그리고 권력 지향의 엘리트들이 더 이상 존재하지 않습니다. 천체 인간들은 식사에 많은 시간을 할애하지 않습니다. 그들은 모든 영양소가 함유된 음료수를 마시며 살아가기 때문입니다. 그렇기에 그들의 음료수는 마치 고대 그리스 신들이 마시던 "넥타"를 연상시킵니다. 수많은 동물들은 거의 사멸하였으며, 몇몇 동물들만이 자신의 더 나은 종을 번식시킬 수 있

습니다. 개 종류는 아직도 인간의 곁을 지키고 있습니다. 물론 많은 종의 개들이 남아 있는 것은 아닙니다. 개들은 사람들을 더욱 충직하게 따릅니다. 노동에 종사하는 사람들은 거의 존재하지 않습니다. 오히려 다음과 같이 말할 수 있습니다. 모두를 위해서 일하는 한 사람이 있다고 말입니다. 이곳 행성에서는 인간의 특성이 보편화되어 있습니다. 시대의 노동자, 시대의 유대인은 그 자체 일당백으로서, 과거에 수십 명, 수백 명이 행하던 노동을 혼자 수행합니다.

14. 죽음을 극복한 삶: 놀라운 것은 천체의 인간들이 죽음의 영역을 하나의 공간으로 축조했다는 사실입니다. 천체의 인간은 나이가 들어도 여전히 젊게 보입니다. 인류의 수는 매우 줄어들어 있으며, 그들이 사용하는 언어는 마치 에스페란토어와 같은, 한 가지 언어에 불과합니다. 천체의 인간은 더 이상 암(癌)과 같은 치명적 질병에 시달리지 않습니다. 그들은 대부분의 경우 오랜 수명을 누립니다. 가령 평균 수명은 270세 정도 됩니다. 왜냐하면 새로운 인간은 심적으로 그리고 생물학적으로 발전된 신체 구조를 지니고 있기 때문입니다. 따라서 죽음조차도 인간의 의지에 좌지우지되고 있음을 알 수 있습니다. 구체적으로 말하자면, 인간은 더 이상 죽지 않고, 자유의지에 따라 "안락사"의 시술을 받은 다음에 "겨울 정원"으로 떠날 수 있습니다. 조만간 생명을 잃게 될 사람은 다시 겨울 정원으로 들어가서, 이전의 태아 형태로 자신을 변환시키게 합니다. 때로는 인간의 영혼은 "씨눈(Blastozyste)"으로 전환되어서 다른 생명체에 이식될 수도 있습니다. 추측컨대, 베르펠은 기원전 5세기의 그리스의 철학자이자 의사인 알크마이온(Alkmaion)의 사고를 받아들여서 이를 작품 속에 문학적으로 반영한 것 같습니다. 알크마이온은 생전에 다음과 같이 말했다고 합니다. "인간이 죽는 것은 생명의 시작과 마지막을 연결시키는 기술을 제대로 배우지 못했기 때문이다"(Gadamer: 286). 여기서 작가는 삶과 죽음 사이를 분명하게 경계 짓는 서양 사람들의 세계

관을 염두에 둡니다. 죽음 이후의 세계는 인간의 영혼이 씨눈으로 보존되는 겨울 정원으로 묘사되고 있습니다. 말하자면, 동양의 윤회설이 놀랍게도 베르펠의 작품 속에 도입되는 셈입니다. 중요한 것은 인간이 자의에 의해서 죽음의 영역인 겨울 정원에 들어설 수 있으며, 죽기 전에 이후의 세계에 다시 탄생할 수 있도록 미리 조처를 취할 수 있다는 사실입니다. 미래 인간들은 과학기술을 바탕으로 생명의 윤회를 인위적으로 조절하고 있습니다. 논의에서 벗어나는 이야기이지만, 이는 프랑스의 현대 작가, 미셸 우엘벡(Michel Houellebecq)의 『어떤 섬의 가능성(La passibilité dúne île)』(2005)에서도 다시금 언급되고 있습니다. 우엘벡의 작품에서 서기 4000년에 살아가는 새로운 인간으로서의 엘로힘 숭배자들은 영생이 무조건 바람직하다고 확신하지 않습니다. 왜냐하면 영생은 인간의 삶 자체를 권태롭게 만들기 때문이라고 합니다. 그래서 염색체를 보관하여 먼 훗날 동일한 생명체인 클론으로 재탄생하도록 조처합니다.

15. 디지털 실험실로서의 학교: 베르펠은 프랑스의 공상과학 소설가 쥘 베른(Jules Verne)처럼 과학기술에 관한 사항을 상세하게 언급하지는 않습니다. 그렇지만 과학기술과 이와 관련된 삶을 서술할 때 가급적이면 독자들이 이해할 수 있는 범위에서 리얼리티를 찾아내려고 합니다. 예컨대 지하 도시에는 디지털 도서관이 있는데, 이곳은 이전처럼 거대하지는 않습니다. 수십만 권의 도서와 여러 종류의 자료들은 새로운 매체의 개발로 인하여 얼마든지 하나의 거대한 책장 속에 보관될 수 있으니까요. 이곳에는 이른바 "드제벨(Djebel)"이라고 불리는 학교가 있습니다(Werfel: 346). 드제벨은 이른바 우주 학교로서 주로 행성과 행성을 여행하는 사람 그리고 별을 연구하는 학자들을 양성하는 기관입니다. 이곳의 연구를 통해서 태양계를 넘어선 우주의 작은 구석구석이 발견되고 있습니다. 드제벨의 하급 학교 학생들은 실습 삼아서 태양계의 행성으로 여행하며, 우주에 관한 지식을 하나씩 섭렵해 나갑니다. 행성들은 제각

기 사도들의 이름을 지니고 있습니다. 이를테면 베드로 행성에 내리는 사람들은 머리를 땅바닥에 부착시켜야 합니다. 이는 마치 거꾸로 처형당하기를 자청한 베드로의 죽음을 연상시키는 대목입니다. 학생들은 우주선을 타고 함께 여행하는 게 아니라, 개별적으로 추진 장치가 부착된 우주복을 입고 마치 자그마한 혜성처럼 비행합니다. 드제벨 학교 출신의 사람들로 인하여 우주의 거의 모든 공간이 천체 인간들에게 널리 알려지게 되었습니다.

16. 노동 부재의 사회: 태어나지 않은 별에서 노동자의 수는 극히 제한되어 있습니다. 노동자는 물건을 개인적 욕구에 의해 생산해 내지 않습니다. 그는 분수가 있는 어느 공원에서 생활하는데, 그곳에서는 인간이 필요로 하는 엄청난 물건들이 소수의 노동자들에 의해서 생산되고 있습니다. 물건들은 별들의 놀라운 힘에 의해서 분수에서 솟구칩니다. "물품이 출토된다"고 표현하는 게 더 나을 것 같습니다. 별의 광선이 상품 생산을 위한 에너지로 활용되고 있습니다. 놀랍게도 이곳의 우주인들은 힘들거나 지루한 노동으로 재화를 창출해 내지 않습니다. 삶에 있어서 노동의 비중이 덜한 관계로 삶의 긴장감은 약화되어 있으며, 때로는 지루하기까지 합니다. 행성의 표면은 이전보다도 더 둥글고, 들쑥날쑥한 분화구의 모습을 더 이상 보여 주지 않습니다. 그렇다고 마치 지구에서와 같은 자연스러운 풍경을 보여 주는 것도 아닙니다. 주위 환경은 온통 잿빛 납으로 덮여 있는 것처럼 보입니다. 사람들은 막혀 있는 도로를 싫어하며, 직선의 방향을 선호합니다. 천체 사람들은 서 있거나 누워 있으며, 어딘가에 가만히 앉아 있는 것을 싫어합니다. 그만큼 그들은 자발적 의지를 지니며, 움직이기를 좋아합니다. 인간은 목표를 향해서 노예처럼 움직이는 게 아니라, 오히려 마치 목표가 자신에게 다가오는 것처럼 느긋하게 행동합니다. 모든 여행 내지 이동 역시 이러한 관점에서 이해됩니다. 자아 자신이 여행을 떠나는 게 아니라, 과학적 기계를 이용하

여 목적지가 자신에게 근접하도록 사차원의 계기(計器)를 사용하는 것 같습니다.

17. 죽음 극복을 위한 가상적인 삶: F. W.는 3일 동안 체류하면서 이곳의 제반 상황을 모조리 터득합니다. 뒤이어 그는 자신이 살던 시대의 장소로 되돌아옵니다. 여기서 우리는 두 가지 세계의 이질적인 영역을 감지할 수 있습니다. 베르펠은 제2차 세계대전이 극에 달했던 시기에 말년을 보냈습니다. 전쟁을 피해서 오스트리아를 떠나 프랑스로, 프랑스에서 미국으로 망명하였습니다. 그의 뇌리 속에는 미래의 암운이 가득 차 있었던 것입니다. 당시 로마가톨릭교회 주교들의 발언은 민족 사이의 화해를 고취시켰지만, 작가의 눈에 인간의 삶은 신으로부터 멀어졌을 뿐 아니라 약육강식의 원시 상태로 회귀한 것처럼 비쳤습니다. 그렇기에 인간은 동일한 생명체와 피비린내 나는 유혈극을 벌이고 있습니다. 이 경우 죽음은 의식되지 않고, 삶에 대한 강한 집착만이 인지될 뿐입니다. 제각기 서로 살기 위해서 상대방을 죽음으로 몰아갑니다. 인간은 결국 아무런 준비 없이 오로지 생(生)에만 집착하다가 예기치 않은 순간에 죽음에 봉착하게 됩니다(Zemsauer: 121). 요약하건대, 작가는 죽음과 죽임에 대한 대안으로서 천체 인간의 생활상을 구체적으로 보여 주었습니다. 이것은 비록 자발적으로 출현하는 것이지만, 오히려 어떤 숙명론적 강제성을 보여 줍니다. 그렇지만 이것은 죽음보다도 더 막강합니다. 물론 죽음을 목전에 둔 사람에게는 죽는다는 사실이 끔찍하게 다가오지만, 죽음은 다르게 생각하면 삶의 구원일 수 있습니다. 이 점에 있어서 죽음은 "확실한 가능성(gewisse Möglichkeit)"(하이데거)과 연결되고 있습니다(최문규: 95).

18. 천체 인간의 삶에서 드러난 몇 가지 문제점: 주인공은 한 가지 사실에 대해 아쉬움을 금치 못합니다. 그것은 다름 아니라 천체 인간들이 아

무런 축제도 즐기지 않고, 따분하고 단조롭게 살아간다는 사실입니다. 예컨대 누구든 간에 어떤 기이한 상황에 직면하면 약간 흥분하게 됩니다. 그런데 천체 인간에게서 이러한 크고 작은 자극이 드러나지는 않습니다. 이곳에서는 희로애락애오욕의 정서가 마치 어떤 의식의 빛에 의해서 약화되는 것 같습니다. 이로 인하여 개인적으로 체험할 수 있는 정서적인 모든 능력이 사라지고 맙니다. 가령 인간의 심리는 고통 내지 고뇌를 더 이상 강력하게 인지하지 못합니다. 그렇다고 해서 희로애락애오욕의 정서가 없는 것은 아닙니다. 그들의 계층 사이의 심리적 갈등과 투쟁이 속출하는 것은 그동안 축적되어 있었던 작은 감정이 다시 출현하기 때문입니다. 또한 천체 인간들은 실제로 자유를 구가하지만, 고통이 무엇인지, 행복이 무엇인지 명료하게 깨닫지 못합니다. 그들은 마치 하늘 위의 기러기 한 쌍처럼 자유와 사랑을 실천하지만, 정작 자신이 행복한지, 열광적 희열에 사로잡혀 있는지 전혀 느끼지 못하고 있습니다. 언젠가 재독 동포 어수갑 씨는 유럽에서의 삶이 "재미없는 천국"이고, 한반도에서의 삶이 "재미있는 지옥"이라고 비유한 바 있습니다(어수갑: 168). 비록 맥락은 다르지만, F. W.는 행성에서의 삶이 "재미없는 천국"이며, 자신의 과거의 삶의 공간이 "재미있는 지옥"이라고 느낍니다.

19. 겨울 정원, 윤회의 가능성으로서의 삶과 죽음: 천체 인간에게는 죽음에 대한 두려움이 크지 않습니다. 왜냐하면 죽음은 그 자체 과학기술에 의해 인위적으로 조작되는 하나의 과정이기 때문입니다. 실제로 대부분의 천체 인간들은 자신의 죽음을 "안락사를 통해서 겨울 정원으로 들어가는 과정"이라고 냉담하게 받아들입니다. 다시 말해, 죽음이란 이들에게는 "자신이 태어날 때의 태아의 모습" 내지 "마치 식물과 같은 비형태의 존재"로 되돌아가는 과정일 뿐입니다. 과거에 인류는 자신이 겪어야 하는 끔찍한 비극에 즈음하여, 대천사의 보복에 대해 처절하게 저주를 퍼부으면서도, 애타는 마음으로 신에게 마지막 구원을 빌었습니다. 그

렇지만 미래 세계의 천체 인간들은 이러한 신의 영향으로부터 멀어진 채 살아갑니다. 천체 인간의 정신과 영겁을 고려할 때, 우리는 다음과 같이 말할 수 있습니다. 즉, 철학과 같은 도덕적 형이상학은 어떠한 경우에도 천체 인간의 삶과 죽음에 커다란 영향을 끼치지 못했다고 말입니다.

20. 필요악으로서 온존하는 사회적 갈등: F. W.는 혼란스러움에 사로잡힌 채 다음의 사실을 깨닫습니다. 즉, 모든 세계, 모든 시대는 몇몇 예외적인 현상을 도외시한다면, 인간이 도저히 상상할 수 없는 수많은 변전(變轉)이라든가 모순들로 가득 차 있다는 사실 말입니다. 천체 사회는 네 가지 계층(수사 계층, 정치가 계층, 경제인 계층 그리고 거대한 산에서 거주하는 계층)으로 분화되어 있습니다. 유대교와 기독교 사상은 우주를 "인식의 나무" 내지 "바벨탑"과 같은 형체로 파악했습니다. 이로써 세상은 어떤 다양한 이질적 특성을 지닌 단계로 의식되고 있습니다. 작가는 때로는 당혹스럽고도 기이한 방식으로 인류의 삶이 다양하고 이질적이며, 질적인 측면에서 평등하지 못하다는 점을 분명하게 알려 줍니다. 전쟁이 완전히 극복되었다고 하지만, 네 가지 계층 사람들은 제각기 다른 무엇을 갈망하고, 그것이 충족되기를 요청합니다. 이러한 이질적인 갈망으로 인해 어쩔 수 없이 어떤 경미한 사회적 갈등이 고개를 들 수밖에 없습니다. 물론 우주 도시에서는 모든 것을 정신적 차원으로 극복하고, 현존재의 단순한 폭력들을 깡그리 없앴다고 하지만, 사람들 사이의 마찰은 끊임없이 발생합니다. 어떤 장면에서는 도저히 납득할 수 없는 황당무계한 상황이 다루어지고 있는데, 이게 주인공의 현실인지, 아니면 주인공의 꿈 내지 환상인지 분간이 가지 않을 때도 있습니다.

21. 작가의 시대 비판, 전쟁의 허구성 고발: 베르펠은 궁극적으로 타자에 대한 증오심이 갈등, 전쟁 그리고 학살을 불러일으킨다고 확신했습니다. 다시 말해, 타자를 마치 나 자신과 같은 존재로 받아들이지 않고 나

와는 전혀 다른 객체의 존재로서 나의 이득을 갈취하는 대상으로 여길 때, 인간은 그때부터 타자를 물화시키고 증오한다는 것입니다. 그렇기에 우리는 스스로 타자의 입장이 되어, 역으로 자신을 비판적으로 성찰할 필요가 있습니다(Levinas: 67). 피부색이 다르고, 언어가 다르며, 마음속으로 모시는 신이 다르고, 자신이 속한 나라가 다를 때, 우리는 타자를 남으로, 낯선 존재로 지레짐작하고, 그들로부터 우리의 선을 분명히 긋습니다. 타자가 새로운 환경에서 누구보다 먼저 이득을 챙기며 살아갈 때, 바닥나기들은 타자에 대한 증오심을 품지 않을 수 없습니다. 이로써 발생하는 게 베르펠에 의하면 마치 먹이 앞에서 으르렁거리는 늑대의 경우처럼 갈등과 반목의 정서라고 합니다. 이러한 갈등과 반목은 결국 세계대전으로 발전될 수 있다고 합니다. 이러한 입장은 묵자(墨子)의 이타주의적 겸애설을 유추하게 합니다.

22. 인류의 평화 공존은 가능한가?: 세계대전에 직면하여 베르펠은 두 가지 문제점을 제시합니다. 그 하나는 세계가 국가 중심으로 이루어져야 하는가, 아니면 무정부주의의 성향을 강하게 표방해야 하는가 하는 물음이며, 다른 하나는 인간의 내면에 도사리고 있는, 마치 카인이 아벨에게 저지른 바 있는 폭력성에 관한 물음입니다. 여기서 우리는 베르펠이 궁극적으로 추적하는 형이상학적인 역사에 관한 관점을 읽을 수 있습니다. 그것은 다름 아니라 별에서 살고 있는 미래 인간의 문화 역시 궁극적으로 사멸되거나 미지의 다른 세력에 의해서 파괴되리라는 관점 말입니다. 그렇지만 주인공은 종국에 이르러 이름 없는 어떤 아이의 자기희생에 의해서 구원을 받게 됩니다. 그 아이는 불치의 병에 걸려 있는데, 죽음의 정원으로 들어가기를 거부합니다. 말하자면, 과학기술을 통해 죽음을 극복할 수 있는 겨울 정원의 체제를 처음부터 거부한 것입니다. 대신에 아이는 자연적인 죽음을 선택함으로써, 도저히 증명할 수 없는 종교의 카리스마를 무덤덤하게 받아들입니다(Wagener: 129). 이로써 작가는

과학기술 대신에 무엇보다도 가톨릭 신앙에 기대를 걸면서, 하나의 절대적 종말로서의 니힐리즘을 배격하고 있습니다.

23. 가톨릭의 세계관을 중시하는가?: 천체 사회에서 종교는 커다란 의미를 지니지 않지만, 가톨릭교회와 유대교의 예배당은 온존하고 있습니다. 인류를 대변하는 인물은 놀랍게도 "시대의 유대인"과 "대주교"입니다. 두 사람은 도저히 화해할 수 없는 두 종교의 대변인이지만, 함께 살아가는 평화 공동체의 생생한 증인으로 활약합니다. 이들은 천체 인간들의 심리적 갈등을 달래고 보살펴 주는 일을 수행합니다. 두 사람은 의외로 초당적 자세로 협심합니다. 이들의 평화 공존으로부터 인간의 바람직한 역사가 시작될 수 있으리라고 베르펠은 확신하고 있습니다. 기이한 것은 이슬람 종교에 관한 언급이 전혀 나타나지 않는다는 사실입니다. 이는 작품의 하자로 지적될 수 있습니다. 왜냐하면 우리는 무함마드의 사상을 배격한 채 세계 종교를 논할 수 없기 때문입니다. 죽음과 마지막 파국은 작가에게는 하나의 "출구(Exitus)"로서, 인간이 최후의 심판일에 겪어야 하는 사건으로 파악되고 있습니다. 그것은 선택받은 인간이 새롭게 맞이해야 하는 새로운 예루살렘의 개벽으로 이해됩니다. 바로 이 점을 고려할 때 우리는 베르펠의 자세에서 어쩌면 야훼 신에 귀의하려는 가톨릭주의자의 보수 반동적인 체념을 부분적으로 감지할 수 있습니다 (Meyer: 88).

24. 인종 갈등 내지 죽음의 극복으로서 유토피아: 베르펠의 유작은 유토피아와 디스토피아의 두 가지 이질적인 상을 동시에 포괄하고 있습니다. 그것은 찬란한 미래의 현실상을 다루고 있으면서도, 부분적으로 사악한 현실상을 보여 줍니다. 마지막에 도시의 파괴와 같은 어떤 끔찍한 디스토피아의 면모가 바로 그것입니다. 물론 베르펠이 처음부터 어떤 현대적 의미에서의 미래 소설 속의 유토피아의 모델을 도출해 내려고 의도한 것

은 아니었습니다. 그에게 중요한 것은 후세 사람들에게 자신의 유언을 묵시록적으로 전달하는 일이었습니다. 죽음을 앞둔 국외자 한 사람이 전하고 싶은 것은 하나의 가상적인 모델을 통해서 전해질 수는 없을 것입니다. 그럼에도 우리는 베르펠의 작품에서 어떤 유토피아의 요소 내지 구성 성분을 발견해 낼 수 있습니다. 먼 미래의 부분적으로 찬란한 가상적인 삶은 전쟁과 인종 갈등을 극복하기 위해서 작가가 가상적으로 끌어낸 "에우토피아"의 상이라고 말할 수 있습니다. 다른 한편, 『태어나지 않은 자들의 별』은 영원히 지속되는 찬란한 현실상이 아닙니다. 마지막 대목에 이르러 지하의 문명 세계는 여지없이 파괴되고, 십만 년 후의 미래에 살아남는 사람들은 기껏해야 소수의 "중겔" 족속에 불과합니다. 이러한 두 가지 특성과 관련하여 우리는 유토피아의 역사적 맥락에서 다음의 사항을 지적할 수 있습니다. 즉, 작품은 미래의 천체 인간의 삶을 묘사하고 있는데, 이는 무엇보다도 인종 사이의 갈등, 반목, 외면, 투쟁 등을 극복하고 죽음 이후의 삶의 가능성을 선취하게 하는 계기를 제공하고 있다고 말입니다.

참고 문헌

어수갑 (2004): 베를린에서. 18년 동안 부치지 못한 편지, 후마니스트.
베르펠, 프란츠 (2013): 거울인간, 김충완 역, 지만지.
베르펠, 프란츠 (2014): 야코보스키와 대령, 김충완 역, 지만지.
우엘벡, 미셸 (2007): 어느 섬의 가능성, 이상해 옮김, 열린책들.
최문규 (2014): 죽음의 얼굴. 문학 속에서 인간은 어떻게 죽어가는가?, 21세기북스.
Gadamer, Hans-Georg (1969): Über leere und erfüllte Zeit, in: Die Frage Martin Heideggers. Sitzungsberichte der Heidelberger Akademie der Wissenschaften, philoshist. Klasse, Jg.
Innenhofer (2011): Innerhofer. Roland u. a. (hrsg.), Das Mögliche regieren: Gouvernmentalität in der Literatur- und Kulturanalyse, Wien.
Houellebecq, Michel (2005): La passibilité dúne île, Broché-Fayard.
Jens (2001): Jens, Walter (hrsg.), Kindlers neues Literaturlexikon, 22 Bde, München.
Levinas, Emmanuel (1998): Jensseits des Seins oder anders als Sein geschieht, Freiburg.
Meyer, Daniel (2003): Vom mentalen Schlaraffenland zur Apokalypse, Franz Werfels utopischer Roman 『Stern der Ungeborenen』, in: Hans Esselborn (hrsg.) Utopie, Anti-Utopie und Science Fiction im deutschsprachigen Roman des 20. Jahrhunderts, Würzburg, 83-106.
Paulsen, Wolfgang (1995): Franz Werfel: Sein Weg in den Roman, Tübingen.
Torberg, Friedrich (2008): Die Erben der Tante Jolesch, München.
Wagener (2011): Wagener, Hans u. a. (hrsg.), Judentum im Leben und Werk von Franz Werfel, Oldenbourg.
Werfel, Franz (2010): Stern der Ungeborenen: Ein Reiseroman, 6. Aufl. Frankfurt a. M..
Zemsauer, Christian (2013): Wortschöpfungen für Zukünftiges in Franz Werfels Stern der Ungeborenen, Diss., Wien.

3. 오웰의 『1984년』

(1949)

1. 작품에 대한 다양한 해석: 조지 오웰(George Orwell, 1903-1950)의 『1984년』은 지금까지 어떠한 작품보다도 다양한 의미로 수용되었습니다. 혹자는 그의 작품이 끔찍한 미래의 무시무시한 전체주의 국가의 상을 선취하고 있다고 주장하였습니다. 인간이 이러한 국가로부터 자유롭게 살 수 있는 가능성은 거의 없다는 것입니다. 다른 비평가는 오웰이 조너선 스위프트의 풍자문학의 전통을 계승하여, 서양 문명의 잘못 발전된 국가상을 보여 준다고 논평하였습니다. 혹자는 『1984년』에 형상화된 문학적 현실은 히틀러의 국가사회주의의 참모습 내지 스탈린의 볼셰비즘 정책을 암시한다고 주장하였습니다. 자고로 명저의 대열에 합류한 문학작품은 이런 식으로 해석의 다양성을 낳게 합니다(박경서: 120). 그런데 작품을 주어진 특정한 현실과 직결시키는 것은 단선적일 수 있습니다. 그런데도 이런 식으로 성급하게 해석한 사람은 의외로 많았습니다. "작품은 제2차 세계대전 전후의 영국을 상징하고 있다"라든가, "작품은 오웰이 유년과 청년 시절의 좌절을 문학적으로 형상화했다"라는 어처구니없는 논평을 생각해 보세요. 혹자는 『1984년』의 내용이 권력에 대한 절망적 비유라고 주장하기도 했습니다.

2. 작품 해석에 대한 오해: 정치적 보수주의자들은 작품이 동유럽의 정치적 변화에 대한 작가의 우려를 담고 있다고 주장한 반면에, 좌파 지식인들은 정치적 특성에 관해 그다지 커다란 비중을 두지 않았습니다. 집필 당시에 그의 심신은 피폐해 있었으며, 작가의 고통스러운 정황이 억압과 예속이라는 방식으로 표출되었는지 모릅니다. 사실 오웰은 1936년에서 사망 시점에 이르기까지 자신이 민주적 사회주의자라고 술회하였습니다. 1936년 이래로 그는 직간접적으로 전체주의에 대항하고, 민주적 사회주의를 위해서 글을 쓴다고 공언한 바 있습니다. 실제로 오웰은 어느 편지에서 자신의 『1984년』을 사회주의에 대항하는 정치적 무기로 남용하지 말 것을 촉구하기도 했습니다(Schröder: 244). 이를 고려한다면, 오웰의 작품이 오로지 소련의 스탈린 시기의 숙청 사건과 관련된다고 못 박는 것은 단선적이고 피상적인 해석이라고 여겨집니다. 물론 오웰은 작품 내에서 부분적으로 세분화된 존재로서의 개인, 전체주의 시스템의 이원화된 사회 계층, 일반 계층, 다시 말해 "프롤레스(Proles)"의 수동적인 태도와 충동의 억압 등을 묘사하고 있습니다. 그렇지만 오웰의 문학적 현실은 동양과 서양 그리고 동구와 서구를 넘어서서, 현대사회에 보편적으로 뿌리를 내리고 있는 전체주의 지배 구도를 사회과학적으로 탐구하게 합니다.

3. 집필의 네 가지 동기: 문학작품은 그의 삶과 밀접한 관련성을 지니지만, 작품의 주제가 동시에 그의 삶의 행적을 반영하고 있습니다. 그렇지만 오웰의 삶이 치열하고 격정적으로 이어져 나갔고 삶과 문학이 분리될 수 없다고 하더라도, 우리는 그의 문학과 그의 생애를 하나의 동일한 차원에서 고찰할 수는 없을 것입니다. 오웰의 창작 동기는 한마디로 네 가지 사항으로 요약될 수 있습니다. 첫 번째 동기는 작가 자신의 순수한 개인적 욕구에 의한 것입니다. 오웰은 삶을 영위하기 위하여 원고료를 필요로 했습니다. 두 번째 동기는 문학과 예술을 추구하여 명작을

남기려는 열정과 관련됩니다. 작가치고 훌륭한 작품을 완성하려는 의향을 지니지 않은 사람은 아마 없을 것입니다. 여기에는 명성을 얻으려는 사적인 모티프도 첨가될 수 있습니다. 세 번째 동기는 어떤 역사적 맥락과 결부된 것입니다. 오웰은 창작 이전에 현재의 사건뿐 아니라, 지나간 역사적 사건에 대해서 비판적 입장을 도출해 내곤 하였습니다. 특정 역사적 사건에 대한 작가의 비판은 자신의 정치적, 예술적 견해를 형성시키는 모태로 작용합니다. 마지막으로 네 번째 동기는 작가 자신이 추구하는 정치적 목표를 가리킵니다. 민주적 사회주의자로서 주어진 현실을 바꾸어 나가고 미래의 목표를 미리 제시하는 게 작가의 사명이라고 오웰은 확신하였습니다. 『1984년』도 상기한 네 가지 동기와 밀접하게 관련됩니다.

4. 오웰의 삶: 조지 오웰의 본명은 에릭 아서 블레어(Eric Arthur Blair)입니다. 그는 1903년 1월 25일 인도의 비하르에서 영국 관리의 둘째 아들로 태어났습니다. 그의 아버지는 영국의 식민지 정책의 일환으로 파견된 동인도회사의 관리였는데, 가족과 함께 인도에서 거주하고 있었습니다. 당시에 아편은 현지인들의 비판 의식을 마비시키는 도구였습니다. 아편을 둘러싼 인도와 중국 사이의, 이른바 "합법적인" 거래가 비일비재했습니다. 부모는 겉으로는 부유함을 자랑하지만 그다지 실속이 없는 가정을 꾸려 나갔습니다. 오웰은 어머니와 여동생과 함께 영국으로 건너가서 유년기를 보냅니다. 1916년 그는 엘리트 학교인 이튼(Eton) 스쿨의 장학생이 됩니다. 오웰은 그 학교에서 프랑스어를 배웠는데, 그를 가르친 선생은 작가, 올더스 헉슬리였습니다. 오웰은 아버지의 권고로 1921년 영국의 식민 경찰의 연수를 받습니다. 오웰은 버마(지금의 미얀마)에서 1922년부터 1927년까지 약 5년간 경찰로서 일합니다. 이때 그는 영국이 버마 지역에서 어떻게 토박이 동양인들을 착취하는지 직접 목격하였습니다. 영국인들이 토착민들을 어떻게 착취하고 괴롭히는가에 대한 경험

은 그의 마음속에 반제국주의의 지조를 견지하게 합니다.

　오웰은 보다 더 치열하게 살아야 한다고 다짐합니다. 그의 행적은 모험을 자청했다는 점에서 미구엘 세르반테스의 그것과 유사합니다. 세르반테스가 행동하는 야인으로 거칠고 험난하게 살아갔다면, 오웰은 자신의 사고와 부합되는 삶을 살려고 노력하였습니다. 1928년에 영국으로 돌아와서 노동자 계층 사람들이 살아가는 런던의 이스트엔드 지역에 거주하면서, 작가로 반드시 성공하겠노라고 결심합니다. 뒤이어 오웰은 파리로 이주했는데, 고독하게 살면서 온갖 허드렛일을 마다하지 않았습니다. 먹고 살기 위한 일이다 보니, 중도에 그만두는 경우가 허다했습니다. 보조 교사, 서점 직원, 저널리스트, 광부, 심지어 노숙자로 생활하다가 폐결핵을 앓게 됩니다. 1933년 1월에 드디어 『파리와 런던의 밑바닥 삶(Down and Out in Paris and London)』(1933)이 조지 오웰이라는 필명으로 간행됩니다.

　이 시기에 오웰은 사회주의의 사고가 틀림없이 인간 평등에 기여하리라고 믿었습니다. 1936년 12월 중순에 그는 에스파냐로 건너가서 내전에 참전합니다. 프랑코 독재에 저항하는 공화주의자, 오웰은 바르셀로나에 있는 마르크스 연합 민병대에 배치되어 아라곤 전투에 참전합니다. 그는 아라곤 전화국 점령을 위한 대대적인 전투에서 총상을 입었는데, 그 가운데 한 발은 그의 목을 관통하였습니다. 이후 바르셀로나 야전병원에서 치료 받은 뒤에 오웰은 아내와 함께 에스파냐를 떠나게 됩니다. 이 전투에서 오웰은 한 가지 놀라운 사항을 체험하게 됩니다. 그것은 열혈 공화주의자들 사이에도 기회주의적인 당원들이 뒤섞여 있었다는 사실입니다. 이들은 같은 군인들 사이에 수정주의자 내지 아나키스트들을 속출해 내어 그들을 쥐도 새도 모르게 처형하곤 하였습니다. 혁명가라고 해서 모두 고결한 목표를 지니지 않는다는 진리를 뼈저리게 깨닫게 된 것도 바로 이 무렵이었습니다. 1939년에 영국으로 돌아와서 잠시 BBC 방송국에서 도서 비평가로 활약하다가 영국군에 입대하게 됩니다.

그렇지만 폐결핵 증세로 인하여 참전이 불가능해지자, BBC 방송국의 종군 기자로 활약합니다. 제2차 세계대전이 끝나고 난 다음에 오웰은 집필에 몰두하였습니다. 당시에 발표된 작품으로 소련의 정치 숙청을 풍자하는 『동물 농장(Animal Farm)』(1945)이 있습니다. 이 작품으로 인하여 오웰의 명성은 세계적으로 알려지게 되었습니다. 1947년 가을 어느 날 오웰은 『1984년』 초고를 완성합니다. 폐결핵으로 인하여 왼쪽 허파가 거의 기능하지 못하게 되어 그의 건강 상태는 극도로 악화되었습니다. 완성된 원고는 1949년에 출판사에 송부되었고, 오웰은 핍진한 몸을 추스르지 못합니다. 1950년 1월 21일 오웰은 폐결핵 후유증으로 인한 폐렴으로 유명을 달리합니다.

5. 미래의 개인은 자유를 누리는가?: 오웰의 소설, 『1984년』은 처음부터 미래 소설의 형식을 취하고 있습니다. 오웰은 처음부터 끝까지 국가 체제에 관한 사회정치적 문제에 초점을 맞추고 있습니다. 물론 작가의 세계관이 처음부터 끝까지 변하지 않은 것은 아닙니다. 발표 연도인 1949년만 하더라도 오웰은 사회주의 체제 및 이에 대한 건설에 나름대로 약간의 희망을 품고 있었습니다. 이러한 희망은 1947년에 간행된 논문, 「유럽 연합을 향하여(Toward European Unity)」에서 잘 드러나고 있습니다(Orwell 2002: 64f). 오웰의 세계관은 확고한 것이었으나, 그 방식에 있어서는 유연한 특징을 보여 줍니다. 가령 사회주의 사상은 예측 가능하지만, 이는 하나의 틀로서 명징하게 확정될 수는 없는 것이라고 했습니다(고세훈: 327). 그러나 오웰은 사회주의를 지향하는 전체주의 국가에 대해 서서히 환멸을 느끼게 됩니다. 과연 체제로서의 국가가 개인의 자유와 관련하여 어떻게 작용하고 있는가, 국가는 개인에게 어느 정도의 범위에서 관여해야 하고 개인은 국가에게 어느 정도의 범위에서 도움을 줄 수 있는가 하는 난제가 오랫동안 오웰의 뇌리에서 맴돌고 있었습니다.

6. 작가의 시대 비판: 오웰의 비판은 무엇보다도 절대적 권력으로 작용하는 국가 체제로 향합니다. 과거의 유토피아들은 가난과 폭정을 차단하기 위한 노력을 중시하면서, 이를 위해서 국가 내지 공동체의 시스템 자체에 커다란 기대감을 표명했습니다. 그러나 이러한 기대감은 20세기 초에 이르러 도를 넘기 시작하였습니다. 새로운 사회에서 중요한 것은 국가의 안위이며, 하나의 거대 정당의 권력입니다. 국가와 거대 정당을 위해서 희생되는 것은 개개인의 자유일 수밖에 없습니다. 당은 전지전능하고 불멸의 존재이며, 개개인은 더 이상 최소한의 자유마저 누릴 수 없습니다. 개개인이 사적 자유의 삶에 집착하면, 사회 전체의 공동 업무를 관장하는 거대 정당과 국가의 힘은 그만큼 약화되기 때문입니다. 새로운 미래의 사회에서 자유는 하나의 굴종으로 간주됩니다. "모든 당원은 자유 시간을 지니지 않는다. 당원이라면 누구나 먹고 잠자며 일하는 시간 외에는 당의 모임에 참가해야 한다. 혼자 있는 행동은 설령 그게 산책이라 하더라도 그 자체 위험하다. 홀로 살아가는 것은 개인주의적이며, 기괴한 것으로 간주된다"(Orwell 1976: 85). 미리 말씀드리면, 오웰의 작품은 자본주의든 사회주의든 간에 개인의 자유를 압살하고, 개인의 최소한의 사적인 행복조차 용인하지 않는 바다 괴물, 리바이어던으로서의 국가를 통렬하게 비판하려 했습니다.

7. 미래, 1984년 이후 정치적 지형도: 작품은 1984년, 미래의 세계를 배경으로 합니다. 오세아니아, 유라시아 그리고 동아시아 — 세 강국은 오래 전부터 자신의 헤게모니를 확장하기 위해서 전쟁을 벌이고 있습니다. 첫째로, 오세아니아는 북미와 남미, 오스트레일리아의 영역을 차지하고 있습니다. 둘째로, 유라시아는 유럽과 구소련의 영토를 관장하고 있습니다. 셋째로, 동아시아는 중국, 티베트, 인도 북부 그리고 극동 지역을 가리킵니다. 주인공, 윈스턴 스미스는 유라시아에서 살고 있습니다. 유라시아는 무시무시한 적, "임마누엘 골드슈타인"이 버티고 있음을

공표하면서, 이에 대항해야 한다고 설파합니다. 세 국가에는 제각기 세 개의 계층이 살고 있습니다. 첫 번째 계층은 국가권력의 핵심인 빅브라더를 중심으로 하는 "내부당"을 가리킵니다. 내부당은 전체 인민의 2퍼센트로서 당 대표와 당원으로 구성되어 있습니다. 그들은 일반 사람들의 일거수일투족을 감시합니다. 일반 사람들의 식생활, 사생활 그리고 의견들을 모조리 감독하며, 모든 이데올로기의 술책을 이용하여 상부에서 그들의 모든 사회적 욕구를 조절하기도 합니다. 두 번째 계층은 국가 관료 내지 공무원들입니다. 이들은 "외부당"에 속하며, 내부당의 모든 정책을 수행하는 역할을 담당합니다. 이들의 수는 국민의 13퍼센트에 달합니다. 세 번째 계층은 프롤레스라고 불리는 일반 사람들입니다. 이들은 국가권력에 의해서 착취당하고 기만당하는 민초들입니다. 놀라운 것은 프롤레스가 80% 이상의 다수로 구성되어 있더라도 막강한 혁명 세력으로 부상하지 못한다는 사실입니다. 왜냐하면 사회의 2퍼센트에 해당하는 소수의 엘리트들이 모든 언론과 방송을 장악하여 교활한 술수로써 일반 사람들의 귀를 막고, 사전에 그들의 비판 의식을 차단하기 때문입니다.

8. 공무원, 윈스턴 스미스: 주인공 윈스턴 스미스는 런던의 "정보 행정청"에서 일하는 직원입니다. 그곳은 내부당의 밀명을 받고 "외부당"과 "프롤레스"들을 감시합니다. 그가 하는 일은 국내외에서 전해지는 모든 뉴스들을 파기하거나 가짜 뉴스를 만들어 배포하는 것입니다. 이로써 당국은 유라시아 국가의 인민들을 체제 순응적으로 변화시키려고 애를 씁니다. 주인공은 1945년생으로서 현재 나이는 39세입니다. 1945라는 숫자는 묘하게도 윈스턴 처칠의 정치권력이 정점에 도달한 해와 일치합니다. 작가 오웰은 주인공을 의도적으로 윈스턴 스미스라고 명명함으로써, 실제로 존재하는 정치적 현안들을 은근히 비아냥거리려 했습니다. 그러나 재차 강조하건대, 소설의 내용이 특정 시대의 특정 현실에 대한

복제판이라고 단언할 수는 없습니다.

9. 주인공의 인간성: 윈스턴 스미스는 "전체주의 체제의 억압에 대항하여, 헛되이 인간의 품위를 지키려는 마지막 인간"입니다(Schröder: 259). 구체적으로 말해, 주인공은 매우 이지적이며 모든 것을 골똘히 생각하는 타입입니다. 그렇지만 심리적으로 여리고 유약한 편입니다. 처음에 그는 강자의 권리를 옹호했지만, 시간이 흐름에 따라 "프롤레스"의 희생적인 삶을 은근히 동정하기 시작합니다. 가령 윈스턴은 이따금 어머니의 얼굴을 흐릿하게 떠올립니다. 어머니만 생각하면 마음이 포근해지고, 주위의 번잡한 스트레스로부터 해방되는 것을 느낍니다. 그는 무의식적으로 인간적 따뜻함, 사랑 그리고 "협동" 등이 얼마나 좋은지 피부로 절감합니다. 그러나 국가는 개인의 성과 사랑 그리고 영혼의 측면을 체제 파괴적이라고 규정합니다. 국가는 개개인의 사랑과 성의 문제를 좌시하면서, 무엇보다도 생산력을 끌어내야 한다든가, 주어진 의무를 충실히 이행해야 한다는 것을 개개인들에게 강권합니다. 윈스턴은 "프롤레스"의 긍정적 사고방식이 현실을 변화시키리라고 갈구하기도 합니다. 그러나 지금의 정치적 대립 상황에서는 이러한 활력주의 내지 개별 사람들의 사생활의 자유 등이 허용되지 않고 있습니다. 윈스턴은 세심한 감각으로 흐릿하나마 이를 감지하고 있습니다.

10. 줄리아와의 첫 번째 만남: 어느 날 그는 "성에 반대하는 청년 그룹"에 참석하게 되었는데, 그곳에서 아름다운 여인, 줄리아와 처음으로 조우합니다. 줄리아는 감정이 풍부하며, 윈스턴에 비해서 실천적이고 즉흥적인 삶을 추구하는 매력적인 여성입니다. 그미는 자신의 사적인 행복이 당에 의해 간섭당하기 때문에 당을 싫어한다고 대놓고 말합니다. 윈스턴이 임마누엘 골드스타인의 추상적 성명서에 동의하기 때문에 모임에 가담한다면, 줄리아는 오로지 삶을 즐기기 위해서 모임에 참가했습니다.

그미는 모든 결정을 윈스턴에게 맡기고 그의 뜻에 따르려 합니다. 동료, 이웃 그리고 경찰 등을 개의치 않으며, 신중하게 처신하지 않습니다. 줄리아는 경솔하게도 "성에 반대하는 청년 그룹"에 대해 반대 의사를 노골적으로 표명합니다. 이로써 근엄한 금욕을 증오하는 그미의 태도가 은근히 드러납니다. 소설 속에 암시되고 있지만, 줄리아는 윈스턴을 만나기 전에 이미 빅브라더의 당원들과 부적절한 관계를 맺으면서, 다소 헤프고도 자유분방하게 살아왔습니다. 어쨌든 줄리아는 두 번의 만남인데도 윈스턴의 마음을 완전히 사로잡습니다.

11. 줄리아와의 세 번째 만남과 당국의 감시: 세 번째 만나는 자리에서 줄리아는 주인공에게 쪽지 하나를 건넵니다. 거기에는 "당신을 사랑해요"라는 구절이 적혀 있었습니다. 윈스턴은 몹시 당황스러웠지만, 언젠가 샤링턴 씨가 보여 준 방을 뇌리에 떠올립니다. 방마다 감시 카메라가 설치되어 있었지만, 유독 그 방에는 감시 카메라가 설치되어 있지 않는 것 같았습니다. 두 사람은 서로 만나기로 약속하고, 바로 그 방에서 만나 상대방을 격렬하게 끌어안습니다. 줄리아와의 살 섞기는 주인공으로서는 이전에 한 번도 겪어 보지 못한 황홀한 경험이었습니다. 이 무렵 윈스턴은 줄리아에게서 깊은 사랑의 감정을 느낍니다. 주인공과 줄리아의 밀회의 빈도는 높아집니다. 만약 두 사람의 만남이 당국에 발각되면, 두 사람은 엄벌에 처해지게 됩니다. 왜냐하면 성애(性愛)는 (성을 억압하는) 당의 독트린에 위배되기 때문입니다. 주인공은 줄리아와 함께 조용한 시골에서의 전원생활을 갈구합니다. 허나 당국은 이를 허용하지 않습니다.

12. 실권자 오브라이언과의 만남: 윈스턴은 줄리아와 함께 오브라이언을 찾아갑니다. 오브라이언은 자신의 방에 설치되어 있는 감시 카메라의 작동을 잠깐 중단시킵니다. 그러자 주인공은 안심한 듯이 그에게 모든 비밀, 줄리아에 대한 사랑과 자신의 내적 사고 등을 털어놓습니다. 오

브라이언은 주인공에게 임마누엘 골드스타인의 책 『과두 집단의 이론과 실제』를 읽으라고 권합니다. 여기서 언급되는 작가 "임마누엘 골드스타인"은 미국의 무정부주의자, 엠마 골드만(Emma Goldmann)을 연상시킵니다. 엠마 골드만(1869-1940)은 러시아 출신의 유대계 노동운동가로서 1919년 국외로 추방될 때까지 노동자와 여성을 위해 열성적으로 활약했습니다. 소설 속에서 골드스타인은 빅브라더와 마찬가지로 초시간적 존재입니다. 그는 과거에는 빅브라더의 당원이었으나, "첫 번째 국가의 적으로" 낙인찍힌 자라고 합니다. 임마누엘 골드스타인은 혁명적 사회주의 이념이 왜곡되었다고 말하면서, 주위의 다른 나라들과 규합하여 반혁명적 투쟁을 전개하려고 합니다(Jens 12: 784). 그러나 골드스타인은 사회 내의 체제 파괴적인 인간들을 속출해 내기 위한 일종의 미끼나 다름이 없습니다. 윈스턴은 골드스타인의 책을 읽으며, 언론, 출판, 집회 그리고 결사 등의 자유가 얼마나 중요한지 깨닫게 됩니다. 며칠 후에 윈스턴은 당국에 체포당합니다. 그는 오브라이언과 샤링턴이 당국의 첩자로서 주인공의 일거수일투족을 감시해 왔음을 뒤늦게 간파합니다.

13. 주인공 감옥에 갇히다: 3부는 감옥의 이야기로 시작됩니다. 주인공이 머물고 있는 곳은 창문이 없는 공간입니다. 사방에는 불빛이 환하게 켜져 있고, 감시 카메라가 설치되어 있습니다. 밤이 되어도 소등하지 않기 때문에 윈스턴은 더 이상 밤과 낮을 구분하지 못합니다. 게다가 음식 역시 영양을 고려하지 않은 탓에 그의 체중은 서서히 줄어듭니다. 오브라이언은 주인공을 감시하며, 때때로 고문을 가합니다. 이를테면 그는 전기 충격으로 주인공의 과거의 기억을 지우려고 합니다. 고문당하는 윈스턴의 몰골은 처참하게 변해 갑니다. 고통 속에서 그는 더 이상 거역하지도, 저항하지도 않겠노라고 실토합니다. 그제야 간수들은 주인공에게 먹을 것을 갖다 주고, 상처 입은 몸을 대충 치료해 줍니다. 윈스턴은 이제 과거를 망각하고 마치 주위의 현실을 처음 대하는 신생아처럼 그렇게

받아들입니다. 어느 날 밤에 그는 줄리아에 관한 꿈을 꾸고 비명을 지릅니다. 이때 오브라이언은 주인공이 기억을 완전히 잃지 않았다고 판단하며, 동시에 여전히 "감시 체계"(빅브라더)를 혐오하고 있다고 진단을 내립니다. 그 후에 주인공은 가장 끔찍한 고문실 101호실로 송치됩니다.

14. 고문당하고 세뇌당하는 개인들: 101호실은 마치 지옥에서와 같은 끔찍한 고문이 자행되는 곳입니다. 오브라이언은 주인공이 쥐를 몹시 두려워한다는 사실을 알고 있습니다. 그래서 그는 주인공을 거대한 새장 속에 가둔 뒤에 그의 손발을 묶어 둡니다. 뒤이어 새장의 바깥에 두 마리의 굶주린 쥐를 서성거리게 합니다. 새장의 문이 열리면 언제라도 쥐가 달려들어 윈스턴의 발을 사정없이 물어뜯을 것 같습니다. 극도의 두려움 속에서 주인공은 자신에게 남아 있는 기억의 마지막 보루, 즉 줄리아에 대한 애틋한 사랑마저 깡그리 포기합니다. 윈스턴은 "고문당해야 할 사람은 내가 아니라 줄리아"라고 언성을 높입니다. 이로써 주인공의 가슴속 깊은 곳에 묻어 둔 사랑의 흔적마저 지워지고 맙니다. 마지막에 이르러, 윈스턴은 출옥하여 허름한 카페에서 체스 놀이로 시간을 보냅니다. 어느 날 우연한 기회에 줄리아를 만나게 되는데, 그의 마음속에는 그미에 대한 일말의 애정도 남아 있지 않습니다. 줄리아는 자신의 육체에 남은 고문의 흔적을 보여 줍니다. 그토록 고혹적이던 그미의 육체는 이제 고문으로 인하여 볼품없이 쭈그러들었습니다. 두 사람의 몸에는 심리적 불안으로 인해 정맥류 궤양이 발견됩니다(Herforth: 197). 그미는 주인공을 밀고했노라고 서슴지 않고 말합니다. 그미의 말에도 주인공은 조금도 당황하지 않습니다. 그날 저녁 전쟁에 광분한 어떤 뉴스를 들었을 때, 주인공은 대중들과 마찬가지로 "전쟁을 치러야 한다"라고 고래고래 고함을 지릅니다. 그의 마음속에는 평생 자리하던 공동체에 대한 거부감이 어느새 사라져 있습니다. 당국이 비밀리에 주인공의 처형을 준비하고 있을 때, 윈스턴은 이를 알아차리지 못하고, 빅브라더

에 감동 받아 눈물을 흘립니다. 빅브라더가 아니었더라면 자신은 자아에 대항하는 싸움에서 승리하지 못했을 것이라고 착각합니다. 윈스턴은 자신의 영혼이 눈처럼 희디흰 것처럼 느낍니다. 죽기 직전에 윈스턴은 완전히 세뇌당해 있습니다.

15. 개인과 국가: 요약하건대, 윈스턴 스미스는 처음에는 정부의 교묘한 술책을 성심껏 수행하는 공무원이었습니다. 그는 국내외적으로 입수하는 모든 정보를 조작하고 은폐하는 일을 담당했습니다. 시간이 흐름에 따라 그는 정부의 교활한 술책에 회의감을 느끼면서, 반정부적인 단체에 가담합니다. 가령 임마누엘 골드스타인이 바로 그 비밀스러운 단체입니다. 여자 친구인 줄리아 역시 여기에 가담합니다. 그러나 임마누엘 골드스타인은 정부가 비밀리에 만들어 낸 가상적인 단체로 판명됩니다. 오브라이언과 같은 친정부 인사는 이러한 단체를 만들어서 체제 파괴적인 개인들을 색출해 내려고 의도했던 것입니다. 국가에 대한 윈스턴 스미스의 저항은 줄리아와의 성관계로 표출됩니다. 주인공은 줄리아와 비밀리에 만나 육체관계를 맺는데, 이는 오로지 자녀 출산을 위한 성행위만을 용인하는 국가의 가족 정책을 의도적으로 거부한다는 점에서 하나의 사보타주로 이해될 수 있습니다. 오브라이언은 골드스타인의 책의 공동 저자로서 모든 감시 임무를 통제하는 책임자입니다. 고문실에서 오브라이언은 다음과 같이 말합니다. "만약 당신이 미래의 현실상을 그려 보려고 한다면, 당신은 항상 반복해서 개인의 얼굴을 깔아뭉개는 장화 내지 구둣발을 생각하면 족할 것이야"(Orwell 1976: 246).

16. 개인은 없다, 무시무시한 권력 체제: 내부당이든 외부당이든 간에 모든 당원은 개인적 삶을 향유할 수 없습니다. 오웰은 다음과 같이 묘사합니다. "당원은 원칙적으로 먹고 자는 일 외에는 절대로 개인적 자유 시간을 지닐 수 없다. 국가는 당원이 일하지 않을 경우에는 항상 다

른 당원과의 모임에 참석할 것을 요구한다. 그렇기에 혼자 있거나 조용히 산책하는 것은 언제나 위험한 행동으로 간주될 뿐이다. 그렇기에 자기 자신의 삶이란 개인주의 내지 체제 파괴적인 삶의 양태로 치부되었다"(Orwell 1976: 85). 국가권력은 사람들에게 이른바 빅브라더의 모습으로 각인되고 있습니다. 그의 몸짓은 거대하고, 얼굴에는 두꺼운 콧수염이 달려 있습니다. 혹자는 스탈린의 음흉한 초상화를 연상하지만, 우리는 히틀러 역시 떠올릴 수 있습니다. 왜냐하면 빅브라더는 당의 독재적인 정책을 수행하고, 권력자로서 숭배의 대상이기 때문입니다. 그는 사람들로 하여금 서로 밀고하게 하고, 거짓된 법을 집행하게 하며, 무고한 사람들을 잡아서 고문하고, 그들을 세뇌시키기까지 합니다. 따라서 우리는 스탈린주의 외에도 파시즘의 폭력을 떠올릴 수 있습니다. 놀라운 것은 오웰의 국가에서 생활하는 모든 아이들은 자신의 부모들을 밀고한다는 사실입니다. 이를테면 브레히트의 극작품 「제3제국의 공포와 비참상(Furcht und Elend des dritten Reiches)」에서는 자식이 자신의 친부모를 밀고하는 장면이 묘사되어 있습니다(Brecht: 1134 이하). 모든 가족 구성원들 사이에 밀고자가 한 명씩 끼어 있다는 사실은 모골을 송연하게 만듭니다. 국가의 모임에 여러 번 빠지게 되면, 당사자는 당국으로부터 요주의 인물로 낙인 찍힙니다.

17. 국가의 노동의 토대: 이번에는 『1984년』에 나타난 경제적 측면에 관해서 언급해 보도록 하겠습니다. 고전적 유토피아에서는 노동, 과학기술 그리고 물질적 욕구 충족의 구조가 세 가지 기본적 틀로서 토대를 이루고 있습니다. 고전적 유토피아에서는 인간의 노동시간을 절감함으로써 사람들로 하여금 자유 시간을 가능하게 하였습니다. 이에 비하면 오웰의 『1984년』에서는 노동과 여가 사이의 상호 의존성이 완전히 와해되어 있습니다. 외부당과 프롤레스 그룹은 상부에서 하달되는 노동의 요구에 따라 자신의 육체적, 심리적 에너지가 소진될 때까지 일해야 합니

다. 그렇기에 이들에게는 여가 시간에 자신의 능력을 개발하고 심화시킬 가능성이 처음부터 차단되어 있습니다. 사회의 최상부에 속하는 소수의 엘리트들은 육체노동을 면제받는 반면, 수많은 프롤레스들에게는 힘든 노동이 과도하게 부여되고 있습니다. 말하자면 토머스 모어의 『유토피아』에서 노예들이 담당하던 일감은 오웰의 작품에서는 프롤레스들이 모조리 떠맡고 있습니다.

18. 과학과 기술 분야: 고전적 유토피아는 실제 현실에의 적용 문제에 있어서 자연과학 연구와 기술에 명확한 기능을 부여합니다. 과학과 기술의 잠재적 특성은 굶주림, 오랜 노동시간, 궁핍함 등을 떨쳐 주도록 사회적으로 기여하고 있습니다. 그런데 『1984년』에서는 과학과 기술이 고전적 유토피아의 경우와는 달리 기능합니다. 예컨대 세 개의 강대국은 원자폭탄을 활용할 수 있는 능력을 지니고 있습니다. 물론 전쟁은 발발하지 않지만, 세 강국의 핵무기는 각 국가에서 살아가는 사람들로 하여금 언제나 국가의 비상사태를 인지하게 합니다. 다시 말해, 국가는 핵무기의 개발을 통해서 자국의 인민들에게 위협을 가하면서 얼마든지 비상사태를 선포할 수 있습니다. 이 와중에 사회의 엘리트로 일하는 자연과학자는 일반 사람들의 심리적 동향을 파악할 뿐 아니라, 마치 검사처럼 그들을 감시합니다. 과학자들은 사람들의 표정, 동작 등과 같은 외부적으로 드러나는 몸짓과 제스처를 연구하여, 일반 사람들이 무엇을 갈구하며, 무엇을 두려워하는가를 찾아냅니다. 또한 마약, 쇼크요법, 마취와 고문 등을 자행하기도 합니다. 요약하건대, 자연과학과 기술은 거대한 국가의 존립을 위하여 개개인의 행복을 억누르는 기능을 담당합니다.

19. 프롤레스가 가난하게 살아야 계층 사회는 유지될 수 있다: 『서양 유토피아의 흐름』 제4권에서 살펴보았듯이, 19세기 유토피아는 산업화의 촉진을 통해서 경제적 수준을 배가시키는 것을 당면한 목표로 설정하였

습니다. 이로써 고전적 유토피아가 금하던 사치스러운 삶의 방식이 허용되기 시작합니다. 이를테면 웰스의 『모던 유토피아』에서는 미래의 사람들이, 비록 유리, 강철 그리고 백색의 콘크리트 속에서 살아가지만, 질서 잡힌 사회에서 부유한 삶을 누리고 여가를 즐깁니다. 그런데 『1984년』에서는 토머스 모어가 살던 16세기의 경제적 수준이 그대로 도입되고 있습니다. 대중들은 궁핍함을 감내하면서, 생계에 필요한 최소한의 생필품을 공급받으면서 생활합니다. 이 모든 것은 상부의 통제 정책에 기인합니다. 놀라운 것은 프롤레스가 비참하고 힘들게 살아가야만, 그들에게 체제를 의심할 시간과 여유가 주어지지 않는다는 사실입니다. 리바이어던과 같은 사악한 바다 괴물로서의 국가는 경제적 과잉생산을 처음부터 조직적으로 차단시키고 있습니다. 19세기의 유토피아에서 사람들은 호화스러운 궁궐에 살면서 풍요로운 만찬을 즐기는 반면에, 소설의 주인공인 윈스턴 스미스는 오로지 배를 채우기 위해서 초라한 대중식당에서 부실한 음식을 섭취하고 있습니다.

20. 위로부터 아래로 향하는 정책: 오웰의 『1984년』은 전체주의 국가 시스템을 통렬하게 비판합니다. 지금까지의 전통적 유토피아에서 국가는 개인의 안녕과 행복을 마련해 주는 질서 체계의 기능을 담당하였습니다. 그러나 오웰의 국가는 전체적인 행복, 구체적으로 말하면 2퍼센트의 엘리트를 위해서 개개인의 자유와 권익을 철저히 짓밟고 있습니다. 전통적 유토피아에서는 사유재산이 철폐되어 있는데, 이는 오로지 부의 공정한 분배를 실현하기 위함이었습니다. 그러나 오웰의 국가에서는 소수 엘리트들이 사회의 거의 모든 재화를 횡령하여 착복하고 있습니다. 이를 고려한다면 오웰의 국가는 개개인의 자유와 평등을 도모하는 기관이 아니라, 개개인의 부자유와 불평등을 획책하는 전체주의 기관이라고 말할 수 있습니다. 저자는 다음과 같이 말합니다. "권력은 수단이 아니라, 그 자체 마지막 목적이다. 권력의 목적은 권력이다"(Orwell 1976: 242). 그

래, 전통적 유토피아에 등장하는 일반 사람들은 도덕적으로 고매한 이상을 견지하고 육체적으로, 정신적으로 스스로를 발전시켜 나갑니다. 그러나 오웰의 국가에서 사람들은 살아남기 위해서 기회주의적으로 행동하지 않을 수 없습니다. 사람들의 다리는 마치 토끼의 앞다리처럼 짤막하며, 민첩하게 행동합니다. 프롤레스들의 표정 역시 은폐되어 있습니다. 그들은 좀처럼 속내를 드러내지 않으려고 눈을 크게 뜨지 않습니다. 이는 프롤레스 집단이 사회 내에서 그저 맡은 바 임무만을 행하는 기능인이라는 사실을 반증하고 있습니다.

21. 자유와 평등의 법은 없다: 고전적 유토피아의 경우 법정은 그다지 중요한 기관이 아니었습니다. 왜냐하면 사람들은 법정에서 주로 지엽적이고 사소한 다툼만을 논했기 때문입니다. 사회적 불평등이 사라지게 되자, 범죄의 원인도 거의 사라지게 되었습니다. 그러나 오웰의 국가에서는 합법성과 불법성 사이의 차이가 없어지게 됩니다.『1984년』의 국가는 인권과 관련되는 규정 그리고 자유와 평등의 법을 한꺼번에 파기하였습니다. 이로 인하여 처벌의 기준 또한 모호하게 됩니다. 법은 더 이상 어떤 명시적 조항에 의해 마련되지 않으므로, 사람들의 범행은 다만 흐릿한 사회적 규범에 위배된다는 사항만으로 성립되고 있을 뿐입니다. 다시 말해서, 죄의 여부는 국가의 임의적이고 인위적인 판단에 맡겨지게 된 것입니다. 가령 오웰의 국가에서 가장 끔찍한 범죄는 당의 노선에 따르지 않는 거역의 자세 내지 저항의 행동이라고 합니다. 국가는 생각이나 견해를 달리하는 태도를 범죄로 단정하고, 개개인을 통제하고 감시합니다. 정치범에 대한 심문 과정은 공개적으로 거행되지만, 당으로부터 추출된 사람은 어디론가 끌려가서 비명횡사하는 경우가 태반입니다.

22. 교육의 문제: 지상의 국가치고 애국심을 하나의 미덕으로 여기지 않는 경우는 없습니다. 세상의 대부분의 학교는 개별 학생들로 하여금

충성심을 함양하는 여러 가지 교양을 쌓는 것을 가장 중요하게 생각합니다. 그렇지만 오웰의 국가의 경우는 그렇지 않습니다. 『1984년』의 학교는 무엇보다도 지배 이데올로기의 전달 수단으로 가치 하락되어 있습니다. 지배 엘리트들은 탁월한 두뇌를 지닌 학생이 권력 지향의 의지를 견지하는 것을 사전에 차단시킵니다. 이를 위해서 교육은 가정이 아니라 소년단 조직을 통해 이루어집니다. 외부당 내지 내부당의 자제들은 7년 동안 합숙 생활을 하면서 부모와 이웃을 감시하며 살아갑니다. 그들은 제복을 입고 깃발을 든 채 행군합니다. 그들은 목제 무기로 군사 훈련을 행하며, 함께 방랑하고 야영합니다. 이러한 거친 교육을 통해서 학생들은 국가의 적을 찾아냅니다. 특히 외국인, 배반자, 사보타주를 행하는 프롤레스 등을 감시하면서 사상적 범죄자를 색출해 내는 게 그들의 임무입니다. 그렇기에 30세 이상의 어른들은 그들의 자식에 대해 전전긍긍할 수밖에 없습니다. 이들에 비하면 프롤레스의 자제들은 오랫동안 학교에 다닐 수 없습니다. 많이 배운 자는 국가나 정부의 전체주의적 체제를 깨닫고, 이에 도전하거나 공공연하게 저항하기 때문입니다.

23. 국가의 억압 장치: 국가의 억압 장치는 기계에 의해서 작동되고, 대수학의 규칙에 의해서 영위됩니다. 간단히 말해, 자연과학의 기술적 장치는 몇몇 엘리트가 장악하고 있습니다. 이를테면 작품에 등장하는 오브라이언과 같은 사람이 모든 컴퓨터 시스템을 열고 닫을 수 있는 비밀 번호 내지 열쇠를 지니고 있습니다. 그런데 내부당에 속하는 다른 사람이 국가의 시스템을 통제하려고 할 때, 과연 국가의 제반 억압 장치는 지속적으로 가동될 수 있을까요? 오웰은 오브라이언과 같은 인물을 통해서 다음의 사항을 밝히려고 했습니다. 즉, 오브라이언의 끔찍한 국가 체제는 그 자체 "검은 유토피아"입니다. 세상의 모든 사람들을 자신의 뜻대로 움직이게 하는 자는 소수의 미친 인간들입니다. 윈스턴 스미스가 고문당하면서 바라보는 오브라이언의 얼굴은 기이하게 긴장하며 열광에

사로잡힌 광인의 면모로 각인되어 있습니다. 여기서 우리는 비인간적 시스템을 장악하여, 동시대인뿐 아니라 자기 자신마저 파멸시키는 기괴한 야수를 발견할 수 있습니다. 아돌프 히틀러는 일회적으로 독일에서 출현한 자가 아니었습니다. 사악한 야수는 차제에 어디서든 간에 자신의 흉칙한 이빨을 드러낸 채 수많은 사람들을 죽음으로 몰아갈 수 있습니다.

24. **주인공과 제임스 버넘:** 윈스턴 스미스는 처음에는 제임스 버넘(James Burnam)과 같은 정치적 입장을 고수하고 있습니다. 그렇지만 나중에는 이러한 견해 자체가 터무니없다는 사실을 서서히 감지하게 됩니다. 버넘은 자본주의가 결국에는 관료주의, 기술 관료의 계획경제 내지는 중앙집권적 지배로 이전될 것이라고 확신하는 경제학자입니다. 이를테면 그는 자신의 책 『경영 혁명(The Managerial Revolution)』(1941)과 『마키아벨리주의자들(The Machiavellians)』(1943)에서 마르크스주의 대신에 경영자 사회주의를 주창하였습니다. 인류는 버넘의 견해에 의하면 두 계급으로 구분된다고 합니다. 그 하나는 이기적이고 위선적인 소수의 지배계급이며, 다른 하나는 어리석고 우매한 다수의 피지배계급이라고 합니다. 버넘은 특히 소수의 지배자 계층에 관해서 세부적으로 설명합니다. 경영자는 4개의 제각기 다른 집단, 즉 주주, 금융가, 이사, 경영자 등으로 구분되는데, 버넘의 견해에 의하면 이 가운데에서 경영자가 우위를 차지해야 합니다. 왜냐하면 경영자는 생산과정에서 필수적 존재이기 때문이라고 합니다(Saage: 154). 버넘의 이론이 실현되면, 모든 국가권력은 경제 관료 내지 재벌의 손에 장악될 것입니다. 그렇게 되면 국가권력은 오로지 국가의 경제적 이득을 위해서 작동될 것이고, 이로 인하여 전체주의의 폭력은 더욱더 심화될 것이며, 개인은 자신의 자유를 더 이상 누리지 못하게 될 것입니다. 조지 오웰 역시 제임스 버넘의 이론을 고찰하면서, 이를 매우 위험한 이론이라고 평가했습니다. 왜냐하면 그것은 엘리트 관료주의의 사고로서 모든 정책을 일사불란하게 처리할 수는 있으

나, 대부분의 경우 위로부터의 폭력, 즉 비민주적 관료주의의 횡포를 불러일으키기 때문입니다. 이를테면 오웰은 1946/47년에 「제임스 버넘과 경영 혁명(James Burnham and the Managerial Revolution)」이라는 글에서 버넘의 이론을 언급하면서 반드시 국가 중심주의로 이전될 자본주의의 변화에 대해 심각한 우려를 표명하였습니다(Orwell 1946: 78).

25. 역사순환론과 숙명적 지배 체제: 버넘의 이론이 끔찍한 까닭은 ─ 정치 영역을 넘어서 사상적으로 ─ 어떤 숙명론적 세계관에 입각해 있기 때문입니다. 작품 속에서 오웰은 오브라이언의 입을 빌려서 다음과 같이 말합니다. "역사의 발전은 끝났다. 존재하는 것이라고는 오로지 피할 수 없는 현재뿐이다. 여기서 당은 언제나 정당성을 드러내고 있다"(Orwell 1976: 159). 기실 자유롭고 평등한 인간 사회는 제임스 버넘에 의하면 한 번도 존재한 적이 없었다고 합니다. 그렇기에 그것은 미래의 세계에서도 결코 출현하지 않으리라고 합니다. 자고로 역사순환론을 신봉하는 자들은 다음과 같이 공언하곤 합니다. 즉, 모든 것은 이미 언급되었고 인지되었으며, 모든 정치 이론은 오래 전에, 이를테면 초기 교회가 발전되던 시대에 이단자들에 의해 발전된 것이라고 합니다. 따라서 "달 아래에는 더 이상 새로운 것이 없다(Nihil novum sub Luna)"라고 합니다(Münster: 167). 역사순환론을 신봉하는 자들은 한술 더 떠서 진리는 과거에 존재하였고, 우리는 현재에서 그것을 다시 한 번 기억해 내면 족하다고 생각합니다. 그들은 모든 철학 체계가 고대 그리스에서 유래한 것이며, 모든 과학 이론은 프랜시스 베이컨이 이미 예측한 것이라고 과감하게 주장합니다(고세훈: 476). 요약하건대, 구약성서에 나오는 "달 아래 새로운 것은 없다"라는 명제는 근본적으로 역사순환론에 근거하는 사고로서 인간의 역사적 진보를 부정하는 논거를 제공합니다(「전도서」 제1장 9절). 역사순환론은 가령 카를 뢰비트(Karl Löwith)의 구원의 역사 이해에서도 그대로 드러납니다. "역사에 나타난 진보와 패망의 구상은 볼테르와 루소를 거

쳐 마르크스와 소렐까지 이어졌는데, 이는 성서에 나타난 구원과 몰락의 가르침이 나중에 나타난 막강한 결론이다"(Löwith: 63). 역사순환론에서 우리는 은밀하게 정당화하는 보수적 신정론을 읽을 수 있습니다.

26. 요약: 오웰의 문학적 주제 내지 작가의 입장은 다음과 같은 여덟 가지 사항으로 요약할 수 있습니다. 1) 오웰은 자신을 민주적 사회주의자로 이해하며, 개개인의 자율성을 압살하는 전체주의 체제의 국가를 비판합니다. 2) 작가는 은근히 20세기 초반 영국의 사회적, 경제적, 문화적 상태를 풍자합니다. 영국은 제3세계를 식민지로 찬탈하는 데 앞장선 나라였습니다. 3) 『1984년』은 인간이 지금까지 추구한 이상이 잘못 활용되고 있음을 서술하고 있습니다. 국가의 권력은 지금까지 추구한 이상을 오로지 자신의 이익을 위해서 남용하고 있습니다. 4) 오웰은 "국가주의" 유토피아, 다시 말해서 유토피아의 역사에 출현한 국가 체제를 중시하는 제반 경향에 대해서 이의를 제기하고 있습니다. 국가는 개인을 억압하고 개개인의 삶의 행복을 말살시키고 있습니다. 5) 새로운 인간은 오웰의 견해에 의하면 결코 엘리트 그룹일 수 없습니다. 작품 내에서 국가의 정책을 좌지우지하는 엘리트들은 일그러진 영웅으로 묘사되고 있습니다. 6) 오웰이 묘사하는 디스토피아 국가는 계층 차이를 정당화하고 있습니다. 이로써 개인의 자유는 공동체의 안녕을 위해서 처음부터 완전히 차단되어 있습니다. 7) 현대의 과학기술은 개개인의 자유를 억압하는 데 활용되고, 인간의 욕망과 성 역시 감시당하고 있습니다(Heyer: 603). 8) 국가의 존립만을 고려하는 권력은 만인의 안녕을 도모하지 않고, 오로지 엘리트 지배층의 권익만을 추구하고 있습니다.

27. 작품의 영향: 오웰의 작품은 끔찍한 지배 체계를 놀라울 정도로 구체적으로 묘사했습니다. 또한 모든 이야기는 윈스턴의 체험의 입장에서, 정확히 말하면 "체험의 관점"으로 서술되고 있습니다. 국가 시스템은 오

로지 한 사람의 관점에서 서술되므로 어딘지 모르게 비밀스럽고, 묘한 분위기를 자아낼 수밖에 없습니다. 이처럼 오웰은 — 체코 출신의 독일 작가, 프란츠 카프카처럼 — "선별적 인지"라는, 이른바 "체험 화법(die erlebte Erzählweise)"을 부분적으로 구사하고 있습니다. 이미 언급했듯이, 『1984년』은 오랜 기간 동안 다양하게 해석되었습니다. 보수주의를 추종하는 독자들은 이 작품을 전체주의적인 사회주의를 비판할 수 있는 대표적인 범례라고 주장하였습니다. 이에 반해서 진보주의자로 자처하는 사람들은 단선적으로 사회주의를 변형시킨 스탈린주의에 대한 노골적인 비판으로 이해하였습니다. 예컨대 『동물 농장』에 등장하는 나폴레옹(돼지)이 스탈린을 지칭하듯이, 『1984년』에 묘사된 현실은 스탈린 체제 하의 구소련의 묵시적 분위기를 반영한다는 것입니다. 그렇지만 우리는 작품 속에 묘사된 현실이 일차적으로 전체주의 사회에 대한 작가의 메타포라고 받아들이면 충분할 것 같습니다. 만약 그것이 오로지 30년대의 스탈린주의 체제 하의 소련을 가리킨다고 단정 지으면, 더 이상 다른 해석의 가능성은 남아 있지 않기 때문입니다.

참고 문헌

고세훈 (2012): 조지 오웰. 지식인에 관한 한 보고서, 한길사.

박경서 (1998): 조지 오웰의 소설에 나타난 사회주의적 전망, 신영어영문학, 제10집, 101-122.

오웰, 조지 (2009): 1984, 김기혁 역, 문학동네.

Brecht, Bertolt (1968): Gesammelte Werke, Bd. 3, Frankfurt a. M., 1073-1192.

Burnam, James (1972): The Managerial Revolution: What is Happening in the World by Burnham, James, Berlin.

Büthe, Lutz (1984): Auf den Spuren George Orwells. Eine soziale Biographie. Junius, Hamburg.

Herforth, Maria Felicitas (2019): George Orwell 『1984』. Königs Erläuterungen, Kindle: München.

Heyer, Andreas (2009): Sozialutopien der Neuzeit. Bibliographisches Handbuch, Bd. 2: Bibliographie der Quellen des utopischen Diskurses von der Antike bis zur Gegenwart, Münster.

Jens (2001): Jens, Walter (hrsg.), Kindlers neues Literaturlexikon, 22 Bde., München.

Löwith, Karl (1957): Weltgeschichte und Heilsgeschehen. Die theologischen Voraussetzungen der Geschichtsphilosophie, Stuttgart.

Münster (1978): Münster, Arno (hrsg.), Tagträume vom aufrechten Gang. Sechs Interviews mit Ernst Bloch, Frankfurt a. M.

Orwell, George (1952): Critical Essays, Seeker and Warbury: London.

Orwell, George (1976): 1984, Frankfurt/Berlin/Wiem.

Orwell, George (2002): Essays, selected and introduced by John Carey, New York.

Saage, Richard (2006): Utopische Profile, Bd. 4, Widersprüche und Synthesen des 20. Jahrhunderts, 2. korrigierte Aufl., Münster.

Schröder, Hans-Christoph (1988): George Orwell. Ein intellektuelle Biographie, München.

4. 생태 공동체와 생태주의 유토피아

1. 생태주의 유토피아, 새로운 출발: 생태주의 유토피아는 20세기 후반부에 발표된 문학작품 속에 반영된 현실상 그리고 제반 학문에서 논의되고 있는 사고라고 정의 내릴 수 있습니다. 생태주의의 관심사는 무엇보다도 인구 폭발, 핵전쟁, 생태계 파괴, 여성문제 등에서 촉발되었으며, 문학작품 내지 사이언스 픽션을 통해 활발히 다루어졌습니다. 20세기는 한편으로는 인종 갈등과 전쟁 문제, 다른 한편으로는 핵에너지와 환경문제로 극명하게 구분됩니다. 서문에서 언급했듯이, 정치적 유토피아의 대미를 장식하는 작품, 조지 오웰의 『1984년』이 1949년에 발표되었으며, 심리학자 B. F. 스키너가 설계한 소규모의 긍정적 공동체 유토피아에 해당하는 『월든 투』가 1948년에 발표되었다는 사실은 그 자체 상징적 의미를 지닙니다. 필자는 특히 80년대 이후에 유럽에서 간행된 일련의 문헌을 비판적으로 검토함으로써 생태주의 유토피아의 기본적인 특성을 도출해 내려 합니다.

2. 생태주의 유토피아의 특징: 생태주의 유토피아는 유토피아의 개념에 생태학적 사유가 가미된 것입니다. 이를 고려할 때 그것은 한마디로 평화, 남녀평등 그리고 생명체의 상생 등에 대한 갈망의 사고로 요약할 수

있습니다. 물론 생태주의 유토피아의 연구는 아직도 진행되고 있으며, 몇 편의 논문으로 완결될 성질의 것은 아닙니다. 왜냐하면 20세기 후반부부터 환경 운동, 평화운동 그리고 여성운동을 수용하여 생태주의 유토피아의 특성을 놀라운 상상력으로 예견한 것은 국내외의 많은 문학작품이며, 이에 대한 연구 역시 선결되어야 하기 때문입니다. 그런데 여기서 다음과 같은 한 가지 사항이 첨부되지 않을 수 없습니다. 즉, 본고가 다루는 생태주의 유토피아의 일부 문헌들은 환경, 평화 그리고 여성 운동과 관련된 소설 내지 사이언스 픽션의 분석에서 핵심적 논의를 개진하고 있다는 사항 말입니다. 이를 고려할 때, 문학 유토피아와 특정한 대안을 반영한 유토피아는 상호 보완적일 수밖에 없습니다.

3. 네 가지 질문: 생태주의 유토피아 개념의 정립 작업에 있어서 필자는 다음과 같은 네 가지 물음을 우선적으로 제기하려 합니다. 첫째로, 생태주의 유토피아는 비단 환경 문제뿐 아니라, 페미니즘 내지는 탈핵 운동 등의 기초적 의향과 접목됩니다. 그렇다면 생태주의 유토피아는 여러 가지 이질적이고 다양한 이념들을 방만하게 뒤섞어 놓은 개념인가요? 둘째로, 지금까지 서양 유토피아의 흐름은 한편으로는 "국가주의의 (archistisch)" 구도의 특성을, 다른 한편으로는 "비-국가주의"의 구도를 표방해 왔습니다. 생태주의 유토피아가 특히 국가주의의 사회적 설계를 신랄하게 비판하는 근거는 무엇인가요? 셋째로, 지금까지 설계된 유토피아들은 때로는 가부장적 일부일처제, 때로는 가족 없는 여성 공동체를 권장해 왔습니다. 생태주의 유토피아는 어떠한 이유에서 이에 대한 양자택일을 거부하고, 남녀평등을 실천하는 생태 공동체에 커다란 기대감을 표명하는가요? 넷째로, 지금까지 과학기술이 인간의 삶을 편리하게 하는 데 일조해 온 반면, 핵 개발을 통해서 인간의 평화를 심각하게 위협해 온 것은 사실입니다. 이와 관련하여 생태주의 유토피아는 가능한 평화와 상생의 삶을 실천하기 위해서 어떠한 범위까지 과학기술을 활용할까

요? 상기한 네 가지 물음을 통해서 생태주의 유토피아의 실천 방안으로서 생태 공동체 운동의 가능성과 한계가 정리될 수 있을 것입니다.

4. 생태주의 유토피아의 두 가지 전제 조건: 첫째로, 생태주의 유토피아에 관한 단초는 과거 시대에는 다소 흐릿하게 드러났습니다. 가령 19세기 중엽에 헨리 데이비드 소로(Henry David Thoreau)는 『월든, 숲속의 삶(Walden; or, Life in the Woods)』(1854)에서 인간과 자연의 혼연일체의 삶을 찬양하였습니다. 환경의 파괴가 전-지구적으로 중요한 사안으로 인식되기 시작된 시점은 로마클럽 보고서가 발표된 1971년일 것입니다. 경제성장 일변도의 정책은 대부분 생태계의 파괴로 이어지기 때문에, 자연에 대한 인간의 단선적 시각은 더 이상 바람직하지 않게 되었고, 상생과 평화의 관점이 바람직한 것으로 부각되었습니다. 바로 여기서 "바이오센트리즘(biocentrism)" 또는 생명 평등주의의 인식이 태동합니다(송용구: 147). 한마디로 과학기술에 의존하는 진보적 낙관주의는 로마클럽 보고서를 계기로 종언을 고하게 되었습니다(Hermand 1991: 132f). 생태주의의 성향은 20세기 중엽에 건축과 도시계획의 영역에서도 나타났습니다. 1977년 프란치스카 볼레리(Franziska Bollerey)는 유토피아와 건축 사이의 관계를 숙고하였습니다. 20세기 후반부에 바람직한 도시계획의 구상이 요청되었습니다. 이때 도시의 재정비 작업이라든가 새로운 건축 계획을 표현했습니다. 도시계획에서 새로운 척도로 가미된 것은 무엇보다도 생태계 파괴를 사전에 예방하는 문제였던 것입니다. 생태학적으로 지구가 훼손되어 가는데, 도시를 새롭게 계획하려는 사람들은 더 이상 진보에 비중을 둘 게 아니라, 인간과 자연 사이의 상생의 관계를 조성하는 게 시급하다는 것입니다. 이와 관련되는 범례는 레이첼 카슨(Rachel Carson)의 『침묵의 봄(Silent Spring)』(1962)에 담겨 있습니다. 살충제의 활용은 카슨에 의하면 해충을 박멸할 뿐 아니라, 인간을 포함한 생명체 내부에 암을 유발하게 되리라는 것입니다.

둘째로, 생태주의 유토피아와 포스트모던의 사고 사이의 상관관계를 살펴보기로 합니다. 1970년대에 들어서서 정치적 유토피아의 종언과 병행하여 나타난 것은 포스트모던의 세계관이었습니다. 이는 환경, 평화, 여성 운동과 같은 일련의 저항 운동과는 처음부터 출발점이 다른, 반-유토피아주의의 성향을 표방하고 있습니다. 사실 포스트모던의 세계관은 울리히 린제의 견해에 의하면 정치적으로 더 이상 어떤 출구를 찾을 수 없는 서구 사회의 포만한 의식을 반영하고 있습니다. 왜냐하면 포스트모던의 사고의 저변에는 다음과 같은 세 가지 기본적 자세가 자리하기 때문입니다. 첫째로, 그것은 어떠한 공동의 이슈를 해결하려는 시대적 갈망이 도사리지 않고, 일탈을 조장하는 도덕적 상대주의를 내세웁니다. 둘째로, 포스트모던의 사고는 정치적 대결과 관련하여 일견 관용을 드러내는 것 같지만 속으로는 모든 갈등을 희석시키는 양비론을 표방합니다. 셋째로, 역사적 진보에 발맞추려는 사회주의의 제반 흐름은 철저하게 불신의 대상이 됩니다(Linse: 89). 상기한 사항과 관련하여 포스트모던의 징후는 공허함, 무관성(無關性) 그리고 수수방관주의라는 세 가지 특징으로 요약될 수 있습니다(박설호: 257). 그것은 미래 사회를 위한 이상적 출구 내지 대안을 추구하지 않습니다. 20세기 중엽 이후로 서서히 출현한 환경, 평화 그리고 여성 운동은 생태주의 유토피아를 출현하게 한 계기로 작용했는데, 헤르만트와 린제에 의하면 포스트모던의 목표 없는 허무주의의 사고와는 근본적으로 다릅니다. 그것들은 주어진 난제를 해결하기 위한 근본적 대책을 강구하려는, 아래로부터 위로 향하는 어떤 진취적 움직임이라고 합니다. 게다가 그것은 역사에서 처음으로, 일회적으로 출현한 운동이 아니라, 유럽 정신사에서 미약하게 전해 내려온 수많은 구성 요소들의 프로그램을 새롭게 구체화시키고 정치적으로 전환시켰습니다(Linse: 90).

5. 프롭스트의 생태주의 유토피아 (1): 울리히 프롭스트의 『정치 생태

학. 사회 정치와 유토피아 사이에서(Polit-Ökologie. Zwischen Sozialpolitik und Utopie)』(1980)에서 가장 중요한 것은 제3장, 「생태학과 유토피아, 혹은 인간의 변화 가능성에 관한 문제」입니다. 프롭스트는 다음과 같이 주장합니다. 오늘날 시급한 것은 일방적으로 자연 친화적인 목가주의를 막연히 찬양하는 일이 아니라, 정치 생태학에 관한 학문적 논의를 통해서 당면한 국내외의 문제점을 구체적으로 지적하는 일이라고 합니다. 이로써 프롭스트는 다음과 같은 세 가지 사항을 중요한 정책으로 제기합니다. 1) 우리는 생태주의 유토피아에다 가장 절실한 어떤 사회 정치적 우선권을 부여해야 합니다. 2) 두 번째 사항과 관련하여 중요한 것은 주위 환경을 변화시키는 모든 정책이 완전무결한 해결책이 아니라는 점을 깨달아야 한다는 사실입니다. 사회적 진보를 위한 제반 정책과 더 많은 행복 추구의 노력들이 결국 생태계 파괴라는 비극을 낳게 했습니다. 3) 주어진 현실의 변화를 측정하는 인식만으로는 충분하지 못하며, 유토피아의 방향성이 절실히 요청됩니다. 지구의 파국을 드러내는 생태적 현실을 고려하면, 사회, 경제 그리고 국가 등의 개혁 내지 새로운 방향 설정의 작업은 프롭스트에 의하면 결코 충분하지 않습니다.

"우리는 처음부터 완전히 불가능하지 않은 미래를 위한 목표를 더욱 더 필요로 하고 있다. 다시 말해, 일상을 더 낫게 변화시키려는 목표, 다시 말해 희망과 의식을 일치시킴으로써 보다 인간적인 어떤 세계를 창조할 수 있는 목표 말이다"(Probst: 94). 물론 프롭스트의 이러한 요구 사항은 그 자체 정당하지만, 유토피아에 대한 그의 견해는 어떤 하자를 드러냅니다. 프롭스트는 지금까지의 유토피아 연구에서 유토피아의 개념이 너무 방만하게 정의 내려졌으며, 굳이 이것을 확장시킬 필요가 없다고 단언하고 있습니다. 대신에 그는 생태주의를 엄밀하게 규정합니다. "생태주의란 여기서 인간과 환경 사이의 관계에 관하여, 생물학적, 미학적 그리고 사회학적 측면에서 고찰한 이론"으로 이해될 수 있다고 합니다 (Probst: 95). 유토피아가 정적이고 결정론적인 특성을 표방한다면, 생태주의는 역동성과 변모 가능성의 개념 속에 편입될 수 있습니다. 여기서 우리는 유토피아에 대한 프롭스트의 입장이 토머스 모어의 고전적 유토피아의 모델에 바탕을 두고 있음을 유추할 수 있습니다. 그렇기에 프롭스트가 19세기 이후의 유토피아의 흐름을 적극적으로 수용하지 않은 것은 분명히 하나의 결함으로 평가됩니다(Heyer 2008: 88).

6. 프롭스트의 생태주의의 특성: 생태주의 유토피아의 이론적 필요성을 가장 먼저 제기한 사람이 바로 울리히 프롭스트였습니다. 과학기술의 진보는 현대사회에 거대한 위험을 안겨 주었으며, 생명체의 삶의 조건과 생물의 불균형을 심화시켰습니다. 인간이 생물학적으로 환경에 의존한다는 사고는 지금까지 유토피아의 흐름에서 간과되어 왔습니다. 프롭스트에 의하면, 파국으로 치닫는 현재 상태를 극복하기 위해 우리는 지금부터라도 생태주의의 관점, 즉 미래에 끔찍한 파국이 발생하게 될지 모른다는 가능성을 예견해야 한다는 것입니다. 한편으로는 행복 추구를 위해 작동되는 인간 본위주의의 도덕적 한계를 예리하게 투시해야 하며, 다른 한편으로는 좌파의 운동 프로그램 속에 도사린 인간 중심주의라는 단선적 사고의 한계를 분명히 인지해야 합니다(Probst: 106). 이와 관련하여 프롭스트는 다음과 같은 처방을 내립니다. 우리는 아직 해결하지 못한 생물학적, 생태학적 문제점이 속출하는 시대에 합당한 새로운 유토피아를 찾아내야 하며, 이로써 미래의 방향을 바꿀 수 있는 가상적 모델로써 현재 현실에 영향을 끼쳐야 합니다.

7. 프롭스트의 생태주의 유토피아 (2): "문제는 1980년에 내세운 프롭스트의 생태주의적 전략은 어떤 원론적 추상성에서 벗어나지 못하고 있다는 사실입니다. 가령 생태주의의 구체적 실천 운동이라든가, 가족과 성과 관련되는 새로운 대안적 삶에 관한 논의를 피상적으로 언급하고 있습니다. 저자는 무엇보다도 생태주의 유토피아가 구체적 실천의 삶으

로서 생태 공동체 운동에서 출발한다는 점을 간과하고 있습니다. 그렇기에 프롭스트는 사회 생태주의의 실천 가능성을 가볍게 취급하는 셈입니다. 이는 프롭스트가 1970년대에 출현한 일련의 문학 유토피아를 충분하게 수용하지 않은 데에서 기인합니다. 따라서 프롭스트의 문헌,『정치 생태학』은 하나의 원론 내지 당위성의 한계에서 벗어나지 못합니다. 그렇지만 그것은 생태주의 유토피아의 방향을 설정하기 위한 필수적 내용을 전해 주고 있습니다.

8. 헤르만트의 네 가지 역사적 단계: 이미 언급했듯이, 오웰의『1984년』을 기점으로 정치적 유토피아는 종언을 고했습니다. 요스트 헤르만트는 유토피아의 사고가 새롭게 태동할 수 있음을 지적하였습니다. 생태계 문제의 해결, 군비 축소, 선거 개혁, 올바른 소수를 보호할 수 있는 정책 그리고 여성해방 등은 현대인들로 하여금 새로운 유토피아의 사고를 촉발시키는 계기가 된다는 것입니다(Hermand 1981: 20).『독일에서의 녹색 유토피아』(1991)는 생태주의의 역사를 고찰합니다. 생태주의의 사고는 헤르만트에 의하면 네 단계를 거쳤다고 합니다. 헤르만트는 첫 번째 계몽주의의 단계를 언급하면서, 루소를 생태학의 사상가로 규정하였습니다. 헤르만트는 모렐리의『자연 법전(Code de la nature)』(1755)을 생태주의의 긍정성을 담은 문헌으로 간주하며, 프랑스의 자코뱅주의자를 우호적으로 평가하였습니다. 두 번째 단계, 즉 19세기에 생태주의의 사고는 간헐적으로 발견됩니다. 헤르만트는 모더니즘 성향의 문학 속에 도사린 한계 내지 문제점을 지적하며, 19세기의 생태주의의 흔적을 찾습니다. 가령 자유주의를 표방하는 동물 보호 운동이라든가 에버네저 하워드(Ebeneser Howard)의 "정원 도시에 관한 구상"이 언급되고 있습니다. 가령 정원 도시는 중앙에 위치한 6만 명의 원형 도시와 여섯 개의 인접한, 제각기 3만 명의 원형 도시로 이루어집니다. 육각형의 거대 도시는 도로, 지하철 그리고 전철 등을 통해 사통팔달로 연결되어 있습니다(Heyer

2009: 477). 한마디로, 정원 도시에 관한 하워드의 계획은 슬럼가를 사전에 차단하고, 인구 밀집과 교통난을 막기 위한 도시계획의 일환으로 구상된 것이었습니다.

세 번째는 20세기 초에 나타난 생태주의의 두 가지 성향이 지적되고 있습니다. 가령 유럽의 표현주의자들은 기계의 존재 자체를 신랄하게 비판하였습니다. 예컨대 기술을 반대하는 디스토피아의 성향은 제2차 세계대전 이후에도 첨예화되었지만, 1950년대 이후 경제 기적의 시기에 유럽에서 약화되고 말았습니다. 이 시기에 생태주의의 패러다임이 거대하게 확장된 나라는 바로 미국이었습니다. 당시에 자유주의를 표방하는 자들은 생태학적인 문제의 근원을 인간의 행동 심리의 생물학적 차원에서 그리고 인간학적 차원에서 밝혀낼 수 있다고 믿게 됩니다. 다시 말해서, 생태계의 파괴는 인간과 인간이 걸어온 자취에 기인한다는 것입니다. 특히 "국가사회당(NSDAP)" 내부에서도 생태주의의 사고가 부분적으로 싹트고 있었다는 사실은 생략될 수 없습니다(Hermand 1991: 24f). 네 번째로 생태학의 사고에 있어서 언급되어야 하는 것은 무정부주의를 표방하면서 사회의 공적 영역을 이탈하려는 자들의 공동체 운동입니다. 1965년부터 미국에서는 수많은 지역 공동체가 생겨났는데, 이러한 운동은 헤르만트에 의하면 헨리 데이비드 소로, 시어도어 로자크(Theodore Roszak), 게리 스나이더(Gary Snyder)의 영향에 기인하는 것입니다.

9. 헤르만트의 녹색 유토피아에 반영된 네 가지 방법론: 헤르만트는 생태주의 유토피아를 심화시키기 위한 네 가지 방법론을 제시합니다. 1) 묵시록적 차원에서 생태주의 운동은 녹색의 유토피아의 사고를 확정시키고 발전시켜 나가야 합니다. 가령 많은 문학작품들 속에 핵전쟁의 위협이 묘사되는 것은 바람직한 방법론일 수 있다고 합니다. 2) 본격 문학작품들 외에도 동화, 사이언스 픽션, 멸종 위기에 처한 동물들에 관한 이야기 등이 활용되어야 합니다. 3) 차제에는 자연 파괴에 완강하게 저항

하는 문학과 예술 작품들이 많이 발표되어야 합니다. 작가는 크고 작은 생태계 파괴 현상에 대해 개별적으로 그리고 연대하여 저항하면서 때로는 폭력도 불사하는 그린피스 운동가들의 놀라운 이야기를 지속적으로 전해 주어야 합니다. 4) 녹색의 유토피아는 자연 파괴에 대항하는 사람들의 저항을 묘파해야 하고, 하나의 전체적 국가가 자연과 하나가 되어서 물질의 변화, 기후의 변화를 촉발시킨다는 사실을 알려야 합니다. 상기한 사항과 관련하여 헤르만트는 미하엘 엔데, 어니스트 칼렌바크 등의 문학작품을 예로 들고 있습니다.

10. 헤르만트의 녹색 유토피아의 문제점: 헤르만트의 문헌은 특히 첫 번째 계몽주의의 단계에서 어떤 작은 결함을 드러냅니다. 가령 루소의 "자연으로 돌아가라"라는 슬로건은 오늘날 생태주의가 아니라, 고대 아르카디아에 대한 동경과 연결될 뿐입니다. 특히 가장 중요한 사항은 다음과 같습니다. 현대의 생태계 파괴의 근원적 이유는 헤르만트에 의하면 인간과 인간 행위에서 뿐 아니라, 제반 국가들의 정치적 시스템 내지 그들의 전략에서 발견됩니다. 바로 이러한 까닭에 제반 국가의 정책 속에 담겨 있는 국가 이기주의의 사고를 완강하게 비판하는 전략이 절실히 요청된다고 헤르만트는 강조합니다. 따라서 현대인은 자신을 위협하는 생태계 파괴 및 이러한 파괴를 불러일으킨 주체를 인식해야 하며, 이에 대해 투쟁해야 한다는 것입니다(Hermand 1991: 189). 이를 고려할 때, 헤르만트 역시 생태 공동체 운동을 통한 생태주의 유토피아의 실천 가능성을 예리하게 투시하지 못하고 있습니다.

11. 홀림의 녹색 유토피아: 얀 홀림은 『앵글로아메리칸 에코토피아. 어떤 녹색 세계에 관한 문학적 설계』(1999)에서 시대 비판, 그리고 어떤 전망으로서의 유토피아의 지평을 지적합니다. 나아가 홀림은 유토피아와 "유토피아적인 무엇(das Utopische)"을 서로 구분합니다. 전자가 문학작

품에 반영된 것이라면, 후자는 정치적 유토피아로서의 사고라고 합니다. 문학 유토피아의 서술자는 사회 설계의 어떤 가상적인 특성을 인지하고 있습니다. 이에 반해 정치적 유토피아의 사고를 추구하는 자는 옳든 그르든 간에 정치적 전복을 기획합니다. 요약하건대, 문학 유토피아는 지배와 무관한 논의를 개진하려고 하는 반면, 정치적 유토피아주의는 홀림에 의하면 궁극적으로 정치적 권력을 얻고 어떤 다른 세상에 관한 상을 실현하려 합니다. 상기한 이원론에 근거하여 홀림은 생태주의 유토피아를 페미니즘 운동과 관련시킵니다. 왜냐하면 생태주의 운동과 페미니즘 운동은 방향에 있어서 서로 공통되기 때문입니다. 예컨대 생태주의 운동과 페미니즘 운동은 20세기 후반까지 이어진 국가권력의 착취와 억압의 메커니즘에 대해 적대적 태도를 취해 왔습니다. 따라서 생태주의 유토피아는 홀림에 의하면 처음부터 페미니즘과 연결될 수밖에 없습니다 (Hollim: 7f).

12. 홀림의 생태주의 유토피아의 특성: 1) 생태주의 유토피아는 생태학적 논의 사항을 포괄하고 있으며, 이를 유토피아의 영역으로 이전시키고 있습니다. 2) 에코토피아에 관한 새로운 설계는 모더니즘 내지 포스트모더니즘의 이른바 대안 없는 사고를 극복하려는 시도입니다. 3) 에코토피아의 원조는 윌리엄 모리스의 『유토피아 뉴스』(1890)로 거슬러 올라갑니다. 왜냐하면 모리스의 작품은 시골의 단아한 아름다움과 자연의 소박한 이상에 관한 상을 선취하고 있기 때문입니다. 4) 생태주의 유토피아의 목표는 인간과 자연을 철저히 분리시키는 사고를 극복하는 일입니다. 고전적 유토피아에서 인간은 자연을 정복하거나 자신의 필요성에 따라 자연에 순응하는 게 고작이었습니다. 그러나 에코토피아의 경우 인간은 자연과의 상호 관계 속에서 균형을 이루어야 합니다. 5) 고전적 유토피아에서는 애호 내지 사랑이 중요한 가치를 지니지 않았습니다. 에코토피아의 경우, 모든 생명체에 대한 사랑이야말로 생태주의의 핵심적 관

점으로 이해됩니다. 6) 아르카디아를 묘사한 과거의 문학작품들은 산업사회를 문제 삼지 않습니다. 이에 반해 생태주의 유토피아는 산업공해에 맞서 싸우고, 산업이 끼치는 환경 파괴를 알리기 위해서 구체적이고 지속 가능한 전략을 세웁니다. 7) 생태주의의 포괄적이고 핵심적인 관점은 문학적 개연성을 지속적으로 만들어 나가는 일입니다. 여기서 말하는 "개연성(vraisemblance)"이란 구체적으로 실천될 수 있는 객관적 가능성을 포괄하는 개념입니다. 8) 에코토피아는 정태적 구도 내지 틀이 아니라, 변화 가능성이라는 역동적 성격을 표방합니다. 이로써 가상적으로 묘사되는 생태 공동체에서 변화와 발전은 지속되고 확산될 것입니다. 9) 생태주의 유토피아의 구체적 실천은 수많은 시행착오를 겪을 수밖에 없습니다. 어떤 다른 사회를 설계하는 일에서 갈등 내지 빈틈이 자리할 수 있습니다. 이러한 하자는 유토피아의 토론에 의해서 계속 드러나게 될 것입니다(Hollim: 10-15).

13. 홀림의 대가족 공동체와 농업 중심의 코뮌: 상기한 사항을 전제로 홀림은 기존의 산업 구조와 반대되는 사회구조를 포괄적으로 설계하는 일과 문학적 개연성을 확정시키는 작업이 필수적이라고 주장합니다. 이와 관련하여 가령 서구의 개인주의를 극복한 사회적 삶 내지 사랑의 삶은 홀림의 견해에 의하면 유럽과 북미를 벗어난 다른 곳에서 실천될 수 있습니다. 이 점을 고려할 때, 생태주의의 구체적 삶의 형태는 어쩌면 미국 인디언의 삶의 방식에 나타난 대가족제도에서 발견됩니다. 홀림은 엘도라도와 디드로의 『부갱빌 여행기 보유』(1770)에 나타난 타히티 유토피아를 언급합니다(디드로: 47). 여기서 공통되는 것은 조화롭고 평화로운 어떤 땅을 찾아서 거기서 바람직한 인간 삶의 토대를 마련하는 일입니다. 또 한 가지 지적해야 할 것은 홀림이 환경 운동과 평화운동을 접목시킬 수 있는 가능성을 무엇보다도 농촌 문화 내지 농업 중심의 삶에서 찾는다는 사실입니다. 여기서 지방분권적인 생태 공동체의 바람직한 기

능이 첨가되고 있습니다.

14. 디들러의 생태주의 유토피아: 디들러는 『미래를 위한 새로운 길(Neue Wege für Übermorgen)』(1999)에서 생태주의를 다음과 같이 고찰합니다. 생태주의란 인간의 자연적 삶의 토대가 파괴되는 것을 막고, 인간과 자연 사이의 더 나은 유기적인 관계를 도모하여 자연 친화적이고 지속적인 삶의 방식을 촉진시키려는 사고입니다. 산업혁명은 디들러의 견해에 의하면 인류의 자연적인 삶의 토대를 전체적으로 파괴하였습니다(d'Idler 1999: 7-30). 생태적 문제를 의식한다는 것은 경제와 산업의 영속적인 성장 이념으로부터의 결별을 뜻합니다. 이는 자본주의 시스템의 위기와 관련됩니다. 성장을 위주로 하는 시장경제체제를 준수하는 견해는 생태적 문제를 무시하거나 경제성장보다 중요하지 않은 사안으로 간주합니다. 생태계의 복원은 현재의 국가 행정 시스템으로는 결코 가능하지 않습니다. 삶의 모든 영역은 생태학의 혁명적 사고에 입각하여 생태적 차원에서 근본적으로 변화되어야 합니다.

15. 디들러가 분류한 생태주의의 네 가지 방향성: 1) 근본 생태주의: 이들은 인간과 자연의 관계를 다시 재구성해야 한다고 주장합니다. 인간과 자연이라는 구분 자체가 잘못되었으므로, 명상을 통해서 새로운 삶의 방식이라는 돌파구를 발견해야 한다는 것입니다. 예컨대 앨 고어(Al Gore)와 철학자 루돌프 바로(Rudolf Bahro)가 이러한 계열에 속합니다. 2) 생태 페미니즘: 생태계의 위기는 가부장주의에서 비롯된 것이라고 합니다. 따라서 절실하게 요청되는 것은 모권의 이상 내지는 어머니로서 땅의 개념을 인식하는 사고라는 것입니다. 우리는 여성 생태 신학자, 메리 데일리(Mary Daly)와 철학자, 캐럴린 머천트(Carolyn Merchant) 등을 예로 들 수 있습니다. 3) 생태적 무정부주의 내지 사회 생태주의: 예컨대 머레이 북친은 지방자치 내지 자결권을 강조하는데, 주로 코뮌 운동을

통하여 자치, 자활 그리고 자생을 추구합니다. 4) 생태 사회주의: 이러한 사고는 정치적으로 좌파(정당)에 의해서 제기된 것인데, 생태계의 파괴는 근본적으로 사회의 마르크스주의적 분석과 사회주의의 목표 추구를 통해서 극복될 수 있다고 믿고 있습니다(Altvater: 17). 이를테면 우리는 엘마르 알트파터(Elmar Altvater), 제임스 오코너(James O'Connor) 등을 예로 들 수 있습니다. 물론 디들러는 이러한 네 가지 사항 가운데에서 하나의 분명한 입장을 선택하지는 않습니다. 왜냐하면 그의 관심사는 무엇보다도 생태주의 유토피아의 개념 정립으로 향하고 있기 때문입니다. 분명한 것은 생태주의 유토피아의 실현은 코뮌 형태의 더 나은 공동의 삶을 통해서 가능하다는 사실입니다. 이는 머레이 북친의 사회 생태주의에서 구체적 모습으로 나타나고 있습니다.

16. 디들러가 파악한 생태주의 유토피아의 여덟 가지 특징: 1) 생태주의 유토피아는 인간 간의 조화로운 삶 내지 자연과의 상생을 강조합니다. 자연은 일방적으로 남획되고 착취되는 처녀지가 아니라, 상호 보완적이고 협조적인 관점에서 이해될 수 있습니다. 2) 개인의 자유가 가장 핵심적인 모티프로 자리하며, 사회적 평등은 개인의 자유를 위해 기여해야 합니다. 3) 경제적 토대에 있어서 개인이 아니라, 공동의 특성이 온존해야 합니다. 4) 국가주의에 바탕을 둔 종래의 경제적 흐름은 차단되고 제어되어야 합니다. 5) 정치 조직과 제도는 가급적이면 직접민주주의에 의해서 자발적, 자치적으로 작동될 수 있습니다. 6) 새로운 인간에 관한 과거의 구상은 파기되어야 합니다. 왜냐하면 그것은 생태계를 고려하지 않은 인간 본위주의에 바탕을 두고 있기 때문입니다. 7) 생태주의 유토피아는 더 이상 확정된 사회 내지 막강한 국가의 체제를 용인하지 않습니다. 왜냐하면 그것은 역사의 목표로서 이해되는 게 아니라, 미래를 구상하는 데 있어서 다양한 가능성을 포괄하기 때문입니다. 8) 유토피아의 실현은 추구할 만한 것이지만, 하나의 틀로서 확정될 수는 없습니다. 미

래는 현대인에게 개방되어 있기 때문입니다(d'Idler 1999: 86ff).

17. 디들러의 생태주의 유토피아의 문제점: 디들러는 인간 삶의 최상의 목표를 자유, 평등 그리고 동지애의 정신에서 발견하려 합니다(d'Idler 2007: 139). 이 점이 어쩌면 디들러의 견해에서 나타나는 결정적 취약점에 해당합니다. 자유, 평등, 동지애는 주지하다시피 프랑스 혁명의 구호로서, 서구인의 근대적 가치관의 토대를 마련한 슬로건입니다. 그러나 그것은 남녀평등, 평화 그리고 모든 생명체의 상생이라는 생태주의 유토피아의 현대적 특징을 모조리 포괄할 수는 없습니다. 무작정 혁명 구호의 정신을 고수하려는 것은 작위적인 처사로서, 머릿속으로 서구의 전통적 개인주의를 고수하면서, 가슴으로만 생태주의를 수용하려는 태도입니다. 생태주의 유토피아는 개인의 자유에 근거하는, 공동체라는 새로운 삶의 방식을 필요로 합니다. 이로써 우리는 가령 아메리카 인디언들의 대가족제도에 담긴 자생, 자치 그리고 자활의 삶을 실천할 수 있습니다.

18. (요약) 생태 공동체와 생태주의 유토피아: 지금까지 우리는 생태주의 유토피아의 논의를 담은 문헌을 살펴보았습니다. 필자는 본서의 제10장에서 별도로 앙리 망드라의 이론과 실천에서 생태주의 유토피아의 가능성과 한계를 찾으려고 합니다. 왜냐하면 생태주의 유토피아는 생태 공동체라는 대안적 삶과 결부되어 있기 때문입니다. 이를 고려할 때, 생태주의 유토피아는 무엇보다도 사회 생태주의의 관점에 입각하여, 소규모의 무정부 공동체를 통해서 운영될 수 있습니다. 그런데 여기서 생태 공동체 운동이 차제에 유토피아의 이상을 실천할 수 있는가 하는 물음은 부차적입니다. 마르크스는 「포이어바흐 테제(Feuerbach These)」(1845)에서 "철학자는 지금까지 세계를 다양하게 해석하였다. 중요한 것은 세계를 변화시키는 일이다"라고 말했습니다. 그러나 오늘날 중요한 것은 세계를 보존하는 일일 수 있습니다(Améry: 103). 물론 이 말은 정치

적 보수주의의 사고로 곡해될 수도 있습니다. 그렇지만 인간 본위주의가 생명 중심주의로 확장되어야 하는 한, 생태주의 유토피아는 단순히 정치적 보수주의와 동일한 차원에서 이해될 수는 없습니다.

19. 생태주의 유토피아와 관련된 네 가지 질문: 이와 관련하여 서두에서 제기한 네 가지 질문을 비판적으로 검토해 보기로 합니다. 첫째로, 생태주의 유토피아는 비단 환경 문제뿐 아니라, 페미니즘 내지는 탈핵 운동 등의 기초적 의향과 접목되고 있습니다. 그렇다면 생태주의 유토피아는 여러 가지 이질적이고 다양한 이념을 뒤섞어 놓은, 방만한 개념인가요? 중요한 것은 개념의 방만함이 아니라, 인간 사이의 관계 내지 인간과 자연 사이의 상호 관련성을 깨닫는 일입니다. 유럽의 정치적 역사는 "나누어라 그리고 지배하라(Divide et impera)!"라는 슬로건을 지속적으로 보여 주었습니다. 이와 관련하여 생태주의 유토피아는 모든 구분과 이로 인한 차별을 극복하는 데에서 출발합니다. "모든 생명이 평등하다"는 전제 하에 여성과 약자를 차별하는 가부장주의, 사유재산과 이로 인한 전쟁 그리고 다른 생명을 무시하는 인간 본위주의 등은 배격의 대상이 될 수밖에 없습니다. 둘째로, 생태주의 유토피아가 특히 국가주의의 사회적 설계를 비판하는 근거는 무엇일까요? 지금까지 서양의 유토피아의 흐름은 때로는 국가 중심주의, 때로는 비-국가 중심주의로 발전되어 왔습니다. 그런데 오늘날 전 지구적인 상황은 소규모 아나키즘에 근거한 공동체 운동을 요청하고 있습니다. 왜냐하면 국가 중심의, 정치경제학 내지 환경 평화를 도모하는 제반 정책은 지금까지 대부분의 경우 국가 이기주의에서 벗어나지 못하는 것으로 판명되었기 때문입니다. 이에 비하면 전 지구적으로 확산되어 가는 생태 공동체 네트워크는 미력하나마 체제 파괴적으로 연대하고 있습니다. 물론 볼프강 하리히는 예외적으로 지역 공동체 대신에 보다 강력한 사회주의 국가의 재건에 기대감을 드러내지만(Harich: 106), 전체적으로 고찰할 때 생태 공동체의 비국가주의 유토

피아 설계는 오늘날 설득력을 얻고 있습니다.

셋째로, 생태주의 유토피아는 생태 공동체 운동을 수단으로 하는데, 남녀평등의 합리적 실천 가능성을 제시합니다. 지금까지 서양의 유토피아의 흐름은 때로는 일부일처제의 가족제도가, 때로는 가족 없는 여성 공동체가 소규모의 정치 체제의 이상으로 채택되었음을 알려 줍니다. 그러나 일부일처제의 가족제도의 고수 혹은 파기라는 양자택일의 정책만으로 성의 불평등은 완전히 극복될 수 없습니다. 여성이 성과 경제의 측면에서 동등한 존재로 인정받기 위해서는 남녀평등에 대한 크고 작은 사회적 합의가 사전에 마련되어 있어야 합니다. 이는 무엇보다도 "더 큰 자아"를 추구하는 아메리카 인디언들의 대가족 체제에서 실천될 수 있을지 모릅니다. 바로 이러한 이유에서 생태주의 유토피아의 개념은 개인을 지양하는 "우리," 다시 말해서 대아의 특성을 지닐 수밖에 없습니다.

넷째로, 지금까지 과학기술은 인간의 삶을 편리하게 해 주었지만, 핵 개발을 통해서 인간의 평화를 심각하게 위협해 왔습니다. 생태주의 유토피아는 평화와 상생을 위해 생태 친화적인 온건한 과학기술을 활용하려고 합니다. 후쿠시마 사건 이후로 인류는 원자력의 위험성을 인지하면서 핵 대신에 재생에너지의 개발에 박차를 가하고 있습니다. 특히 생태 공동체가 재생에너지 내지 생태 건축 기술을 적용하는 한 공동체 운동은 자본주의를 전적으로 타파할 수는 없겠지만, 생태 친화적이며 평화로운 대안의 삶을 어느 정도 가능하게 할 것입니다. 상기한 네 가지 사항을 종합하면서 우리는 병렬적으로 생태적 인간의 유형을 도출해 낼 수 있습니다. 즉, 생태적 인간의 상은 가령 무한대의 부를 축적하려는, 허장성세의 미국 카우보이의 상과는 전적으로 반대되는 인간 유형입니다. 이와 관련하여 토머스 모어의 전통적 유토피아에서 활용되던 절제와 근검절약은 생태주의 유토피아에서도 그대로 계승될 수 있으며, 생명을 중시하는 겸허함, 약자에 대한 관용과 배려 등은 차제에는 생태주의의 생활 관습으로 정착되어야 할 것입니다.

참고 문헌

디드로, 드니 (2003): 부갱빌 여행기 보유, 정상현 역, 숲.
모리스, 윌리엄 (2008): 에코토피아 뉴스, 박홍규 역, 필맥.
문순홍 (1992): 생태 위기와 녹색의 대안, 나라사랑.
박설호 (2014): 자연법과 유토피아. 에른스트 블로흐 읽기 III, 울력.
송용구 (2000): 에코토피아로 향한 생명시학, 시문학사.
Améry, Carl (1977): Elf Thesen zum ökologischen Materialismus, in: H. Chr. Buch (hrsg.), Tintenfisch 12, Thema: Natur oder: Warum ein Gespräch über Bäume heute kein Verbrechen ist, Berlin, 101-103.
d'Idler, Martin (1999): Neue Wege für Übermorgen. Ökologische Utopien seit den 70er Jahren, Köln.
d'Idler, Martin (2007): Die Modernisierung der Utopie. Vom Wandel des neuen Menschen in der politischen Utopie der Neuzeit, Münster.
Hansen, Klaus J. (1988): Die retrospektive Mentalität. Europäische Kulturkritik und amerikanische Kultur, Tübingen.
Harich, Wolfgang (1991/1975): Kommunismus ohne Wachstum. Babeuf und der Club of Rome. Sechs Interviews mit Freimut Duve und Briefe an ihn, Rowohlt bei Hamburg.
Hermand, Jost (1981): Von der Notwendigkeit utopischen Denkens, in: ders., Orte, irgendwo, Königstein/Ts.
Hermand, Jost (1991): Grüne Utopien in Deutschland. Zur Geschichte des ökologischen Bewuß tseins, Frankfurt a. M..
Heyer, Andreas (2008): Der Stand der aktuellen deutschen Utopieforschung, 3 Bde., Hamburg.
Heyer, Andreas (2009): Sozialutopien der Neuzeit. Bibliographisches Handbuch. Bd. 2. Bibliographie der Quellen des utopischen Diskurses von der Antike bis zur Gegenwart, Münster.
Hollim, Jan (1999): Die angloamerikanischen Ökotopie. Literarische Entwürfe einer grünen Welt, Frankfurt a. M..
Linse, Ulrich (1986): Ökopax und Anarchie. Eine Geschichte des ökologischen Bewegungen in Deutschland, München.
Merchant, Carolyn (1987): The Death of Nature, Ökologie, Frauen und neuzeit-

liche Naturwissenschaft: München.
Probst, Ulrich (1980): Polit-Ökologie. Zwischen Sozialpolitik und Utopie, Frankfurt a. M..
Tschachler, Heinz (1990): Ökologie und Arkadien. Natur und nordamerikanische Kultur der siebziger Jahre, Frankfurt a. M..

5. 스키너의 유토피아 공동체, 『월든 투』

(1948)

1. 비국가주의의 긍정적 유토피아 모델: 조지 오웰의 『1984년』은 1949년에 영국에서 발표되었습니다. 오웰의 작품은 "정치적 유토피아의 대미를 장식하는 검은 디스토피아"라고 이해됩니다. 그러나 우리는 1948년에 간행된 버러스 프레드릭 스키너(Burrhus Frederic Skinner, 1904-1990)의 『월든 투』를 간과해서는 안 될 것입니다. 스키너의 작품은 일련의 디스토피아 문학작품이 득세한 20세기 전반의 마지막에 출현한, 놀라울 정도로 긍정적인 사회상을 설계하고 있습니다. 특히 『월든 투』가 제2차 세계대전 와중에 집필되기 시작했다는 점, 인간의 심리 속에 도사린 공격 성향을 극복하기 위한 단초가 마련되었다는 점에서 참신한 면을 보여 줍니다. 작품은 20세기 전반에 출현한 어두운 경고의 상으로서의 디스토피아 대신에, 새로운 소규모 공동체를 중심으로 하는 긍정적 유토피아의 확산 가능성을 지적하고 있습니다. 스키너는 국가와 국가 사이에서 발생하는 이기주의적 정복 욕구 내지 공격 성향을 떨치기 위한 방편으로서 비-국가주의에 근거한 소규모 공동체의 형성과 발전 가능성을 조심스럽게 타진하였습니다.

2. 행동주의 심리학자, 스키너: 스키너는 사회심리학 내지 교육심리학

에서 커다란 족적을 남긴 미국의 학자입니다. 예컨대 교육심리학에서는 다음과 같은 본질적 질문을 다루곤 합니다. 인간의 발달 능력은 유전적 요인에 의한 것인가, 아니면 주위 환경의 요인에 의해서 커다란 영향을 받는가 하는 질문 말입니다. 어린이의 지적인 능력은 "떡잎부터 다르다"는 속담대로 유전적으로 타고날까요? 아니면 어린이는 주위 환경의 변화 내지 교육 습관에 의해서 더욱더 커다란 영향을 받을까요? 이러한 질문에 대해 놈 촘스키(Noam Chomsky)는 전자를, 스키너는 후자를 선택하였습니다. 촘스키는 인간의 선천적 능력을 중시한다는 점에서, 피교육자의 지적 능력의 후천적 발전 가능성을 간과하고 있으며, 스키너는 행동주의를 처음부터 과감하게 도입함으로써, 인간이 부모로부터 이어받은 선천적 능력을 부분적으로 좌시하고 있습니다. 스키너는 『유기체의 행동(The Behavior of Organisms)』(1938), 『과학과 인간 행동(Science and Human Behavior)』(1953) 그리고 『행동주의에 관하여(About Behaviorism)』(1974) 등과 같은 일련의 논문과 저서를 통해서 인간의 행동과 후천적으로 영향을 끼치는 주위 환경의 요인을 집요하게 파고들었습니다.

3. 스키너의 행동주의 실험과 인간의 행동: 문제는 스키너의 이론이 과연 구체적 현실의 조건 속에서 어떻게 적용될 수 있으며, 사회적으로 어떻게 작용하는가 하는 물음에 달려 있습니다. 인간을 포함한 모든 동물은 특정한 현실적 조건에서 생활하면, 자신의 습관과 심리적 태도 역시 조금씩 순응해 나간다고 스키너는 추론했습니다. 만약 주어진 특정한 조건을 긍정적으로 변화시키면, 인간은 지적 능력과 심리적 영역에서도 더 향상될 수 있을지 모릅니다. 스키너의 이러한 사고는 사회 유토피아 소설, 『월든 투. 공격 성향으로부터 해방된 사회에 관한 비전』(1948)으로 결실을 맺었습니다. 스키너 역시 고전적 유토피아의 모델을 고려하여 작품을 집필하였는데, 가령 오웰의 『1984년』이 스키너의 작품과 비

교될 수 있습니다. 사회주의자, 오웰이 스탈린주의를 경고함으로써 역사와 정치에 관한 자신의 회의주의의 시각을 문학적으로 형상화했다면, 스키너는 진보에 대한 낙관주의의 경향을 지닌 사상가들로부터 처음부터 영향을 받고 있습니다. 그는 1944년에 재발행된 앨리스 F. 타일러(Alice F. Tyler)의 『자유의 효모(Freedom's Ferment)』(1860)라는 책을 읽고, 이상적 공동체에 관한 영감을 얻었습니다.

4. 타일러의 『자유의 효모』: 타일러는 『자유의 효모』에서 19세기 초 미국에서 전개된 종교적 실험과 관련된 일련의 운동을 서술한 바 있습니다. 당시 미국에서는 다양한 종파의 단체들이 제각기 실험적으로 신앙 생활을 영위했는데, 이들 가운데에는 퀘이커교, 모르몬교 등이 있었습니다. 그들은 1844년 10월 22일을 세계 종말의 날로 규정하였습니다. 종교인들은 파국이 도래할지 모르는 휴거의 날에 살아남기 위해서는 심령학적으로 어떤 끈끈한 유대감을 고수해야 한다고 믿었습니다. 이들 종교 단체는 사회적이고 경제적인 균등을 추구하였고, 지역 공동체를 결성하여 여러 가지 실험을 감행하였습니다. 가령 인간성의 개혁, 신앙 운동에 바탕을 둔 자활 자치의 거주 공동체에서의 일련의 시도 등이 그러한 실험이었습니다. 이들은 때로는 방종한 사랑의 삶을 영위하거나, 주위의 이웃들로부터 등을 돌리고 고립적으로 살아갔습니다(Tyler: 57 이하). 이로써 단체들은 결국에는 극단적 외골수의 신앙 공동체로 변질되기도 하였지만, 그럼에도 1861년 미국의 남북전쟁이 발발할 무렵까지 사회적 영향력을 키워 나갔다고 합니다. 이를테면 공동체는 미국에서 감옥의 철폐, 교육의 개혁, 죄수들의 교화 작업, 노예제도 비판 그리고 여성의 인권 신장을 위해서 크게 공헌하였습니다.

5. 소로의 『월든, 숲속의 삶』: 스키너는 작품 집필 시에 또 한 권의 책을 고려하였습니다. 그것은 1854년에 간행된 헨리 데이비드 소로(Henry

David Thoreau)의 『월든, 혹은 숲속의 삶(Walden, or Life in the Woods)』을 가리킵니다. 작품의 제목 "월든" 역시 여기서 착안한 것입니다. 소로는 1845년 매사추세츠의 숲에서 통나무집을 짓고 고독하게 살았습니다. 이는 "자연으로의 단순한 도피"가 아니라, 어떤 대안적 삶의 방식을 발전시키는 과업이었습니다. 소로의 책은 일기 형식으로 이루어져 있습니다. 도합 18개의 장으로 구성되어 있는데, 다양한 계층 사람들에게 헌정되어 있습니다. 1862년 3월, 죽기 2개월 전에 소로는 편집자에게 "숲속의 삶"이라는 부제를 생략해 달라고 요청했습니다. 왜냐하면 숲에서 살아간다는 것은 기이한 일이 아니라 자유인 내지 자연인이 행해야 할 당연한 일감이라고 믿었기 때문입니다. 그러나 그의 이러한 요청은 받아들여지지 않았습니다. 소로의 작품은 너새니얼 호손(Nathaniel Hawthorne) 등이 추구한 미국의 초월주의적 사고 내지 예술 운동에 지대한 영향을 끼쳤습니다. 20세기 후반부에 소로의 책은 자연보호 운동 그리고 마하트마 간디의 비폭력주의 내지는 무위의 금욕주의와 접목되어, 68 학생운동 세대에 커다란 영감을 주었습니다. 그런데 스키너의 작품 제목은 소로의 그것과 동일하지만, 공동체라는 점을 제외하면, 내용상으로는 어떠한 공통점도 드러내지 않습니다. 스키너는 플라톤, 토머스 모어 그리고 벨러미 등의 유토피아의 전통을 고려하면서, 현대인들의 고립된 개인주의를 극복하고 초월하기 위한 어떤 공동체의 삶의 가능성을 신중하게 타진하고 있습니다.

6. 스키너의 삶: 버러스 프레드릭 스키너는 1904년 3월 20일 미국 펜실베이니아주 서스케하나라는 소도시의 시민 가정에서 태어났습니다. 그의 아버지는 거대한 정치적 야망을 품은 변호사였습니다. 그는 미국 공화당 후보로서 서스케하나 시장 후보자로 출마하였는데, 번번이 낙선하였습니다. 그의 어머니는 결혼 전에 속기사로 일하였는데, 결혼 후에도 여러 직업을 전전하였습니다. 그레이스 매지 스키너는 정의를 추구하

는 철저한 여성이었다고 합니다. 스키너는 사회적 인습을 존중하고 명확한 삶의 방식을 중시하는 기독교 가정에서 태어난 셈입니다. 비록 도덕적으로는 근엄하지만, 자유롭고 폭력 없는 가정에서 행복하게 자랐다고 나중에 술회한 바 있습니다. 스키너에게 감동을 준 작가는 윌리엄 셰익스피어와 프랜시스 베이컨이었다고 합니다. 베이컨의 『노붐 오르가논』(1620)과 『새로운 아틀란티스』(1627)는 스키너의 자연과학 연구에 커다란 영향을 끼쳤습니다.

1922년 스키너는 뉴욕의 클린턴에 있는 해밀턴 대학에 입학하여, 영어영문학과 라틴어 문학을 공부하였습니다. 해밀턴 대학 근처에는 존 험프리 노이스(John Humphry Noyes)가 경영하는 오네이다 코뮌이 건립되어 있었는데, 스키너에게 공동체에 대한 관심사를 부추겼습니다(Roemer: 130). 이 시기에 그는 창작에 몰두하여 시와 단편을 집필하였습니다. 1926년 대학을 졸업한 다음 작가로 성공하려는 그의 결심은 실패로 돌아갑니다. 이 무렵 우연히 버트런드 러셀이 쓴 행동주의에 관한 논문을 읽게 됩니다. 이에 자극을 받은 스키너는 존 B. 왓슨의 행동주의와 그 밖의 책들을 독파하였습니다. 이로 인하여 1928년 하버드 대학교 심리학과에 진학하여 1930년에 석사학위를, 이듬해에 박사학위를 취득합니다. 그의 관심사는 이반 P. 파블로프(Ivan P. Pavlov)의 조건반사 이론에 대한 비판으로 향했습니다. 이러한 노력으로써 결국 『행동을 기술하는 데 있어서 반응의 개념(The Concept of the Reflex in the Description of Behavior)』(1931)이라는 책이 완성되었습니다. 뒤이어 스키너는 미네소타의 인디애나 대학과 하버드 대학의 교수로 일했습니다. 게슈탈트심리학, 정신분석학, 임상심리학을 거쳐서 생물체에 미치는 주위 환경의 영향을 집중적으로 연구해 나갔습니다. 스키너에 의하면, 동물뿐 아니라 인간의 행동 역시 사회 기술적으로 얼마든지 조절이 가능하며, 주어진 환경을 능동적으로 변화시킨다고 합니다.

7. 작품에 대한 미국 독자들의 반응: 1948년에 발간된 스키너의 『월든 투』는, 오웰의 『1984년』이 그러했듯이, 처음에는 커다란 반향을 불러일으키지 못했습니다. 기껏해야 몇몇 비평가들이 스키너의 "공격 성향 없는 어떤 대안 공동체"에 대해 막연하게 찬사를 보내었을 뿐입니다. 스키너의 작품은 "평화와 삶의 근원적 의미 그리고 안전"을 도모하기 위한 많은 사고를 담은 놀라운 문학 유토피아라는 것이었습니다. 그렇지만 몇몇 독자들은 『월든 투』가 인간 행동에 관한 스키너의 심리학 연구를 가상적으로 설계한 것이라고 혹평하였습니다. 혹자는 작품이 이른바 "인간을 탈-인간화시키는 행동주의 심리학"이 추구한 일련의 실험 가운데 하나에 불과하며, 자신의 심리학 이론을 문학의 영역에 대입했을 뿐이라고 비난했습니다. 인간의 육체가 주어진 세계에 순응하고 동화하기 위해서 인위적 방식으로 조작되는 것은 결코 바람직하지 않다는 것이었습니다. 이러한 반응을 고려한다면, 스키너의 작품은 독자들에게 찬사와 비난을 동시에 불러일으킨 셈입니다. 이는 『월든 투』가 좋든 싫든 간에 어떤 의미를 제시하고 있음을 반증합니다.

8. 20세기의 상황, 무엇이 문제인가?: 스키너는 두 가지 관점에서 자신의 시대를 비판하였습니다. 첫째로, 인류는 자기 파괴적인 공격 성향을 드러내면서 지속적으로 전쟁을 일으켰습니다. 20세기 중엽에 이르러 자원은 고갈되기 시작했습니다. 산업의 발전으로 인하여 환경은 국가 전체의 위기를 불러일으킬 정도로 파괴되었습니다. 게다가 당시는 제2차 세계대전이 횡행하던 시기였습니다. 핵폭탄이 발명되어 히로시마와 나가사키에서 순식간에 수많은 생명이 목숨을 잃었으며, 그 피해는 인간의 예측을 넘어섰습니다. 그럼에도 이른바 "미국의 삶의 방식"은 전혀 변화될 기미를 보여 주지 않았습니다. 자연을 약탈하고, 이웃과의 경쟁에서 승리를 구가하며, 과도하게 소비하는 미국 카우보이의 실용주의의 사고를 생각해 보십시오. 이와 관련하여 스키너는 다음과 같이 고심하였습

니다. 인류는 어떻게 하면 자신의 본능에서 비롯한 공격 성향을 떨치고, 마치 인디언들처럼 평화롭게 자연과 주위 인간들과 아우르면서 살아갈 수 있는가 하고 말입니다. 과거에는 억압당하던 계층, 즉 프롤레타리아의 행복과 안녕이 절실한 관건이었는데, 이제 재앙은 무산계급과 부르주아 사이의 갈등을 넘어서서, 인류 전체를 위협하게 된 셈입니다. 둘째로, 스키너는 미국의 중산층 가족 내에서 여성 억압을 신랄하게 비판합니다. 예컨대 남자는 결혼한 다음에도 거주지, 직업을 마음대로 선택하고 약간의 향락을 즐길 수 있지만, 여자들은 요리하고, 청소하며, 출산과 육아의 일에서 헤어나지 못하고 있습니다. 가부장주의 사회는 오래 전부터 여성들에게 자신의 운명을 받아들일 것을 무리하게 요구했다는 것입니다 (Skinner 1983: 138).

9. 스키너의 시대 비판과 이에 대한 심리학적 대안: 스키너는 물리학과 생명공학이 어느 정도의 범위에서 문제 해결에 도움을 줄 수 있다고 확신합니다. 즉, 새로운 에너지원을 발견할 수도 있고, 기존 에너지원을 더 효율적으로 이용할 수도 있다고 말입니다. 또 영양가 많은 곡식을 재배하고, 육류보다는 오히려 채식으로 식사할 수도 있으며, 보다 확실한 피임법으로 인구를 어느 정도 억제시킬 수 있고, 과학기술을 활용하여 가공할 핵전쟁을 막기 위한 난공불락의 방어 체계를 구축할 수 있다고 추론합니다. 문제는 근본적으로 고도로 발전된 산업사회에서 인간 행동이 과연 어떻게 변화될 것인가 하는 물음입니다(Jens 16: 576). 이는 사소하게 보이지만, 결코 하찮은 문제가 아닙니다. 가령 히틀러는 비정상적인 아버지로부터 질투, 시기 그리고 미움의 정서를 무의식적으로 체득했는데, 이는 나중에 결국 수백만의 목숨을 앗아 가도록 작용했습니다. 따라서 일견 지엽적으로 보이는 개별 심리 상태의 문제는 심리학이라는 개별 학문 연구의 범주를 넘어섭니다. 개인의 심리 구조에 관한 사항은 인성 발달 및 인간관계와 밀접하게 결부되어 있으므로, 새로운 사회학적 삶의

실험에서 배제될 수 없습니다.

10. 비-국가주의 내지 아나키즘 공동체의 유형: 스키너의 『월든 투』는 무정부주의의 공동체 유형으로 이해될 수 있습니다. 작은 규모의 지방 분권적 공동체를 지향한다는 점에서 푸아니, 라옹탕, 디드로, 푸리에, 오언 그리고 모리스 등으로 이어지는 "비-국가주의 유토피아" 계열 속에 편입될 수 있습니다. 왜냐하면 스키너는 미국뿐 아니라, 기존의 거대한 국가 체제가 행하는 모든 정책이 궁극적으로 인간들에게 경쟁을 부추기고 급기야는 그들을 전쟁터로 몰아간다고 확신하기 때문입니다. 근본적인 문제는 전체주의적인 거대한 국가 구도에 있다고 합니다. 이 점에 있어서는 사회주의 국가 역시 별반 나을 게 없다고 스키너는 생각합니다. 스탈린이 이끄는 소련은 슬라브 민족을 중심으로 하는 강력한 사회주의 국가의 이데올로기를 실천한다는 점에서 경제적 팽창주의와 전쟁 지향주의에 근거하고 있었습니다. 한마디로 스키너의 유토피아는 스스로 지향하는 바를 고려할 때 사회의 긍정적인 범례를 보여 줍니다. 디스토피아 작가들이 국가가 개별 인간의 고유한 자유를 억압한다고 통렬하게 비난한 반면에, 스키너는 제2차 세계대전이 끝나 갈 무렵 전체주의의 폭력과 정반대되는 어떤 소규모의 긍정적인 유토피아 모델을 설계한 셈입니다. 1940년대 후반에 평화와 재건의 정책이 당면한 사안으로 간주되고 있을 때, 스키너는 놀라운 새로운 공동체를 구상하기 시작한 셈입니다(Wiklander: 168).

11. 작품의 발단, 소설의 형식: 작품의 주인공, "나"는 "버리스"라는 이름을 지닌 심리학 교수입니다. 학기가 끝날 무렵에 로저스라는 학생이 그를 찾아옵니다. 로저스는 신문에서 어떤 기이한 기사를 읽습니다. 그것은 대학에서 약 100마일 떨어진 곳에 위치한 "월든 투"라는 이름의 대안 공동체에 관한 기사였습니다. 공동체를 이끄는 사람은 T. E. 프레이

저라는 심리학자였습니다. 면담 도중에 버리스는 고교 시절에 그를 얼핏 만난 적이 있었음을 떠올립니다. 신문을 뒤져 보니, 거기에는 대안 공동체에 관한 기사와 주소 등이 적혀 있었습니다. 버리스는 대안 공동체에 서서히 흥미를 느끼기 시작합니다. 그리하여 몇몇 친구들과 그곳을 방문해도 좋은가 하고 그곳으로 편지를 보냅니다. 조만간 주인공은 프레이저로부터 공동체를 방문해도 좋다는 답신을 받습니다. 그리하여 방문팀은 여섯 명으로 구성됩니다. 주인공 버리스, 로저스와 그의 약혼녀 바바라, 로저스의 친구인 스티브와 그의 약혼녀 메리 그리고 철학 교수, 어거스틴 캐슬이 그들이었습니다.

12. 등장인물들: 주인공인 버리스는 지적이며 영리한 인물입니다. 그는 대학에서의 힘든 학문 연구에 약간의 나른함을 느낍니다. 처음에는 공동체에 대해 회의적이었으나, 시간이 흐름에 따라서 월든 투의 삶에 서서히 빠져듭니다. 3일간의 방문을 마치고 대학으로 돌아가기 위해서 역에 도착했으나, 결국 대학교수로서의 삶을 포기하고 월든 투 공동체에 뼈를 묻기로 결심합니다. 두 번째 인물인 프레이저는 탁월한 언변의 소유자로서 공동체의 제반 사항을 방문객에게 전달해 줍니다. 그는 때로는 현학적이며, 은근히 지배 욕구를 지니고 있습니다. 일찍이 중앙집권적인 자본주의 체제인 미국 사회에 거부감을 느낀 프레이저는 오래 전부터 월든 공동체를 이끌게 되었습니다. 세 번째 인물은 어거스틴 캐슬입니다. 그는 주인공의 대학 동료로서 철학을 가르치는 지식인입니다. 어거스틴의 논리는 매우 정연하지만, 그의 마음은 의외로 편협하며 고루합니다. 어거스틴은 특히 월든 투 공동체의 교육 방법에 이의를 제기하며, 공동체의 생활 방식에 동의하지 못하고 이곳으로부터 영원히 등을 돌립니다. 로저스는 전형적인 미국인으로서 자동차, 멋진 가옥 그리고 부귀영화에 집착합니다. 그는 여자 친구 바바라와 마찬가지로 공동체의 삶에 갑갑함을 느끼고 미련 없이 공동체를 떠납니다. 나머지 인물로서 우리는 스

티브를 들 수 있습니다. 스티브는 로저스가 군대에서 사귀게 된 친구인데, 심성이 조용하며, 월든 투 공동체를 마침내 발견한 자신의 고향으로 여깁니다. 그는 여자 친구 메리와 함께 월든 투 공동체에서 정주하기로 작심합니다.

13. 미국의 자본주의 질서에 대한 반대급부의 상: 월든 투 공동체는 약 1,000명의 거주자로 구성되어 있습니다. 프레이저를 포함한 초창기의 공동체 사람들은 텅 빈 농가 건물을 헐값에 구매하여 복구하였습니다. 공동체 사람들은 거주지뿐 아니라 인접한 주위 환경을 개선하는 데 노력하였습니다. 도로를 확장하고, 연못을 만들어 식수를 마련하며, 홍수와 가뭄의 피해를 막기 위하여 여러 가지 종류의 나무를 심었습니다. 공동체는 외부로부터 단절되어 있는데, 그곳에서는 무소불위의 권력을 행사하는 어떠한 지도자도 존재하지 않습니다. 물론 공동체에는 프레이저를 포함한 여섯 명의 계획자들이 포진해 있는데, 매니저를 선정하는 일 외의 다른 권한은 지니지 않습니다. 이들의 권한은 공동체에 속하는 사람들의 의사를 수렴하여 이를 반영하는 것밖에는 아무것도 없습니다. 공동체에는 지배자와 피지배자가 존재하지 않습니다. 스키너는 다음과 같이 묘사합니다. "지배의 모티프는 우리에게 낯설다. 왜냐하면 우리는 모두 공동체 전체를 염두에 두기 때문이다. (…) 자연에 대한 승리, 우리 자신에 대한 승리는 용인되지만, 타인에 대한 승리는 결코 용인되지 않는다"(Skinner 1983: 108).

경제적 측면에서도 월든 투 공동체는 미국 자본주의 체제와는 판이하게 다릅니다. 공동체는 단순한 삶, 자급자족 경제를 찬양합니다. 월든 투 공동체는 자본주의와 국가 차원의 사회주의를 반반으로 섞어 놓은 것입니다. 모든 사유재산이 부분적으로 용인된다는 점에서 공동체는 자본주의적 특성을 지니지만, 모든 물품들이 이윤을 위해서 생산되는 게 아니라 필요에 의해서 생산된다는 점에서 사회주의의 특징을 표방합니다

(Saage: 302). 공동체에서는 노동 자체가 재미있는 일감으로 간주되고 있습니다. 따라서 사람들은 노동의 소외를 더 이상 피부로 느끼지 못합니다. 노동 자체가 여가 생활일 수 있다는 것입니다. 공동체는 육체노동, 단순한 삶 그리고 자연스러운 욕망 추구의 생활 방식 등을 권장합니다. 공동체는 상품의 소비를 중시하는 미국의 자본주의 경제 질서에 대한 반대급부의 상으로서, 이곳 사람들은 갈등 없는 사회구성체 내에서 개별 인간들의 평화로운 공동의 삶을 지향합니다. 이를 위해서는 불필요한 노동을 줄이는 것이 무엇보다도 중요한 관건으로 이해되고 있습니다. "스스로 소비하는 재화의 양을 줄이게 되면, 우리는 불필요한 노동을 위해서 헛되이 시간을 낭비하지는 않을 것이다"(Skinner 1983: 14).

14. 의식주. 노동과 여가의 구분이 없다: 공동체의 사람들은 모두 행복하고, 창의적이며, 행복하게 살아갑니다. 그들은 대인 관계에 있어서 원만하며, 자유연애를 실천합니다. 그들이 누구와 친하게 지내든, 누구와 사랑을 나누든 간에 이에 간섭하고 제재를 가하는 사람은 아무도 없습니다. 월든 투 공동체 사람들은 음악, 미술, 문학 등 여러 분야에서 예술적 창조 작업을 즐깁니다. 또 한 가지 언급해야 하는 것은 노동과 반대되는 자유 시간의 중요성입니다. 마치 로마 사람들이 "여가(Otium)"를 "비-여가(Nec-Otium)," 즉 "노동"보다도 더 중요하게 여겼듯이, 공동체 사람들 역시 휴식, 잠 그리고 식사 시간을 무엇보다도 귀하게 여깁니다. 아니, 월든 투 공동체에서는 노동과 여가의 구분이 없습니다. 왜냐하면 사람들은 자신이 원하는 시간에 원하는 양의 일을 즐거운 마음으로 자발적으로 행하기 때문입니다. 공동체 사람들은 자신의 취향에 따라 옷을 입고, 공동으로 식사합니다. 식당은 여러 개로 나누어져 있는데, 미국식, 스웨덴식 그리고 영국식 뷔페 등으로 이루어져 있습니다. 많은 사람들이 동시에 식사하기 때문에 설거지하는 데에도 시간이 많이 소모됩니다. 그래서 공동체는 예외적으로 기계로 된 자동 세척기를 도입하고 있습니다.

15. 공동체의 정치 구조와 경제생활: 공동체 구성원들은 네 그룹으로 나누어집니다. 1. 계획자, 2. 매니저, 3. 과학자, 4. 노동자. 첫 번째 그룹은 계획자를 가리킵니다. 월든 투의 실질적 권한은 6명의 계획자들이 장악하고 있습니다. 이들은 남자 3명과 여자 3명으로 구성되는 소규모 그룹인데, 공동체의 모든 활동을 명목상으로 관장합니다. 이들은 매니저들의 활동을 심사하고 그들의 사업 계획과 업무 현황 등을 감독합니다. 계획자는 10년 이상 보직을 맡을 수 없으며, 10년이 지나면 다른 사람으로 교체됩니다. 두 번째 그룹은 매니저를 가리킵니다. 매니저는 공동체의 소규모 그룹의 대표라고 생각하면 족합니다. 그들은 생산과 분배에 관한 모든 일을 직접 책임지고 있습니다. 이를테면 음식, 공동체 사람들의 건강, 노동, 교육 그리고 예술 등에 관여하는 게 바로 매니저의 일감입니다. 매니저는 노동자들의 작업 현황 등을 살피고 노동 평점을 매기는 일을 담당합니다. 특이한 것은 매니저가 투표에 의해서 선출되는 게 아니라, 계획자에 의해서 임명된다는 사실입니다. 세 번째 그룹은 과학자들을 가리킵니다. 과학자들은 일종의 전문적 노동자들로서 동물 사육과 식물 재배를 통하여 여러 가지 실험을 행합니다. 그들은 이를테면 영아의 행동 조절을 연구하고, 수많은 유형의 교육과정의 이론과 실제를 검토합니다. 또한 공동체가 필요로 하는 원자재에 관한 분석과 개발 등을 탐구합니다.

16. 공동체 내의 노동자들: 네 번째 그룹은 일반 노동자들을 가리킵니다. 공동체 사람들은 자신이 설정한 법칙에 따라 자발적으로 생활합니다. 노동자들의 일감은 특별히 정해진 것이 없습니다. 다만 자신이 무엇을 행하며, 어떠한 일의 결과를 달성하는지에 관해서는 담당 매니저에게 보고해야 합니다. 월든 투 공동체에서는 화폐가 사용되지 않고, 대신에 노동 평점이 활용되고 있습니다. 공동체의 사람들은 노동의 대가로 노동 평점을 수령합니다. 노동은 내용에 따라 제각기 다른 평점이 주어집

니다. 이를테면 힘들고 더러운 일에는 많은 평점이 주어지고, 쉽고 재미있는 일에는 적은 평점이 주어집니다. 모든 노동자들은 1년 동안 반드시 최소한 1,200점의 평점을 취득해야 합니다. 모든 경제체제는 분화되어 있지만, 노동의 종류, 노동량 그리고 노동시간을 감안하여 제반 일감에 대해서 평점을 정하고 노동자들의 업적에 따라 평점을 부여하는 자는 매니저들입니다. 얼핏 보면 월든 공동체가 계층적으로 구분된 것처럼 느끼게 되지만, 실제로는 그렇지 않습니다. 계획자와 매니저를 제외하면, 모두가 노동자들입니다. 과학자들 역시 평상시에는 노동자로 일하며, 여가 시간에 한해서 자신의 학문을 추구할 뿐입니다.

17. 생산과 분배: 공동체 내의 생산과 분배는 매니저에 의해서 계획되고 이행됩니다. 다시 말해, 매니저는 어떠한 물품을 생산해야 할지, 생산된 물품을 어떻게 분배할지 등을 결정합니다. 이들은 숙달된 엘리트로서 업무 수행에 있어서 전문적 식견을 지니고 있습니다. 가령 매니저는 우유 생산량 그리고 농업과 수공업 부분에 있어서 생산 물품의 종류와 양을 정하고, 이에 대한 노동을 노동자들에게 권장합니다. 여기에는 어떠한 강제성도 없습니다. 다만 매니저는 노동자들에게 노동의 양, 시간, 생산된 물품 등을 고려하여 평점을 부여합니다. 물품의 분배 역시 강제적으로 이루어지지 않습니다. 노동자들은 자기가 필요한 물품을 물품 저장소에서 가져갈 수 있습니다. 이 경우 노동자들의 소비는 벨러미의 『뒤를 돌아보면서』에서 언급된 바 있는 신용 채권에 의해서 측정됩니다. 『월든 투』에서는 화폐 대신에 신용 채권이 사용됩니다. 공동체 사람들은 1,200점에 해당하는 신용 채권으로 물품을 소비할 수 있습니다.

18. 과학기술의 활용: 월든 투 공동체는 과학기술을 최대한 활용합니다. 과학기술은 토양을 해치거나 변화시키는 데 기여하지 않고, 오히려 자연을 정화시키는 데 부분적으로 활용됩니다. 건축 자재의 경우 대부분

자연 소재가 사용되고 있습니다. 이를테면 압착시킨 아교를 생각해 보세요. 더러운 연못을 깨끗하게 정화시키는 데에도 과학기술이 활용됩니다. 놀라운 것은 스키너의 공동체에서 음식물 찌꺼기의 활용 방안이 언급되고 있다는 사실입니다. 사람들은 컨베이어 시스템을 가동시켜 음식물 찌꺼기에다 우유를 뿌려 돼지의 사료를 생산해 내고 있습니다(Skinner 83: 54). 스키너는 공동체를 위하여 과학기술의 모든 결과물을 활용하지는 않습니다. 이를테면 잔디 깎는 기계는 이곳에서 더 이상 생산되지 않습니다. 그것은 손쉽게 잔디밭을 가꾸게 해 주지만, 소음 공해를 일으키므로 문제가 많다는 것입니다. 그 대신에 공동체는 양떼를 방목하여 풀을 뜯도록 조처합니다.

19. 종교의 기능: 종교는 "월든 투"에서 개인심리학적인 기능이라든가, 사회의 정체성을 위한 기능과는 무관한 것으로 이해됩니다. 아이들은 종교교육을 의무적으로 받지 않습니다. 그럼에도 부모들은 필요할 경우 종교교육의 커리큘럼을 별도로 개설합니다. 공동체의 삶에 적절한 새로운 인간형은 반드시 신앙에서 유래하는 것은 아니며, 인간 자체의 어떤 학문적 수행에 의해서 생겨난다고 프레이저는 말합니다. 공동체 사람들은 어떤 특정한 사회의 법칙이라든가 공동의 규약을 미리 정하지 않습니다. 종교적 관습은 시간이 흐름에 따라 마치 음주 행위와 마찬가지로 약화되어 있습니다. 월든 투에서는 도덕적 지침이라든가 윤리적 강령은 그저 일시적인 무엇으로 작용할 뿐입니다. 왜냐하면 그것들은 사람들의 필요에 따라 변화될 수 있기 때문입니다(Skinner 1983: 183). 하나의 행동은 그 자체 도덕적으로 옳다거나 그르다고 단정할 수 없습니다. 다만 자유로운 공동체 내의 공동선에 부합될 경우, 그것은 얼마든지 채택될 수 있습니다. 인간의 기본 행동을 규정하는 세속적인 규범에 관한 교육은 만 6세가 되면 끝이 납니다. 그렇게 되면 아이들은 행동주의 교육 방식을 통해 모든 것을 자발적으로 배우게 됩니다.

20. 일부일처제, 조기 결혼 그리고 유연한 가족 체제: 월든 투 사람들은 일부일처제를 고수하지만, 철저한 가족 체제를 고수하지는 않습니다. 이를테면 자식들은 공동으로 키우며, 친자식이 아니더라도 특정 아이를 자신의 양자로 받아들일 수 있습니다. 놀라운 것은 스키너가 조기 결혼을 권장한다는 사실입니다. 이를테면 남자는 17세, 여자는 16세가 되면 결혼하여 부부가 될 수 있습니다. 그렇기에 한 여성은 일반적으로 22세나 23세의 나이에 네 명까지 출산할 수 있습니다. 조기 결혼을 권장하는 것은 자녀 출산 때문이 아니라, 젊은이들의 성적 욕구 때문입니다. 물론 결혼 전에 신랑 신부는 반드시 공동체의 나이 든 사람들, 계획자 등으로부터 여러 가지 조언을 들어야 합니다(Skinner 1983: 128). 물론 공동체 내에서는 이혼 역시 가능합니다. 자식 문제로 이혼하는 경우는 거의 없으며, 사랑이 식었기 때문에 서로 헤어지려고 하는 경우가 대부분입니다. 이혼할 때 여자가 불이익을 당하는 경우는 거의 없습니다. 문제를 지닌 부부들은 심리학자 내지 정신과 의사의 상담을 받아야 합니다.

21. 남녀평등과 결혼 제도: 미국의 대부분의 가정주부는 자신의 직업란에 "가정주부"라고 기록하는 것을 수치스럽게 여긴다고 합니다. 그러나 이는 월든 투 공동체에서는 통용되지 않습니다. 공동체의 사람들은 소규모의 가정을 고수하지만, 남자와 여자의 권한은 동등합니다. 그들은 일부일처제의 관습 하에서 일찍 결혼하여 아이를 출산하지만, 부부의 결속감은 시민사회의 그것에 비해서 무척 느슨합니다. 중요한 것은 가족의 유대감이 아니라, 자유로운 사랑의 삶을 누리는 일이라고 합니다. 따라서 공동체 내의 부부들은 자신의 아이들만 애틋하게 여기는 게 아니라, 다른 부부의 아이들 역시 자신의 자식으로 공평하게 대합니다. 따라서 공동체 내에 친자식이라는 개념이 존재하지 않는 것은 당연합니다. 나아가 월든 투 공동체에서는 남녀평등이 철저하게 보장되어 있습니다. 다만 노동의 역할 분담에 있어서 약간의 차이를 용인합니다. 이를테면 여성들

에게 무거운 암석을 운반하게 하는 것은 자연의 섭리에 위배되는 것이라고 합니다. 대부분의 여성들이 집안일에 몰두하는 것은 그들이 이를 원하고, 신체적으로 수월하기 때문입니다. 만약 남자가 가사를 돌보겠다고 할 경우, 매니저들은 이를 조건 없이 허용합니다.

22. 질투와 시기의 극복, 인위적인 자녀 출산: 월든 투 사람들은 질투와 시기의 감정을 떨친 지 오래입니다. 사랑과 기쁨에 관한 한 그들은 감정 표현에 능숙하지만, 사람들을 불행하게 만드는 분노, 근심 등은 공동체 사람들에게서 거의 발견되지 않습니다. 스키너는 두 가지 관점에서 새로운 인간 유형을 참신하고도 독창적으로 설계합니다. 그 하나는 행동주의 심리학에서 언급되는 내용과 관련됩니다. 사람들은 어떻게 해서든 유용하지 못한 감정, 분노, 두려움 그리고 근심 등과 같은 감정을 약화시키거나 근절시키기 위해서 노력해야 한다는 것입니다. 다른 하나는 종족 번식에 있어서 자연과학의 인위적인 기술의 활용을 가리킵니다. 지금까지 사람들은 역사적으로 동종 교배를 피하기 위해서 근친혼을 금지시켜 왔습니다. 따라서 서로 사랑하지만 혈연관계에 얽혀 부부가 될 수 없는 수많은 연인들이 고통을 당해 왔습니다. 월든 투 공동체에서 남녀 간의 사랑은 이러한 근친혼 금지에 관한 관습 내지 법에 저촉될 필요는 없습니다. 개개인의 사랑과 결혼에 방해되는 여러 가지 규정 내지 계율 등은 얼마든지 철폐될 수 있습니다(Skinner 1983: 135). 만약 특정한 계율이 결코 파기될 수 없는 경우(이를테면 친남매의 결혼 여부), 부모와 자식들은 공동체 내에서 가족 관계를 과감하게 포기할 수도 있습니다. 그 대신에 월든 투 공동체는 자녀 출산의 경우 인공수정을 통하여 철저하게 조절합니다. 그렇게 하면 근친혼으로 인한 의학적인 폐해를 사전에 차단시킬 수 있으며, 인위적인 인구 조절도 얼마든지 가능하게 됩니다. 공동체 사람들은 혈연관계를 고려하지 않고서도 얼마든지 결혼할 수 있는 반면에, 자녀 출산을 염두에 둔 부부 내지 연인들은 공동체 전체의 우생학적 계

획에 반드시 승복해야 합니다.

23. 교육의 실험, 학문과 기술의 유토피아: 월든 투 공동체는 아이들을 공동으로 키웁니다. 이로써 자식 없는 부부도 육아를 담당하게 됩니다. 자녀 보육의 경우, 실험을 통해서 아이들에게 긍정적인 삶의 태도를 주입시킵니다. 흔히 사람들은 교육 방법으로서 "당근과 채찍"을 예로 듭니다. 칭찬과 엄벌은 교육의 방법이라는 것입니다. 그런데 스키너의 대안 공동체에서는 어떠한 벌칙도 주어지지 않습니다. 공동체의 교사들은 아이들의 작은 행동에도 칭찬을 아끼지 않습니다. 또한 그들은 아이들로 하여금 미움, 경쟁, 질투심을 느끼지 않도록 배려합니다. 스키너의 대안 공동체에서는 어떠한 체벌도 없으며, 오로지 칭찬과 사랑만이 존재할 뿐입니다. 사실 교육자가 벌칙과 엄격함을 내세우는 것은 교육자의 교육 목표에 기인합니다. 교육자는 교육의 목표를 자신의 뜻대로 설정한 다음에, 피교육자가 이를 준수하도록 강요하고 있습니다. 만약 피교육자로 하여금 스스로 자신의 목표를 설정하게 하고, 교육자가 이를 뒤에서 도와준다면, 학교는 굳이 체벌과 벌칙을 가할 필요가 없습니다. 교육의 근본적인 문제는 어떻게 하면 아이들로 하여금 공격 성향을 줄여 나갈 수 있는가 하는 물음에 있습니다.

24. 어떻게 공격 성향을 떨칠 수 있는가?: 사실 월든 투의 공동체에서 가장 중요한 것은 경제적 문제가 아니라 심리학적 관점입니다(Manuel: 86). 공동체에서 중요한 덕목은 협동과 배려이지, 경쟁과 이기심이 아닙니다. 스키너는 경쟁 원칙을 거부함으로써 이전에 나타난 유토피아의 사고와 일치성을 보여 줍니다. 물론 경쟁이 인간을 피조물 가운데 최상의 존재로 격상시켰지만, 다른 한편 원자폭탄을 발명하게 하였습니다. 경쟁하는 인간은 자신이 이웃을 위해서 무엇을 해야 하는지 숙고하지 않고, 무조건 상대방을 이기려고 하는 데 혈안이 되어 있습니다. 경쟁은 결

코 인류의 안녕과 동일한 선상에서 이해될 수 없습니다. 무조건 상대방을 꺾어서 승리를 구가하려는 생각은 인류가 살아남기 위해서 자신의 종을 보존하기 위함 때문이었습니다. 이는 필연적으로 투쟁을 불러일으켰습니다. 그렇기에 인류는 생존을 위해서 무언가를 파괴해야 했습니다. 흔히 군인들은 상대방을 죽이지 않으면 자신이 죽는다고 말합니다. 성공은 스키너에 의하면 언제나 공격적인 성향의 다른 얼굴입니다. 생존을 위한 투쟁은 지금까지 단 한 번도 사람들에게 경쟁의식을 포기하라고 권고한 적이 없었습니다(Skinner 1983: 267). 그러나 이제는 승리, 경쟁, 이기적 팽창 욕구 등은 비판의 대상이 되어야 한다는 것입니다. 따라서 인간의 내면에 도사린 생존을 위한 투쟁을 없애거나 완화시키는 게 스키너 심리학의 관건입니다.

25. "월든 투(Walden Two)"의 의미: "월든"은 자연과 함께 살아가는 자연 친화적인 삶을 가리킵니다. 문제는 "투"의 의미가 애매하다는 사실입니다(박호강: 10쪽 이하). 그러나 스키너의 작품을 막연히 소로의 『월든』과 비교할 수는 없을 것 같습니다. 왜냐하면 작품의 제목인 "월든 투"는 작품 내에서 "미래 2(Futurum 2)"와 동의어로 사용되기 때문입니다. 확실한 것은 사람들이 혼자가 아니라 공동체임을 인지하며 살아간다는 사실입니다. "하나"는 고독과 고립을 가리키는 반면에 "둘"은 조화와 아우르는 생활을 지칭하지 않습니까? 공동체 사람들은 고유한 로고를 만들었는데, "투(Two)"의 "O"에다 노란 색깔을 입히고 있습니다. 이것은 "태양의 밝은 빛"을 가리킵니다. 월든 투 공동체 사람들은 "태양은 오로지 한 개의 아침별에 불과하다"라는 소로의 발언을 자주 언급합니다(Thoreau: 357). 이로써 강조되는 것은 만인의 평등입니다. 이 점을 고려할 때, 태양의 의미는 월든 투 공동체와 캄파넬라의 공동체의 경우가 서로 다릅니다. 『태양의 나라』의 사람들이 하나의 절대적 존재로서 "태양(Sol)"의 질서를 우러러보면서 경배하는 반면, 월든 투 공동체 사람들에

게 하나의 질서는 존재하지 않고 다양한 개별적 질서가 공존하고 있습니다. 여기서 우리는 월든 투 공동체가 전체주의의 일원성을 배격하고 개별주의의 다양성을 애호한다는 사실 그리고 태양이 계층 구조가 아니라 평등한 구조 속에서 수용된다는 사실을 알 수 있습니다.

26. 작품의 문제점: 스키너의 월든 투 공동체는 하나의 대안의 삶을 추구하는, 새로운 삶을 위한 긍정적 모델입니다. 그렇지만 여기에도 부분적으로 몇 가지 의문 사항이 도사리고 있습니다. 전체적으로 고찰할 때, 이러한 것들은 어쩌면 지엽적인 사항일지 모릅니다. 첫째로, 스키너의 1인칭 소설은 공동체 참가자와 프레이저의 대화로 이루어져 있습니다. 저자는 행동주의 심리학에 적대자인 철학 교수, 어거스틴 캐슬을 등장시켜 논의의 쟁점을 부추기고 있습니다. 이로써 대화는 논쟁으로 치닫는 등 작품 내의 긴장감은 나타나지만, 전체적으로 고찰할 때 『월든 투』는 흥미진진한 사건 내지 줄거리가 없다는 점에서 무미건조한 논문을 연상시킵니다. 비근한 예로 스키너의 작품에는 공동체의 초창기 시점에서 현재로의 역동적인 변화 과정이 빠져 있습니다. 초창기에 공동체가 어떠한 난관을 거듭했는지, 지금까지 어떠한 갈등과 변화 과정을 겪었는지 하는 물음에 관해서는 명징하게 해명하지 못하고, 그저 공동체의 모델과 주어진 현재의 생활 방식만을 딱딱한 설명문으로 거론하고 있을 뿐입니다.

둘째로, 스키너는 공동체의 모든 노력의 효과를 달성하기 위한 수단으로 "사회적 엔지니어링"의 방법을 언급합니다만, 작품은 무엇보다도 노동의 분배에서 어떤 취약점을 드러냅니다. 노동의 일감, 노동시간 그리고 노동의 제반 조건이 정해지지 않을 경우, 1,000명의 공동체 사람들이 최소한의 절약으로 살아갈 수 있는 경제적 토대는 확정되어 있지 않습니다. 다시 말해, 1,000명의 사람들이 최소한의 경제적 수준을 누리면서 살아가려면, 공동체는 노동의 종류와 일감에 관해 더욱 구체적이고 확실하게 명시해야 합니다. 이를테면 생산과 분배에 있어서 보다 구체적인 설명이 필요한데, 스키너의 작품은 이를 간략하게 처리하고 있습니다. 만약 공동체의 인원이 계속 유동적이며, 공동체를 존립시키는 경제적 부의 창출 작업 역시 구체적으로 명시되지 않는다면, 스키너의 공동체 구성원들은 경제적 삶에서 어떤 실행 가능한 계획을 상실할지 모릅니다.

셋째로, 스키너의 공동체는 행동주의 심리학에 근거하여 어떤 교육적 실험을 감행합니다. 이곳의 교사들은 아이들의 마음속에 가급적이면 반사회적인 태도를 함양시키지 않기 위하여 행동주의의 실험을 전개합니다. 가령 질투, 사악한 마음과 경쟁심 그리고 시기 등의 감정이 솟구칠 경우 교사들은 어떤 자극을 가합니다. 아이들은 자신의 반사회적인 감정이 솟아오를 경우 이에 대한 자극을 받고 무의식중에 이러한 감정을 떨치게 됩니다. 이는 미국의 심리학자, 존 B. 왓슨(John B. Watson)이 내세운 행동주의의 실험과 무관하지 않습니다. 스키너는 이러한 실험을 통해 공동체 사람들에게서 경쟁심, 질투와 시기, 이윤 추구를 위한 사행심 그리고 공격 성향 등을 사라지도록 조처하고 있습니다. 물론 스키너 공동체는 실험 전문가가 모든 실험을 독자적으로 행하거나 인위적으로 조작하는 행위를 용납하지 않습니다. 이는 헉슬리의 『멋진 신세계』에서 나타나는 사회 구성원들에 대한 전체주의적 통제를 사전에 차단시키려는 의도에서 비롯된 것입니다. 그럼에도 전문가의 행동주의에 입각한 사회적 엔지니어링의 실험은 자칫 잘못하면 어떤 부정적 결과를 초래할지 모릅니다. 이를테면 공동체의 개개인들은 엘리트 과학자의 전체적, 실험적 내지 독선적인 잘못된 정책 시행 등으로 인하여 부분적으로 그들의 고유한 자유를 상실할 수도 있습니다.

"월든 투" 공동체는 처음부터 관료들의 횡포에 시달릴 위험성을 배제할 수 없습니다. 앞에서 언급한 바 있듯이, 공동체의 주요 책임자로 활약하는 계획자와 매니저 그룹은 공동체의 모든 중요한 업무를 관장하고 있습니다. 특히 매니저들은 아래로부터 위로 향하는 풀뿌리 민주주의, 보다 구체적으로 말해서 공동체 구성원들의 직접 선거에 의해서 선출되지 않고, 계획자에 의해서, 다시 말해 상부로부터 직접 임명받게 됩니다. 바로 이러한 사항 때문에 등장인물, 어거스틴 캐슬은 작품에서 "월든 투는 기계주의에 의해 작동되는 매니저들의 마키아벨리 공동체"라고 신랄하게 돌직구를 날립니다. 이러한 주장에 대해 프레이저는 다음과 같이 반론을 제기합니다. 인류가 구원되려면, 공동체는 모든 구성원들을 필요로 하는 게 아니라, 몇몇 전문가들과 이들의 자기희생적인 노력을 필요로 한다는 것입니다. 여기서 우리는 대중에 대한 스키너의 불신을 엿볼 수 있습니다. 대중은 어리석게도 쉽사리 거짓과 속임수에 기만당하곤 합니다. 이를 방지하기 위해서라도 소수의 전문가가 어쩔 수 없이 필요하다는 것입니다.

물론 대중민주주의는 스키너가 생각한 대로 바람직하지 않을지 모릅니다. 왜냐하면 대중민주주의는 다수결의 원칙에 입각해 있으므로, 올바른 소수의 견해는 실제 현실에서 나쁜 다수의 견해에 의해서 묵살당할 수 있기 때문입니다. 이와 관련하여 월든 투 공동체에서 직접민주주의 방식이 무시된다는 것은 그만큼 공동체가 관료주의의 특성을 고수하고 있다는 점을 반증합니다. 그렇기에 풀뿌리 직접민주주의는 월든 투에서 구체적으로 실천되기 어렵습니다. 만약 계획자들과 매니저들이 주어진 여건 때문에 모든 것을 독단적으로 행한다면, 월든 투 공동체는 부정적 유토피아로 전락할 수도 있습니다. 다시 말해서, 공동체를 이끌어 가는 사람들이 선한 마음과 봉사의 정신을 처음부터 포기하고 권력을 휘두를 경우, 공동체는 얼마든지 부자유가 횡행하는 중세의 폐쇄적인 라티푼디움으로 전락할 위험에 처할 수 있습니다.

27. 소비를 줄이기 위한 대책: 놀라운 것은 스키너가 소비를 활성화시킴으로써 일자리를 창출하고 경제를 부흥시키려는 자본주의 팽창 정책에 궁극적으로 제동을 건다는 사실입니다. 스키너는 소비를 줄이고, 절제와 극기의 삶의 방식을 미래 삶의 유일한 대안이라고 주장합니다. 이

러한 주장은 헨리 데이비드 소로의 제안을 떠올리게 합니다. 스키너는 소로를 염두에 두면서 다음과 같이 말했습니다. "만약 억지로 행하는 노동에 더 이상 시간을 빼앗기지 않는다면, 우리는 매일매일 소비하는 수많은 재화의 양을 대폭 줄일 수 있다"(Skinner 1983: 14). 실제로 자원 고갈, 환경오염, 인구 과잉, 핵무기 개발을 통한 대량 학살의 가능성은 20세기 중엽부터 서서히 증가하고 있습니다. 21세기의 제반 문제는 바로 이러한 문제와 직결됩니다. 그렇기에 소비를 줄여야 한다는 스키너의 입장은 오늘날의 관점에서 상당히 설득력을 지니고 있습니다. 비록 작은 공동체이지만, 이것이 사회 전체로 서서히 확장되면, 미래의 국가는 어쩌면 "화목한 대가족"으로서 씨족들의 집합체로 발전해 나갈 수 있을지 모릅니다. 그렇게 되면 공동체 사람들은 스스로 인구를 줄이고, 자원을 아껴 쓰며, 더 나은 인간 삶을 위한 지식을 함양할 수 있을 것입니다.

28. 『월든 투』의 영향: 스키너는 결코 이전의 디스토피아 작품에서 드러난 바 있는 비인간적 전체주의를 집중적으로 추구하지는 않았습니다. 이를 고려한다면 "월든 투"는 지방분권적이며, 디스토피아의 끔찍함을 극복하려는 소규모의 긍정적인 유토피아 모델이라고 규정할 수 있습니다 (Kumar 377). 이러한 공동체는 이미 언급했듯이 거대한 메가 시스템으로서 미국 자본주의에 대한 반대급부의 상입니다. 스키너에게 중요한 것은 피교육자의 더 나은 심리 교육과 사회적 엔지니어링 작업을 실천하는 과업이었습니다. 이와 관련하여 스키너는 미국식 자본주의 내지 이를 야기하는 심리적 동인(무한 경쟁, 이윤 추구, 이웃에 대한 시기와 질투심 그리고 공격 성향 등)이 과연 얼마만큼 수정될 수 있는가 하는 문제로 오랫동안 고민했습니다. 스키너는 1971년에 『자유와 품위의 저편에서(Beyond Freedom and Dignity)』라는 책을 통해서 이 점을 다시 한 번 천착하였습니다. 이 책은 인간이 어떻게 하면 개인주의 내지 이기주의의 심성을 떨치고, 이타주의에 근거한 협동심과 배려를 키워 나갈 수 있는가 하는 점

을 추적하고 있습니다(Skinner 1982: 48 이하). 상기한 사항을 고려할 때, 월든 투 공동체는 20세기에 출현한 수많은 디스토피아 가운데에서 드물게 나타난 긍정적인 대안 공동체로 명명될 수 있습니다. 이를테면 1967년 미국의 "트윈 옥스(Twin Oaks)" 공동체는 워싱턴 DC에서 남쪽으로 약 2시간쯤 떨어진 리치먼드와 샤롯스빌 중간에 위치하는데, 스키너의 공동체 이념을 따르는 작은 코뮌이라고 말할 수 있습니다. 그 밖에 로스 호르콘스(Los Horcones)는 인간 행동에 관한 자연과학적 실험을 시도하는 공동체인데, 스스로 스키너의 구상을 실천하는 유일한 집단이라고 천명합니다. 스키너 역시 1989년에 로스 호르콘스야말로 자신의 유토피아에 가장 근접한 공동체라고 술회한 바 있습니다(Lamal: 176).

참고 문헌

박호강 (1992): 공동체와 유토피아. 서구 유토피아의 공동체 이상과 실제, 경북대학교 박사학위 논문.

스키너, B. F. (2006): 월든 투, 심리적 이상 사회, 이장호 역, 현대문화센타.

Jens (2001): Jens, Walter (hrsg.), Kindlers neues Literaturlexikon, 22 Bde. München.

Kumar, Krishan (1987): Utopia and Antiutopia in Modern Times, Oxford/New York.

Lamal, Peter (2010): A Primer about of Behavior Analysis: Burris F. Skinner, in: Behaviors ans Social, Vol. 19, New York, 164-178.

Manuel, Frank E. (1966): Toward a Psychological History of Utopias, in: (Edited by Frank E. Manuel), Utopias and Utopian Thought, Boston, 69-98.

Roemer, Kenneth M. (1983): Mixing Behaviorism and Utopia: The Transformations of Walden Two, in: Eric S. Rablein (ed.), No Place Else. Expolarations in Utopian and Dystopian Fiction, Carbondale etc., 125-146.

Saage, Richard (2009): Utopische Profile, Bd. 4, Widersprüche und Synthesen des 20. Jahrhunderts, 2. Aufl., Münster.

Skinner, B. F. (1982): Beyond Freedom and Dignity, (독어판) Jenseits von Freiheit und Würde, Reinbek bei Hamburg.

Skinner, B. F. (1983): Futurum Zwei, Walden Two, Reinbek bei Hamburg.

Thoreau, Henry David (2007): Walden oder Leben in den Wäldern, Zürich.

Tyler, Alice F. (1962): Freedoms Ferment, Harper Torchbooks, New York.

Wiklander, Nils (1989): From Loboratoring to Utopia. An Enquiry into Early Psychology and Social Philosophy of B. F. Skinner, Göteburg.

6. 헉슬리의 『섬』, 제3세계 유토피아

(1962)

1. 제3세계의 유토피아, 찬란한 장소의 섬: 헉슬리는 『멋진 신세계』를 발표한 지 30년 만에 또 다른 문학 유토피아를 발표하였습니다. 그것은 『섬』이라는 소설에 나타납니다. 이 작품은 이전의 작품만큼 성공을 거두지 못했습니다만, 서양 유토피아의 흐름을 서술하는 데 있어서 생략할 수 없는 문헌입니다. 왜냐하면 이 작품에서는 이전의 디스토피아 작품과는 달리 제3세계의 찬란한 삶이라는 장소 유토피아가 묘사되기 때문입니다. 『멋진 신세계』가 디스토피아 문학의 진수를 보여 주는 데 비하면, 『섬』은 어떤 긍정적 유토피아의 면모를 보여 줍니다. 그렇다고 두 작품은 동일한 주제의 "서로 반대되는 거울의 상"은 아닙니다(Firchow: 178). 이와 관련하여 우리는 토머스 모어와 헉슬리가 묘사한 장소 유토피아의 차이점을 지적할 수 있습니다. 모어는 미지의 찬란한 섬을 묘사함으로써 16세기의 영국의 비참한 현실을 고발하려고 했습니다. 그러나 헉슬리의 『섬』의 경우 20세기의 유럽 현실을 비판하기 위해서 인도양에 위치한 가상적인 섬을 끌어들인 것은 아닙니다.

2. 집필 계기: 헉슬리는 두 가지 이유에서 하나의 가상적인 섬을 설계하였습니다. 그 하나는 강대국에 의해서 경제적으로 그리고 문화적으로

착취당하는 제3세계의 문제점을 지적하기 위한 것입니다. 그렇다고 헉슬리가 마치 프란츠 파농처럼 제3세계의 반식민주의의 저항을 완강하게 내세우는 것은 아닙니다. 헉슬리는 제2차 세계대전이라는 역사적 비극 이후에 인류가 추구해야 하는 바람직한 삶을 제시하려 하였습니다. 헉슬리가 팔라 섬을 묘사하게 된 두 번째 이유는 제3세계의 멋진 공간과 그곳에서의 자연 친화적인 삶을 강조하려고 했기 때문입니다(Holmes: 139). 이로써 작품은 드니 디드로의 『부갱빌 여행기 보유』(1772)에서 묘사된 바 있는 타히티 유토피아의 속편으로 평가될 수 있습니다. 헉슬리의 섬은 "팔라"라고 명명되는데, 팔라 섬사람들은 놀랍게도 동양의 종교를 숭상하고 자유, 선 그리고 사랑을 실천하면서 살아갑니다. 팔라 사람들에게는 사랑과 자유로운 사고를 말과 글로써 표현하는 것 자체가 불필요할 뿐입니다. 그들의 말과 행동 사이에는 어떠한 괴리감도 존재하지 않으므로, 섬사람들이 심리적 갈등을 느끼지 않는 것은 당연합니다.

3. 작품의 발단: 주인공은 "윌 애스퀴스 파나비(Will Asquith Farnaby)"라는 이름을 지닌 냉소적이고 자기부정적인 저널리스트입니다. 윌은 윌리엄의 약어인데, 많은 유토피아 소설의 주인공의 이름인 윌리엄과 동일합니다. 나중에 알려지지만, 그는 왕년에 주변의 섬, 렌당의 독재자, 디파 대령의 부관 노릇도 했고, 영국 석유회사의 직원으로 이곳 원주민들을 회유해 석유 채굴권을 따기 위해서 활약하는, 매우 비밀스러운 인물입니다. 윌은 우연히 배를 타고 항해하게 되었는데, 배는 폴리네시아 해안 근처에서 거센 풍랑을 만나 표류하다가 결국 가라앉습니다. 그는 어느 미지의 섬의 해안에 당도합니다. 뗏목 하나가 윌의 목숨을 부지해 주었던 것입니다. 그렇지만 뱀이 우글거리는 절벽에서 떨어져 심한 상처를 입고 의식을 잃습니다. 다시 깨어났을 때, 윌의 주위에는 원주민들이 신기한 듯 낯선 이방인을 바라보고 있습니다. 그를 돌본 사람은 로버트 맥페일 박사와 무루간 마일렌드라는 제후입니다. 로버트 맥페일은 스코틀랜드 출신 의

사와 원주민 여자 사이에서 태어난 혼혈인으로서 이곳에서 의사로 일하고 있습니다. 그 외에도 로버트의 며느리, 수실라 맥페일과 로버트의 조수인 비자야 바타차리아 등이 환자를 보살피고 있습니다. 병상에 누워 있던 윌은 이들의 보살핌을 받으면서 서서히 건강을 되찾아 갑니다.

4. 주인공의 과거 행적: 일단 주인공의 과거 행적을 언급하도록 하겠습니다. 윌은 불행하게도 지금까지 참담한 삶을 살아야 했습니다. 서로 싸우는 부모 때문에 고통스러운 유년을 보냈고, 젊은 나이에 한국전쟁에도 참가했습니다. 그 후에 주인공은 먹고 살기 위해서 신문사에 취직했으나, 저널리스트로서 살아가는 각박한 일상은 자신의 적성에 맞지 않았습니다. 우연히 그곳에서 여류 화가, 몰리를 만나 결혼합니다. 그러나 윌과 몰리는 성격 차이로 인하여 12년 동안 불행한 결혼 생활을 영위해야 했습니다. 윌리엄은 1년 전에 우연히 아프리카에서 바브스라는 여인을 만나 애정의 늪에 빠져듭니다. 바브스는 성 중독증에 걸린 색정적 여인으로서, 그미와의 동침은 자신의 권태로운 삶을 일거에 사라지게 합니다. 윌은 짜릿한 성적 충동에 깊이 침잠합니다. 어느 날 그는 몰리에게 이혼을 선언하고 헤어졌는데, 바로 그날 저녁에 아내, 몰리는 세 명의 자식과 함께 교통사고로 목숨을 잃습니다. 윌은 아내와 자식들의 사망으로 커다란 충격을 받습니다. 심리적 공허감을 극복하기 위해서 그는 배를 타고 어디론가 항해하다가 팔라 섬에 우연히 도착한 것입니다. 한마디로 윌은 "죽음의 망령에 쫓기고, 갈등과 분열의 냉소에 시달리는 위태로운 인간"입니다(이상화: 295).

5. 수실라 맥페일: 윌은 수실라 맥페일을 만납니다. 그미는 맥페일 박사의 며느리로서 남편을 잃은 뒤에 팔라 섬에서 교사로 일하고 있습니다. 그미의 남편은 최근에 암벽등반 도중에 사고로 추락사하였습니다. 수실라는 영국에서 심리학을 공부한 여성인데, 동양적 정신세계에 몰두하면

서 새로운 심리 치유법을 발견하고자 노력합니다. 수실라 역시 힘든 시절을 보낸 불행한 여성이었습니다. 윌과 수실라는 명상과 평화로운 삶을 통하여 제각기 내면의 상처 입은 마음을 하나씩 치유해 나갑니다. 수실라에게는 메리 사로지나라는 딸이 있으므로, 함께 교육 받게 조처합니다. 팔라 섬의 아이들은 친부모 곁을 떠나 대리 부모의 개방적이고 자율적인 가르침으로 심리적 상처 없이 자랄 수 있습니다. 수실라는 기억 요법과 상상 요법 등을 동원하여 아이들을 체계적으로 교육시킵니다. 그미의 교육 방법은 네 가지 사항에 근거하고 있었습니다. 즉, 읽기, 쓰기, 산술의 기초 교육에다 자신의 운명을 자발적으로 개척하기라는 네 가지 사항이 그것들입니다. 수실라는 윌과의 대화 도중에 다음과 같이 주장합니다. 기독교와 공산주의가 언젠가는 지구상에서 사라질 것이며, 불교에 근거한 이상 사회를 건설하는 일이야말로 미래의 방향이라는 것입니다. 윌은 그미의 영향으로 불교의 경전을 하나씩 접해 나갑니다.

6. 로버트 맥페일과의 대화: 주인공에게 커다란 영향을 끼친 사람은 수실라 외에도 로버트 맥페일이 있습니다. 이때 로버트는 증조부, 앤드류 맥페일에 관한 과거사를 들려줍니다. 그것은 팔라 섬의 역사에 관련되는 이야기였습니다. 앤드류는 오래 전에 팔라 섬에 당도하여, 턱에 난 종기로 사경을 헤매던 팔라 섬의 추장의 병을 치료해 줍니다. 여기에 사용된 시술은 최면술이었습니다. 이로써 앤드류와 추장은 진정한 친구로 거듭납니다. 그들은 상호 보완적인 지식, 성격, 철학, 세계관을 융합하여 팔라에서 이상적 공동체를 건설하게 됩니다. 이들은 새로운 농업기술, 식량 증산, 통신 개발 등을 발전시킴으로써 영어와 팔라어를 병용하는 문학적 선진국으로 창출해 냅니다. 앤드류는 외부로 향하여 다음과 같이 선포합니다. 즉, 팔라 섬에는 어떠한 선교사, 무역상도 침투할 수 없다는 게 바로 그 내용입니다. 그 밖에 로버트 맥페일은 종교에 관한 사항을 주인공에게 들려주기도 합니다. 기독교에서는 회초리와 전쟁, 적개심 등이 언제나 출현하

지만, 불교와 힌두교에서는 외부로 향하는 폭력이 전혀 자리하고 있지 않다고 합니다. 두 남자는 사랑의 요가 이외에 "모크샤(Moksha)"라는 사랑의 묘약에 관해서 대화를 나눕니다. 묘약은 뇌에 특이한 자극을 가해서 어떤 신비적 현상을 투시하게 해 준다고 합니다. 만약 신혼부부가 모크샤를 주기적으로 복용하면 결혼 생활을 원만하게 이룰 수 있다고 합니다. 맥페일 박사는 주인공에게 책 한 권을 건네주며 읽으라고 권합니다. 이 책에는 존재와 믿음에 관한 동양의 지혜가 고스란히 담겨 있습니다. 불교는 1200년 전에 티베트로부터 팔라에 전파되었습니다. 이때 섬사람들은 요가나 선의 수련법에 의해 사랑을 실천하는 "마이샤(Maisha)"를 개발합니다. 마이샤는 자기 스스로가 아니라, 타자와의 완전한 일체를 경험함으로써 깨달음의 경지에 도달하는 방식을 일컫습니다.

7. 자연 친화적인 삶: 로버트 맥페일은 프로이트 심리학과 행동주의 심리학의 허상을 꼬집으면서, 자신의 젊은 시절의 행적, 그리고 3년 동안 전 세계를 항해하고 난 뒤 인도에서 외과의사로 있다가 팔라로 들어온 과정과 섬에 관한 이야기를 들려줍니다. 팔라 섬은 오랫동안 서구 문명으로부터 단절되어 있었습니다. 섬사람들은 약 120년 전에 공동체를 만들어서 지금까지 살아오고 있습니다. 팔라 섬의 사람들은 사유재산을 지니지 않습니다. 어린아이들을 공동으로 교육시키는 것 역시 공동체의 중요한 일감입니다. 사람들은 아이들을 일찍 교육시켜서 자신의 육체적 능력과 기질을 고려하여 미래의 직업을 선택하게 합니다. 15세의 젊은이들은 "탄트라(Tantra)"라고 하는 요가 기술을 배움으로써, 사랑하는 임을 어떻게 황홀하게 해 줄 수 있는가를 배웁니다. 다시 말해서, 사랑의 삶에서 쾌락을 방해하는 것은 아무것도 없습니다. 실제로 윌은 랑가라고 하는 처녀가 어떻게 탄트라의 춤을 연습하는지 목격합니다. 18세 이후의 남녀들은 특별한 경우를 제외하고 자유롭게 만나서 얼마든지 육체적 사랑을 나눌 수 있습니다. 가족의 개념은 없고, 거대한 씨족의 개념이

남아 있습니다. 다시 말해서, 팔라 섬에는 나이 든 부부 스무 쌍이 존재하는데, 아이들은 이들 가운데 한 쌍을 선택하여 부모로 모시고 교육받을 수 있습니다.

8. 팔라 섬의 경제와 유희의 노동: 윌은 서구 문명에 환멸과 혐오감을 느끼던 터에, 팔라의 제도와 삶의 방식을 접하고 신선한 충격을 받습니다. 이를테면 그는 다음과 같이 생각합니다. 즉, 서구에는 피터 팬과 같은 저능한 기인(奇人)과 히틀러, 스탈린 등과 같은 권력 지향적인 사악한 인간이 많이 출현하는데, 그 까닭은 서구의 문화, 교육 그리고 가정환경 등이 근본적으로 잘못되었기 때문이라고 합니다. 팔라에서는 모든 사람이 매일 두 시간씩 농사에 몰두하면, 긍정적인 심리적 상태를 유지하게 되고, 얼마든지 풍족한 식량을 마련할 수 있습니다. 게다가 사람들은 재화를 앞에 놓고 서로 싸우거나 경쟁할 필요가 없다고 합니다. 협동조합, 신용조합 등의 제도가 마련되어 있기 때문에 서로 도와주는 등 평화롭게 살아갈 수 있습니다. 또한 자치 정부 연합체는 피임과 출산에 대한 인위적 정책을 통해서 섬의 인구를 미리 조절하고 과다하게 소비하지 못하도록 조처를 취합니다. 주인공은 팔라의 이곳저곳을 여행하면서 여러 가지 견문을 넓힙니다. 때로는 산에 올라 모크샤의 향기를 들이마시고, 시바 종교의식에 참여하기도 합니다.

9. 석유 자원이 묻혀 있다: 몇 주가 지난 뒤에 주인공, 윌은 놀라운 사실을 발견합니다. 그것은 팔라 섬에 석탄과 석유 등 양질의 지하자원들이 많이 매장되어 있다는 사실입니다. 이 순간 윌은 어떻게 해서든 석유를 시추하여 엄청난 재산을 벌어야 한다는 생각이 뇌리를 스칩니다. 그러나 자신의 이러한 탐욕을 일거에 뇌리에서 씻어 버립니다. 수실라와의 명상을 통해서 지금까지의 삶을 청산하고 물질적 야망을 포기하겠다고 작심했기 때문입니다. 예컨대 힌두교의 영성 시집,『바가바드기타

(Bhagavad Gita)』(BC. 5-2?)에서 주인공 크리슈나는 아루주나에게 자신은 운명과 싸우는 게 최상의 관건이며, 이를 위해 혼신의 힘을 다한다고 말합니다. 마찬가지로 윌 역시 자신은 처음에는 석유 채굴권을 취득하기 위해서 이곳으로 왔지만, 자신의 의향, 목표 등을 포기하겠다고 다짐합니다. 이곳에서의 명상적 삶은 자학과 고독과 육체적 방탕, 죄의식, 집단적 광신 내지 강박증의 악마 조직인 서구 세력의 노예로서 살았던 불명예를 씻어 버릴 수 있는 기회를 제공했던 것입니다. 더욱이 원주민들 또한 지하자원 개발에 전혀 관심을 기울이지 않습니다. 그들은 현재의 삶에 만족하기 때문에, 서양 사람들이 갈구하는 부의 축적에 흥미를 느끼지 못하며, 부자들을 부러워하지도 않습니다. 그렇다고 해서, 팔라 사람들이 자연과학을 전적으로 배격하면서 사는 것은 아닙니다. 그들은 수력 발전을 통해서 에너지를 생산하고, 식료품 저장 기술을 개발하여 흉년에 대비하려고 합니다. 이로써 팔라 섬은 개인의 자유로운 삶을 발전시키고 개인의 절제된 욕망을 성취하면서 살아갑니다. 지하자원 개발의 요구가 팔라 섬사람들의 지지를 받지 못하는 것은 바로 그 때문입니다.

10. 이웃 섬에서 발생한 쿠데타: 어느 날 인접한 섬, 렌당에서 암울한 소식이 전해집니다. 그곳에서 디파라는 이름의 군인이 무력을 사용하여 섬 전체의 실권을 장악하게 되었습니다. 지금까지 팔라 섬에서는 단 한 번도 이러한 비상사태가 발생한 적이 없었으므로, 대부분의 섬사람들은 새로운 정세 변화에 민첩하고 유연하게 대처하지 못합니다. 바로 그 새벽 시간에 윌은 수실라와 함께 명상하면서, 과거의 끔찍한 삶에서 벗어나서 어떤 새로운 인간으로 부활하는 것과 같은 환각에 사로잡힙니다. 뒤이어 팔라 섬에 놀라운 하나의 소식이 전해집니다. 무루관이 팔라 섬에서 새로운 "라야"(지도자)로 선출되었다는 게 그 소식입니다. 무루관은 팔라 섬 공동체의 실권을 장악하여 새로운 정치를 펼칩니다. 이로써 팔라 섬에서도 서양의 계층적 관습, 자본주의 체제가 서서히 정착됩니다. 팔라

섬에서는 더 이상 성적 자유가 용인되지 않습니다. 섬의 경찰들은 마약을 복용하는 자들을 서서히 단속하기 시작합니다. 게다가 무루관은 여러 정책을 통하여 사유재산제도의 필요성을 설파합니다. 팔라 사람들도 서서히 자신의 개인 재산을 불려 나가야 한다는 게 그의 생각입니다. 무루관은 무력을 지닌 디파 장군을 통해서 평화로운 섬의 정치적 분위기를 유럽의 계층 사회의 분위기로 변화시켜 나갑니다.

11. 제3세계의 찬란한 삶, 끝내 파괴되다: 작품은 비극으로 끝납니다. 렌당 섬의 막강한 군대가 팔라 섬을 침공합니다. 팔라 섬의 가옥들은 전쟁으로 인해 온통 화염에 휩싸입니다. 렌당과 팔라는 서로 통합되고, 여러 섬을 함께 통치하는 국가가 건립됩니다. 무루관은 왕으로 등극하고, 디파 장군은 수상이 되어 나라를 실질적으로 다스리게 됩니다. 제3세계의 찬란한 자유의 공동체는 사라지고, 그 대신에 엄격한 법과 질서로 무장한 국가 조직이 출현하게 됩니다. 이로써 사람들은 국가의 노예로 전락하고, 하루하루 먹을 것을 조달하기 위해서 힘들게 일하는 임금노동자로 생활할 수밖에 없습니다.

12. 헉슬리의 시대 비판: 그렇다면 『섬』은 이전의 작품, 『멋진 신세계』와 어떠한 면에서 차이점을 지닐까요? 첫째로, 헉슬리는 한편으로는 서구 산업 국가의 자기 파괴적 특성을 비판적으로 구명할 뿐 아니라, 제3세계에 대한 서구 문명의 악영향을 조명합니다. 산업화 과정은 제3세계로 이전되어 제3세계의 토속적 전통문화를 파괴시키고 있습니다. 이를 위해서 가상적이면서도 실제 현실에 주어진 것과 같은 팔라 섬이 하나의 이상적인 장소로 설정되어 있습니다. 헉슬리는 팔라 섬이 실론과 스마트라 사이에 위치하고 있다고 서술합니다. 여기서 산업화가 자본주의 방식인가, 아니면 사회주의 방식인가 하는 물음은 중요하지 않습니다. 이보다 중요한 것은 팔라 섬으로 상징되는 제3세계의 문화가 서구 산업 문명

의 악영향을 받게 된다는 사실입니다. 자본주의, 혹은 사회주의의 산업적 시스템과 유럽 국가의 식민지 정책은 유럽인들에게 물질적 풍요로움을 안겨 주었지만, 이에 대한 반대급부로서 여러 가지 정치적, 경제적 문제점을 야기합니다. 그것은 군비 증강, 신용 대부 및 부채 그리고 식민지 정책이 바로 그것들입니다. 문제는 일부 소수가 대부분의 재화를 차지함으로써 유럽인들뿐 아니라, 제3세계에서 살아가는 다수의 사람들까지 물질적 곤궁함에 시달리고 문화적 정체성을 상실하게 되었다는 사실입니다.

둘째로, 헉슬리는 시민사회의 성 윤리와 폐쇄적인 가족제도를 노골적으로 비판합니다. 서구 사람들은 가부장적 결혼 제도를 고수함으로써 자유로운 사랑과 성적 욕망을 스스로 차단시키고 있다는 것입니다. 성에 관한 한 그들은 외부로 향해 근엄하거나 외면하는 식의 표리부동한 행동을 취할 수밖에 없습니다. 그 까닭은 강제적 성 윤리로 인한 내외적 억압 때문이라고 합니다. 헉슬리는 신경증적 병리 현상과 변태성욕 등이 성을 억압하는 사회 풍습에서 비롯된다고 결론을 내립니다. 팔라 섬의 명상과 마약 복용 등은 이러한 병리 현상 내지 변태성욕의 기질을 차단시키기 위한 하나의 방안으로 제시되고 있습니다. 셋째로, 상기한 사항은 비단 성과 사랑의 삶에 국한되는 게 아니라, 서양의 분화된 이원론적 사고와 관련됩니다. 예컨대 팔라 섬에서는 정신과 육체, 지배와 피지배, 남성과 여성, 자아와 타자, 인간과 자연, 나의 소유물과 남의 소유물 사이의 구분이 철저하게 지켜지지 않습니다. 서구의 개인주의를 무시하는 듯 팔라 사람들은 자신의 이익보다 공동체의 이익을 중시합니다.

13. 팔라 섬의 유토피아, 자연과학 + 불교: 고전적 유토피아는 한마디로 규범적 이상에 바탕을 두고 있습니다. 토머스 모어 이후로 이어진 사회 유토피아 사상은 세속화된 이성에 의거하는 합리주의에 근거하고 있었습니다. 팔라 섬의 사회는 두 가지 커다란 사상적 틀에 의해서 설정되

어 있습니다. 그 하나는 유럽의 발전된 자연과학과 기술을 가리킨다면, 다른 하나는 힌두교가 가미된 불교 사상을 가리킵니다. 이러한 두 가지 사항은 팔라 섬에서는 어떤 뒤섞인 토대를 종합적으로 이루고 있습니다. 이를테면 앤드류 맥페일이 의사이자 자연과학자라면, 팔라 섬의 라자는 불교 신앙에 경도되어 있습니다. 서구의 합리주의는 전체성을 추구하는 아시아 종교와 뒤엉켜서 선한 인간의 가능성을 가르칩니다. 불교는 인간으로 하여금 자아의 노예 상태로부터 해방되도록 가르칩니다(Huxley 1998: 165). 여기서 종교적 수양이란 자아에 의해 차단된 어떤 구속의 상태로부터 벗어나려는 참선 행위로 이해됩니다. 만약 수행자가 깨달음을 이루려면, 그는 수행과 명상을 통해서 자아로부터 벗어나 완전한 신비 속으로 침잠해야 합니다. 가령 "모든 것 속의 하나"라든가, "무궁의 감정," "신비로운 희열" 등은 현실의 비밀을 밝힐 수 있는 수단으로 간주됩니다. 이것들은 궁극적으로 해탈 내지 열반으로 향하는 수단으로 이해될 수 있습니다. 이러한 시각은 작품 내에서 서구의 개인주의의 사고를 극복할 수 있는 대안으로서 구체성을 획득하고 있습니다.

14. 팔라 사람들의 자연관: 헉슬리는 자연 정복을 위한 과학기술을 원천적으로 거부합니다. 무조건 자연과학을 부정하지는 않지만, 그렇다고 자연의 안녕에 해를 끼치는 기술이 발전되어서는 안 된다고 믿습니다. 이곳 사람들은 동물들을 인간보다 열등한 존재로 규정하지 않습니다. 팔라 섬은 이 세상에서 유일하게 동물들을 악마의 상징물로 간주하지 않는 곳입니다. 동물의 입장에서 고찰하면, 호모 사피엔스가 오히려 악마라고 합니다. 사람들은 자연을 다음과 같이 이해합니다. 즉, "자연에 대해 선한 태도를 취하라, 그러면 자연은 그대에게 선을 베풀 것이다. 자연을 망치거나 파괴하면, 자연은 너를 파괴할 것이다"(Huxley 1998: 255). 사악한 인간들은 자연을 남획하여, 거의 황무지 아니면 사막으로 변질시켜 버렸습니다. 팔라 사람들은 자연에 대한 이러한 남획 행위를

나쁘게 생각합니다. 그들은 자연을 파괴하는 외부인들을 사악한 존재로 여깁니다. 자연의 인위적 파괴와 관련하여 우리는 다음과 같은 격언의 의미를 되새겨야 할 것입니다. 만약 타인이 그대에게 하기 싫은 일을 강요하지 않기를 바란다면, 그대 역시 타인에게 하기 싫은 일을 시켜서는 안 될 것이라고 말입니다.

15. 건강을 도모하기 위한 하루 두 시간 노동: 팔라 섬의 사람들은 오로지 노동만을 중시하지는 않습니다. 그들에게 평일에 열심히 일하고 휴일에 기도하라는 프로테스탄트의 노동 윤리는 결코 유효하지 않습니다. 게다가 정신노동과 육체노동은 서로 구분되지 않습니다. 이곳의 사람들은 14세 이상이면, 모두 하루 두 시간 일해야 합니다. 여기에는 ─ 지식인, 정부의 고위 관리 그리고 14세 이상의 학생들을 막론하고 ─ 노동으로부터 면제되는 사람은 한 명도 없습니다. 이는 재화의 창출을 위한 조처라기보다는, 오히려 육체적 건강을 도모하기 위한 것입니다. 노동하지 않으면 인간의 신체에서 근육의 양이 줄어들고, 그렇게 되면 인간의 육체에 깃든 생명력이 약해진다고 합니다. 이는 내장과 신경조직에도 손상을 가져온다는 것입니다(Huxley 1998: 172). 그렇기에 팔라 섬의 경제적 생산 시스템에서 노동의 개념은 노동의 생산성을 향상시키는 것과는 거리가 멉니다. 그렇기에 너무 서둘러 일하다가 건강을 해치는 경우가 팔라 섬에서는 발생하지 않습니다.

16. 서양의 가정교육 비판: 수실라는 주인공 윌과의 대화에서 서양의 가정 체제를 신랄하게 비판합니다. 특히 부모 교육의 허구성을 예리하게 질타합니다. 시민사회의 부모는 마치 감옥의 교도관과 같이 행세한다는 것입니다. "당신이 말한 대로 아이들은 당신들의 미리 결정된 가정에서, 부모라는 교도관들 아래서 오랜 기간 동안 수용되어 있어요. 부모라는 교도관들은 아마도 틀림없이 훌륭하고 현명하고 지적일 거예요. 그런데

사실 당신들은 분명히 훌륭하지도 현명하지도, 또는 지적이지도 않아요. 그들은 대개 좋은 의도를 가지고 있지만, 어리석어요. 어쩌면 신의도 없이 경솔하거나, 그 밖에 신경과민이거나, 또는 때때로 철저하게 악의적이거나, 솔직히 제정신이 아니라니까"(헉슬리: 78). 실제로 유럽의 부모들은 수실라에 의하면 자신의 의도대로 자식들을 가르치고, 오로지 실용적인 지식만을 학교에서 배우게 한다고 합니다. 이에 비해 팔라 섬의 사람들은 교육에 어떤 혁신적 사항을 도입하고, 아이들로 하여금 자발적으로 공부할 수 있도록 유도하고 있습니다.

17. 교육 방식: 교사들은 유전적으로 서로 다른 기질의 아동들을 구분한 다음에, 인간의 다양성, 상호 관용 그리고 용기 등을 가르칩니다. 이로써 아동들은 살아 있는 모든 것은 서로 관련성을 지닌다는 사실을 배웁니다. 심호흡을 통해 노여움과 흥분을 진정시키고, 무엇을 "행하지 말라"는 교육보다는 무엇을 "행하라"는 교육을 지향합니다. 그들은 심리적, 생리적 응용과 훈련을 통해 육체와 정신이 전체적으로 조화를 이루게 합니다. 팔라에서는 다른 생명체와 상생하면서 완전히 인간답게 사는 것을 주된 목표로 삼고 있는데, 모든 사람들은 불교 사상에 기초한 중용과 조화의 정치·교육 철학을 습득해야 합니다. 윌은 초등학교 수학, 기초·응용 철학 그리고 식물학 수업을 참관합니다. 아이들은 주어진 사물을 분석하고, 그 상징을 이해하며, 손으로 다룹니다. 또한 그들은 제반 학문 간의 상호 교통을 통해 갑작스런 깨달음에 도달하게 됩니다. 팔라의 학생들은 대승불교의 차원에서 예절, 예술, 의학, 물리, 생물의 지식을 터득해 나가는데, 이는 앤드류와 옛 지도자, "라자"에 의해 창안된 서구적 교육과 동양적 교육이 융합된 절충적인 교육 방식입니다. 여기에는 서구의 문물과 과학적 사고가 동양의 불교적 응용 형이상학 내지는 심리학과 접목되어 있습니다. 이를 통해서 주인공은 기독교의 신중심주의 사고가 인간중심주의 사고로 바뀔 수 있다고 믿게 됩니다. 그는 음악 수

업을 참관하기도 합니다. 아이들은 북, 피리, 춤을 통해 대승불교의 고차원적 세계를 말이 아닌 상징적인 음과 동작으로 표현합니다. 뒤이어 주인공은 최면요법을 통해 모든 번뇌, 근심, 고통스런 추억, 후회, 미래에 대한 불안으로부터 해방되는 것을 바라봅니다.

18. 힌두교가 가미된 불교 신앙과 등산: 팔라에서는 등산이 중요한 인생 훈련으로 정해져 있습니다. 학생들은 시련을 통해 극기를 터득해 나갑니다. 또한 힌두교와 불교가 가미된 영성적 분위기 속에서 그들은 마음과 육체의 모든 긴장을 떨칩니다. 다시 말해서, 무념무상, 해탈의 경지에 이르러 생명과 죽음이 화해하는 신선의 경지에서 일체감을 맛보려고 하는 것은 어른들만의 몫은 아닙니다. 팔라 사람들은 끝없는 생성과 소멸의 자연 우주 속에서 모크샤를 사용하여 황홀경에 빠지고, 지금 여기에서의 순간적 깨달음과 해방을 만끽합니다. 그들은 팔라의 정치, 생활 철학을 담은 기록을 계속 읽으면서, 마이슈나 덕택에 건강하고 행복해 보입니다. 윌은 여러 번에 걸쳐 팔라의 교육 현장을 직접 찾아갑니다. 지도자 라자의 교육 방침은 무엇보다도 "완전한 인간 교육의 실현"을 목표로 합니다. 초등교육이 강조되는 것은 당연합니다. 학생들은 모든 생명체와 일체감을 느끼며, 심리적, 생리적으로 각자의 기질적 독특함이 있어 각기 서로 다르다는 것을 깨닫습니다(Flood: 18). 각자의 기질, 사고, 성격, 인식, 기억력에 따라 재능을 개발하고 선전이나 최면술에 넘어가지 않는 자유인이 되도록 하는 것입니다.

19. 명상을 통한 깨달음: 명상은 마음의 가라앉히는 자세에서 시작되는데, 이로써 자아는 망각될 수 있습니다. 수실라는 교육 중에 주인공 윌에게 다음과 같이 말합니다. "수면 위의 하얀 새처럼 떠 있어요. 인생이라는 거대한 강 위에 떠 있어요. 매우 고요히, 고요히 떠 있어요. 마치 잠들어 있는 것처럼 느껴지는 거대하고 잔잔한 조용한 강. 잠들어 있지만,

저항할 수 없이 흐르는 강. 삶이 고요하게 저항할 수 없게 보다 충분한 삶 속으로 흘러가고 있어요. 보다 깊이 있고, 보다 풍요롭고, 보다 건강하고 보다 완전한 평화로운 삶 속으로"(헉슬리: 51). 이를 통해 윌은 자아를 망각하는 수련을 시작하게 됩니다. 모든 근심의 삼분의 일은 인성에서 비롯되는 것으로서 도저히 회피할 수 없는 무엇입니다. 이에 비하면 근심의 삼분의 이는 인위적인 것으로서 믿음과 참선을 통해서 얼마든지 떨칠 수 있는 무엇이라고 합니다. 인간이라면 누구나 "자아라는 감옥으로부터 스스로를 해방"시켜야 할 것입니다(Huxley 1998: 90). 이는 완전한 신비의 경험을 통해서 가능합니다. 인간은 지금 그리고 여기에서 모든 것과 혼연일체가 되어 스스로를 깨닫게 됩니다. 이는 유심론적인 불교 사상이나 동양적 명상이 전해 주는 교훈입니다. 윌리엄은 이러한 체험을 통해 자신을 변화시킵니다. 이러한 유형의 해탈은 인간이 신과 일체되는 영적 체험에 근거하는 것으로, 침묵과 심령학적 4차원 세계에서 인식되는 무엇입니다. 그것은 자아의 부정을 통한 총체적 인식으로서 힌두교에서 말하는 브라만과 아트만의 경지와 상통하는 것입니다. 중요한 것은 절대적 존재인 신성한 근원으로서 현재 이곳에 도사린 무한한 가치를 초월적으로 인식하는 일입니다. 평범한 인간은 이러한 신성함의 근원을 알려 하지 않기 때문에 비극을 자초하곤 합니다. 작가는 이와 관련하여 영원한 침묵과 평온의 종교인 불교 내지 힌두교의 정신이 서구의 기독교에 의해 정복될 수 없으리라고 확신합니다.

20. 마음의 욕구 충족: 팔라 섬의 사람들은 무조건 물질적 욕망에 따르지 않습니다. 그들은 인간으로서의 자연스러운 욕구만을 충족시킬 뿐, 더 많은 재화를 차지하고 더 많은 물품들을 소비하는 것으로 만족하지는 않습니다. 왜냐하면 그들은 물질적 탐욕이 마음의 공허함에서 유래한다는 것을 잘 알기 때문입니다. "우리는 서구 사람들이 도달한 과도한 소비 욕구로부터 벗어나게 되었습니다. 이를테면 대부분의 팔라 사람들

은 '관상동맥 혈전증(coronary thrombosis)'으로 고통당하며 살지 않습니다. 왜냐하면 우리는 많이 먹지 않으며, 과도한 지방 섭취를 자제하기 때문입니다"(Huxley 1998: 170). 이를테면 팔라 사람들은 두 대의 TV를 가진 사람이 한 대의 TV를 소지한 사람보다 더 행복하지는 않다는 것을 잘 알고 있습니다. 인간의 욕구는 물질적으로 충족되는 게 아니라, 마음의 평화, 기쁨 그리고 안녕 등으로 채워집니다. 그렇기에 소비 욕구를 줄이고, 그 대신 마약과 성을 통해서 자신의 내적, 외적 만족감을 충족시키는 게 더욱 중요하다고 합니다.

21. 가정은 없고, 육아 공동체는 있다: 지금까지의 유토피아는 대체로 가부장주의의 가족 질서를 찬양해 왔습니다. 그렇기에 기존의 유토피아 공동체에서는 남성의 지배를 합법적인 것으로 선언하곤 했습니다. 그렇지만 팔라 섬은 이와는 다릅니다. 마치 푸리에의 팔랑스테르 공동체의 경우처럼, 여성들은 부자유의 질곡에 더 이상 갇혀 있지 않습니다. 가족의 유형은 서구 사회와는 근본적으로 다릅니다. 폐쇄적 가족 체제는 존재하지 않고, 육아를 위한 단체만이 형성될 뿐입니다. 팔라 섬의 사람들은 아이들을 돌볼 경우에 한해서 대가족 체제를 갖추며, 공동체의 구성원들은 각자 다른 방식으로 육아에 협조합니다. 예컨대 팔라 섬의 여성들은 "공동 입양 클럽(Mutual Adoption Club)"이라는 자생적 조직을 통해서 남의 자식을 보육할 수 있습니다. 여성들은 스스로 원할 경우 피임할 수 있습니다. 육아 공동체는 15쌍 내지 25쌍의 남녀들로 구성되어 있습니다. 이곳에서는 갓 결혼식을 올린 부부와 장성한 자식을 둔 부부들이 함께 살아갑니다. 또한 조부모와 증조부모도 그들과 함께 거주합니다. 공동체는 가까운 혈족끼리 살아가는 경우를 제외한다면, 다른 사람의 아이를 양육하기도 합니다. 따라서 아이들은 얼마든지 둘째어머니, 둘째아버지, 둘째 이모, 둘째 고모들과 사이좋게 지낼 수 있습니다(Huxley 1998: 108). 따라서 공동체는 개별적으로 분화되지도 않으며, 합목적적으

로 구분되어 있지도 않습니다. 대가족이 함께 살아가면, 그들은 가족 구성원들 사이에 더 긴밀한 관계를 유지할 수 있으며 상호 이해의 폭을 넓힐 수 있습니다.

22. 마약이라고 해서 모조리 몸을 상하게 하는 것은 아니다: 팔라 섬의 사람들은 "모크샤"라고 불리는 버섯에서 마약을 채취합니다. 이는 스코틀랜드 출신의 의사가 개발한 토착 식물을 이용한 마약인데, 모크샤는 노란색을 띠고 있으며, 아름답고 붉은 독버섯과는 다른 종류의 버섯입니다. 사람들은 모크샤를 활용하는 민간요법을 생활화하고 있습니다. 가령 우리는 실로시빈(Psilocybin)이라는 버섯을 예로 들 수 있습니다. 이러한 버섯은 마약으로 분류되지만, 마취, 수면제 등으로 얼마든지 활용될 수 있습니다. 실제로 헉슬리는 말년에 실로시빈 버섯, 메스칼린 그리고 LSD 등의 도움을 많이 받았습니다. 여러 가지 약초를 혼합하여 향정신성 마약을 개발하기도 했습니다. 이러한 약초를 복용한 몇몇 사람들은 머리가 명쾌해지고 몸에 활력이 넘치는 것을 경험한다고 합니다. 섬사람들은 기이한 유형의 마약을 음복하지만, 그럼에도 그들은 이것을 불법 약제로 분류하여 범법자로 처벌하지 않습니다. 오히려 그 반대입니다. 수면 유도제, 마약 등을 복용하고 남녀의 사랑을 위한 요가를 운동 삼아 행하는 것은 사회적으로 지지를 받습니다. 왜냐하면 이러한 것들이 섬사람들의 삶의 기쁨을 강화시켜 주기 때문입니다.

23. 팔라 섬에서의 삶과 멋진 신세계에서의 삶: 팔라 섬의 이상 사회와 멋진 신세계를 비교하면, 우리는 그 밖에 몇 가지 놀라운 사항을 발견할 수 있습니다. 첫째로, 『멋진 신세계』의 국가는 개개인들에게 소마라는 마약을 투여하게 함으로써 대중의 비판 의식을 마비시키고 불만을 잠재우려고 합니다. 이에 비하면 팔라 섬에서는 "모크샤"라는 버섯이 활용됩니다. 이는 의식을 명료하게 하고 두뇌 회전을 빠르게 하기 위한 각성

제 역할을 합니다. 『멋진 신세계』의 경우 모든 게 전체주의적 명령에 의해 일사불란하게 영위되지만, 『섬』의 경우 모크샤는 대부분의 경우 자발적 의지에 따라 사용됩니다. 둘째로, 팔라 섬에서 공동생활을 영위하는 까닭은 교육을 통해서 여러 가지 심리적 고통과 정신 질환을 미연에 방지하기 위함입니다. 그렇지만 『멋진 신세계』의 경우 개인과 개성을 말살하기 위해서 사람들은 공동생활이라는 전체주의의 기준을 도입하고 있습니다. 셋째로, 팔라 섬에서는 미약하나마 자연과학의 기술이 도입되고 있습니다. 가령 인공수정 내지 피임 등이 그러한 과학기술적 조처입니다. 이에 반해 멋진 신세계에서 자연분만은 철저하게 금지되고 있습니다. 넷째로, 팔라 섬에서 임신과 출산의 문제는 공동체 전체가 관여하지만, 임신과 출산을 결정할 때에 개별 인간의 견해가 존중됩니다. 그러나 멋진 신세계의 경우 모든 아이들은 오로지 당국의 철저한 계획과 통제 하에서 인공수정으로 태어납니다.

24. 황금 비판: 헉슬리는 황금으로 삶의 모든 가치를 평가하는 사고를 철저히 배격하였습니다. 이러한 입장은 과거의 유토피아에서 끊임없이 제기된 사항이기도 합니다. 작품 내에서 지하자원은 팔라 섬의 찬란한 이상 사회의 구도를 허물어뜨리고 망칩니다. 이전에 팔라 사람들은 황금 덩이를 돌과 같이 바라보았습니다. 이를 위해서 그들은 자신의 내면을 정화시키는 신앙에 집착하였습니다. 종교는 섬사람들에 의하면 인간이 얻을 수 있는 최고의 목표로 향하는 의식적이며 이성적인 노력이라고 합니다. 인간의 내면에 존재하는 선험적 인식으로서 신성 내지 브라만, 도(道)라든가 로고스를 인식하는 것이야말로 최고의 목표에 해당하는 것이라고 합니다(Huxley 1969: 47). 이에 비하면 세상을 지배하는 생철학이라든가 실용주의는 이러한 최고의 목표를 위한 부차적 사고에 불과합니다. 그렇지만 이러한 부차적 사고가 결국 찬란한 이상 사회의 삶을 망치도록 작용합니다. 황금과 석유에 눈이 먼 사람들은 자신의 주위에서 유

유자적하게 살아가는 자유인들을 경멸하기 시작합니다. 재화에 탐닉할수록 그들의 영혼은 병이 들어서 서서히 몰락을 맞이합니다.

25. 연방주의 자치 공동체, 혹은 크로포트킨의 상호부조: 팔라 섬 공동체는 상호부조하는 자치 공동체의 정신을 실천하고 있습니다. 이러한 정치적, 경제적 시스템은 계층적으로 구분되는 정치적 체계 내지 사유재산 제도에 토대를 둔 서구 유럽의 경제적 질서와는 근본적으로 다릅니다. 팔라 섬 공동체가 — 비록 그 규모에 있어서는 차이를 드러내지만 — 지배 구조가 없는 아나키즘의 농촌 공동체를 연상시킨다는 점에서 크로포트킨의 상호부조의 농촌 공동체의 특징을 표방합니다(Roszak: 424). 크로포트킨은 『상호부조. 진화의 동인』(1902)에서 아나키즘에 근거하여 자체적으로 조직화된 소규모 코뮌을 구상하였습니다. 실제로 팔라 섬에서는 중앙집권적인 정부 형태가 없으며, 독재적 권력자도 존재하지 않으며, 아나키즘의 농촌 공동체를 연상하게 합니다. 팔라 섬에서는 소수의 엘리트들이 정치적, 경제적 힘을 행사하는 경우도 발생하지 않습니다. 군대 역시 처음부터 없었으므로, 총사령관의 명령 또한 존재할 리 만무합니다. 경제적으로도 한 사람이 다른 사람에 비해 네 배에서 다섯 배 이상의 재화를 착복하는 경우도 없습니다.

26. (요약) 서구 문명과 반대되지는 않지만, 어떤 다른 사회 유토피아: 상기한 사항을 고려하면, 팔라 섬의 유토피아는 서구 문명과는 전혀 다른, 어떤 새로운 사회적 삶에 관한 설계입니다. 기능상의 측면에서, 그것은 미지의 섬을 통해서 새로운 삶의 가능성을 보여 주려고 했던 고전적 유토피아와는 근본적으로 다릅니다. 팔라 섬의 새로운 삶은 계층적 유럽 사회에 대한 반대급부의 상이라기보다는, 오히려 처음부터 그것과는 구별됩니다. 팔라 섬은 외부인의 접근이 처음부터 거부되는 땅입니다. 이곳의 이방인은 함부로 체류 허가를 받을 수 없습니다. 게다가 팔라 섬의

유토피아는 근대 유럽에서 나타난 모렐리와 메르시에 등의 시간 유토피아가 아니라 하나의 특이한 장소 유토피아에 해당합니다. 가령 이곳 사람들은 역사철학적 차원에서의 진보에 대한 기대감을 표출하지 않습니다. 팔라 섬의 유토피아는 서구 문명과는 전혀 다른, 아나키즘의 자치 공동체의 삶을 실천합니다. 요약하건대, 헉슬리의 『섬』은 한편으로는 서양의 의학과 기술을 합친 자연과학을 중시하지만, 다른 한편으로는 동양의 불교와 힌두교의 전통에 입각한 영혼의 수련을 중시합니다. 이로써 헉슬리는 동서양의 장점이 서로 접목된 이상 사회의 가능성을 제시하고 있습니다.

27. 작품의 문제점: 작품 『섬』은 오로지 헉슬리의 상상력을 바탕으로 기술되었습니다. 그렇기에 우리는 한 가지 납득할 수 없는 사항을 접하게 됩니다. 즉, 팔라 섬의 사람들은 불교와 힌두교의 믿음을 마약인 모크샤의 복용과 결부시키며, 순간의 행복을 만끽하며 살아갑니다. 물론 그들이 서양의 의학과 자연과학 그리고 동양의 힌두교와 불교 등을 접목시켜서 상호 보완적인 새로운 삶의 방식을 추구하는 것은 충분히 납득할 수 있습니다. 그런데 문제는 작가가 사랑의 요가, 즉 "미투나(Mithuna)"를 실제 교육에 접목시키고 미성년자들에게 마약과 성행위를 행하게 하는 것은 급진적이고 과도한 실험이 아닐 수 없습니다. 헉슬리는 신경증과 변태성욕을 불러일으키는 서구의 관습을 비판하기 위해서 팔라 섬이라는 문학적 가상의 현실을 활용하였습니다. 아무리 그렇다고 하더라도 미성년자들에게 제어되지 않는 사랑의 삶의 방식을 적용하는 경우는 실제로 아시아의 생태 공동체에서 거의 유례를 찾아볼 수 없을 정도입니다. 따라서 팔라 섬의 교육 방식은 때로는 마치 미성년의 포르노그래피를 연상시키는 것 같은 어떤 허황된 판타지로 다가올 수도 있습니다.

참고 문헌

이상화 (1996): 디스토피아에서 다시 유토피아로. 올더스 헉슬리의 섬, 실린 곳: 이상화, 20세기 영국의 유토피아 소설 연구, 중앙대 출판부, 283-317.

헉슬리, 올더스 (2008): 아일랜드, 송의석 역, 청년정신.

Firchow, Peter (1972): Aldous Huxley: Satirist and Novelist Minneapolis.

Flood, Gavin (1996): The Meaning and Context of the Purusarthas, in: Julius Lipner (edit), The Fruits of Our Desiring, Bayeux Arts: Calgary, 11-21.

Holmes, Charles H. (1972): Aldous Huxley and the Way to Reality, Bloomington/London.

Huxley, Aldous (1969): Ends and Means. An Enquiry into the Nature of Ideals and into the Methods employed for their Realization. Chatto & Windus, London.

Huxley, Aldous (1998): Island, London.

Jens, Walter (2001) (hrsg.): Kindlers neues Literaturlexikon, 22 Bde., München.

Kretschmer, Ulrike (1990): Der Mensch: Affe oder gottähnliches Wesen? Philosophisch- anthropologische Vorstellungen im Werk Aldous Huxleys Lit, Münster.

Murray, Nicholas (2003): Aldous Huxley. An English Intellectual, London.

Roszak, Theodore (1972): Where the Wasteland End. Politics and Transcendence in Postindustrial Society, Garden City/New York.

Saage, Richard (2006): Utopische Profile, Bd. 4. Widersprüche und Synthesen des 20. Jahrhunderts, 2 korrigierte Aufl., Münster.

7. 르 귄의 『빼앗긴 자들. 어떤 모호한 유토피아』

(1974)

1. 페미니즘 계열의 사이언스 픽션: 우리는 전투적 페미니즘을 추구한 작품으로서 조애너 러스(Joanna Russ)의 『여자 사람(The Female Man)』 (1975), 프랑수아 드봉(Françoise d'Eaubonne)의 『편도 행성의 비밀(Le satellite de l'Amande)』 1975) 그리고 모니크 위티그(Monique Wittig)의 『여전사들(Les Guérillères)』(1969) 등을 들 수 있습니다. 그런데 이들 작가에 비해 어슐러 K. 르 귄의 장편소설, 『빼앗긴 자들. 어떤 모호한 유토피아(The Dispossessed: An ambiguous Utopia)』(1974)는 현대의 문학 유토피아의 구체적 상을 놀라울 정도로 극명하게 보여 줍니다. 이 작품은 1974년에 미국에서 간행되었으며, 1년 후 독일에서 "빼앗긴 자들의 행성"이라는 제목으로 발표되었습니다. 사실 이 작품만큼 가상적 핵전쟁으로 인한 지구 전체의 생태계 파괴를 생동감 넘치게 보여 준 작품은 없습니다. 특히 놀라운 것은 작가가 내리막길을 치닫는 후기 산업사회의 황폐화, 이로 인한 사회적, 도덕적 측면의 삶의 현상 등을 적나라하게 예견하고 있다는 사실입니다. 소설은 두 개의 서로 다른 체제 속에서 주인공이 겪는 삶의 방식을 독자에게 들려줍니다(Jeschke: 726).

2. 무정부주의에 바탕을 둔 페미니즘의 생태 운동: 일단 사이언스 픽션

이라는 장르를 차치하더라도 우리는 르 귄의 작품에서 1970년대 유토피아의 유형적 특징을 도출해 낼 수 있습니다. 그것은 다름 아니라 무정부주의에 바탕을 둔 페미니즘의 생태 운동을 가리킵니다. 실제로 르 귄의 작품은 강대국들이 추구하는 산업과 전쟁 지향의 정책들을 비판적 시각에서 다루고 있습니다. 이러한 일련의 정책들은 무엇보다도 경제성장과 이데올로기 경쟁을 부추기는 제1세계 남성들의 국가 이기주의의 시각에서 비롯된 것입니다. 놀라운 것은 생태학적 문제를 접근하는 데에서 나타나는 작가의 섬세한 필치입니다. 르 귄은 소설 집필을 위하여 미국 인디언 문화, 도교 사상 등을 깊이 연구하기도 하였습니다. 다윈 식의 적자생존의 사회 발전을 우려하고, 이에 대한 대안으로서 크로포트킨의 아나키즘을 구상하였다고 술회한 적이 있습니다. 물론 70년대에 그미가 일시적으로 남성에 대한 적대적 태도를 취하는 열혈 페미니즘 운동에 대해 거부감을 표명한 것은 사실입니다. 그러나 르 귄은 "여성운동이 사회를 변혁시킬 수 있는 해방의 자극제"라는 입장을 변함없이 고수하였습니다.

3. 페미니즘 유토피아와 아나키즘: 다른 한편, 미국에서의 아나키즘 운동은 1970년대에 이르러 브라이언트(J. Bryant), 스탠턴(M. Stanton), 알렉산드라(Th. P. Alexandra), 피어스(M. Pierce), 러스(J. Russ) 등에 의해서 전개되었습니다. 그것은 이른바 페미니즘의 관점에서 설계된 유토피아와 내용상으로 무척 흡사합니다. 페미니즘에 근거한 무정부주의의 유토피아는 60년대와 70년대에 미국에서 출현한 정치적 움직임과 무관하지 않습니다. 실제로 시민권리 옹호론자, 여성운동가 그리고 생태학자들은 미국의 보수주의적 정책에 대해서 완강하게 비판해 왔습니다. 소설은 이러한 페미니즘 유토피아주의자들의 정치적, 철학적 입장과의 유사성을 보여 줍니다. 흔히 종래의 유토피아에서는 언제나 어떤 발전을 유도하는 공학과 같은 의미에서의 극단적 미래 사회가 설계되었습니다만, 르 귄은 작품에서 통상적인 미래 사회의 설계를 선취하려고 하지는 않았습니다.

대신에 그미는 주어진 현재 사회의 문제점을 지적하고, 이를 통해서 윤리적으로 바람직한 어떤 대안을 제시하려고 합니다. 이러한 시도는 전통적 유토피아의 모델을 부분적으로 수용하지만, 그것의 이념으로부터 벗어나려는, 이른바 전통적 유토피아에 대한 일종의 생소화 전략인 셈입니다.

4. 르 귄의 삶: 어슐러 K. 르 귄은 1929년 10월 21일에 미국 캘리포니아주의 버클리에서 태어났습니다. 그미의 아버지는 인류학으로 세계적인 명성을 떨친 미국 학자, 앨프리드 크로버였으며, 어머니는 작가로 활동한 시어도라 크라코였습니다. 앨프리드 루이스 크로버는 현대 미국 인류학의 창시자로 알려져 있는 프랜츠 보애스(Franz Boas)의 제자로서 미국에서 가장 각광받는 민속학자로 성장하였습니다. 그는 수많은 언어에 통달했는데, 특히 캘리포니아 지역에 거주하는 인디언 부족들의 방언에 능통했습니다. 앨프리드 크로버가 체득한 문화적 다원주의는 자신의 딸에게 전수되었습니다. 르 귄의 어머니, 시어도라는 1897년에 태어났는데, 미국의 여러 가지 신화를 수집하여 책으로 출판하기도 하였습니다. 또한 그미는 자신의 집에 거주한 캘리포니아 북부의 인디언 남자에 관한 전기를 간행하기도 하였습니다. 그렇기에 어슐러 르 귄은 어린 시절부터 부모로부터 학문적, 예술적 자양을 자연스럽게 물려받은 셈입니다.

놀라운 것은 그미가 부모의 영향으로 어린 시절부터 반전 운동과 평화 운동에 관한 확고한 신념을 견지하게 되었다는 사실입니다. 르 귄은 10대의 나이에 유럽과 아시아에서 발발한 제2차 세계대전을 간접적으로 체험하였습니다. 이때 그미가 고심한 것은 세계대전의 사회심리적인 원인이었습니다. 이와 병행하여 그미는 동양 사상에 관한 지식과 지혜를 쌓아 나갔습니다. 가령 인디언 문화와 동양의 불교 그리고 도교의 사상적 흔적은 르 귄의 문학작품에서 간헐적으로 등장합니다. 르 귄은 컬럼비아 대학교에서 프랑스, 이탈리아의 역사와 르네상스 문학을 공부하였습니다. 컬럼비아 대학에서 학사학위를 취득한 르 귄은 잠시 공부를 멀리했으나, 몇 달 후에 풀브라이트 장학금을 받고 프랑스로 유학을 떠납니다. 1953년 르 귄은 나중에 자신의 남편이 될 역사학자 샤를 A. 르 귄을 만나게 됩니다. 1954년 미국으로 돌아온 그미는 박사학위를 취득하려던 결심을 포기합니다. 1959년부터 르 귄 부부는 오리건/포틀랜드에서 함께 지내며 일합니다. 1997년 르 귄은 중국어 원전 『도덕경』을 영어로 번역했는데, 이는 작가가 얼마나 도교 사상에 매료되어 있었는지를 단적으로 보여 주는 대목입니다.

5. 철학적 아나키즘과 상상의 세계: 『빼앗긴 자들. 어떤 모호한 유토피아』는 전통적인 사이언스 픽션의 유형인 우주여행, 우주선, 로봇 등의 소재에 집착하지는 않습니다. 대신에 작품은 유토피아라는 정치적 이념의 윤리적 문제를 강하게 부각시키고 있습니다. 말하자면 르 귄은 사이언스 픽션의 틀을 고수하되, 철학적 아나키즘이라는 어떤 가상적인 사회상을 설계하려고 했습니다. 실제로 르 귄은 도교 사상에서 출발하여, 고드윈, 셸리, 마르크스, 엥겔스, 엠마 골드만, 크로포트킨 등의 세계관을 수용하고 있습니다. 이를테면 크로포트킨은 다윈 식의 적자생존을 도모하는 사회주의에 대해서 반기를 들고, 1902년에 『상호부조, 진화의 동인 (Mutual Aid. A Factor of Evolution)』을 발표하면서, 인간 공동체에서 존속될 수 있는 협동성을 강조한 바 있습니다. 인간의 진보는 몇몇 엘리트의 과도한 노력의 결실로 이루어져서는 곤란하며, 삶의 질에 있어서 평화와 협동적 삶이 바탕이 되어야 한다는 게 르 귄의 지론이었습니다.

6. 『빼앗긴 자들. 어떤 모호한 유토피아』의 배경: 작품의 배경은 세터 항성계의 쌍둥이 행성으로 설정되어 있습니다. 그 하나는 "우라스(Urras)"라는 행성이며, 다른 하나는 "아나레스(Anarres)"라는 행성입니다. 우라스에서는 "에이이오(A-Io)"라는 지역이 널리 분포되어 있으며, 아나레스에는 사회주의적으로 조직화된 거대한 공동체가 존재합니다. 처음에 아

나레스는 사람이 살지 않았고, 그저 원자재 채굴을 위한 작은 위성이었는데, 몇몇 이상주의자들이 우라스를 떠나 아나레스에 정착함으로써 그곳에서 대안 사회주의 공동체가 탄생하였습니다. "우라스"는 천연자원이 많지는 않지만, 물이 풍부하여 생명체가 살기에 적절한 곳입니다. 이곳에는 서로 적대적으로 대치하는 국가들이 존재합니다. "에이이오"는 현대의 서구 자본주의 국가를 방불케 하는 국가인데, 우라스의 서쪽에 위치하고 있습니다. 이에 반해서 "투(Thu)"는 기존 사회주의를 지향하는 국가인데, 우라스의 동쪽에 자리하고 있습니다. 에이이오가 자본주의의 미국을 연상시키고, "투"가 사회주의의 구소련을 방불케 하는 까닭은 바로 그 때문입니다. 우라스에 있는 세 번째 지역 테라(Terra)는 군사독재가 횡행하는 지역으로서, 이곳의 상황은 생태학적으로 거의 파탄지경에 처해 있습니다. 르 귄의 유토피아는 소설의 주인공이 과거에 살던 행성인 아나레스의 공동체로 이해됩니다. 이곳은 우라스의 현실적 상황과는 정반대되는 다른 사회입니다. 그렇기에 우라스의 대부분의 사람들은 비참한 환경에서 소외된 채 생명을 이어 가지만, 국가의 우두머리들은 이러한 사회적 소외 현상이라든가 비참한 경제 상황을 변화시키려고 애쓰지 않습니다. 이러한 가상 국가들의 현실은 작가 르 귄이 처했던 70년대의 지구상의 현실과 매우 흡사합니다.

7. 우라스의 행성, 아나레스: 이에 반해 아나레스는 거의 아무것도 소유할 수 없는 곳입니다. 이곳 사람들은 자본주의의 시장경제체제뿐 아니라, 기존했던 사회주의 경제체제 또한 포기하고 있으므로, 크로포트킨의 제3의 길을 선택한 셈입니다(Seeber: 153). 아나레스에도 국가 시스템이 없는 게 아니지만, 전통적 의미에서의 국가가 존재한다고 단언할 수는 없습니다. 약 170년 전에 "오도(Odo)"라는 이름의 여성이 동지들을 규합하여 혁명을 일으켜서 공동체를 건립했습니다. 그러나 "벤빌리(Benbili)"라는 이름을 지닌 공동체에는 법이 없습니다. 이들이 추구하는

것은 하나의 무정부주의적인 공동체의 평등한 삶입니다. 무정부주의 공동체에는 지배의 형태를 갖추고 있지 않습니다. 법도 없고, 죄를 저지르는 사람도 거의 나타나지 않습니다. 그렇기에 상부가 나서서 강력한 폭력으로 죄인들을 단죄할 필요성이 존재하지 않습니다. 공동체를 다스리는 관청은 오로지 재화의 분배 그리고 용역과 서비스를 관할할 뿐입니다. 그렇기에 그것은 생산과 분배를 조절하는 관청으로서, "PDC"로 명명되고 있습니다.

8. 아나레스에서의 새로운 삶: "아나레스"에서는 어떠한 사유권도 존재하지 않습니다. 모든 것은 개방되어 있습니다. "잠긴 문도 없고, 닫힌 문도 거의 없었다. 속임수도, 광고도 없었다. 그곳에서는 모든 것, 모든 일, 모든 도시의 삶이 누구나의 눈과 손에 열려 있었다"(르 귄: 118). 아니, 공동체에 속하는 사람들은 사적 재산에 관한 의식 없이 살아갑니다. 풍요로움과 사치는 이곳에서는 바람직하지 못한 생활 방식으로 간주됩니다. 이곳에서는 전통적인 의미에서 결혼 제도도 없고, 가정도 존재하지 않습니다. 이와 병행하여 오도 공동체가 중앙집권적 조직이 아니라는 것은 당연합니다. 아나레스 사람들은 과학기술을 충실하게 연구하고, 협동과 상호부조의 삶을 실천하려고 애를 씁니다. 아나레스에서는 처음부터 종교 단체가 없습니다. 작품에는 이곳에서의 신앙생활에 관한 이모저모가 한 번도 언급되지 않습니다. 사람들이 서로 도우며 살아가기 때문에 절도가 없으며, 재화를 착복하는 경우도 나타나지 않습니다. 모든 형태의 이기적 사고, 이를테면 개인주의 내지 소유욕 등은 사회를 해치는 것으로 취급됩니다. 따라서 아나레스에 있는 오도 공동체의 사람들은 우라스 사람들이 지니고 있는 제도상의 문제점들, 이를테면 사유재산, 매춘 그리고 감옥 등을 더 이상 의식하지 않습니다. 아나레스 사람들은 더 이상 과거의 폐단을 답습하지 않고, 우라스와 완전히 단절되어 이타주의적으로 살려고 합니다.

9. 아나레스의 비참한 삶의 조건: 정치적 체제가 진보적이라고 해서, 아나레스 사람들이 도시를 해체하고 무작정 시골의 전원적인 삶을 추구하는 것은 아닙니다. 아나레스는 지상의 낙원과는 전혀 다릅니다. 우라스에 비해 사람이 살기에 적합하지 않은 작은 행성입니다. 아나레스의 날씨는 춥고 건조하며, 물이 많이 부족합니다. 이를테면 아나레스에는 숲이 거의 없고, 바람이 강하게 불어서 새들이 살기에 적당하지 않습니다. 물고기는 드물고, 일부 지역에만 꽃을 피우지 않는 은화식물들이 부분적으로 남아 있을 뿐입니다. 게다가 아나레스에는 산소가 많이 부족합니다. 사람들은 살아남기 위하여 산소를 비축해야 하며, 지속적으로 자연의 악조건과 싸우지 않으면 안 됩니다. 어쩌면 좋지 못한 제반 생태학적 악조건들이 사람들로 하여금 무정부주의적으로 결속하고 협동하게 만들었는지도 모릅니다. 사람들은 우라스를 떠나 이곳으로 이주했지만, 생존을 위해서 지금까지 처절하게 노력해야 했습니다. 그들은 완제품을 수입하거나 원자재를 공급받기 위하여 부단히 노력해 왔습니다. 무역과 상거래가 아나레스 사람들의 생활 방식이기는 하지만, 생존을 위하여 우라스와의 무역을 예외적으로 추진하지 않으면 안 되었습니다.

10. 소설의 주인공, 우라스의 어느 대학으로부터 초청장을 받다: 소설은 시간 순서에 따라 전개되지 않습니다. 주인공은 아나레스에서 이론물리학을 연구하고 있는 셰벡 박사입니다. 그는 두 개의 세계에서 혼란스러워한다는 점에서 최인훈의 소설 『광장』을 연상시킵니다. 최인훈 소설의 주인공 이명준은 남한과 북한의 삶의 조건을 체험하고, 자신의 삶의 광장이 자신의 두 발바닥 넓이로 좁아지는 것을 느끼면서(최인훈: 168), 결국 제3의 중립국을 선택합니다. 이에 비하면 르 귄 소설의 주인공은 끝내 아나레스로 귀환합니다. 셰벡은 놀라운 실험을 계속하고 있습니다. 그것은 멀리서 살아가는 사람들 사이의 의사소통을 동시에 가능케 하는 연구를 가리킵니다. 이 연구가 실제 현실에서 활용된다면, 원거리에 거

주하는 사람들은 신속하게 서로 소통할 수 있게 될 것입니다. 그러나 비밀리에 권력과 재산을 탐하는 그의 상사는 셰벡 박사의 연구를 음으로 양으로 방해합니다. 그래서 주인공의 연구 결과물은 쉽사리 발표되기 어렵습니다. 게다가 공적인 견해만을 중시하는 관료주의가 가끔 개개인의 자발적 창의력을 압살하는 형국입니다. 거대한 공허 속에서 살아가는 아나레스 사람들은 제 아무리 획기적인 물리학 이론이라 하더라도 더 이상 관심을 기울이지 않고, 자신의 눈앞에 도사린 실질적 문제에 혈안이 되어 있습니다. 셰벡은 이러한 연구 풍토에 실망하고 있을 무렵, 우라스에 있는 자본주의 국가의 어느 대학으로부터 초청장을 받게 됩니다. 그래서 얼마 동안 아나레스를 떠나 있으려고 하는데, 주위 사람들은 그를 배반자라고 비난합니다. 그렇지만 그의 목표는 자신의 발견을 통해서 두 개의 세상을 서로 소통하게 하는 일입니다. 이로써 그는 자신이 태어나고 자란 아나레스의 생활에 종지부를 찍으려고 합니다.

11. 주인공이 파악한 우라스 세계의 장점: 셰벡은 학창 시절에 오로지 우라스에 관한 나쁜 소문만을 전해 들었습니다. 그럼에도 불구하고 새로운 세상에 가면 어떤 개방적인 삶이 전개되리라고 희망합니다. 셰벡은 에이-이오에 도착하여, 난생 처음으로 새들을 바라보고, 젖먹이동물을 접하게 됩니다. 이를테면 당나귀의 모습은 그를 매우 놀라게 했습니다. 숨이 증기처럼 뿜어 나오는 콧구멍, 섬뜩한 두려움을 드러내는 당나귀의 눈은 참으로 신기한 것이었습니다. 아나레스에는 숲이 거의 없기 때문에 새들이 거주하지 않고, 침팬지 등의 동물이 생활하지 않습니다. 주인공은 마치 눈보라를 처음 목격한 아프리카인처럼 처음 대하는 사물들과 동식물들을 바라보며 신기함을 느낍니다. 자신이 마치 천국에 와 있는 것처럼 착각할 정도였습니다. 셰벡의 몸은 우라스의 꽃가루와 낯선 먼지로 인하여 즉각적으로 알레르기 반응을 보입니다. 우라스에는 물이 풍부하여 변기 세척에 무려 5리터의 물을 낭비하는 데 깜짝 놀랍니다. 주

인공은 아나레스에서 어린 시절부터 다음의 사항을 교육받고 자랐습니다. 즉, 우라스를 지배하는 것은 불평등, 부정 그리고 사치이며, 그곳 사람들은 게으르다고 말입니다. 국가는 우라스 사람들에게 외부적으로 자극을 가해서 그들의 자발적 노동 의지를 빼앗아 간다고 했습니다. 그렇지만 이는 거짓으로 밝혀집니다. 에이-이오의 사람들은 자신이 생각했던 것보다 더 잘 먹고 잘 차려입으며, 부지런한 편입니다. 그들은 아나레스의 사람들과 별반 다를 바 없습니다. 이로써 우라스에 대한 셰벡의 선입견은 깡그리 파괴됩니다. 셰벡은 에이-이오의 사람들이 비옥한 농경지를 소유하고, 멋진 자동차와 화려한 옷을 차려입고 거리를 배회하는 모습에 어안이 벙벙해집니다.

12. 주인공이 파악한 우라스 세계의 단점: 그렇지만 셰벡 박사는 서서히 우라스의 현실에서 나쁜 점을 관찰합니다. 불법이 활개 치는 소비 사회의 물신주의가 바로 그것이었습니다. 바로 이 순간에 그는 왜 자신의 선조들이 아나레스로 이주했는지 비로소 깨닫게 됩니다. 셰벡은 연회에 참석한 사람들에게 다음과 같이 말합니다. "아나레스 사람들은 가난하고, 가진 게 없어요. 여기에는 모든 게 아름답지요, 얼굴만 빼고. 아나레스에서는 아름다운 게 없어요, 얼굴만 빼면. 다른 사람들의 얼굴들, 남자와 여자들, 우리에겐 그것밖에 없어요. 오로지 서로만이 있지요. 여기 당신들은 보석을 바라보지만, 저쪽 사람들은 상대방의 눈동자를 바라보지요. 눈동자 속의 찬란한 빛, 영혼의 찬란함을 말입니다. 저쪽 남녀들은 아무것도 가지지 않았기에 자유롭지요. 그런데 당신들은 모든 것을 소유하기에 소유에 압도당하고 있어요. 모두들 소유의 감옥 속에 각각 외롭게 살아가는 것 같아요. 소유할 필요가 없는 쓰레기들과 함께 고립된 채 말입니다"(Le Guin 1974: 396). 처음에 우라스 사람들은 셰벡 박사의 첨단 물리학 이론을 구매하려고 했습니다. 왜냐하면 그의 이론을 실제 현실에 적용하면, 우라스의 현실적 삶에 더욱 편리함을 가져다줄 것

같기 때문입니다. 그러나 이러한 편리함은 오로지 일부 상류층에게만 도움을 줄 뿐입니다. 나아가 그의 이론을 바탕으로 한 통신 기술의 개발은 에이-이오의 피지배자들을 감시하고 조종하기 위한 좋은 수단으로 작용할 것 같습니다. 주인공은 바로 이러한 정치경제적 이해관계를 예리하게 간파합니다. 그래서 셰벡 박사는 우라스의 지배 계층과 손을 잡지 않고, 대신에 야권 운동가들과 은밀히 관계를 맺습니다. 그러나 야권 운동가들은 공권력의 무력 진압으로 인하여 거의 토벌당하고 맙니다.

13. 주인공의 도주: 그 무렵에 셰벡 박사는 테란의 대사관으로 도주한 다음에 비행선을 타고 아나레스로 귀환합니다. 그는 자신의 이론을 무상으로 세상에 공개하려고 합니다. 자신의 이론이 만천하에 알려져야, 우라스 내에서 활개를 치는 엘리트의 구도가 사라질 것 같습니다. 주인공은 평소에 세상이 몇몇 엘리트에 의해 좌지우지되는 것을 가장 싫어했습니다. 결국 그는 다음과 같은 생각을 품은 채 귀환합니다. 즉, 과거와 미래의 개방적인 영역 속에서 자신과 시간적 영역을 서로 결합시키기 위해서는 인간은 일차적으로 폐쇄적인 공간을 벗어나야 한다고 말입니다. 그렇게 해야만 인간은 흐릿하나마 자신을 도울 수 있는 길을 찾고 자신이 꿈꾸는 도시를 훌륭하게 축조할 수 있다는 것입니다(Jens 9: 143). 만약 한 인간이 태어난 곳에서 죽을 때까지 살게 되면, 자신이 처한 공간의 삶의 방식을 하나의 절대적인 것으로 단정하고 더 이상 다른 가능성을 찾지 않습니다. 작가 르 귄은 바로 이러한 지적인 개방성을 독자에게 요구합니다. 인간은 어떤 다른 새로운 삶을 일차적으로 꿈꾸어야 한다는 발상은 철학적 무정부주의와 인간 평등을 지향하는 페미니즘의 자세에서 비롯하는 것입니다.

14. 아나레스, 유토피아 공동체의 모델: 소설은 학문적으로 정치학의 토론을 담고 있습니다. 이는 예리한 독자의 관심사를 부추기기에 충분합니

다. 이를테면 소설에서 '아나레스'라는 제목의 장들은 주로 주인공 셰벡의 유년기, 청년기 그리고 학문적 업적과 경력을 상세하게 다루고 있습니다. 이에 반해서 제1장과 마지막 장은 소설의 틀과 같은데, 문학 유토피아에서 으레 그러하듯이, 어느 지도자와 새로운 세계로 떠나는 이야기로 구성되어 있습니다. 르 귄 소설의 화자는 익명의 존재입니다. 그렇기에 독자는 독서 시에 화자를 인지하지 못합니다. 두 개의 서로 다른 세계는 주인공 셰벡의 관점에 의해서 서서히 밝혀집니다. 그렇다면 소설에서 가상적인, 그러나 놀라운 문학 유토피아의 모델은 과연 어디서 발견될까요? 그것은 바로 아나레스에 자리하는 페미니즘에 입각한 아나키즘 공동체 모델입니다. 이에 비하면 우라스는 주어진 현실을 연상시키며, 아나레스와 현격한 차이를 드러내고 있습니다.

아나레스라는 유토피아 공동체 모델은 그 자체 전적으로 긍정적인 모델도 아니며, 완벽하지도 않습니다. 왜냐하면 아나레스는 생태학적으로 원자재가 풍부한 행성도 아니기 때문에 재화는 항상 결핍될 수밖에 없습니다. 이로 인하여 사람들 사이에는 최악의 경우 분배의 갈등이 출현할 수도 있습니다. 어쩌면 아나레스의 무정부주의 공동체는 작가가 언급한 대로 어떤 반-권위적인 공산주의를 선취한 상일 수 있습니다(Jameson: 271). 이와 관련하여 어느 연구자는 아나레스를 "비-유럽적이며, 반-유클리드적이고 반-남성적인 유토피아" 시스템이라고 정의 내리고 있습니다(Gordon: 117f). 아나레스 사람들은 다음과 같이 말합니다. "우리는 나누는 자들이지, 소유하는 자들이 아니야. 우리의 자연은 풍요롭지 못해. 어느 누구도 부유하지 않고, 권력을 지니고 있지 않아. 만약 너희가 찾는 미래가 아나레스라고 생각한다면, 너희에게 다음과 같이 말하고 싶어, 그냥 빈손으로 시작해야 한다고. 너희는 마치 미래의 세상에 태어난 아이처럼 홀로 일어서야 해. 살기 위해서는 아무것도 소유하지 않고, 남에게 의존하지 않아야 해. 너희가 베풀지 않은 것을 수혜할 수 없으며, 너희 스스로 무언가 얻어서 타인에게 베풀어야 해. 너희는 혁명을 구매할 수 없어. 너희는 혁명을 만들지 못해. 너희 스스로 혁명이어야 해, 그렇지 않으면, 혁명은 어디서도 발견될 수 없을 거야"(Le Guin 1976: 272f).

15. 자유, 비폭력의 삶 그리고 아나키즘: 마치 모어의 『유토피아』에서 국가를 창립한 남자가 등장하듯이, 아나레스에서는 오도라는 여성이 공동체를 결성하였습니다. 오도의 공동체 이념은 네 가지 사항을 배격합니다. 그것은 "피, 창살, 전쟁 그리고 용기"를 가리킵니다(Le Guin 1974: 262). 구체적으로 말하면, 아나레스 공동체는 피 흘리게 하는 크고 작은 싸움, 인간의 근원적 자유를 구속하는 감옥, 모든 유형의 전쟁 그리고 인간의 생명을 담보로 하는, 죽음을 무릅쓰는 용기 등을 철저히 거부합니다. 아나레스의 이상적 공동체의 규범적 토대는 무엇보다도 국가를 인정하지 않는 데 있습니다. 이곳에서는 정부도 없고, 경찰도 없으며, 경제적 착취도 없습니다. 르 귄의 아나레스 공동체는 — 스키너의 『월든 투』와는 반대로 — 안전 대신에 자유를 우선적으로 여깁니다. 흔히 사람들은 "너는 반드시 무언가를 해야 한다"라고 말합니다. 어쩌면 사람들은 은연중에 필연성 내지 의무감에 길들여져 있는지 모릅니다. 모든 지배는 르 귄에 의하면 그 자체 폭정과 같습니다. 개인에게 한 가지 의무가 있다면, 그것은 오로지 지배 없이 살 수 있다는 확신입니다. 개별적인 인간은 자발적으로 행동하고 자신의 이러한 행동에 스스로 책임을 져야 합니다. 그렇게 해야만 인간은 고통스러운 예속으로부터 인간답게 살아남을 수 있습니다.

16. PDC, 자율적인 행정청에서 감시하는 통제 기관으로 변할 수 있다: 아나레스에는 법정이 없고, 판사도, 변호사도 존재하지 않습니다. 왜냐하면 법 규정 자체가 필요하지 않기 때문에 법정은 유명무실합니다. 아나레스에서는 정치적 지배 구조가 사라지고, 대신에 행정청만이 사람들의 공적인 문제를 해결하기 위하여 존재할 뿐입니다. 이를 고려할 때, 르

권은 "국가는 자신의 권력을 버리고, 그저 행정적 관청으로 기능해야 한다"는 생시몽의 개혁안을 긍정적으로 수용한 셈입니다. 아나레스의 행정청은 이미 언급했듯이 "PDC"라고 명명됩니다. 이것은 "생산 분배 관리 네트워크(PDC: Production and Distribution Cooperation)"를 가리킵니다. PDC는 사람들을 다스리고 지배하는 관청이 아니라, 그저 생산과 분배의 문제를 합리적으로 처리하는 행정기관입니다. PDC의 직원이 어떠한 경우에도 권력을 행사하지 못하도록 하기 위해서 공동체는 지원자를 선별하여 이곳에 근무하도록 조처하였습니다. 1년간의 연수 과정을 거친 지원자는 4년 동안 행정청에서 일할 수 있습니다. 4년이 지난 뒤에 PDC의 직원은 다른 사람으로 교체됩니다. 그런데 이 기관은 나중에 이러한 훌륭한 기능을 상실하고, 폐쇄적으로 그리고 배타적으로 변모합니다. 예컨대 PDC는 때로는 정보의 차단 내지 인간 사이의 의사소통을 억제하는 기능을 수행할 때도 있습니다(김경옥: 78). 그렇기에 셰벡의 친구인 베다프(Bedap)는 PDC를 "국가주의 관료 체제"라고 은근히 비난합니다. 한마디로 PDC는 잘못 작동될 경우 아나레스 체제의 정치적 하자로 지적될 수 있습니다.

17. 아나키즘의 개방된 삶의 방식, 사유재산의 철폐: 그렇다면 아나키즘의 개인주의적 생활 방식은 시민사회의 이기주의적 생활 방식과 어떻게 다를까요? 르 귄은 고전적 유토피아의 사고에 반영된 전통을 다음과 같이 받아들입니다. 즉, 과거의 유토피아가 자신을 보호하는 장치로서의 사적 영역을 차단시키듯이, 아나레스의 오도 공동체 역시 너의 소유와 나의 소유 사이의 구분을 철폐하고 있습니다. 사적 소유물은 존재하지 않습니다. 공동체의 명제는 다음과 같습니다. "만약 한 인간을 도둑으로 만들려면, 그대는 우선 다른 사람들을 소유자로 설정해야 한다. 만약 누군가를 범죄자로 만들려면, 그대는 우선 법 규정을 만들어야 한다"(Le Guin 1974: 129). 이는 "법이 없으면, 범죄도 처벌도 없다(Nullum crimen, nulla poena sine lege)"라는 안젤름 포이어바흐의 자연법의 정언적 명제를 정확히 수용한 것입니다(블로흐: 438). 재산의 소유권은 자본주의 시민사회에서는 당연한 것으로 이해되지만, 아나레스 공동체에서는 심리적 질병의 요인으로 간주됩니다. 오도는 다음과 같이 주장합니다. "어떠한 무엇도 너의 것만은 아니다. 모든 것은 오로지 부분적으로 다른 사람과 함께 사용하기 위해서 주어져 있다. 만약 다른 사람들과 그걸 나눌 수 없다면, 너는 그걸 사용할 수 없다"(Le Guin 1974: 30). 예컨대 오도 공동체 사람들은 대부분의 경우 대문을 잠그지 않습니다. 이는 소유물과 관련하여 어떠한 무엇도 감출 필요도, 선전할 필요도 없다는 뜻으로 해석됩니다. 모든 것은 그야말로 개방되어 있습니다. 다만 사적 영역에서 개개인이 자신을 은폐할 수 있는 경우는 오로지 성적인 차원에 국한될 뿐입니다. 사람들은 공동체 내에서 서로 소통하면서 살아갑니다. 다만 선천적으로 사람들과 잘 어울리지 않는 사람에게는 자의에 의해서 혼자 살아갈 자유가 주어져 있습니다.

18. 제3의 경제체제: 아나레스에 있는 오도 공동체의 경제적 토대는 자본주의 사회의 시장경제와도, 사회주의의 계획경제와도 구분됩니다. 필요에 따라 물품이 생산된다는 것은 사회주의 계획경제정책을 추종한 것이지만, 국가 중심이 아니라 자치적으로 행해진다는 점은 아나키즘 공동체의 원칙에 입각한 것입니다. 교환가치로서 화폐는 철폐되어 있습니다. 따라서 판매와 구매는 아나레스에서는 존재하지 않습니다. 물품은 "물품 보관소(goods depository)"에서 분배됩니다. 사람들은 자신이 가지고 가려는 물품의 종류와 양을 기록한 뒤에 그것을 가지고 가면 족합니다. 아나레스 사람들은 물품을 아껴 씁니다. 우라스와의 교역을 추진하여, 이곳 사람들은 화석연료, 이를테면 석유, 석유 제품, 특별한 기계 부품, 전기 공장에서 사용하는 기계제품들 그리고 과실, 곡류 등을 우라스로부터 수입합니다. 대신에 그들은 수은, 구리, 알루미늄, 우라늄, 주석

그리고 금 등을 수출합니다. 두 행성 사이에는 1년에 여덟 번 가량 비행선이 왕래하는데, 이를 통해서 물자들이 서로 교환되고 있습니다. 실제로 아나레스는 처음에는 우라스의 광산 식민지의 역할을 담당하였습니다. 모든 제품의 생산과 소비는 자발적으로 탈-중앙집중적으로 이루어집니다. 물론 여기에는 예외 사항이 있습니다. 모든 행정, 생산과 소비에 관한 통계 작업, 공동체 전체의 경제적 삶을 위한 계획 등은 중앙집권적으로 수행할 수밖에 없는데, 사람 대신에 "다이브렙(Divleb)"이라는 컴퓨터가 이러한 일을 수행하고 있습니다.

19. 노동과 유희: 아나레스에서는 자원이 턱없이 부족합니다. 특히 농업 분야의 생필품 조달에 있어서 사람들은 많은 어려움을 겪습니다. 그렇지만 모두가 이러한 열악한 환경을 숙지하고 있으므로, 사회적으로 필요한 노동을 즐겁게 행하려고 애를 씁니다. 사람들은 자신의 취향에 따라 특정한 노동을 선택할 수 있습니다. 중앙 컴퓨터는 모든 사람들의 노동의 욕구를 분류하여 각자에게 일감을 부여합니다. 사람들은 통상적으로 하루 다섯 시간에서 일곱 시간 일할 수 있습니다. 이렇게 열흘을 일한 사람은 이틀에서 나흘 정도 내리 쉴 수 있습니다. 일터에서 서로 일감을 나누지만, 자본주의 사회에서 이윤 창출을 위해서 행하는 분업과는 차원이 다릅니다. 모두 평등하게 각자의 자유의지에 따라 노동할 수 있는 것은 중앙 컴퓨터 덕택입니다. 예컨대 아나레스의 수도인 에비네이에서는 사람들이 기피하는 일감이 존재합니다. 수은 광산의 일, 쓰레기 치우기, 구멍 파기 등의 육체노동의 경우, 사람들은 순번에 의해서 돌아가면서 일을 맡습니다. 노동을 자유롭게 행하지만, 사람들에게는 사유재산에 대한 욕망이 자리하지 않습니다. 아이들은 소유로부터 자유롭고, 경제적 측면에서 경쟁과 무관한 풍토에서 자라납니다. 그래서 사회적으로 반드시 필요한 일을 스스로 선택하여 행하며, 이로써 행복감을 느낍니다.

20. **성생활과 사랑의 삶:** 고전 유토피아와는 달리 르 귄의 아나레스 공동체는 성 문제에 있어서 완전히 자유롭습니다. 동성연애는 이성 연애처럼 자연스럽게 수용되며, 사회적 이슈가 되지 않습니다. 성 문제에 관한 한 어떠한 형법도 존재하지 않으며, 금기 사항도 없습니다. 아나레스 공동체 사람들은 주위 사람들을 의식하지 않은 채 연인과 만나서 서로 사랑을 나눕니다. 물론 미성년자와 여성에 대한 성폭력의 경우는 철저하게 예외적으로 다루어집니다(Le Guin 1974: 225). 결혼 제도는 처음부터 존재하지 않습니다. 사람들은 굳이 하나의 폐쇄적인 가정을 꾸리면서 살아갈 필요성을 느끼지 않습니다. 셰벡의 어머니 룰락(Rulag)은 아들에게 혈연관계가 중요하지 않다고 말하기도 합니다. 셰벡은 해양 생물학을 연구하는 여성 과학자, 타크베르를 사귀게 됩니다. 과거에 친구로 친하게 지냈던 동성연애자 베다프가 주인공에게 그미를 소개했던 것입니다. 타크베르는 물고기 유전학을 연구하는 학자인데, 셰벡은 그미에게서 난생 처음으로 사랑의 감정을 느낍니다. 몇 년 후에 타크베르는 셰벡을 찾아서 다시 아나레스로 오게 되는데, 두 사람은 자식을 출산한 뒤에 다음과 같이 생각합니다. 즉, 인간의 육체는 언젠가는 자연 속에서 썩어서 사멸한다는 것 말입니다. 인간이 죽어서 자연 속에서 썩어 사라지게 되면, 다시 새로운 생명체가 태어난다는 것입니다.

21. **동일한 모습의 건축물:** 그 밖에 전통적 유토피아와의 유사성은 아나레스의 건축 영역에서 발견됩니다. 공장, 거주지, 일터 등은 오도 공동체 내에서 거의 동일한 모습으로 축조되어 있습니다. 그렇기에 여기에는 모든 차별이 철폐된 특성이 그대로 드러납니다. 시내 한복판에는 광장이 있고, 주위로 거대한 건물들이 광장을 둘러싸고 있습니다. 중공업과 생필품 가공업을 위한 건축물은 도시 바깥에 집중되어 있습니다. 유사한 물품을 생산하는 공장들은 함께 모여 있으며, 대부분의 거주지는 코뮌 조직에 의해서 체계적으로 축조되어 있습니다. 건축물들은 단단하고 견

고하게 지어져 있으며, 모두 단층으로 이루어져 있습니다. 여기서는 이 층 이상의 거주지는 찾아볼 수 없습니다. 창문은 자그마하며, 저항력이 강한 실리콘 플라스틱으로 단단히 고정되어 있습니다. 그래야 지진이 발생해도 창문이 깨지지 않는다고 합니다.

22. 시대 비판, 인구 폭발에 대한 작가의 경고: 그렇다면 작가는 왜 하필이면 지구를 벗어난 행성, 아나레스로 많은 사람들을 이주하게 조처했을까요? 여기에는 세 가지 이유가 있습니다. 첫째로, 르 귄은 남성적 지배 구도를 비판하고, 사랑과 평화를 중시하는 여성 중심의 사회를 하나의 대안으로 제시하려고 했습니다. 둘째로, 작가는 생태계를 교란하는 전쟁 산업의 폐해를 지적하고, 생명체의 죽임 내지 절멸이 아니라, 생명체의 살림 내지 상생을 위한 사회체제를 도출하려 했습니다. 셋째로, 그미는 생태계 파괴와 인구 폭발이라는 난제를 극복할 수 있는 가능성을 타진하고 있습니다. 현재 세계 인구는 2023년 2월을 기준으로 할 때 80억 5천만 명을 넘어섰습니다. 인구 증가 추세를 고려한다면, 2050년에 아프리카의 인구는 23억을 넘어서고, 아시아의 인구는 53억에 근접하리라고 합니다. 미국의 인구는 산업혁명 시점 이후로 현재까지 30억 명이 증가했습니다. 그런데 1970년을 기점으로 하여 특정 지역의 인구가 두 배가 되는 데 소요된 시간은 37년에 불과했다고 합니다. 인구 증가 속도를 전제로 하면, 약 900년 후에는 약 6,000경이라는 놀라운 수의 인구가 지구에서 살아가게 될 것입니다. 지구에 6,000경의 사람이 산다는 말은 1평방미터에 100명이 거주하는 형국을 가리킵니다(Ehrlich: 16). 이를 고려한다면, 인간은 20세기 이후에 출현하게 될 엄청난 인구로 인하여 삶의 터전을 빼앗기게 될 것입니다.

23. 아나레스, 소수 엘리트를 위한 가상적 공간은 아니다: 상기한 사항은 언젠가 토머스 로버트 맬서스(Thomas Robert Malthus)가 1798년에 서

술한 인구론의 내용을 떠올리게 합니다. 맬서스는 빈곤과 악덕의 근원이 근본적으로 인구 과잉에 있으며, 이는 사회제도의 변혁으로써 해결할 수 없는 냉정한 자연법칙의 결과라고 주장한 바 있습니다. 그렇지만 맬서스의 이러한 시각은 인구 문제의 해결 방법 내지 인간의 미래 삶에 대한 구상에 있어서 어슐러 르 귄의 입장과는 대조적입니다. 만일 맬서스의 주장대로 굶주림, 전염병 그리고 전쟁 등이 "과잉인구를 감소시킬 수 있는 자연스러운 메커니즘"이라면, 이는 "기아와 질병 그리고 전쟁은 사회발전의 필요악과 같다"는 제러미 벤담(Jeremy Bentham)의 공리주의 내지 애덤 스미스(Adam Smith)의 실용적 개인주의와 일맥상통하는 것입니다. 그렇지만 이러한 부정적이고 비관적인 이론은 근본적으로 더 나은 삶을 위한 만인의 갈망을 충족시킬 수 없을 것입니다. 왜냐하면 그것은 궁극적으로 소수 엘리트의 번영과 복지를 도모한다는 점에서 사회 전체의 해체로 귀결되기 때문입니다(Möbius: 125). 가령 제러미 벤담이 1791년에 설계한 "원형감옥(Panopticon)"은 결국 다수의 희생으로 소수만을 구제하려는 의도를 지니고 있으며, 스미스의 실용적 경쟁은 궁극적으로 인간의 사회적 특성인 협동성을 파괴시키도록 작용할 수 있습니다. 요약하건대, 맬서스의 인구론 속에는 엘리트 중심의 실용주의 내지는 실증주의의 사고가 도사리고 있는데, 여기서 발견되는 것은 오로지 자본주의 경쟁을 통한 소수 엘리트들만을 위한 미래상뿐입니다. 이와 관련하여 러시아 작가 블라디미르 오도예프스키(Vladimir Odojevski)는 연작소설 『러시아의 밤』 가운데 마지막 단편에 해당하는 「이름 없는 도시(Gorod bez imeni)」 (1839)에서 상기한 사항을 신랄하게 비판하였습니다. 여기서 작가 오도예프스키는 주인공 파우스트의 혀를 빌려 미국을 "벤담주의의 나라"라고 혹평하고 있습니다. 어슐러 르 귄 역시 과잉 인구의 난제를 해결하기 위한 단초로서 아나레스라는 우주의 공간을 상정해 내었는데, 이러한 공간은 소수 엘리트들의 미래 삶을 위한 게 아니라, 만인의 복지를 도모하기 위한 수단으로 설정된 것입니다.

24. 아나레스의 무정부주의 공동체의 난관: 이미 언급했듯이, 아나레스에는 국가가 없고, 법이 존재하지 않습니다. 종교가 없으며, 재화가 균등하게 분배됩니다. 주어진 열악한 환경을 극복하기 위해서 협동하며 살아갑니다. 그런데 아나레스의 공동체 모델 역시 여러 가지 문제점을 안고 있습니다. 첫째로, 여성 대표자인 오도의 무정부주의 페미니즘 공동체가 어느 정도 기능하는 것은 가난과 열악한 환경이라는 사회적 악재가 함께 주어져 있기 때문이라고 합니다. 만약 이러한 악재가 존재하지 않는다면, 공동체를 영위하기 어려운 여러 가지 문제가 발생할지 모릅니다. 물론 열악한 환경이 사람들을 결속시키는 것은 사실이지만, 그 자체가 공동체의 존립 이유라고 말할 수는 없습니다. 둘째로, 무정부주의의 페미니즘 공동체에는 법이 없으며, 법정이 없습니다. 공동체의 유일한 터부는 여자와 아이들에 대한 폭력과 성폭력이라고 규정되어 있습니다. 그런데 죄를 지은 사람은 자발적으로 관청으로 가서 자신의 죄를 고백하게 되어 있습니다. 만약 법정이 없다면, 어느 누가 자신의 죄를 공개적으로 드러낼까요? 범죄자는 대부분의 경우 자신의 범행을 은폐하려고 하지 않습니까? 그렇기에 법 집행기관이 없는 자유방임의 상태에서는 범죄가 은폐될 위험은 항상 도사리고 있습니다.

셋째로, 아나레스에는 국가권력이 없지만, 개개인에 대한 사회적 간섭과 압박은 존재하기 마련입니다. 이를테면 셰벡은 자신에게 부과된 규칙들을 수미일관 준수합니다. 가령 그가 가족을 떠나 물리학 연구에 매진하는 것도 연구에 대한 사회적 요구에 부응했기 때문입니다. 주인공은 친구인 극작가, 티린(Tirin)이 사회적 요구 사항과 무관한 작품을 발표하여 철저히 무시될 때 비로소 자신을 압박해 오던 사회적 강요를 인지하게 됩니다. 우리는 작품 내의 두 개의 세계를 다음과 같이 평가할 수 있습니다. 우라스 사람들은 비밀리에 개개인의 노동과 노동의 결과물을 착취하는 반면에, 아나레스 사람들은 어느 정도의 범위에서 관료주의 정책을 통해 개인의 자발적 노동을 마비시키고 있습니다. 르 귄은 작품 속에서 자주 어떤 두 개의 이질적 특성을 유추하게 하는 장벽을 묘사하는데, 이는 독자로 하여금 서로 다른 두 세계의 문제점을 제각기 비판적으로 고찰하게 하기 위함입니다. 그러니까 관점에 따라 두 개의 세계는 긍정적이거나 부정적인 측면을 보여 주고 있습니다. 따라서 아나레스 역시 형식적 권위를 지닌 작은 사회의 축소판이라는 비난을 떠안을 수도 있습니다(Mathiesen: 71).

25. 아나레스, 하나의 시도: 아나레스는 어떤 새로운 실험을 실천하는 혁신적인 행성이지만, 상당히 많은 난제를 안고 있습니다. 이를테면 모든 사람들이 아나레스의 정치, 경제 체제에 공감하고 동조하는 것은 아닙니다. 작은 행성에서는 이타주의의 생활 방식이 전체적으로 도입되고 있지만, 이러한 삶의 조건을 악용하거나 불만스러워하는 소수의 그룹이 존재합니다(르 귄: 374). 이들은 "누치니비"라고 일컫는 자들로서 이기적이며 자기중심적인 특성을 지니고 있습니다. 누치니비들은 일상인들과 전혀 다른 견해 내지 세계관을 지니고 있어 마찰을 빚곤 합니다. 그래서 그들은 특정한 곳에 정착하지 않고 방랑을 즐깁니다. 그들의 방랑 생활은 스스로 따돌림 당하지 않고 갈등을 빚지 않기 위한 어쩔 수 없는 조처입니다. 주인공 셰벡은 음악가 살라스와 조우합니다. 살라스는 자신이 추구하는 음악과 주위 사람들이 요구하는 음악 사이의 간극을 극복하지 못합니다. 이로 인하여 살라스는 심한 갈등을 느낍니다. 비록 자신의 음악이 외면당하지만, 인기 몰이를 위해 대중음악을 추구하는 것은 그의 예술적 취향에 맞지 않습니다. 결국 살라스는 음악을 포기합니다. 대중의 취향을 고려한 예술은 천박하고, 깊이 있는 예술 작품은 돈으로 환산되지 않습니다. 바로 이 점이 카프카가 「굶주리는 예술가 (Hungerkünstler)」에서 묘사한 바 있는, 예술가의 본질적 딜레마가 아닐 수 없습니다(박설호: 280). 요약하건대 "우리"를 강조하는 사람들은 언제나 이타주의를 외치다가, 본의 아니게 개인으로서의 인간 가치를 억압하

거나 무시하게 됩니다. 이렇듯 아나레스에서 이타주의의 생활 방식은 그 자체 바람직하지만, 실제 사회적 삶에서 때로는 어느 정도 개인의 고유한 자유를 침해할 수 있습니다.

26. 페미니즘과 아나키즘의 생태 공동체 운동은 실현 가능한가?: 아나레스 공동체는 비록 여러 가지 하자와 난관을 지니고 있지만, 그 자체 하나의 가능성을 유추하게 하는 문학적 범례입니다. 그것은 현재 전 지구상으로 퍼져 나가는 페미니즘의 생태 공동체 운동의 초석이 될지 모릅니다. 르 귄의 유토피아는 "환경과 생태 문제를 강하게 호소하는 녹색 정치가들에게 향하는 어떤 설득력 있는 가능한 삶 내지 경고의 상"으로 이해됩니다. 아나레스 공동체에서 발생하는 여러 가지 난제들은 아이러니하게도 독자로 하여금 무정부주의의 페미니즘 공동체가 어떻게 형성되어 실질적으로 기능할 수 있는가 하는 논의를 촉발시킵니다. 어쨌든 다음의 사항은 그 자체로 놀랍습니다. 즉, 문학작품 속에 반영된, 이론적으로 불명료한 작가의 견해 — 그것이 오히려 역설적으로 새로운 사회 모델을 이해하는 자극제로 활용된다는 사항 말입니다.

참고 문헌

김경옥 (2015): 아나키에서 희망의 여행으로. "빼앗긴 자들"에 나타난 어슐러 르 귄의 휴머니즘, 실린 곳: 영어영문학 연구, 제50권 2호, 69-89.
박설호 (2007): 새롭게 읽는 독일 현대시, 한신대 출판부.
블로흐, 에른스트 (2011): 자연법과 인간의 존엄성, 열린책들.
르 귄, 어슐러 (2002): 빼앗긴 자들, 이수현 역, 황금가지.
최인훈 (2008): 광장·구운몽, 문학과 지성사.
Ehrlich, Paul R. (1973): Die Bevölkerungsbombe, Frankfurt a. M..
Gordon, Joan (1990): Dancing Gracefully But Cautiously: Ursula K. Le Guins Criticism, in: Science Fiction Studies H. 17, 117-119.
Jameson, Frederic (2007): Archaeologies of the Future. The Desire Called Utopia and Other Science Fictions, Verso: London.
Jens (2001): Jens. Walter (hrsg.), Kindlers neues Literaturlexikon, 22 Bde., München.
Jeschke (1993): Jeschke, Wolfgang (hrsg.), Das Science Fiction Jahr 1991, München.
Le Guin, K. Ursula (1974): The Dispossessed: An Ambiguous Utopia, New York.
Le Guin, K. Ursula (1976): Ursula K. Le Guin, Planet der Habenichtse, München.
Le Guin, K. Ursula (2000): Die linke Hand der Dunkelheit, München.
Mathisen, Werner Christi (2001): The Underestimation of Politics in Green Utopias: The Description of Politics in Huxley's Island, Le Guin's The Dispossessed and Callenbach's Ecotopia, in: Utopian Studies, Vol. 12, 56-78.
Möbius, Thomas (2015): Russische Sozialutopien von Peter 1. bis Stalin. Historische Konstelltionen und Bezüge, Lit: Münster.
Seeber, Hans Ulrich (1988): Tradition and Innovation in Ursula K. Le Guins The Dispossessed, in: Utopian Thought in American Literature, Tübingen, 147-169.

8. 칼렌바크의 『에코토피아』

(1975)

1. 환경 운동과 여성·평화 운동의 전형: 미국 작가, 어니스트 칼렌바크 (E. Callenbach, 1929-2012)의 『에코토피아』는 생태 국가를 문학적으로 형상화하고 있습니다. 에코토피아는 1980년대 말경에 미국 서부의 광활한 땅에서 생겨났는데, 자연 생태의 보존을 최상의 과업으로 내세운 신생국가입니다. 놀라운 것은 20세기 대부분의 문학작품이 디스토피아로 이해될 수 있다면, 칼렌바크의 작품은 헉슬리의 『섬』과 마찬가지로 보기 드문 긍정적 유토피아의 상을 보여 준다는 사실입니다. 에코토피아 사람들은 작품 내에서 환경 생태의 문제 그리고 남녀평등과 평화의 문제를 점진적으로 해결해 나간다는 점에서 20세기 후반의 유토피아가 지향하는 환경 운동과 여성·평화 운동의 전형적 특성을 드러냅니다. 『에코토피아』는 인간 외적인 자연이 삶의 본질적 토대로 간주된다는 점에서, 서양 유토피아의 흐름에서 강조되는 인간학적 관점을 뛰어넘고 있습니다. 그 밖에 작품은 20세기에 출현한 디스토피아 소설과는 달리 낙관적이고 긍정적인 사회적 모습을 충실하게 묘사합니다. 이 점에 있어서 토머스 모어의 전통을 계승하고 있습니다. 『에코토피아』에는 시민주의에 입각한 사회 유토피아가 설계되어 있습니다. 왜냐하면 사유재산제도가 용납되며, 모든 시스템은 미국 사회의 경제구조로부터 약간 변형된 것이기

때문입니다. 칼렌바크는 무엇보다도 미국 사회에 만연한 "생태계의 파괴 현상, 온갖 화학제품의 남용으로 인한 암(癌) 증가 현상, 권력자와 재벌 사이의 암묵적인 부정부패 그리고 자동차 문화 등으로 인한 자원의 낭비" 등을 고발하기 위해서 이 작품을 집필하였습니다(Callenbach 1983: 11).

2. 멋진 양식으로 가난하게 거주하기: 칼렌바크의 유토피아 소설, 『에코토피아. 1999년의 윌리엄 웨스턴의 노트와 기록(Ecotopia: The Notebooks and Reports of William Weston)』은 1975년에 간행되었습니다. 칼렌바크는 1958년 이후부터 버클리에서 간행되는 계간 잡지 『계간 영화(Film Quarterly)』의 편집자로 일해 왔는데, "멋진 양식으로 가난하게 거주하기(Living Poor with Style)"라는 대안 잡지를 간행하였습니다. "가난하게 거주하기"는 말 그대로 가난을 자청한다는 의미를 지닙니다. 다시 말해, 소비를 줄여서 주어진 자원을 아껴 쓰고 낭비하지 않는 생활 습관과 관련됩니다. 이로써 칼렌바크는 신대륙의 환경 및 야생 보호를 추구하는 미국 작가들에 편입될 수 있습니다. 칼렌바크의 선구자는 소로, 존슨(R. U. Johnson), 레오폴드(A. Leopold) 등으로서 언제나 야생 보호에 앞장서는 작가들이었습니다. 미국에서의 야생 보호 운동은 1960년대 이후로 퍼져 나간 일련의 환경 재앙으로 인하여 경제적, 정치적, 종교적 운동으로 확장되었을 뿐 아니라, 무엇보다도 생태학을 위한 하나의 핵심적 전언으로 활용되었습니다.

3. 칼렌바크의 삶: 칼렌바크는 1928년 4월 3일 미국의 윌리엄스포트에서 태어났습니다. 그는 펜실베이니아의 한 마을에서 자랐는데, 조용한 농촌 분위기를 보여 주는 지역이었습니다. 그곳 사람들은 농사를 짓거나, 주로 닭, 칠면조 그리고 돼지를 사육하고 있었습니다. 나중에 시카고 대학에 다녔으며, 1953년에 대학을 졸업하였습니다. 1954년 캘리포니아

로 이주한 뒤에 1955년부터 1959년까지 캘리포니아 대학 신문사에 근무하였습니다. 나중에 칼렌바크는 세계적으로 평판 높은『계간 영화』를 창간하였으며, 여러 가지 도서를 기획하고 간행하였습니다. 그는 소설 작품 외에도 환경 문제에 관한 칼럼을 써서 신문에 발표하곤 하였습니다. 1990년부터 칼렌바크는 작가로서 여러 곳에서 강연하였으며, 샌프란시스코 대학교와 버클리 대학교에서 영화 이론에 관한 강의도 맡았습니다.

4. 인디언 문화의 영향: 칼렌바크는 인디언의 문화로부터 커다란 영향을 받았습니다. 생태학에 대한 관심사를 불러일으킨 것도 인디언 문화라고 합니다. "어서 가서 종족을 번식하고, 땅을 정복하라"라는 기독교적 전언은 칼렌바크에 의하면 더 이상 유효하지 않다고 합니다(Fehliner: 126). 오히려 우리에게 필요한 것은 자연과 생태계를 중시하는 어떤 새로운 범신론을 부흥시키는 일이라고 합니다(Callenbach 1988: 99). 다른 문화권의 사람들은 태양을 숭배하는데, 태양은 모든 생명체에게 반드시 필요한 존재가 아닐 수 없습니다. 어머니인 땅도 마찬가지입니다. 현대인에게 요청되는 것은 생태적 윤리이며, 나아가 에너지의 근원이 되는 태양, 바람 그리고 토양, 바로 그것이라고 합니다. 생태주의의 사고는 칼렌바크에 의하면 인디언 문화에 그대로 용해되어 있다고 합니다. 실제로『에코토피아』에서 인디언 문화는 에코토피아의 생활 관습과 교육 내용으로 정착되어 있습니다.

5. 작품의 배경: 1975년이라는 발표 연도를 전제로 한다면, 1999년은 미래의 시점입니다. 작품은 미국을 배경으로 하고 있습니다. 1999년에 이르러 미국에서 출현한 여러 가지 산업으로 인한 재앙은 사라지고, 거주 환경은 완전히 복구되어 있습니다. 과거의 미국 땅은 1980년에 이르러 워싱턴, 오리건, 북부 캘리포니아 등으로 분할된 채 서로 대치중입니다. 그 가운데에는 신흥 독립 국가들이 있는데, 에코토피아는 주로 미

국의 북서부 지역을 중심으로 건설된 새로운 국가입니다. 80년대 이래로 워싱턴은 에코토피아를 무력으로 침공하였으나, 그럼에도 이 국가는 점령당하지 않은 채 정치적인 독립을 유지할 수 있었습니다. 주인공인 "나"는 36세의 뉴욕 저널리스트인 윌리엄 웨스턴이며, 백악관의 요구에 따라 에코토피아로 향합니다. 그의 임무는 에코토피아의 실상을 당국에 정확히 보고하는 일입니다.

6. 등장인물, 윌리엄 웨스턴: 이야기는 주인공이 1999년에 여행을 떠나는 것으로 시작됩니다. 윌리엄은 자신의 체험을 연대기 순으로 50개의 단락에 차례로 서술합니다. 가령 윌리엄의 서술은 때로는 일기 형식을 취하고 있으나, 때로는 미국 독자를 염두에 둔 신문 기사 내지 공개적 르포 형식을 채택하고 있습니다. 그런데 에코토피아에 관한 웨스턴의 우호적인 서술과 미국의 생활 방식에 익숙한 그의 태도는 상호 모순적입니다. 예컨대 윌리엄 웨스턴이라는 이름은 에드거 앨런 포(E. A. Poe)의 작품 『윌리엄 윌슨(William Wilson)』(1839)을 연상시킵니다. 이 작품에서 포는 자신의 존재를 의심하며 자기 동일성을 상실한 인간의 유형을 풍자한 바 있습니다. 윌리엄의 태도 역시 겉 다르고 속 다를 정도로 교활합니다. 윌리엄은 천박한 미국식 노동 및 경쟁 이데올로기에 익숙하며, 백악관이 부여한 임무를 충실히 수행하는 특파원이지만, 새로운 나라에서 나타나는 어떤 새로운 삶의 가능성에 호기심을 드러내며 긍정적 자세를 취합니다. 그는 한편으로는 미국 정부의 공공연한 견해를 고수하지만, 다른 한편으로는 신생국가 에코토피아에 서서히 열광합니다. 이러한 이중성은 한마디로 작가의 의도에서 비롯된 것입니다. 어쩌면 작가는 미국식 생활 패턴으로부터 에코토피아식 생활 패턴으로 변화되는 주인공의 심리적 변모 과정을 강조하려 했는지 모릅니다.

7. 생태계를 고려하는 가상적인 국가: 에코토피아는 생태계 보존을 국

가의 최상의 과제로 간주하는 나라입니다. 에코토피아인들의 삶의 방식은 원칙적으로 자연 순환과 생태 시스템의 안전성에 바탕을 두고 있습니다. 작가는 자연 속에서 스스로 조절되는 폐쇄된 생태 시스템을 고찰합니다. 자동차는 에코토피아에서는 더 이상 생산되지 않습니다. 그래서 4차선 도로는 좁아지고, 거리에는 수많은 가로수가 심어져 있습니다. 보이는 것이라고는 전기 택시, 미니버스 그리고 손수레밖에 없습니다. 미니버스는 고풍스러운 케이블카 형태로 이루어져 있는데, 전기 배터리로 작동됩니다. 시속 16킬로미터로 달리는 버스에는 운전사가 없고, 원격 전자 장치에 의해 달리거나 멈추어 서곤 합니다(Callenbach 1986: 35). 거리에는 과거에 존재했던 광고용 간판이 거의 보이지 않습니다. 광고용 간판이 없다는 것은 판매를 위한 생산을 가장 중요하게 생각하는 자본주의 체제의 시장 기능이 약화되었음을 의미합니다. 광고용 간판이 없으므로, 밤이 되면 샌프란시스코의 번화가는 칠흑처럼 어둡습니다. 대도시의 고층 건물은 과거에는 재벌 회사의 일터였지만, 이제는 사람들의 거주 공간으로 변화되었습니다.

8. 에코토피아의 음식과 의복: 식생활에 있어서 커다란 변화는 없습니다. 그렇지만 설탕의 사용은 금지되어 있으며, 전자레인지는 건강을 위하여 사용이 금지되어 있습니다. 그들은 패스트푸드의 습관을 떨친 지 오래입니다. 또한 이곳 사람들은 남녀노소를 막론하고 유전자 조작 식품과 고래 사냥을 혐오합니다. 에코토피아 사람들의 옷은 모두 재생 털실을 이용한 가내수공업 제품으로 이루어져 있습니다. 석유 내지 화학섬유로 만든 것은 하나도 없습니다. 그들은 마치 잠수복처럼 보이는 "유니타드"라는 옷을 즐겨 입습니다. "유니타드"는 새로 개발된 복합섬유로서, 옷의 안감은 두껍고, 마치 해면체처럼 되어 있어서 땀을 흡수하는 힘이 매우 강합니다. 게다가 수분을 쉽게 외부로 발산하게 되어 있습니다(Callenbach 1986: 128). 특히 놀라운 것은 사람들의 신발입니다. 구두에

는 합성수지로 만든 밑창이 부착되어 있지 않습니다. 왜냐하면 합성수지 밑창은 영원히 썩지 않는 제품이기 때문에 생산 자체가 처음부터 금지되어 있습니다. 한 가지 기이한 것은 에코토피아인들이 페인트를 더 이상 사용하지 않는다는 사실입니다. 모든 것은 생태계를 위한 것이지만, 여기에는 예외가 있습니다. 탈것을 위한 타이어는 여전히 고무로 생산되고, 치아 충전재는 은으로 제조되며, 소수의 건축물은 콘크리트로 축조되곤 합니다.

9. 에코토피아인들의 생활: 에코토피아인들은 문명인처럼 보이지 않습니다. 그들의 외모는 마치 "옛날의 서부인"을 방불케 합니다. 그들은 자신의 감정을 드러내는 데 조금도 인색하지 않습니다. 심심하면 저주와 독설을 퍼붓는 자들이 바로 그들입니다. 에코토피아인들은 남녀를 막론하고 동물적 방어감각을 지니고 있습니다. 그들은 마리화나와 신체 접촉을 즐깁니다(Callenbach 1986: 246). 마리화나는 합법화되어 있지만, 당국은 솔 시티와 차이나타운에서 헤로인과 같은 강한 마약을 철저히 단속합니다. 에코토피아인들에게는 일견 시간관념이 없는 것처럼 보입니다. 그들이 관심을 기울이는 것은 정확한 시각이 아니라, 오히려 해돋이, 해넘이, 밀물 그리고 썰물 등입니다. 그들은 "인디언들은 손목시계를 차지 않는다"고 말하면서 이를 추종하려고 애를 씁니다. 옷, 바구니, 개인 장신구 등은 인디언들에게서 영감을 얻은 것들입니다. 에코토피아인들은 칼, 연장, 옷, 머리빗 그리고 악기 등에 관심을 기울입니다. 그들은 모든 물건들을 가급적이면 수선해서 재활용합니다.

10. 에코토피아의 경제체제: 에코토피아의 경제체제는 자본주의와 사회주의를 혼합하고 있습니다. 사유재산제도는 인정되지만, 개인 소유의 거대 자본은 대부분의 경우 80년대 초에 국가 소유로 귀속되었습니다. 과거의 사유지는 국가의 직권에 의해서 몰수되었습니다. 그렇지만 삶에 필

요한 최소한의 사적 재산은 강제로 차압당하지 않습니다. 재벌 기업은 서서히 해체되었습니다. 국가는 10인 이하의 시설에 대해 하나의 영리단체를 인정해 줄 뿐입니다. 하나의 영리단체는 절대로 다른 업종으로 문어발식 확장을 할 수 없습니다. 모든 금융기관은 해체되고 국가 소유의 하나의 은행만이 존재할 뿐입니다. 그렇기에 사업체들은 상호 경쟁할 필요가 없으며, 오로지 주민들이 필요로 하는 물품만을 생산해 낼 뿐입니다. 국가는 보호관세 제도를 도입하여 외국으로부터 유입되는 모든 물품을 사전에 통제합니다. 국가는 개개인의 빈부 차이를 차단하려고 노력하며, 주민의 최저 생활을 보장하고, 균등한 가치의 거주지와 의료 혜택을 보장해 줍니다.

11. 에코토피아의 생태 친화적인 정책: 에코토피아는 생태적 환경을 위해서 농업을 국유화했습니다. 국가가 역점을 둔 것은 무엇보다도 자연보호를 위한 일련의 조처였습니다. 이를테면 하천의 오염을 방지하기 위해 하수의 정화 처리 시설을 확충하였습니다. 국가의 이러한 정책을 통하여 주위 환경은 많이 바뀌었습니다. 이를테면 강과 호수 주변의 사유지는 만인이 즐기는 수상 공원으로 변화되었습니다. 개인 소유의 저택들 역시 시 정부의 소유물로 귀속되었습니다. 그것들은 학교, 병원, 해양 연구소, 민물 연구소 그리고 자연사 박물관으로 변하였습니다. 에코토피아 내의 모든 울타리는 사라지고, 개인 소유의 부동산을 경비하는 직업 역시 사라지게 되었습니다. 강을 보존하기 위해 일부의 댐은 폭파되어야 했습니다. 강을 원래대로 보존하면서, 윌리엄 모리스의 『유토피아 뉴스』의 경우처럼, 연어가 강 상류로 올라올 수 있게 되었으며, 사람들은 급류타기 레저를 즐길 수 있게 되었습니다.

12. 건축과 신형 플라스틱 주택: 이곳 사람들은 태양열 주택과 신형 플라스틱을 이용한 성형 주택을 창안해 내었습니다. 이를 위해서 개발된

것이 바로 "분해 가능한 플라스틱(Bio-Plastic)"입니다. 신형 플라스틱은 통상적인 플라스틱과 달리 저절로 분해가 가능합니다. 화학자들은 새로운 유기화학 물질을 개발해, 흙속의 미생물이 신형 플라스틱을 분해할 수 있도록 조처했습니다. 에코토피아의 주택은 이러한 신형 플라스틱으로 만들어집니다. 성형 주택은 일반 건축비의 20%로 건립할 수 있습니다. 성형 주택은 신형 플라스틱 공장에서 생산됩니다. 여러 가지 성분이 섞인 플라스틱 액체에 압력을 가해 성형하면, 신형 플라스틱 주택이 만들어집니다. 플라스틱은 주로 옥수수를 이용해 생산됩니다. 성형 주택의 욕실 또한 무척 흥미롭습니다. 욕실 전체가 하나의 금형 틀에 의해서 통째로 제조됩니다. 물탱크는 두 개의 호스로 욕실과 연결됩니다. 그것은 하수 정화 처리를 거쳐서 메탄가스를 생산하는데, 여기서 발생하는 에너지는 겨울철 난방과 여름철 냉방에 활용됩니다. 성형 주택은 실제로 무척 튼튼합니다. 주택 가운데 15년이나 된 것도 있습니다. 나중에 성형 주택을 철거할 경우, 사람들은 플라스틱 전체를 미생물 분해 통에 집어넣습니다. 그렇게 되면 플라스틱은 분해되어 비료로 만들어집니다. 성형 주택의 유일한 약점은 강풍에 취약하다는 점입니다. 그래서 사람들은 집의 모서리 부분에 커다란 나사를 박아서 집을 단단하게 고정시켜야 합니다.

13. 쓰레기 재활용과 에너지 문제: 정부는 공해와 쓰레기 문제를 해결하려고 고심했습니다. 사실 하수구 밑바닥에 쌓이는 하수 찌꺼기는 골칫덩어리였습니다. 그리하여 고안해 낸 것이 하수 찌꺼기를 건조시켜 자연 비료를 만드는 것입니다. 그로부터 2-3년 후에 사람들은 화학비료 없이 유기 농법에 따라 농사를 짓게 되었습니다. 사람들은 하수 쓰레기 재활용과 "질소 고정(Nitrogen Fixation)" 에너지를 활용하여 새로운 농작물을 1년에 두 차례 수확할 수 있게 되었습니다. 말하자면, 질소 고정 에너지는 이모작을 가능하게 해 준 셈입니다. 여기서 질소 고정 에너지란

공기 속의 질소를 채취하여 암모니아로 환원시킬 때 발생하는 에너지를 가리킵니다. 에코토피아인들은 과거 정부로부터 인수한 화력발전소와 원자력발전소를 처음에는 그대로 이용했습니다. 그러나 이 역시 완전한 안전을 보장할 수 없었습니다. 그래서 핵발전소들을 모조리 폐쇄하였습니다. 게다가 수력발전 역시 믿을 게 못되었습니다. 수력발전을 위해 댐을 건설하면, 토사로 인한 범람이 우려되고, 연어들과 같은 야생 동물의 피해가 극심하기 때문에, 사람들은 수력발전소 건설을 도중에 포기했습니다.

14. 태양광 에너지: 에코토피아인들은 태양광을 에너지원으로 활용하기 시작하였습니다. 말하자면, 새로운 나라에서는 영구적인 소프트 패스(Soft Path) 에너지 자원을 활용하기 시작한 것입니다. 예컨대 지름 9미터의 접시용 거울은 자동적으로 움직입니다. 그것은 수증기를 끓여서 곁에 있는 발전기를 가동시킵니다. 또 한 가지 재미있는 것은 거대한 광전지 개발입니다. 이는 인공위성에서 활용되는 논리와 비슷합니다. 언덕의 남쪽 비탈에는 사방 2미터의 유리 물체들이 줄지어 있습니다. 이 발전소는 50평방킬로미터 내지 75평방킬로미터의 지역에 전기를 공급하는데, 발전소 면적은 주요 공항과 맞먹습니다(Callenbach 1986: 139). 그런데 이 발전소의 규모는 캘리포니아에 있는 조력 발전소에 비하면 아무것도 아닙니다. 물은 엄청난 양의 열에너지를 저장할 수 있습니다. 정교한 열교환기만 사용하면, 작은 온도 차이로도 막대한 양의 전력을 생산할 수 있습니다. 그런데 한 가지 문제가 남아 있습니다. 이 원리를 실행하려면, 엄청난 양의 물을 펌프로 퍼 올려야 합니다. 놀라운 것은 태양광 발전이 출현하기 전에 작가가 상상력을 바탕으로 이를 고안해 내었다는 사실입니다.

15. 교통과 기차 여행: 도시와 도시 사이의 인적, 물적 교류는 주로 기

차로 이루어집니다. 고속도로는 존재하지만, 이전처럼 자동차가 많이 달리지는 않습니다. 왜냐하면 국가는 내연기관 자동차들을 더 이상 사용하지 말도록 조처했기 때문입니다. 대신에 사람들의 편의를 위하여 열차는 5분 간격으로 도시와 도시 사이를 달립니다. 이러한 교통수단을 마련함으로써 사람들은 주차난, 소음, 교통 혼잡 그리고 공해 등을 한꺼번에 해결할 수 있었습니다. 에코토피아에서는 여객기가 더 이상 운행되지 않습니다. 그렇지만 기차는 시속 360킬로미터의 빠른 속력으로 달립니다. 정부는 시애틀에 있는 보잉사의 생산 설비를 바탕으로 전국에 새로운 철도망을 건설하였습니다. 샌프란시스코에서 시애틀까지 철도 건설 비용은 초음속 여객기 10대의 비용과 맞먹습니다. 사람들은 "한 사람의 기차 여행 경비는 비행기로 이동하는 경비보다 적게 소요된다"는 사실을 잘 알고 있습니다(Callenbach 1986: 18).

16. 에코토피아의 노동정책과 군사 문제: 에코토피아는 사람들로 하여금 하루 4시간 노동하게 하였습니다. 이로써 노동의 생산력은 떨어지고, 국민총생산 역시 과거의 국가에 비해서 3분의 1 정도 감소하였습니다. 그렇지만 사람들은 경제적 재앙이 인류의 생존을 가로막는 재앙은 아니라고 확신합니다. 약간 가난하게 살아간다고 하더라도 자연의 황폐화를 사전에 차단할 수 있다면, 약간의 가난은 얼마든지 감내할 수 있다고 믿습니다. 농업이 정부 차원에서 관리되고, 석유 채굴 사업 및 석유와 관계된 일련의 산업들은 중단되었습니다. 백화점은 강제로 통합되었으며, 이윤 추구를 목적으로 하는 목재 산업을 위협하는 자연보호 법이 제정되었습니다. 물론 일부 사람들은 외부 국가의 군사적 개입을 하나의 논거로 내세우며, 이러한 법에 반대했습니다. 그렇지만 미국 정부가 에코토피아를 침공하는 데 3개월의 시간이 걸린다는 것을 알아낸 대부분의 에코토피아인들은 민병대를 창설하고, 유럽으로부터 무기를 수입하였습니다. 에코토피아 국가가 미국 동부 지역에 핵무기를 매설해 두었다고 엄

포를 놓자, 미국은 더 이상 침공하지 않습니다(Callenbach 1986: 73).

17. 생태를 위한 산업: 석유화학 중심의 공장이 문을 닫게 되자, 실업자가 속출하게 되었습니다. 이때 에코토피아 정부는 철도망과 하수 처리장 같은 사회간접자본 건설 사업을 통하여 실업자들을 재고용하게 됩니다. 또한 정부는 각지에 퍼져 있던 주유소를 해체하도록 지시했습니다. 이로써 에코토피아 사람들의 소득은 당연히 줄어들 수밖에 없었습니다. 그렇다고 의식주에 있어서 그들이 불편을 겪는다든가 의사의 진료를 받지 못해서 고통을 겪는 경우는 드뭅니다. 자동차, 고급 음식 그리고 서비스 산업에 길들여진 부유층 사람들의 청원은 묵살되었습니다. 에코토피아는 정치적으로 미국과 완전 분리를 선언했으나, 예외적 분야에서 인접 국가들과의 교역을 완전히 중단하지는 않습니다. 예컨대 극소수의 금속은 전동기의 부품 제작을 위해서 수입되고 있습니다. 에코토피아의 공장은 물건들을 대량으로 생산하지 않습니다. 에코토피아인들은 가급적이면 모든 물건을 수작업으로 제작하려 합니다. 조립된 미니버스라든가 통나무 트럭들은 전복 껍질로 치장하며, 최대 시속 50킬로미터로 달릴 수 있습니다. 차체 앞의 받침대는 금속 대신에 나무로 만들어져 있습니다. 택시도 소량으로 생산되는데, 택시의 차체는 플라스틱으로 만들어져 있어서 무척 가볍습니다. 공장에서는 완제품이 생산되지 않습니다. 사람들은 절반쯤 완성된 차의 뼈대만 구입하여, 집에서 차를 조립합니다. 차의 뼈대에는 전동기, 브레이크가 장착되어 있고, 조종간, 차체 받침 틀, 가속기, 계기판, 헤드라이트 그리고 뒤축이 연결되어 있습니다.

18. 목재 산업: 에코토피아에서 중점적으로 추진하는 사업은 목재 산업과 관련된 것입니다. 에코토피아인들은 나무를 거의 숭배할 정도로 귀하게 여깁니다. 굳이 목조건물을 짓고 싶은 사람은 일단 삼림 캠프에 가서 일정 기간 동안 "삼림 봉사"를 행해야 합니다. 목재를 구매하려는 자

는 몇 달간 숲에서 공익 근무를 행해야 합니다. 목재 운반을 위해서 전용 트랙터가 사용됩니다. 소나 말은 목재의 운반에 사용되지 않습니다. 소나 말이 목재를 끌게 되면, 인접 나무가 손상되는 것을 체험했기 때문입니다. 경우에 따라서는 대형 디젤 트럭이 드물게 사용되기도 합니다. 에코토피아인들은 죽은 나무들을 함부로 벌채하지 않습니다. 왜냐하면 죽은 나무는 딱따구리와 사슴의 서식지로 사용되기 때문입니다. 에코토피아는 어떠한 경우에도 목재를 외국으로 수출하지 않습니다. 특히 가파른 지형에서의 벌채는 법으로 철저하게 금지하고 있습니다. 왜냐하면 나무를 베어 버리면 토양의 침식이 뒤따르기 때문입니다. 에코토피아인들은 나무가 얼마나 자연재해를 예방하는지 잘 알고 있습니다.

19. 에코토피아의 법체계: 에코토피아의 법원들은 지방분권적으로 운영됩니다. 생태 국가에도 징역형이 존속합니다. 횡령, 사기, 공문서 조작 등의 범죄는 폭행과 강도, 살인처럼 엄중하게 처벌 받게 됩니다. 놀라운 것은 어떠한 경우에도 벌금형이 선고되지 않는다는 사실입니다. 고위층 사람들이 벌금을 내고 징역형을 면제받는 시민사회의 예를 생각해 보세요. 벌금형이 없다는 것은 모든 인간에게 평등하게 법을 집행하겠다는 국가의 의지가 반영된 것입니다. 원래 돈으로 자신의 죄를 상쇄할 수는 없는 법입니다. 이로써 "유전무죄, 무전유죄"라는 공식은 효력을 상실하게 됩니다. 여러 가지 범죄 가운데 특히 폭행죄는 가혹하게 처벌됩니다. 폭행을 저지른 죄인은 뉴욕의 경우 1년에서 5년 사이의 구금형 선고에 18개월 복역하고 출소하지만, 에코토피아에서는 꼬박 5년 만기를 채운 뒤 출소합니다. 이 경우 가석방 제도는 처음부터 존재하지 않습니다.

20. 인종 문제와 감옥의 시설: 에코토피아에서는 흑백 인종 사이의 갈등 또한 크지 않습니다. 흑인들은 주로 "솔 시티"라는 도시에 운집해 있습니다. 이곳에서 사용되는 제1외국어는 수아헬리(Suaheli)어입니다. 그

들은 흑인들만의 분리 독립국가를 만들자고 토론하지만, 그렇게 될 확률은 거의 희박합니다. 이곳에서는 흑인들이 백인들보다 더 많은 소득을 올리는데, 그 까닭은 그들이 백인들에 비해 더욱 열심히 일하기 때문입니다(Callenbach 1986: 132). 이로써 작가는 인종 갈등을 해결하고, 미국 사회에 뿌리를 내린 "차이나타운"에 대한 대안을 마련한 게 분명합니다. 거대한 감옥은 모조리 철폐되었으며, 모두 자그마한 규모로 만들어져 있습니다. 감옥이라고 해서 수인들이 24시간 갇혀 있는 것은 아닙니다. 낮에는 수인들도 직장생활을 영위할 수 있으며, 다만 저녁이 되면 감옥으로 돌아가야 합니다. 따라서 감옥은 "저녁에 반드시 취침해야 하는 공간"으로 이해될 뿐입니다. 수인들 가운데 아내나 남편이 원하면 감옥에서 함께 지낼 수 있습니다. 이러한 제도를 실행하다 보니 간수의 역할이 줄어들고, 정부는 불필요한 인력과 경비를 삭감할 수 있게 되었습니다. 감옥 생활을 이러한 방식으로 바꾼 데에는 나름대로 이유가 있습니다. 전통적 감옥 체제는 인간의 난폭함을 부추긴다고 합니다. 구금은 인간을 심리적으로 불안하게 만들고, 이러한 불안은 다시 사회적 범죄를 야기한다는 것입니다.

21. 에코토피아의 학교: 에코토피아인들은 얼핏 보기에 학교를 가장 낙후하게 만들어 놓았습니다. 첫째로, 시간표가 느슨합니다. 그래서 학생들은 지각과 조퇴가 무엇인지 알지 못합니다. 학교에는 교무실이 없습니다. 시작과 끝을 알리는 종은 아예 없습니다. 수업은 하루 한 시간 정도 행해지는데, 주로 탐험과 실습으로 이루어집니다. 학생들은 배낭을 메고 여행하거나, 험준한 지역에서 야영하기도 합니다. 학생들이 배우는 것은 기초 학문이 아니라 생존 기술입니다. 가령 황야에서 살아남기 위해서 학생들은 낚싯바늘, 덫, 활, 화살 등을 만들고 활용하는 법을 배웁니다. 또한 학생들은 사슴, 여우, 산토끼, 퓨마, 살쾡이, 회색 곰 그리고 늑대까지 사냥할 수 있는 기술을 익힙니다. 그들이 사용하는 도구는 활과 화살

입니다. 학생들은 식용식물의 뿌리나 열매를 식별하는 법을 배우고, 비누 대용으로 비누 나무를 활용하는 방법 그리고 나뭇가지로 냄비 집게를 만드는 법을 습득합니다. 모든 학생들은 수업 시간에 목공 일을 배우고, 경우에 따라서는 건설 현장에 배치되어 목재, 석재 그리고 무거운 건축자재들을 다루기도 합니다. 주인공은 다음과 같이 서술합니다. "그들은 다루기 힘든 아이들을 학교에 적응시킬 수 없었기 때문에, 학교를 아이들에게 적응시켜야 했다"(Callenbach 1986: 151). 학생들이 학교에서 일제 고사를 치르는 경우는 한 번도 없습니다. 대신에 12세와 18세의 학생들은 국가시험을 치릅니다. 모든 학생들은 일정 금액의 수업료를 납부해야 하며, 장학금 제도는 거의 없습니다. 정부는 가난한 가정에 교육 자금을 보조금 명목으로 지급합니다. 보조금의 일부는 반드시 자녀의 수업료로 지출해야 합니다.

22. 에코토피아의 대학 개혁: 에코토피아 정부는 인문 · 사회과학 분야를 축소하였습니다. 대신에 경제학과 역사학 분야만큼은 지원을 아끼지 않지만, 정치학, 심리학 그리고 사회학 교수들로 하여금 다른 직업을 선택하도록 유도하였습니다. 이들 가운데 일부 교수들은 철학과 생물학으로 전공을 바꾸어야 했습니다. 생물학과 유기화학의 교수들은 해초에서 전기에너지를 추출하는 광화학 작용을 연구하게 하였습니다. 교수들은 연구 교수와 강의 교수로 나누어집니다. 강의 교수는 학생들이 납부한 수업료에서 봉급을 받지만, 연구 교수는 정부로부터 월급과 연구비를 수령합니다. 대부분의 강의 교수들은 똑똑하지만, 이들 가운데에는 괴짜가 많습니다(Callenbach 1986: 201). 모든 교수들은 1년씩 교대로 대학 내에서 거주하면서 학생들을 가르치는 일에 전력을 다 합니다. 에코토피아에서는 학위증만으로 직업과 관련되는 지위를 보장받지 못합니다. 모든 것은 간판이 아니라 업적에 따라 평가됩니다. 특히 놀라운 것은 에코토피아의 대학에서는 창의력과 독창성이 학점의 기준이 되며, 사회적으로

도 높은 평가를 받습니다. 이를 바탕으로 에코토피아인들은 대학의 학생 수를 대폭 줄였습니다. 학생들은 TV를 통해서 수강하며, 자기 테이프에 녹화된 텍스트를 읽습니다. 그리하여 중앙 컴퓨터에 연결된 출력 단말기를 통해서 책의 내용을 얼마든지 꺼내 볼 수 있습니다.

23. 에코토피아의 스포츠와 의료 체계: 에코토피아인들은 야구, 축구, 농구 그리고 아이스하키 등의 스포츠를 거의 행하지 않습니다. 권투 경기도 별로 없고, 롤러스케이트도 없습니다. 이러한 운동은 인간의 신체 건강에 도움을 준다기보다는 자본주의의 놀음이라고 합니다. 왜냐하면 그것은 직업적 경기로서 승패를 따지고 투기를 조장하기 때문입니다. 대신에 에코토피아인들이 즐기는 운동은 크로스컨트리와 같은 스키, 하이킹, 야영, 낚시, 사냥 등의 운동입니다. 대부분 사람들은 육체적 활동으로 건강을 유지합니다. 에코토피아에는 뚱보가 거의 없으며, 노인들도 원기왕성해 보입니다. 그들은 걷는 것을 당연하게 여기고 배낭이나 무거운 짐을 지고 걷는 것에 익숙합니다. 사람들은 예술 활동으로 자신의 여가를 즐깁니다. 모든 사람들이 악기, 춤, 연극 그리고 노래 가운데 한 가지를 선택합니다. 물론 일부 사람들은 글쓰기, 조각, 그림 그리고 비디오 등과 관련되는 취미 생활을 누리기도 합니다. 따라서 음악, 미술, 문학 가운데 가장 선호되는 장르는 음악입니다. 사람들은 악기 가운데 전자 악기를 가장 즐겨 연주합니다. 사람들은 다만 취미로 예술 활동을 즐길 뿐, 소수의 예술가들만이 국가의 보조금을 받고 자신의 예술에 전력투구할 수 있습니다. 그 밖에 에코토피아의 의료 수준은 놀라울 정도로 탁월합니다. 그러나 병원의 분위기는 마치 시골 병원을 방불케 합니다. 병원에서 일하는 전문의들이 부족하여, 정부는 의과대학생의 정원을 두 배로 늘였습니다. 그렇지만 인접 국가의 의료진을 유입하지는 않았습니다. 모든 의과대학생들은 정신의학 훈련을 받으며, 특히 예방의학을 중점적으로 공부합니다. 만 명 정도의 소도시에서 살아가는 생활공동체가 병원

의 재정과 운영을 담당합니다.

24. 에코토피아의 인구 감소 정책: 인구 감소는 국가의 필연적 조처로서, 공식적 목표이기도 합니다. "지구상에 살고 있는 인간의 몸무게는 야생 포유동물의 몸무게를 모두 합한 것보다 40배나 무겁다"(Callenbach 1986: 112). 이러한 문제점을 극복하고 발견해 낸 것이 바로 3단계 인구 감소 및 분산 계획안이었습니다. 그것은 다음과 같이 요약됩니다. 첫째로, "피임을 위한 캠페인을 적극적으로 추진하며, 낙태를 합법화시킨다." 사전에 피임 기구 및 피임약을 사용하면 낙태 수술의 비용을 절감할 수 있다고 합니다. 둘째로, "인구 4만 내지 5만의 소도시를 건설하여 대도시의 인구를 분산시킨다." 이를 위해서 의료 시설과 학교 등이 분산되어야 한다고 합니다. 거대한 기업형 농장은 해체되고, 대신에 대가족 단위의 소규모 공동체 농장 건설이 활성화되어야 한다는 것입니다. 셋째로, "여성들로 하여금 피임 기구를 사용하게 한다." 에코토피아인들의 가족은 자본주의의 핵가족 차원이 아니라, 5-20명이 공동으로 거주하는 집단으로 이해될 수 있습니다. 에코토피아 여성들은 스스로 아기의 아빠가 될 사람을 선택하여 육체적 사랑을 나눈 다음에 아기를 낳습니다. 자기 의지와는 무관하게 임신했을 경우, 그들은 절대로 아이를 출산하지 않습니다.

25. 에코토피아의 남녀와 전쟁놀이: 에코토피아 사람들은 주로 거주 공동체에서 살아갑니다. 거주 공동체의 사람들의 절반은 부부이며, 절반은 혼인 관계 없이 살아가는 사람들입니다. 따라서 소규모의 핵가족은 거의 없습니다. 가족 사이의 유대감은 강하지만, 부부 사이의 결속감은 크지 않습니다(황선애: 92). 가령 "인간은 자연 속에서는 공격 성향을 지니지 않는다"라는 가설은 에코토피아에서 채택되지 않고 있습니다. 칼렌바크는 인간의 경쟁 심리를 어느 정도 용인합니다. 경쟁 심리는 "인간의 생물

학적 프로그램"에 해당하는 것이라고 합니다. 샌프란시스코 북쪽에는 마셜이라는 소도시가 있는데, 그곳에서는 매년 전쟁놀이가 개최됩니다. 양팀은 25명으로 구성됩니다. 전사들은 흥분제 내지 마취제를 커다란 가마솥으로 끓여서, 그것을 마법의 음료수로 마십니다. 대부분의 전사들은 16세에서 30세 사이의 젊은 남자로 구성되어 있습니다. 그들은 제각기 창을 들고 상대방과 싸웁니다. 약 30분간 피터지게 싸운 뒤, 휴식 시간이 주어집니다. 승리한 팀의 선수들은 멋진 음악을 들으면서 환호한 다음에 각자 여자를 데리고 덤불 속으로 사라집니다(Callenbach 1986: 98). 마리사 역시 전쟁놀이에 승리한 어느 전사와 정을 통합니다. 전쟁놀이는 신체적 경쟁을 부추기는 원시적인 유희인 것 같지만, 장점도 있다고 합니다. 그것은 싸울 수 있는 기회, 돌격과 후퇴의 기회, 동지애를 시험할 수 있는 기회, 민첩함과 강인함을 드러낼 수 있는 기회를 제공합니다.

26. 에코토피아의 특성: 첫째로, 에코토피아인들은 남녀평등을 실천하며 살아간다는 점에서 에코페미니즘의 생활 방식을 실천합니다. 이상 사회의 상태와 퇴화의 위험 등에 관한 지식은 에코토피아인들의 정치적 결단 및 생활 방식의 기본적 토대로 작용합니다. 더욱이 여당인 이른바 페미니스트들의 "생존당"은 개개인의 "생물학적 생존"을 도모하는 게 아니라, 모든 인류의 생존을 추구하고 있습니다. 그 밖에 정당이 하나 있는데, 이 당은 진보의 정치를 추구합니다. 생산, 분배 그리고 소비 등과 같은 제반 인간 활동은 이른바 "생태 보존을 통한 살아남기"라는 대명제에 바탕을 두고 개진됩니다. 둘째로, 칼렌바크는 과거의 유토피아가 추구하던 규칙으로 내세우던 하나의 전체주의적인 표준 대신에 삶의 방식 내지 도덕과 인습 등의 다양성을 목표로 삼습니다. 그것은 다양한 인종들의 여러 이질적인 생활 방식을 용인하는 일을 가리킵니다.

셋째로, 에코토피아인들은 원시인들이 예식으로 치르던 전쟁 유희와 남녀평등의 삶을 실천해 나갑니다. 여기서 중요한 것은 평화의 유지와 에코페미니즘의 정신입니다. 상기한 새로운 도시에는 여성들이 자신의 권한을 마음껏 발휘하고 있으며, 국가원수 역시 여성을 선출합니다. 그렇다고 해서 에코토피아가 남성 대 여성이라는 천박한 대결을 통한 맹목적인 여성 우월주의를 표방하는 것은 아닙니다. 모든 기회는 남녀에게 공평하게 주어질 뿐, 남녀 공히 각자 주어진 자질과 관심에 따라 서열이 매겨질 수 있습니다. 대통령은 "생존당"의 당수 베라 올젠이지만, 실질적으로 에코토피아를 다스리는 사람은 마리사 브라이트클로드라는 여성 지도자입니다. 에코토피아인들은 무엇보다도 인구 감소 정책을 추진합니다. 그들은 대도시 대신에, 인구 밀집 분포도를 낮추기 위한 소규모 공동체를 다양하게 건설하려고 노력합니다. 이러한 소규모 단위의 자치 마을은 자생적이어야 하며, 마치 흑인들이 그러하듯이, 그들 고유의 삶 내지 문화의 형태를 발전시키려고 합니다.

27. 에코토피아의 문제점: 칼렌바크의 문학 유토피아는 몇 가지 문제점을 안고 있습니다. 첫째로, 생태 국가의 모델은 작가가 추구하는 대안 사회의 여러 정책을 실현하기에는 규모가 너무 큽니다. 이를테면 20세기 이후에 출현한 디스토피아 문학은 대체로 개인의 자유의지를 가로막는 전체주의 국가 시스템에 저항하기 위해서 출현한 것입니다. 이와 관련하여 만장일치 제도와 같은 직접민주주의의 실천은 거대 국가의 시스템 속에서는 거의 불가능합니다. 그것은 무정부주의에 근거한 자치와 자급자족을 추구하는 소규모의 생태 공동체에서 자생적으로 영위될 수는 있지만, 거대한 자본주의 국가 시스템 속에서는 결코 실현 가능하지 않습니다. 따라서 국가 체제의 틀을 고수하면서 생태주의의 삶의 방식을 실현하는 실험은 실제 현실에서 실패할 위험성을 지닙니다. 둘째로, 칼렌바크의 생태 국가 모델은 사유재산제도의 바탕 하에 처음부터 시장경제의 원칙을 포기하지 않습니다. 자고로 생태 위기의 극복은 전 지구의 관점에서 독점자본주의 경제 시스템 내지 국가 이기주의에 대한 비판적 성찰

을 전제로 출발해야 하는데, 칼렌바크는 오로지 미국의 제반 정책에 대한 반대급부의 경제체제를 하나의 막연한 대안으로 제시할 뿐입니다. 물론 제품의 검열을 통하여 아시아와의 상호 무역을 어느 정도의 범위에서 제한하고 있지만, 20세기 말의 시점에서 피히테 식의 고립된 상업 국가의 형태는 실천의 어려움을 겪을 수밖에 없습니다. 비근한 예로 『에코토피아』에는 유럽과 아시아 국가 사이의 정치경제적 교류에 관한 문제점과 흑인과 아시아 인종 내지 히스패닉계의 인종 갈등에 관한 문제는 처음부터 자세히 언급되지 않고 있습니다. 셋째로, 에코토피아에서 가족체제는 온존하지만, 부부관계의 결속력은 현저히 약화되어 있습니다. 여기서 부부의 정조 관념의 약화 현상이 하나의 문제로 제기될 수 있습니다(Hermand: 262). 오늘날 서구의 대부분의 생태 공동체는 기존의 결혼제도를 거부하는데, 그 까닭은 공동체 내에서 가족제도를 고수하면서 자유로운 삶을 실천하기가 어렵기 때문입니다. 가부장제에 입각한 가족제도는 특히 여성들에게 많은 부담을 안겨 주었습니다. 넷째로, 에코토피아의 사회복지 체제의 비중은 기존하는 서구의 복지 시스템에 비해 훨씬 미약합니다. 게다가 시민주의 가족 체제를 대체할 수 있는 공동 육아 프로그램은 에코토피아에서는 처음부터 생략되어 있으며, 부모의 보살핌과 기존의 보육 시설에 의존하고 있습니다.

다섯째로, 칼렌바크의 생태 국가에서는 공격 성향과 분노를 제어하기 위하여 전쟁놀이가 행해집니다. 전쟁놀이가 없으면, 내전과 같은 끔찍한 무력 충돌이 발발할 수 있다는 점에서, 작가는 이를 "문명인들의 감정적 통풍구"로 용인하고 있습니다. 매년 50명 정도가 전쟁놀이로 사망하는데, 이 숫자는 미국의 연간 고속도로 사망자 75,000명, 전쟁의 전사자 5,000명에 비하면 아무것도 아니라고 합니다. 그렇지만 여기에는 어떤 함정이 도사리고 있습니다. 제 아무리 경쟁심이 "인간의 심리" 속에 내장되어 있다고 하더라도, 인간이 서로 피 터지게 싸우며 살육하는 방식을 통해서 공격 성향과 분노를 완전히 해소할 수는 없을 것입니다. 여섯째로, "에코토피아"는 한편으로는 사회주의적 관점을 부분적으로 포기함으로써 사회복지의 측면에서 미흡한 면을 드러내며, 다른 한편으로는 루돌프 바로(Rudolf Bahro)가 강조한 생태 의식, 보다 구체적으로 말해 생태 공동체 내의 영성적 자기 구원을 무시함으로써 교육 프로그램의 측면에서 어떤 취약점을 노출합니다. 『에코토피아』는 인디언 신앙의 측면 및 기독교 교회의 영향을 한 번도 언급하고 있지 않습니다. 여기서 영성적 자기 구원은 다음과 같은 맥락에서 이해될 수 있습니다. 기실 어떠한 단체라고 하더라도 — 신앙에 근거하든 아니든 간에 — 공동체 구성원들의 결속감 내지 공통되는 신념이 결여되어 있을 경우에는 그 단체는 언젠가는 와해되기 마련입니다. 일곱째로, 칼렌바크는 개인주의를 극복하기 위하여 인디언의 세계관을 강조하지만, 이에 관한 세부적 사항은 가볍게 처리되어 있습니다(Mathisen: 68f).

28. 『에코토피아』의 영향: 상기한 취약점에도 불구하고 에코토피아는 서구의 고립된 개인 존재의 삶을 극복하기 위한 가능성으로서 "우리"의 삶, 다시 말해서 더불어 살아가는 삶을 은근히 부각시키고 있습니다(Callenbach 1988: 96). 여기서 우리는 새로운 인간이 견지해야 할 어떤 유토피아의 특성을 발견할 수 있습니다. 즉, 나와 네가 영혼의 영역에서 함께 아우를 수 있는 협동의 유토피아, 다시 말해서 간주관적 주체의 활동 가능성 말입니다. 1981년에 칼렌바크는 『에코토피아 출현』이라는 작품을 발표하였습니다. 이 작품은 방대한 텍스트로 구성되어 있는데, 1980년대 중엽부터 소규모 주가 미합중국으로부터 분리되는 과정을 서술하고 있습니다. 이에 관해서 우리는 본서의 제11장에서 세밀하게 살펴볼 것입니다. 칼렌바크가 의도한 공동체의 삶은 현재 유럽과 세계 전역에서 생태 공동체 운동으로 뻗어 나가고 있습니다. 수많은 사람들은 가족이라는 전통적, 인습적 삶의 형태를 버리고, 소규모의 공동체에서 개인의 행복을 찾으려고 합니다(Callenbach 1983: 62). 칼렌바크의 소설은

우리로 하여금 진정한 자유와 행복한 삶이 무엇인지를 숙고하게 해 줍니다. 왜냐하면 생태 공동체 사람들이 추구하는 것은 대체로 세 가지 사항으로 요약되는데, 이는 『에코토피아』에서 구체적 대안으로 묘사된 바 있기 때문입니다. "1. 생태 공동체의 구성원들은 자본주의의 메가 시스템을 극복하고 재생에너지를 개발하여 공동의 삶의 가치를 추구해 나간다. 2. 생태 공동체는 많은 다양한 교육 프로그램을 개발하여 자활, 자치 그리고 평화에 근거한 삶을 실천해 나간다. 이로써 국익 우선의 이데올로기에 기여하는 기존의 가족 중심의 삶의 형태는 전체주의적인 일원성의 가치를 상실하게 될 것이다. 3. 생태 공동체 사람들은 모든 것을 개인 소유로 확정짓는 도덕적 기준, 이를테면 일부일처제에 근거한 강제적 성윤리 등을 조금씩 극복해 나간다."

참고 문헌

박설호 (2012): 미국사회의 대안으로서의 생태 국가, 그 특성과 한계, 실린 곳: 독일 어문학, 57집, 97-115.
칼렌바크, 어니스트 (1991): 에코토피아, 김석희 역, 정신세계사.
칼렌바크, 어니스트 (2009): 에코토피아 비긴스, 최재경 역, 도솔.
황선애 (2005): 독일 생태 공동체의 가족과 젠더, in: 국중광 외: 새로운 눈으로 보는 독일 생태 공동체, 월인, 81-104.
Callenbach, Ernest (1983): Ein Weg nach Ökotopia. Die Entstehungsgeschichte einer anderen Zukunft, 8. Aufl. Berlin.
Callenbach, Ernest (1986): Ökotopia, Notizen und Reportagen von William Weston aus dem Jahre 1999, Berlin.
Callenbach, Ernest (1988): Erfahrungen mit Ökotopia, in: Rüdiger Lutz (hrsg.), Pläne für eine menschliche Zukunft, Weinheim und Basel, 95-100.
Fehliner, Gert (1989): Literarische Utopien als Reflexion und Kritik amerikanischer Wirklichkeit, Meitingen.
Hermand, Jost (1983): Möglichkeiten alternativen Zusammenlebens, in: (hrsg.) Klaus L. Berghahn und H. U. Seeber, Literarische Utopien von Morus bis zur Gegenwart, Königstein Ts., 251-264.
Mathisen, Werner Christie (2001): The Underestimation of Politics in Green Utopias: The Description of Politics in Huxley's Island, Le Guin's The Dispossessed and Callenbach's Ecotopia, in: Utopian Studies, Vol. 12, 56-78.
Meinhold, Roman (2014). "Ecotopia." Encyclopedia of Food and Agricultural Ethics. 548-551.
Schwendter, Rolf (1993): Utopie. Überlegung zu einem zeitlosen Begriff, Berlin.

9. 피어시의 『시간의 경계에 선 여자』

(1976)

1. 피어시의 유토피아의 특성: 미리 말씀드리건대, 마지 피어시(Marge Piercy, 1936-)의 문학 유토피아는 두 가지 사항에 있어서 참신한 의미를 제시합니다. 첫째로, 그것은 지금까지의 유토피아의 흐름에서 나타난 장소 유토피아와 시간 유토피아의 구분을 희석시키고 있습니다. 피어시가 묘사하는 마타포이세트 공동체는 미래의 시점에 설정되어 있으며, 동시에 그 자체 독립된 장소의 특성을 보여 줍니다. 둘째로, 피어시의 공동체는 국가 중심의 유토피아의 구도와 비-국가 중심의 유토피아의 구도 사이의 간극 내지 차이점을 해체하고 있습니다. 미래의 마타포이세트 공동체는 양성구유의 새로운 인간형을 통해서 남녀평등의 삶을 실천할 뿐 아니라, 국가와 개인 사이의 구분을 인정하지 않습니다. 그렇기에 국가 내지 사회 그리고 개개인의 공적이며 사적인 삶 사이의 갈등의 소지는 처음부터 배격되어 있습니다. 원래 양성구유는 인터섹슈얼리티의 논의를 불러일으키는 테마입니다. 유니섹스 시대에 남성과 여성이라는 이원론적인 구분은 남성과 여성 외의 제3의 법적 주체자로서 인정받지 못하는 경우가 종종 발생합니다. 여기서 젠더와 트랜스젠더의 자기 정체성의 문제가 제기될 수 있습니다.

2. 계층 구분이 없는 미래의 어떤 대안 사회: 마지 피어시는 시와 소설을 주로 발표해 왔습니다. 장편소설 『시간의 경계에 선 여자(Woman on the Edge of Time)』는 1976년에 간행되었습니다. 이 작품은 그미의 네 번째 장편소설에 해당합니다. 그 이전에 간행된 작품으로는 『빨리 아래로 내려가다(Going Down Fast)』(1969), 『잠들기 위한 독수리 춤(Dance the Eagle to sleep)』(1970), 『작은 변화(Small Changes)』(1973) 등이 있습니다. 주지하다시피 현대사회는 권력 남용, 환경 파괴 그리고 여성에 대한 억압과 착취 등과 같은 문제점을 안고 있습니다. 마지 피어시는 이러한 문제점들을 노골적으로 비판하는 대신에, 어떤 민주적이고 목가적인 사회 모델을 문학적으로 제시함으로써 독자로 하여금 스스로 새로운 길을 찾도록 유도합니다. 여기서 말하는 대안 사회는 개개인의 욕망을 충족시키기 위한 장치이지만, 하나의 바람직한 공동체를 가리키기도 합니다. 작가는 가장 바람직한 사회의 한 모델을 1960년대에 나타난 정치적 행동주의와 페미니즘 운동에서 발견하려고 합니다. 이 점을 고려할 때 마지 피어시의 문학은 현실과 이상을 관통하는 페미니즘 계열의 사이언스 픽션으로 요약할 수 있습니다.

3. 작품에 대한 이중적 평가: 『시간의 경계에 선 여자』는 발표된 즉시 커다란 호응을 얻었습니다. 작품은 유토피아 문학에서 가장 훌륭한 것으로서 수많은 도전적 내용을 드러내면서 독자의 설득력을 얻어내고 있다는 것이었습니다. 사람들은 피어시의 작품을 르 귄의 『빼앗긴 자들, 어떤 모호한 유토피아』와 비교했습니다. 르 귄의 작품이 환경 문제를 거론한 무정부주의의 사고를 반영한 고전적 문학 유토피아에 편입될 수 있다면, 피어시의 작품은 현대의 과학기술과 관련하여 훨씬 독창적이라고 했습니다. 작품은 1976년에 발표되었는데도 불구하고, 80년대 이후에 활용된 컴퓨터의 기술적 사항을 심도 있게 채택하고 있습니다. 나아가 피어시의 소설은 주인공을 통해 급진적 페미니즘의 사고를 내세웁니

다. 그런데 『시간의 경계에 선 여자』가 무조건 찬사를 받은 것은 아니었습니다. 비록 작가의 의향은 이를 부정하지만, 작품 자체가 끔찍한 테러를 묘사하며 전체주의의 요소를 드러낸다는 것이었습니다(Richert: 465). 사회적 갈등, 유전공학의 도입, 지배 체제 및 경제 문제 그리고 죽음에 관한 작가의 입장 등을 고려한다면, 독자들은 일견 어떤 섬뜩한 반응을 느낄 수 있습니다. 그렇지만 유토피아에 대한 피어시의 성찰과 의향 등을 고려한다면, 그미의 작품에서 나타나는 경악의 분위기 내지 전체주의적 의혹은 지엽적인 사항에 불과합니다.

4. 마지 피어시는 누구인가: 마지 피어시는 1936년 3월 31일 디트로이트에서 태어났습니다. 그미는 세계적인 경제 위기를 겪은 세대에 속합니다. 그미의 어머니, 버트 버니스 부인은 필라델피아에서 태어났는데, 디트로이트로 이사 오기 전에는 피츠버그와 클리블랜드에서 살았습니다. 그미의 아버지, 로버트 더글러스 피어시는 피츠버그에 있는 탄광촌에서 거주했습니다. 그는 오랫동안 실업자로 연명하다가, 기계 기술자가 되었습니다. 마지 피어시는 흑인과 백인이 공존하는 디트로이트의 노동자 구역에서 성장한 셈입니다. 어린 시절 그미가 겪어야 했던 것은 집 안과 집 밖에서 자행되는 일상적 폭력이었습니다. 마지 피어시의 외할아버지는 노동조합의 지도자였습니다. 그는 제빵 노동조합을 결성하려다가 살해당했습니다. 그미의 외할머니, 한나는 리타우 출신의 랍비의 딸이었습니다. 마지 피어시는 외할머니로부터 사상적, 예술적 재능을 전수받았습니다. 마지 피어시의 아버지는 유대인이 아니었고, 기독교 신자였습니다. 그래서 가족들은 이따금 가장의 반유대주의의 입장 때문에 갈등을 겪었습니다. 그렇지만 마지 피어시는 어머니와 외할머니로부터 물려받은 유대주의의 관습에 따라 생활할 수 있었습니다.

마지 피어시는 가족들 가운데 처음으로 장학금을 받고 대학에 다녔습니다. 학문적 열정을 지닌 채 미시건 대학을 좋은 성적으로 마친 다음에,

1958년 노스웨스턴 대학에서 문예학 석사학위를 취득하였습니다. 뒤이어 호프우드 장학금을 받았으며, 대학 졸업 후에 첫 번째 남편과 프랑스에 머물기도 하였습니다. 23세의 나이에 이혼하게 되었고, 간간이 비서, 전화 교환수, 판매원 등으로 일했으며, 시카고 대학에서 푼돈을 받으면서 강사로 일하기도 하였습니다. 작품을 계속 집필했으나 어느 출판사도 이를 거들떠보지 않았습니다. 마지 피어시는 시몬 드 보바르의 『제2의 성(Le Deuxième Sexe)』(1949)을 읽으면서 미국 사회 내의 여성, 특히 이혼녀라는 존재가 얼마나 차별당하는가를 몸소 체험하였습니다. 이러한 체험은 그미를 시민운동가의 길로 이끕니다. 마지 피어시는 다시 결혼합니다. 두 번째 남편은 컴퓨터 전문가였습니다. 결혼 생활은 일시적으로 행복하였으나, 인간관계의 갈등과 쓰라림을 안겨 주었습니다. 부부는 케임브리지, 매사추세츠 그리고 샌프란시스코에서 살다가, 보스턴을 거쳐 뉴욕으로 이주하였습니다. 두 사람은 베트남 전쟁에 대항하는 정치 운동에 열성적으로 참여하였으며, 사회주의학생연맹(SDS)에 가입하기도 하였습니다. 두 사람은 미국 CIA와 미국의 권력 구조에 관해서 깊이 연구하였습니다.

마지 피어시는 이 시기를 "열정적인 우정, 열정적인 섹스, 열정적인 정치, 열정적인 향락"의 기간이라고 회고한 바 있습니다(Piercy 2002: 182). 마지 피어시는 신좌파 운동에 가담하여 왕성하게 활동하였으나, 끝내 뉴욕을 떠나야 했습니다. 처음에 신좌파들은 함께 협동하면서 여러 가지 운동을 실천하려 했으나, 시간이 흐름에 따라 당 내에 심각한 갈등이 속출하게 된 것입니다. 이는 서로 입장을 달리하는 계파가 공동의 정책을 추구했기 때문입니다. 그사이에 마지 피어시의 여러 시집이 간행되었습니다. 그미의 시는 요약하건대 "정의롭지 못한 불공평한 세상에 대한 좌절감과 분노"에서 출발합니다(박주영: 52). 피어시는 주로 순종적이고 무저항적인 여성을 시적 화자로 등장시켜, 고통으로 만들어지는 여성의 삶을 비판적이고 완강한 어조로 노래하고 있습니다.

5. 주인공 코니, 술과 마약의 힘을 빌리다: 『시간의 경계에 선 여자』의 내용을 살펴보겠습니다. 작품 속에서 대비되는 것은 두 개의 시점입니다. 그 하나는 주인공이 현재 살아가고 있는 뉴욕이며, 다른 하나는 미래의 시점인 2137년 마타포이세트라는 마을입니다. 작품의 주인공은 콘수엘로 라모스라고 하는 여성입니다. 사람들은 그미를 "코니"라고 부릅니다. 코니가 30대 후반의 멕시코 출신의 미국 여성이라는 점은 작품의 자전적 요소를 강하게 드러내고 있습니다. 그미는 생활력이 강하지 않은, 상상력이 풍부한 젊은 여성입니다. "멕시코 출신의 여성, 하녀 중의 하녀, 마치 아교 덩어리처럼 침묵을 지키고, 고통을 느끼며 사는 여자, 아기 낳는 여자, 모든 것을 감내하는 여자"(Piercy 1998: 146). 코니는 가족들 가운데 처음으로 대학에 다닐 수 있었는데, 남자를 만나 부랴부랴 결혼하게 됩니다. 이러한 결혼으로 인해 그미는 부모의 기대에 부응하지 못했습니다. 왜냐하면 결혼 생활은 기대한 것만큼 순탄치 않았기 때문입니다. 코니는 이혼 후에 딸을 데리고 허드렛일로 생활비를 벌어야 했습니다. 이때 그미가 접했던 것은 여성차별, 인종차별 그리고 기능인만 중시하는 미국의 냉혹한 현실이었습니다. 외로움, 가난 그리고 사회적 냉대는 섬세한 심성을 지닌 이혼녀 혼자서 감내하기 어려운 것이었습니다. 그래서 그미는 술과 마약을 접하게 됩니다. 그미가 병원에 입원하자, 딸 앤지는 다른 양부모에게 입양되고 말았습니다.

6. 코니, 정신병원에 입원하다: 코니는 기이한 계기에 의해서 정신병원에 수감됩니다. 코니에게는 인간적으로 자신을 매우 좋아하고 따르는 여조카가 있습니다. 그미의 이름은 돌리였는데, 먹고 살기 위해서 술집에서 일해야 했습니다. 어느 날 돌리의 기둥서방 제랄도가 임신 중인 돌리에게 심한 폭력을 휘두르자, 코니는 옆에서 이를 제지하는 와중에 커다란 봉변을 당합니다. 제랄도에게 의식을 잃을 정도로 심하게 얻어맞았던 것입니다. 코니가 의식을 되찾았을 때, 그곳은 다름 아니라 정신병원

의 보호시설이었습니다. 그미를 병원에 입원시킨 사람은 돌리였습니다. 그미는 평소에 주인공의 우울증을 인지하고 이에 대한 치료가 필요하다고 믿던 터였습니다. 이왕에 치료를 받을 겸 병원에 입원하는 게 좋으리라고 판단했던 것입니다. 환자가 정신병원에 수감되려면 보호자의 동의가 필요한데, 동의서에 사인한 사람은 코니의 오빠인 루이스였습니다. 병원의 정신과 의사들은 그미의 병명이 편집 분열증이라고 진단을 내립니다.

7. 주인공, 양성 인간을 만나 시간 여행을 떠나다: 문제는 코니가 정신병원에서 틀에 짜인 삶을 고통스럽게 견뎌야 한다는 사실입니다. 그곳의 정신병원에는 많은 환자들이 수용되어 있는데, 대부분의 환자들은 철저하게 구속되어 살아갑니다. 코니 역시 이곳의 생활에 심리적으로 질식 상태에 처해 있습니다. 이러한 상황은 언젠가 켄 키지(Ken Kesey)의 장편소설, 『뻐꾸기 둥지 위로 날아간 새(One Flew over the Cuckoo's Nest)』(1962)를 연상시킵니다. 키지의 작품은 인종주의와 관료적 자본주의로 이루어진 미국의 시스템이 개개인의 사적인 삶을 완전히 억압한다는 점에서, 우리가 다루고 있는 마지 피어시의 소설과 일맥상통합니다. 코니가 머물고 있는 병원에서는 의사들과 간호사들이 일상의 틀에 갇혀서 환자들을 인간으로 대하지 않고, 자신의 연구를 위한 실험용 도구로 활용하곤 합니다. 이를테면 코니는 행여나 의사들이 자신의 뇌 속에다가 전자 칩을 박아 놓을 것 같아서 전전긍긍합니다. 뉴욕의 병원은 미국 사회의 축소판과 같습니다. 그곳은 인종차별과 성차별을 노골적으로 드러낸다는 점에서, "관료적 자본주의 시스템의 마이크로코스모스"입니다(Piercy 1998: 135). 그래서 그미는 미래의 사회로 도피하려고 합니다. 코니는 자신만의 폐쇄적인 공간에서 자신의 지나간 삶을 곰곰이 반추해 봅니다. 그미는 상상 속에서 미래의 어느 시점에서 살아가고 있는 인간과 조우합니다. 그미는 루시엔테라는 이름을 지닌 묘령의 인간이었는데,

처음에 코니의 눈에는 여성스럽게 생긴 남자처럼 비칩니다.

8. 코니, 미래 사회로 가서 유익한 정보를 제공하다: 알고 보니 루시엔테는 남자도 여자도 아닌 양성 인간이었습니다. "양성 인간(Androgyny)"은 남성성과 여성성을 공유하는 인간을 가리킵니다. 이에 관해서 언젠가 미국의 작가이자 여성 인권주의자로 활약했던 캐럴린 헤일브룬(Carolyn Heilbrun, 1926-2003)이 1973년에 간행한 책, 『양성 인간의 재인식을 향하여(Toward a Recognition of Androgyny)』에서 묘사한 바 있습니다. 『서양 유토피아의 흐름』 제2권에서 묘사한 바 있듯이, 가브리엘 드 푸아니 역시 양성 인간의 오스트레일리아 유토피아를 설계한 바 있습니다. 이러한 유형의 인간은 "아무런 제한 없고 근본적으로 어떤 무엇으로도 규정될 수 없는 인간 존재에 관한 이념"에서 비롯하는 어떤 가상적 존재입니다. 어쨌든 루시엔테는 현재와 미래의 시간을 얼마든지 왕래할 수 있는 초인적인 능력을 지니고 있습니다. 그래서 코니를 설득하여, 미래를 향해서 함께 시간 여행을 떠납니다. 코니는 루시엔테와 함께 시간 여행을 떠남으로써 마치 자신의 부자유스러운 삶에서 일시적으로 해방되는 듯한 느낌을 받습니다. 그미는 미래 사회에서 살아가는 사람들에게 상당히 유익한 정보를 전합니다. 과거에 여성으로서 그리고 환자로서 살았으므로, 미래 사회의 사람들에게 과거의 기이한 정보들을 제공할 수 있습니다. 가령 미래 사회에서는 남녀의 역할 분담이 완전히 철폐되어 있고, 개개인의 욕망 충족을 위한 기술이 발전되어 있습니다. 코니는 이에 대해서 놀라워하면서도 커다란 호감을 표명합니다.

9. 계층 구분이 없는 평등 사회: 코니는 미래 사회를 여행하면서 그곳의 여러 가지 특징들을 차례대로 파악합니다. 그렇지만 그미의 시각은 제3자의 시각이라고 느낄 정도로 냉정하며, 그미의 동반자 루시엔테가 안내자 역할을 맡고 있습니다(Moylan: 162f). 그곳은 2137년의 어느 가상적

장소입니다. 보다 구체적으로 말하면, "마타포이세트"라는 생태 페미니즘을 추구하는 마을인데, 마치 매사추세츠의 어느 마을을 방불케 합니다. 여기서 마타포이세트라는 이름은 "왐파노아그(Wampanoag)"라는 인디언 종족을 연상시킵니다. "왐파노아그"는 17세기부터 매사추세츠 남동부에 위치한 인디언 부족 마을인데, 현재 여러 인디언 부족이 통합된 그 지역에서는 3,000명 정도가 거주하고 있습니다. 마타포이세트 마을에서는 약 600명의 사람들이 살아가고 있습니다. 이들 가운데에 49명이 어린아이들입니다. 이들은 처음부터 빈부 차이와 계층 차이를 용인하지 않습니다. "내가 보기에 여기에 어느 누구도 부자는 없다. 그 대신에 가난한 자도 없다"(Piercy 1998: 164). 나아가 인종차별은 용납되지 않으며, 모든 사회 구성원들은 철저할 정도로 수평적 호혜 관계 속에서 생활합니다. 그들은 모든 물품을 공동으로 생산하고, 공동으로 분배합니다. 중앙집권적 관청 내지 국가 예산에 근거한 행정은 추호도 용납되지 않습니다. 이로써 마타포이세트 생태 공동체 마을이 자치, 자활 그리고 자생의 경제를 추구하는 것은 당연합니다. 사치를 억제하고 노동시간을 단축하는 것은 전통적 유토피아의 내용과 매우 유사합니다.

10. 사치의 억제, 재생에너지 내지 대체에너지 개발: 사치를 억제하는 까닭은 마타포이세트 공동체에는 자원이 부족하기 때문입니다. 이곳 사람들의 기술은 지구인들의 그것처럼 일직선적으로 발전하지는 못했습니다. 이곳의 지하자원은 무한하지 않습니다. 그래서 사람들은 무한정 소비할 만큼 충분한 자원을 지니지 못하고 있습니다. 그들은 스스로를 물의 파트너, 공기의 파트너라고 소개합니다. 또한 그들은 새의 친구들이며, 물고기의 친구 내지 나무의 친구라고 밝힙니다. 경제생활은 주로 두 가지 목표에 입각해 있습니다. 그 하나는 이곳 사람들이 자연과 파트너로 살아가야 한다는 것이며, 다른 하나는 탁월한 수공업 기술을 개발하여 자원을 재활용하며 살아가야 한다는 것입니다. 이를 위해서는 고도

의 기술이 활용되어야 합니다. 마지 피어시는 1970년대에 놀랍게도 다음과 같이 서술합니다. "우리는 어쨌든 간에 태양에너지와 풍력을 활용해야 합니다. 쓰레기를 활용한 대체에너지, 나무 알코올 내지 나무 가스 외에도, 조력과 강물을 활용하여 에너지를 찾아야 합니다"(Piercy 1998: 154f). 여기서 작가는 나무 알코올과 나무 가스에 관해 언급하는데, 이는 1980년대 이후에야 서서히 활용되고 있는 바이오매스 에너지를 선취하고 있습니다.

11. 사유재산은 있으나 시장은 없다: 누구나 개별적으로 재화를 소유하므로, 사유재산제도가 전적으로 철폐되었다고 말할 수는 없습니다. 이곳에는 재크라비트라는 이름을 지닌 예술가가 살고 있었는데, 안타깝게도 전쟁에서 사망하고 맙니다. 사람들은 그의 유품들을 관 옆에 나란히 놓아둡니다. 주위의 아이들에게 선물하기 위함입니다. 아이들은 죽은 사람으로부터 신발, 옷, 가죽 모자 하나, 넓은 털모자, 나이프 하나, 종이 등을 선물 받을 수 있었습니다. 또한 그들은 종이 상자 속의 주사위, 푹신한 베개, 멋지게 만들어진 허리띠, 책들, 편지, 노란 돌로 만든 반지 하나 등을 기념물로 얻습니다(Piercy 1998: 376). 물론 이곳에서는 자본주의의 매매 행위가 활발히 이루어지지는 않습니다. 사람들은 대체로 자발적으로 일합니다. 일감 가운데에는 재미있는 일도 있고, 지루한 일도 있습니다. 지루한 일의 경우, 사람들은 자신의 역할을 골고루 분배하여 자신이 의무적으로 맡은 시간만큼 일합니다. 공장이나 광산에서는 기계가 모든 일을 담당합니다. 따라서 이곳의 경제활동은 공동체의 조합에 합당한 분권적인 방식으로 수행됩니다. 그렇지만 기계를 사용할 경우 많은 에너지를 필요로 합니다. 따라서 밭농사, 과실과 곡류 재배의 경우, 이곳 사람들은 싫든 좋든 간에 육체노동을 행할 수밖에 없습니다.

12. 과학기술과 스마트시계로서 "케너": 마타포이세트 공동체는 고도의

전자 기술이 개발되어 있습니다. 자연과학은 생태 친화적으로 연구되고, 이곳 코뮌의 사람들은 모두 마치 오늘날의 스마트시계처럼 보이는 기계를 하나씩 팔에 차고 있습니다. 사람들은 기계를 "케너(Kenner)"라고 명명합니다. "케너"는 독일어로 "아는 사람"이라는 뜻을 지니고 있습니다. 이것은 컴퓨터에 의해서 조작되는 기억장치로서, 멀리 떨어진 사람들과 얼마든지 소통할 수 있습니다. "케너"의 기능은 매우 다양합니다. 이것은 백과사전, 정보 그리고 정보의 전달 시스템은 물론이며, 에너지를 축적할 수 있는 기계입니다. 1970년대에 피어시가 스마트시계와 같은 전자 기기를 상상해 내었다는 것은 무척 놀랍습니다. 이곳 사람들은 자연과학을 활용하여 날씨를 변화시킬 수 있습니다. 그렇지만 이러한 일은 생태 시스템을 얼마든지 교란시킬 수 있기 때문에 처음부터 신중하게 행해져야 합니다. 마타포이세트에는 비행기, 헬리콥터, 에어버스 등이 마련되어 있습니다. 생산과정에서 사람들은, 이미 언급했듯이, 태양에너지와 같은 재생에너지 내지는 대체에너지로써 기계들을 작동시킵니다.

13. 완전한 남녀평등을 구현하며 살아가는 양성 인간들: 마타포이세트 마을에서는 인간이 더 이상 남성 혹은 여성이라는 생물학적 기준에 의해서 구분되지 않습니다. 왜냐하면 600명의 사람들은 양성구유의 인간들이기 때문입니다. 이들은 모두 이성 연애자이면서 동시에 동성연애자입니다. 그렇기에 전통적 가족 체제는 전근대적인 것으로서 더 이상 용인되지 않습니다. 기실 양성구유 인간에 관한 상은 남녀 차이를 극복하기 위한 일환으로 떠올린 판타지인데, 유럽의 현대 소설 속에 리얼하게 묘사되고 있습니다. 가령 생태 페미니즘 공동체 마을에서는 "남성적인," "백인의," "이성애적인," "지배적인" 등과 같은 형용사는 철저하게 부정적으로 사용됩니다. 우리는 여기서 다음의 사실을 알 수 있습니다. 즉, 여성은 생물학적으로 자식 출산을 담당한다는 이유로 절대로 억압, 착취, 경멸의 대상이 될 수는 없다고 말입니다. 마타포이세트 마을에서는

모두 양성 인간이므로 성의 구별을 의식하지 못하며, 성의 차이 내지 차별은 처음부터 존재하지 않습니다.

14. 시험관에서 태어나, 공동의 어머니로부터 보호받는 아이들: 놀라운 것은 자녀 출산이 처음부터 성행위와는 무관하게 행해진다는 점입니다. 아이들은 여성의 자궁을 통해서 세상에 태어나는 게 아니라, 시험관에서 인위적으로 배양되어 태어납니다. 물론 주인공 코니는 처음에는 이러한 인공 배양 자체를 혐오합니다. 시험관 속의 생명체들은 코니의 견해에 의하면 "인종과 성별의 표시 없이 플라스크에서 태어날 미래의 괴물"이라는 것입니다(송은주: 102). 세상에 태어난 아이들은 제각기 세 명의 "공동 어머니(Co-mothers)"에 의해서 보살핌을 받게 됩니다. 세 명의 여자는 말하자면 부모의 역할을 맡아서 아이들을 교육시키고 있습니다. 아이들은 양성을 지닌 공동 어머니들에 의해 수년간 교육 받게 됩니다. 이로써 여성들은 일견 마지막 권력의 역할을 포기한 것 같아 보입니다. 이곳 사람들은 개개인의 오르가슴 능력이 유아기에 어머니 곁에서 젖 빠는 행위에서 비롯된다는 것을 잘 알고 있습니다. 여기서 작가는 "인간 삶을 망치게 하는 억압과 성차의 근원이 근본적으로 가부장주의에 근거한 생물학적 가정의 불평등한 관계에서 비롯된다"는 슐라미스 파이어스톤(Shulamith Firestone)의 입장을 수용하면서 이에 대한 대안을 제시하고 있습니다(Firestone: 27). 오늘날 현대 페미니즘 운동이 추구해야 하는 일은 파이어스톤에 의하면 한편으로는 가부장주의에 근거한 가족이라는 생물학적 구도를 파괴해 나가는 일이며, 다른 한편으로는 하나의 죄의식으로서 근친상간의 타부를 수정해 나가는 일이라고 합니다. 피어시의 작품에서 어머니들은 젖먹이는 일 외에 어떠한 다른 영양 간식도 제공하지 않습니다. 마타포이세트 생태 공동체는 고도의 과학기술을 최대한 활용하고 있습니다. 이러한 방식을 통해서 사람들은 성별과 계층의 구분이 없는 사회를 추구하는 셈입니다. 미래 사회는 유전자를 연구하는 등

모든 과학기술을 동원하여 여성해방을 실천하고 있으며, 환경 친화적으로 삶을 꾸려 나갑니다. 사회는 적정 인구를 첨단 생물학의 기술로써 인위적으로 조절할 수 있습니다. 사회는 인구 폭발을 막기 위하여 다음과 같은 조처를 취합니다. 가령 한 사람이 사망하면, 그제야 비로소 아기 한 명이 "생산"될 수 있도록 조처하는 게 바로 그것입니다.

15. 인종주의 철폐를 위한 과학기술 연구: 피어시의 마타포이세트 공동체에서 사용되는 생명공학 기술은 한 가지 목표를 추구합니다. 그것은 인종주의의 철폐를 가리킵니다. 약 40년 전에 공동체는 다음의 사항을 결정했습니다. 그것은 다름 아니라 흑인들의 수를 확장하고 전 인종의 혈통을 뒤섞어 놓는 정책을 가리킵니다. 물론 각자 제각기 문화적인 전통을 얼마든지 고수할 수 있습니다. 공동체에서 유일하게 용인되는 것은 특정 소수의 문화를 발전시키는 경우입니다. 이로써 다양한 문화적 현상이 출현할 수 있습니다. 그렇지만 공동체는 소수 문화라는 이유로 자기네들끼리 똘똘 뭉쳐서 다른 그룹을 배척하는 것을 용인하지 않습니다. 이곳 사람들은 문화적 다양성을 추구합니다. 인간이 제각기 다르다는 점은 문화가 그만큼 풍요롭다는 것을 의미합니다. 물론 공동체는 생명공학을 활용하여, 인간의 탁월한 유전자를 발전시키고 보존시키는 연구를 부분적으로 용인합니다. 이는 특별한 예외적 실험인데, 무엇보다도 질병의 차단을 위해서 행해질 뿐 아니라, 훌륭한 유전자를 보존하기 위한 노력으로 이해됩니다. 피어시는 헉슬리와는 달리 생명공학을 활용하여 실험실의 아기 출산을 긍정적으로 평가하고 있습니다. 가령 루시엔테는 식물의 유전자 조작을 연구합니다. 생물체의 유전자 조작을 통해서 종의 변모를 도모할 것인가, 아니면 자연의 순리를 따라야 할 것인가 하는 문제를 놓고 마타포이세트 공동체는 학문적 논의를 벌입니다(송은주: 110). 이러한 실험을 통해서 유전적으로 훌륭한 인간이 탄생할 수 있는데, 이는 지배 없는 조화로운 사회를 탄생시킬 수 있는 전제 조건이라고

합니다. 그렇지만 이러한 연구는 자칫 잘못되면 특정한 소수 엘리트의 권력을 부추긴다는 위험성을 처음부터 안고 있습니다. 그래서 작가는 이러한 실험을 끝까지 관철시킬지, 아니면 제한적으로 허용할 것인지에 관해서 명확한 해답을 내리지 않고 있습니다.

16. 미래 사회에서 종교와 교육: 미래 사회에서는 종교와 신이 그다지 커다란 영향을 끼치지 않습니다. 왜냐하면 신을 숭배하는 종교가 존속되면, 사회의 구성원 역시 계층을 구분하게 되고, 제각기 권력을 탐하게 되며, 다른 사람들을 경쟁 대상자로 간주하기 때문입니다. 바로 이러한 사항 때문에 피어시의 소설은 출간 이후에 미국의 많은 종교인들로부터 혹독한 비난을 받았습니다. 피어시의 문학은 전통 윤리와 기독교의 세계관을 허물게 하며, 혼란과 무질서를 부추긴다는 식으로 말입니다. 그렇지만 작가가 종교의 영향을 지극히 제한시킨 까닭은 무작정 종교를 부정하고 싶은 의도 때문은 아니었습니다. 작가는 대부분의 종교가 전통적인 관습을 준수하고, 수직적 계층 사회를 공고히 한다는 것을 예리하게 간파하고, 이를 수정하려고 하였을 뿐입니다. 피어시가 설계한 공동체 모델 속에서 기존의 질서가 깡그리 철폐된 것은 아닙니다. 이를테면 아이들의 교육은 즐거운 놀이의 방식으로 전개되며, 교육의 내용은 대부분 실천과 직결되어 있습니다. 수업 시간에 재미있는 놀이가 동원되면, 아이들은 자연스럽게 어른의 세계를 이해하게 되고, 미래의 노동을 위해서 여러 가지 일을 연습하게 됨으로써, 나중에 어른으로 성장하여 사회의 구성원으로 일할 수 있게 됩니다. 이러한 내용은 마치 루소의 『에밀』에서 서술된 자연 학습법을 떠올리게 합니다.

17. 완전무결한 남녀평등: 『서양 유토피아의 흐름』 제2권에서 다룬 바 있듯이, 안드레에는 『기독교 도시국가』에서 다음과 같이 주장하였습니다. "여성들은 길쌈, 바느질, 뜨개질 등 자신에게 적합한 일을 찾아서 홀

류한 기술을 익혀야 한다. 양탄자 짜는 일, 의복 제작 등은 여성들의 수작업으로 행해져야 하며, 빨래는 그들의 필수적인 일감이어야 한다. (…) 만약 여성들이 비밀리에 남성을 지배하고, 남성들이 공공연하게 여성들에게 순종하면, 이보다 위험한 일은 없을 것이다. 만인이 자신의 성에 합당한 일을 행하는 것보다 더 나은 것은 없다"(Andreä: 124f). 피어시는 남성과 여성의 일감이 제각기 천부적으로 주어져 있다는 안드레에의 견해를 원천적으로 거부합니다. "마타포이세트"의 주민들은 자신의 존재를 더 이상 어떤 육체적 특징으로 규정하지 않습니다. 사람들은 껄끄럽거나 불편함을 가져다주는 특정한 노동에 더 이상 온종일 시달리지 않습니다. 왜냐하면 대부분 기계가 노동의 상당 부분을 대신해 주기 때문입니다. 그렇기 때문에 작품에 반영된 마지 피어시의 유토피아는 과학기술에 대해서 어느 정도 우호적인 입장을 취하고 있습니다. 문제는 성적 차별이 완전히 근절되어야 한다는 사실입니다. 피어시가 설계한 미래 사회는 남녀평등에 장애물로 작용하는 어떠한 성적 차이도 용납하지 않습니다. 미래 사회의 언어 역시 많이 변모해 있습니다. 여성과 남성을 지칭하는 표현들은 더 이상 사용되지 않습니다. 이를테면 사람들은 "그(he)"와 "그미(she)" 등과 같은 성을 드러내는 인칭대명사를 더 이상 사용하지 않습니다. 그 대신 사람들은 "개인(person)"을 뜻하는 "per"라는 대명사를 활용합니다.

18. 좋게, 혹은 나쁘게 변화될 수 있는 이상 국가: 작가는 이상적 사회로서의 마타포이세트 생태 공동체를 무조건 미화하지는 않았습니다. 자고로 인간이 살아가는 모든 공간에는 크고 작은 하자와 갈등이 존재하는 법입니다. 공동체 내에서 질투, 폭력 그리고 살인이 발생하기도 합니다. 게다가 외부로부터의 전쟁 위협도 존재합니다. 그렇기에 단합을 위해서 이곳 사람들은 정치적 모임을 마련하고 정기적으로 모임에 참가하여 토론합니다. 만약 정치적 모임에 자주 참가하지 않는 사람은 그룹의 대표

자와 개별적으로 대화를 나누어야 합니다. 반사회적 태도는 이상 사회에서도 병적인 것이라고 낙인이 찍히고 있습니다. 나아가 폭력은 문제 해결의 수단으로 활용될 수 있습니다. 예컨대 사람들은 "권력은 폭력이다. 권력은 지금까지 평화로운 방법으로 제거된 적은 한 번도 없었다"고 말합니다. 상습 폭력범은 이곳에서도 엄한 벌을 받거나 처형될 수도 있습니다. 피어시가 이런 식으로 이상 국가를 정태적으로 서술하지 않고, 변모 가능한 역동적인 사회로 묘사한 것은 나름대로 의미를 지닙니다. 왜냐하면 작가는 찬란한 긍정적 사회가 얼마든지 하루아침에 비참하고 사악한 사회로 전락할 수 있고, 사악하고 추한 사회는 몇몇 근본적 문제점이 해결될 경우 차제에는 더 나은 사회로 거듭날 수 있다는 사실을 암시하기 때문입니다.

19. 동시에 묘사되는 에우토피아와 디스토피아: 놀라운 것은 『시간의 경계에 선 여자』 속에 바람직한 찬란한 이상 사회로서 "에우토피아"뿐 아니라, 끔찍한 미래 사회에 해당하는 "디스토피아"가 거의 동시적으로 출현한다는 사실입니다. 이는 지금까지의 어떠한 다른 문학 유토피아에서도 중요하게 부각되지 않았습니다. 요약하건대, 마타포이세트 생태 공동체가 하나의 에우토피아의 상이라면, 2137년의 뉴욕은 끔찍한 디스토피아의 상입니다. 제15장에서 코니는 단 한 번의 착오로 인하여 미래의 또다른 세계로 여행하게 됩니다. 그 지역은 2137년의 뉴욕으로서 도시 전체가 유리로 덮여 있습니다. 전체주의가 통용되는 뉴욕 지역에서 살아가는 사람들은 성과 인종에 의해서 완전히 계층화되어 있습니다. 생태계는 완전히 파괴되어 있으며, 나무 없는 기계 숲 속에서 너무나 많은 사람들이 비좁은 환경에서 생활하고 있습니다. 뉴욕의 몇몇 남자들은 전문 살인자들인데, 마치 파시스트처럼 성적 방종을 일삼으며 끔찍한 폭력을 휘두릅니다. 여자들은 모든 자유를 상실하고, 남자들의 성적 노리개로 전락해 있습니다. 모든 사람들은 인종적 차별을 겪으면서, CCTV에 의해

감시를 받으면서 살아갑니다. 코니는 외부 세계의 이러한 끔찍한 현실로부터 벗어나기 위하여 안간힘을 쏟습니다. 말하자면 고통스러운 남성적 계층 사회를 벗어나기 위해서는 강인한 의식을 견지하면서, 전문 살인자들에 대항하여 완강한 자세로 투쟁할 수밖에 없습니다.

20. 코니의 변신과 투쟁: 자고로 새로운 현실에 직면한 사람은 자신의 문제점을 더욱 예리하게 의식하는 법입니다. 코니가 그랬습니다. 그미는 자신이 폭력과 편견으로 사로잡힌 미국 사회의 피해자라는 사실을 깨닫습니다. 그미는 찬란한 이상 국가, 마타포이세트에서도 언제나 크고 작은 문제와 갈등이 속출한다는 것을 알게 됩니다. 말하자면 두 개의 서로 다른 미래 사회에 대한 체험이 그미로 하여금 주어진 현실에서 어떻게 구체적으로 살아야 할지를 분명하게 가르쳐 주었던 것입니다. 주어진 현실의 상태는 그냥 생겨나는 게 아니라, 수많은 사람들의 의향과 노력이 서로 부딪치고 합해져서 나타나는 것입니다. 이로써 코니는 주어진 현실에서 완강하게 싸우기로 결심합니다. 그미는 정신병원에서 일하는 의사들과 간호사들이 독약이 든 커피를 마시도록 조처합니다. 이는 작은 시도이지만, 남성적 계층 사회의 굳건한 의료 체제를 무너뜨리기 위한 출발의 저항이었습니다. 독약을 복용해야 하는 자는 자신이 아니라, 자신을 객체로, 실험 도구로 활용하는 의료진이라는 것입니다. 그러나 코니의 이러한 시도는 실패로 돌아갑니다. 결국 주인공은 마치 감옥과 같은 록오버 요양원으로 송치됩니다. 이로써 코니는 이전의 정신병원에서 주어졌던 최소한의 자유 시간마저 모조리 빼앗기고 캄캄한 독방에서 감시당하며 자신의 삶을 이어 갑니다.

21. 작품에 담긴 사회 비판 (1), 병원의 불완전한 의료 행위: 첫째로, 작품은 병원의 불완전한 의료 행위에 대해 날카로운 메스를 들이대고 있습니다. 작품의 주인공은 성적으로, 인종적으로 그리고 경제적으로 억

압당하며 착취당하는 대상입니다. 코니는 "모든 하인의 하인"이며, 마치 "아교 덩어리"와 같은 침묵하는 무기질의 인간처럼 취급당합니다(Piercy 1998: 146). 그렇지만 그미는 자신에게 압박을 가하는 외부의 모든 인간들에 대해 완강하게 저항하지 않고, 감내하면서 살아갑니다. 술과 마약 복용으로 인하여 코니는 육체적으로 그리고 심리적으로 서서히 몰락의 위기를 겪습니다. 문제는 정신병원에 입원한 뒤에도 코니의 병증이 차도를 보이지 않는다는 데 있습니다. 코니의 심리적 위기는 결코 심리적 질병 자체에서 비롯되는 것은 아닙니다. 주인공의 병적 증세는 그미가 처한 현실과 사회적 환경에서 비롯하는 결과입니다. 그런데도 미국의 의사들은 코니처럼 사회에서 버림받은 사람들의 구체적인 현실 상황을 조금도 고려하지 않습니다. 그들은 병원을 찾는 사람들의 육체적 상태만 어느 정도 호전시키면 그것으로 치료는 종결되고 자신의 임무가 끝난다고 단언합니다. 흔히 의사들은 치료와 치유를 구분합니다. 치유는 완치를 뜻하는 것으로서 자신의 임무 내지 소관이 아니라고 항변합니다. 의사들은 치료만 담당할 뿐, 환자의 치유에 대해 책임질 수 없다는 것입니다. 이러한 태도에 맞장구를 치는 사람들은 의료윤리 학자들입니다. 의사는 병을 치유하는 자들이 아니라, 질병의 증상을 적당하게 완화시키고 이전의 상태로 복원시키면 족하다고 생각합니다(Illich: 125). 코니를 돌보는 의사들은 약물 투여만으로 도중에 치료를 끝내고 환자들을 그야말로 방치하고 있습니다. 특히 유색인 환자의 경우 마치 생쥐 내지 해부용 시체를 대하듯이 수술 연습의 도구로 활용합니다. 의사들은 의학자와 제약회사와 암묵적으로 담합합니다. 국가는 의사들의 이러한 완벽하지 못한 치료 행위를 수수방관합니다. 왜냐하면 국가는 어떠한 경우에도 의료 비용을 절감하는 데 혈안이 되어 있기 때문입니다. 이로써 작가는 이반 일리치(Ivan Illich)가 대안으로 제시한 자연 치유의 가능성을 은근히 지적하고 있습니다.

22. **작품에 담긴 시대 비판 (2), 미국의 비참한 현실상:** 둘째로, 『시간의 경계에 선 여자』는 미국의 생태 환경에 관한 문제를 신랄하게 비판하고 있습니다. 대부분의 문학 유토피아가 그러하듯이, 주인공의 가상적 마을 마타포이세트는 주어진 미국의 비참한 현실에 대한 반대급부의 상입니다. 작가는 주위 환경의 문제점을 세 가지로 요약하고 있습니다. 1) 시멘트로 이루어진 멋없는 거주지. 대도시에는 높은 빌딩이 솟구쳐 있는데, 이를테면 뉴욕과 서울 그리고 카타르의 수도 도하에는 거대한 유리 빌딩들이 자본주의 남성 사회에서 마치 자신의 부와 성장을 만천하에 자랑하는 "팔루스"처럼 하늘 위로 솟구쳐 있습니다. 고층 빌딩에서는 모든 거래가 신속하게 이루어지며, 금융 자본이 유통되고 있습니다. 미래 사람들은 162층이라는 높은 빌딩에서 살아가는데, 그들은 거의 햇빛을 접하지 못합니다. 2) 물, 공기의 오염입니다. 대기는 항상 스모그로 가득 차 있고, 강에서는 썩는, 아니 썩지 않는 악취가 진동하고 있습니다 (Piercy 1998: 343). 이를테면 엘패소, 시카고 그리고 뉴욕의 거리에는 고약한 냄새가 풍기고, 공기는 썩어 있으며, 오줌과 기름 냄새로 인하여 사람들은 코를 막고 다녀야 합니다. 3) 화석연료의 사용. 상기한 오염은 결국 석유, 석탄과 같은 화석연료의 사용에서 비롯된 것이며, 핵연료의 사용 역시 엄청난 재앙의 위험을 낳게 합니다.

23. **작품에 담긴 시대 비판 (3), 감시 사회에 대한 비판:** 셋째로, 피어시의 작품은 자먀찐, 헉슬리 그리고 오웰 등이 설계한 바 있는 억압과 감시의 사회를 비판하고 있습니다. 폭력을 사용하는 개인, 사회에 적응하지 못하는 사람들은 환자로 취급되어 수술대에 올라야 합니다. 여기서 우리는 버틀러의 『에레혼』(1872)에서 시행되는 제도가 반복되고 있다는 것을 알 수 있습니다. 환자는 사회의 죄인으로 간주되고, 범인은 환자로 취급당하는 경우를 생각해 보십시오. 컴퓨터 칩을 뇌에 삽입시키는 시술은 처음에는 정신병 환자에만 적용되는 것처럼 보입니다. 그러나 국가는 비

용을 절감하기 위하여 이러한 시술을 더 광범위하게 사용하라고 권고하고 있습니다. 그렇게 해야만 국가는 하자를 지닌 인간들을 미리 통제하고 감시할 수 있다는 것입니다(Booker: 330). 그렇지만 컴퓨터 칩의 삽입 시술은 개개인들에게 사회의 순응을 유도하는 사악한 방침이 아닐 수 없습니다. 그렇게 되면 인간은 요람에서 무덤까지 관찰될 수 있으며, 국가로부터 노이로제의 치료를 위한 화학적 조처를 받을 수 있다는 것입니다. 결국 개개인들은 국가의 거대한 권력의 자그마한 도구로 전락합니다. 따라서 문제는 의사들이 자신의 지식을 활용하여 죄수와 정신병자들을 강제로 사회 순응자로 만들려고 하는 데 있습니다.

24. 개인주의를 극복할 수 있는 "우리"에 관한 시각: 앞에서 언급된 마지 피어시의 시대 비판은 궁극적으로 다음의 사항에서 비롯되는 것인지도 모릅니다. 즉, 서양 문명은 갈등과 경쟁, 생태계 파괴와 죽음으로 치닫고 있는데, 이는 마지 피어시에 의하면 궁극적으로 남성적 광기의 가부장주의적 사고와 결코 무관하지 않습니다. 모든 것을 사적으로 소유하고, 재산으로 분할하며, 다른 사람들과 협동하는 대신에 경쟁하여 승리를 구가하는 생활 방식은 결국 가부장주의적 사고에서 비롯한 것이라고 합니다. 물론 가부장주의적 생활 관습 자체가 문제가 되는 게 아니라, 이러한 관습 속에 도사린 은폐된 지배 이데올로기의 폭력이 근본적 문제점입니다. 그렇다면 피어시가 이에 대한 대안으로서 내세우는 것은 무엇일까요? 마지 피어시는 개인주의를 극복할 수 있는 사고로서 "우리"를 투시하고 있습니다. 피어시가 갈구하는 이상의 삶은 "반-개인주의를 추구하는 우리 사상"에서 발견할 수 있습니다. 그것은 기존하는 질서 속의 소유관계를 극복하려는 무엇입니다. 이는 사랑과 질투의 문제와도 관련될 수 있습니다.

25. 인간은 개인이 아니라 거대한 자아를 포괄하는 존재이다, 혹은 임신

한 여성: 자고로 자아는 경직된 정태적 존재가 아니라, 발전을 거듭하는 역동적 과정을 표현하는 존재입니다. 그렇기에 자아는 나누어지지 않은 마지막 존재로서의 "개인"이 아니라, 보다 유연한 세포 조직으로서의 존재입니다. 이를테면 세포는 생물학적으로 고찰할 때 제각기 고립되어 있지만, 서로 유기체적으로 관여하면서 자신의 생명력을 유지합니다. 그게 아니라면, 임신한 여성을 생각해 보십시오. 임신한 여성은 생명을 안고 있는 생명입니다. 임신한 여성은 나누어지지 않는 마지막 존재로서의 개인의 개념으로는 도저히 해명할 수 없는, 상징적인 인간의 모습입니다. 이와 관련하여 마지 피어시는 인디언의 크리(Cree) 부족의 경우를 예로 들고 있습니다. 크리 부족의 인디언들은 공동의 삶의 존재를 습득해 나갑니다. 그들은 서로 분할되지 않는 개별적으로 고립된 존재이기를 거부하고, "우리를 포괄하는 자아"를 배워 나갑니다. 인디언들이 배우는 모든 것은 궁극적으로 다음의 사항을 목표로 합니다. 즉, 우리가 공동체 속에서 보다 강한 자의식을 발전시키고, 자신의 삶이 모든 생명 속에 포함(包含)되어 있음을 느끼는 사항 말입니다. 이러한 삶의 방식은 그 자체 대아 유토피아로서 일견 "전원적 혼란"을 불러일으킬 수 있지만, 궁극적으로 사랑과 평화에 기여하는 것입니다.

26. 여성의 저항은 어느 범위에서 가능한가?: 피어시는 코니 라모스의 이야기를 통해서 다음의 사항을 고발하고 있습니다. 즉, 1960년대와 70년대의 미국 여성들의 삶은 한마디로 정신병원에 구금된 채 살아가는 환자들의 생활과 다를 바 없습니다. 남성 중심의 사회는 수천 년 전부터 여성을 착취하고 억압해 왔습니다. 작가는 과연 여성들이 이러한 근본적인 구도를 떨치기 위하여 어느 정도로 저항할 수 있는가 하고 독자에게 질문을 던집니다. 이 점을 고려할 때,『시간의 경계에 선 여자』는 페미니즘을 표방하는 유토피아 계열의 소설 속에 편입될 수 있습니다. 가령 피어시의 작품은 지향성을 고려할 때 온건한 페미니즘의 유토피아와 전투

적, 저항적 페미니즘의 유토피아 사이에 위치한다고 말할 수 있습니다. 이에 비하면 길먼의 소설 『여자들만의 나라』(1915)는 남성 없이 살아가는 여성들의 평화로운 세상을 낙관주의의 시각으로 다루고 있으며, 샐리 밀러 기어하트의 『방랑의 땅. 힐 여성들의 이야기(The Wanderground: Stories of the Hill Women)』(1979)는 과학기술을 철저히 부정하는 여성들을 등장시켜, 도시의 사악한 남성들에게 전투적 저항의 칼을 겨누고 있습니다. 왜냐하면 유럽과 북미에서 생태계를 파괴하는 끔찍한 죄악을 저지른 자들은 기어하트의 견해에 의하면 자연과학과 기술을 맹목적으로 발전시킨 대부분의 남성 과학자들이기 때문입니다(Gearhart: 140).

참고 문헌

김지은 (2021): 페미니스트 연대와 유토피아의 접경. 마지 피어시의 『시간의 경계에 선 여자』, 실린 곳: 이명호 외, 유토피아 문학, 알렘, 242-271.

박주영 (2013): 상징적 폭력, 무의식, 여성성. 마지 피어시의 미국문화 다시 읽기, 실린 곳: 현대 영미시 연구, 제19집 2호, 51-72.

송은주 (2016): 녹색 유토피아: 페미니스트 유토피아 소설 『허랜드』와 『시간의 경계에 선 여자』, 실린 곳: 영어영문학 연구 58권 2호, 89-118.

키지, 켄 (2009): 뻐꾸기 둥지 위로 날아간 새, 정회성 역, 민음사.

피어시, 마지 (2010): 시간의 경계에 선 여자, 2권, 변용란 역, 민음사.

Andreä, Johann V. (1975): Christianopolis, (hrsg.) Wolfgang Biesterfeld, Stuttgart.

Booker, M. Keith/ Anne Marie Thomas (2009): The Science Fiction. Handbook, London.

Du Plessis, Rachel Blau (1985). Showalter, Elaine (ed.). For the Etruscans. The New Feminist Criticism: Essays on Women, Literature, and Theory. New York: Pantheon Books, 271-291.

Firestone, Shulamith (1970): The Dialectic of Sex: The Case for Feminist Revolution, New York.

Gearhart, Sally Miller (1979): The Wanderground: Stories of the Hill Women, Michigan Uni Press.

Heilbrun, Carolyn (1973), Toward a Recognition of Androgyny, W. W. Norton & Company: New York.

Illich, Ivan (2007): Die Nemesis der Medizin. Von den Grenzen des Gesundheitswesens, Frankfurt a. M..

Moylan, Tom (1990): Das unmögliche Verlangen. Science Fiction als kritische Utopie, Berlin.

Piercy, Marge (1998): Frau am Abgrund der Zeit, Berlin.

Piercy, Marge (2002): Sleeping with Cats. A. Memoir, New York.

Richert, Friedemann (2001): Der endlose Weg der Utopie. Eine kritische Untersuchung zur Geschichte, Konzeption und Zukunftperspektive utopischen Denkens, Darmstadt.

Rousseau, J. J. (1971): Emile oder über die Erziehung. Paderborn.

10. 망드라의 『시골 유토피아 나라로의 여행』

(1979)

1. 앙리 망드라의 유토피아: 프랑스의 사회학자, 앙리 망드라(Henri Mendras, 1927-2003)는 1979년에 『시골 유토피아 나라로의 여행(Voyage au pays de l'utopie rustique)』을 발표하였습니다. 여기서 그는 비-국가주의 공동체의 도입과 실천을 서술하였습니다. 이는 유토피아의 전통 가운데에서 무정부주의에 근거한 지방분권적 유토피아로 요약될 수 있습니다. 망드라는 예컨대 머레이 북친(Murray Bookchin)이 권고한 사회 생태주의를 주어진 여건 속에서 구체적으로 실천하는 과업을 중시하고 있습니다. 어떠한 사상도 실제 현실에서 활용되지 않으면, 그것은 그저 탁상공론에 불과할 것입니다. 본문에서 재론되겠지만, 망드라는 ― 우리가 『서양 유토피아의 흐름』 제2권과 제4권에서 논한 바 있는 ― 라블레의 유토피아의 구상을 도입할 뿐 아니라, 차야노프의 농업 유토피아의 전통을 계승하고 있습니다. 게다가 망드라의 유토피아에는 68 학생운동 세대들이 추구했던 문화혁명의 방향성 또한 담겨 있습니다. 이러한 방향성은 어느 누구의 간섭 없이 자치, 자활 그리고 자생의 길을 걸으려는 태도와 관련됩니다. 그의 입장의 이론적 논거는 1967년에 발표된 『농부의 종말(La fin des paysans)』에 나타난 바 있습니다. 여기서 그는 농업의 영역에 부수적으로 첨부된 기술적, 경제적 영역에 관한 제반 현상들을 언

급하였습니다.

2. 앙리 망드라는 누구인가: 앙리 망드라의 이력은 자세하게 알려진 바 없습니다. 그는 프랑스 남부의 아베롱 지역의 작은 마을에서 유년시절을 보냈습니다. 농촌에서 보낸 그의 유년은 『성터의 아들(fils du château)』이라는 회고록에서 문학적으로 훌륭하게 형상화되었습니다. 프랑스 남부의 농촌은 어린 망드라에게 친숙한 고향의 상으로 각인되었습니다. 그의 친척 가운데에는 유독 군인들이 많았는데, 그들은 망드라의 강직한 성품에 커다란 영향을 끼쳤다고 합니다. 망드라는 부유한 대가족의 분위기 속에서 성장하였으며, 1947년부터 파리 소르본 대학에서 사회학을 공부하였습니다. 대학에서 조우한 은사는 사회학자 조르주 귀르비치(Georges Gurvitch), 조르주 프리드만(Georges Friedmann) 등이었습니다. 특히 프리드만은 『산업 기계화의 인간 문제(Problèmes humains du machinisme industriel)』(1952)와 『노동의 미래(Où va le travail humain?)』(1950)라는 책을 발표하여, 망드라가 나중에 농촌 경제의 자치적 공동체의 이론적 토대를 닦는 데 많은 도움을 주었습니다. 프리드만은 프루동의 영향으로 농부들 역시 구태의연한 영농법에 만족하지 말고 연속적으로 자신의 고유한 기술을 습득해 나가야 한다고 강조한 바 있습니다. 그 밖에 망드라에게 영향을 준 사회학자로서 시카고 대학교의 데이비드 리스먼(David Riesman, 1909-2002)이 있습니다.

망드라는 『농부의 종말』에서 프랑스 사회에서 농촌의 자발적 생산양식이 점차적으로 퇴색하는 과정을 추적하고 있습니다. 농촌의 생산양식은 프랑스 사회에서 사회적 변화 과정 속에서 하부 경제의 토대로 보존되어 왔는데, 시골의 수많은 농부 역시 1960년대에 이르러 노동과 생산이라는 자본주의의 구조 속에 서서히 예속되기 시작했던 것입니다. 프랑스의 시골은 시간이 흐름에 따라 자본주의의 생산방식을 추종하는 농업 전문가에 의해 장악되었습니다. 자치적, 자생적, 자발적으로 영위되던 농민의 생활 방식과 농촌 경제의 토대는 자본주의 경제 시스템에 의해 잠식된 셈입니다. 망드라는 이러한 시대적 현상을 "자본주의 경제 속으로의 편입"이라고 명명한 바 있습니다. 프랑스 현대사회는 지금까지 중앙집권적인 구조에 결정적으로 의존해 왔는데, 이로 인하여 공화주의와 지방자치의 상징성이 붕괴하기 시작했다는 것입니다. 그렇기에 국가 내지는 국가로서의 정체성은 망드라에 의하면 무엇보다도 지방분권 정책, 개인의 인권을 중시하는 자유주의 그리고 세계로 향하는 개방성 속에서 되찾아야 한다는 것입니다.

3. (부설) 리스먼의 『외로운 군중』: 여기서 잠시 리스먼의 놀라운 책을 언급하려고 합니다. 1950년에 리스먼은 『외로운 군중. 미국인의 특성 변화에 관한 한 연구(The Lonely Crowd: A Study of the Changing American Character)』(1950)를 발표했습니다. 막스 베버의 영향을 받은 리스먼의 책은 당시 미국 사회학계에 커다란 영향을 끼쳤습니다. 미국인의 모델은 리스먼에 의하면 세 가지 유형으로 분류된다고 합니다. 1. 전통 의존적 (tradition-directed) 유형, 2. 내면 의존적(inner-directed) 유형, 3. 외부 의존적(other-directed) 유형. 첫째로, 중세 사회의 영향이 남아 있는 산업화 이전 시기는 전통 의존적 유형이 많다고 합니다. 이러한 시기에는 출생률과 사망률이 공통적으로 증가되는 추세가 나타납니다. 전통성이 파괴될 때 사람들은 **수치심**을 강하게 느낀다고 합니다. 둘째로, 산업사회에는 내면 의존적 유형의 인간이 득세합니다. 이 시기에는 출생률은 증가하지만 사망률은 저하되고 있습니다. 사람들은 권력, 명성, 미 그리고 진리 등에 대해 자신의 고유한 견해를 품고 있습니다. 만약 이러한 견해가 상처 입게 되면, 내면 의존적 유형의 사람들은 **죄의식**을 느낀다고 합니다. 셋째로, 후기 산업사회가 도래하고 복지국가의 틀이 형성되면, 외부 의존적 유형의 인간이 득세한다고 합니다. 이 시기에는 출생률은 저하되고 사망률은 높아지는 경향을 보입니다. 이 경우 젊은 세대의 인구

감소 폭이 커지는 양상을 보입니다. 사람들은 소비생활과 사적인 자유에 대해 강한 관심을 드러냅니다. 만약 그들의 외부 의존적 욕구가 파괴되면, 그들은 내적 고독을 감내하는 것을 힘들어 합니다. 망드라는 리스먼의 입장을 다음과 같이 비판합니다. 즉, 리스먼의 논의는 미국, 그것도 대도시에 거주하는 일반 대중에 국한되어 있다는 것입니다. 그렇기에 그것은 사회 내에서 비동시적으로 살아가는 농민들(어민들)의 의식구조를 완전히 포괄하지는 못한다는 것입니다. 그럼에도 망드라는 리스먼이 언급한 후기 산업사회의 "고독"을 현대인의 "불안의식(Ängstlichkeit)"(헬무트 셸스키)과 접목하면서, 공동체 운동을 통해서 이 문제를 해결하려고 하였습니다.

4. 프랑스 한복판, 가스코뉴에서 시골 유토피아의 실험: 물질 추구의 삶은 자본주의가 지향하는 이윤에 집착하는 생활 방식을 가리킵니다. 이윤 추구의 삶을 포기한다면, 인간은 이제 무슨 일을 자발적으로 행해야 할까요? 물질 추구의 삶은 자본주의의 메가 시스템에서 파생된 것입니다. 이러한 시스템을 붕괴시키거나 방해할 수 있는 수단은 생태 공동체밖에 없습니다(Bahro: 437). 망드라는 물질 추구의 삶을 극복할 수 있는 새로운 삶의 가능성을 추적합니다. 그의 유토피아는 재화의 물질 외의 어떤 또 다른 가치를 추구하는 노력과 관련됩니다. 이러한 가치는 망드라에 의하면 다른 생명체들과의 상생, 개개인의 심리적 안정과 평화 그리고 예술적 아름다움의 추구 등을 가리키는데, 우리가 현재 처해 있는 지상의 산업국가 내지 문화 국가의 내부에서 실현될 수 있다고 합니다. 망드라는 68 학생운동 세대로서 자신의 시골 유토피아의 가능성에 관심을 기울였습니다. 그것은 농업경제의 바탕 하에서 공동으로 살아가는 새로운 생활 방식을 가리킵니다. 망드라는 자신의 농업 유토피아를 미래의 시점인 2007년으로 설정하고, 그 장소로서 프랑스의 남서부 지방에 해당하는 가스코뉴(Gascogne)를 고려했습니다. 이는 자본가의 이윤 추구

에 의한 잘못된 도시계획을 올바른 방향으로 전환하게 할 뿐 아니라, 사회 전체의 양적 성장에 대해 전적으로 제동을 건다는 점에서 가히 구체적인 개혁의 발상이 아닐 수 없습니다.

5. 앙리 망드라의 유토피아의 특징: 망드라의 유토피아는 다음과 같은 일곱 가지 특성으로 요약됩니다. 1) 망드라의 공동체는 산업화와 자본주의로부터의 일탈로 요약되는데, 그렇다고 산업 자본주의의 환경으로부터 완전히 등을 돌리는 것은 아닙니다. 왜냐하면 그의 공동체는 프랑스 주로부터 보조금을 받고, 유기농 제품을 이웃에게 판매하기 때문입니다. 2) 자연 친화를 강조하고 공동체 내에서 상호 협조를 실천합니다. 망드라 공동체는 특히 정부의 인구 분산 정책에 부응하여 작은 마을을 건설하려고 합니다. 3) 생태계를 파괴하고 생명을 경시하는 과학기술에 이의를 제기하지만, 과학기술을 원천적으로 부정하는 게 아니라 부분적으로 활용하려고 합니다. 4) 망드라의 공동체는 교육과 문화에 지대한 관심을 기울입니다. 동식물 등 생명을 중시하며, 인간과 자연 사이의 상생을 도모합니다. 5) 공동체 구성원들은 타인에게 방해되지 않는 범위 내에서 자유로운 삶을 최대한 구가하려고 노력합니다. 6) 공동체는 전통적 가정 제도 내지는 가정 내의 수직 구도의 종속 관계를 용인하지 않습니다. 그렇다고 해서 부부관계를 고수하려는 사람에게 이러한 규칙이 막무가내로 적용되는 것은 아닙니다. 7) 자본주의의 이윤 추구는 더 이상 용인되지 않으며, 공동으로 일하고, 이익을 합리적인 기준에 의해서 분배합니다. 노동시간이 철폐되고, 대표자, 주인 그리고 회장 등의 직책은 파기되고 있습니다(Heyer 2009: 579).

6. 농자천하지대본(農者天下之大本): 망드라는 처음부터 다음의 사실을 분명히 하였습니다. 즉, 프랑스 전체의 사회경제 문제를 전혀 건드리지 않은 채 독립적인 자치 공동체를 설계하는 게 공동체의 일차적 관건

이라는 것입니다. 이로써 망드라의 유토피아는 지금까지 전해 내려오는 고전적 유토피아의 특징과 속성을 과감하게 파기합니다. 토머스 모어 이후로 고전적 유토피아는 유럽 사회와는 전혀 관계없는 먼 곳의 장소를 배경으로 하고 있다는 사실을 생각해 보십시오. 여기서는 그게 미지의 섬인지, 아니면 역사철학적으로 선취된 미래의 장소에서 발견되는 시간 유토피아인지 하는 물음은 중요하지 않습니다. 중요한 것은 "시골 유토피아 나라(Pays de l' Utopie Rustique)"(PUR)가 유럽의 땅 한가운데에 위치할 수 있다는 사실입니다. 그렇기에 가령 윈스탠리(Winstanley)가 추구했던 공동체를 주어진 현실에서 실현하려는 노력은 —『서양 유토피아의 흐름』제2권에서 자세히 다룬 바 있는데 — 사회적으로 지지를 받게 됩니다. 68 학생운동의 주도자들은 프랑스 국가를 부분적으로 인정하면서, 파리가 아니라 지방으로 내려가서 새로운 형태의 공동체를 설립하였습니다.

7. 작품의 배경: 망드라가 서술하는 시골 유토피아 나라는 가상적으로 설계되고 있습니다. 그 배경은 미래의 시점인 2007년으로 설정되어 있습니다. 망드라는 가상적인 인민공화국을 코라그스탄(Khoragstan)으로 명명합니다. 코라그스탄 공화국은 소련과 중국이라는 기존 사회주의 국가의 전체주의의 특성을 비판하는 와중에 결성된 것입니다. 그렇기에 공화국은 소련의 권력 구도를 해체하고, 중국의 사회주의 국가권력을 와해시킨 사람들로 구성되어 있습니다. 기존 사회주의 국가의 실험이 실패로 돌아간 결정적인 이유는 그것이 거대한 국가 중심의 시스템에 의해 영위되었기 때문입니다. 공화국의 중앙위원회는 사회주의 국가의 미래의 방향을 설정하기 위해서 알렉시라는 사람에게 지금까지 시도했던 농업 유토피아에 관해서 보고서를 집필해 달라고 요청합니다. 이로써 코라그스탄의 중앙위원회는 지금까지의 서구 자본주의의 경제체제 및 소련과 중국의 전체주의적 사회주의 정책 및 이의 부작용 등을 잘 알고 있습

니다. 말하자면, 중앙위원회는 기존하는 사회주의가 공산주의로 전환되는 과정이 제대로 추진되지 않았음을 인정합니다. 사람들은 모든 것을 민주적으로 해결하기 위해서 여러 가지 자료를 필요로 합니다. 이를 위해서 중앙위원회는 알렉시라는 인물을 공화국 외부의 작은 지역으로 파견하였습니다. 알렉시는 1968년에 파리에서 민속학을 공부한 사람인데, 프랑스어를 유창하게 구사하고, 유럽 문화와 역사에 정통한 지식인입니다. 이로써 작성된 것이 알렉시의 보고서, 「시골 유토피아 나라(Pays de l'Utopie Rustique)」(PUR)입니다.

8. **"유비쿼터스(Ubiquitous)"로서 시골 유토피아:** 원래 "시골 유토피아 나라"는 하나의 원칙으로서 이해될 뿐 아니라, 시민의 자본주의적 욕구로 생겨나게 된 도시 내부에 이미 존재합니다. 작품에서 이곳의 방문자는 다음과 같이 말합니다. "나는 사실 시골 유토피아 나라가 무엇인지 처음에는 이해할 수 없었습니다. 모든 회원이 스스로를 시골 유토피아 나라의 일원이라고 명명하였으니까요. 그들은 자신을 오시타니아인, 프랑스인 그리고 유럽인이라고 말하기도 했습니다. 분명히 말씀드리건대, 국적은 더 이상 의미가 없습니다. 서유럽은 사실 국가, 지역 그리고 영토와는 무관한 연맹과 유사한 형태를 드러내니까 말입니다. 게다가 시골 유토피아의 공동체에는 명확하게 확정된 영토가 없어요. 이는 자본주의적 욕구를 채우기 위해서 도시를 만든 경우와는 전혀 다릅니다. 그 밖에 많은 도시 내부에 이미 시골 유토피아 나라, 혹은 지역 공동체라고 일컫는 구역이 위치하고 있습니다"(Mendras 1992: 27). 망드라의 경우, 유토피아의 이상은 어디서든 농촌 유토피아의 공동체로서 얼마든지 출현할 수 있다는 것을 전제로 합니다. 설령 대도시의 밀집 지역이라 하더라도 농촌 유토피아의 공동체는 얼마든지 생겨날 수 있습니다. 여기서 우리는 망드라의 공동체가 폐쇄성을 지양하고, 무엇보다도 개방과 협동을 강조하고 있음을 알게 됩니다.

9. 잉여가치 대신에 사용가치를 위한 생산: 앙리 망드라는 1인칭 화자를 등장시켜서, 다음과 같이 서술합니다. 농촌 경제의 논리는 지금까지 프랑스 사회의 생산과 소비의 평균적 성장과는 별개였지만, 어떻게 해서든 보조를 맞추어 나가야 했습니다. 중요한 것은 마르크스가 말하는 잉여가치를 위한 생산 대신에 필요 내지는 사용가치를 위한 생산을 확립하는 일이었습니다. 그렇게 하기 위해서는 회사, 자본, 임금, 이윤 등은 공동체 내에서 자취를 감추어야 합니다. 농촌 경제의 원칙은 "우리가 생산하는 것을 바로 소비한다"는 명제에 바탕을 두고 있습니다. 다시 말해서, 농촌에서 생산되는 곡식과 과일은 일차적으로 공동체 사람들에 의해서 소비됩니다. 물론 여기에는 예외적인 "상품"이 존재합니다. 이를테면 우유, 육류, 말린 자두, 산양 치즈 등은 예외적으로 외부로 판매될 수 있습니다. 한마디로 경제 행위의 목표는 결코 자본을 확장시키지 않는 것이어야 하며, 상대적 범위에서 공동체 사람들의 욕구를 충족시키는 무엇이어야 합니다.

10. 퇴비의 활용, 바이오매스 에너지의 개발 가능성: 망드라 공동체는 목축업과 농업으로 영위됩니다. 닭, 오리, 양 그리고 젖소 등을 사육하고, 각종 채소를 재배합니다. 공동체 사람들은 자체적으로 치즈와 버터를 생산하여 외부 지역에 부분적으로 공급합니다. 부족한 식료품은 근처에서 구입해서 충당합니다. 특히 놀라운 것은 가축의 배설물을 재활용하려는 시골 유토피아 공동체 사람들의 노력입니다. 가축 배설물은 두 가지 방향으로 재활용됩니다. 첫째로, 그것은 하천의 오염을 방지하기 위해서 퇴비와 함께 특정한 창고에 보관합니다. 가축의 배설물은 퇴비와 함께 썩게 되면, 농작물 재배를 위한 거름으로 얼마든지 활용될 수 있습니다. 둘째로, 가축의 배설물을 통해서 메탄가스가 발생하는데, 앙리 망드라는 바이오매스 에너지의 개발에 관해서 어떤 놀라운 암시를 던지고 있습니다. 사실 바이오매스 에너지의 본격적인 개발은 1990년대 이후에야

가능하게 되었으며, 오늘날 생태 공동체 운동의 중요한 일감으로 자리매김하게 되었습니다. 망드라는 이미 70년대에 바이오매스 에너지라든가 바이오차(Biochar)의 개발 등과 같은 재생에너지 생산 기술의 개발을 선취하고 있습니다. 특히 바이오차는 가축의 분변으로 만든 숯을 가리킵니다. 이러한 탄소 저감 기술을 발전시키면, 동물의 분변 속에 포함된 인(燐)으로 인한 녹조 발생을 예방할 수 있으며, 탄소 배출을 줄이는 데 도움을 줍니다.

11. 유기 농법의 활용: 공동체 내에서는 살충제와 제초제가 사용되지 않습니다. 이러한 농약은 자연과 인간의 건강에 해악을 끼치기 때문입니다. 20세기 이후로 각종 유형의 암(癌)이 수많은 사람을 죽음으로 몰아가고 있습니다. 암이 발생하는 데에는 여러 원인이 있지만, 상당 부분 음식과 관련이 있습니다. 사람들은 각종 화학제품, 특히 제초제와 살충제와 같은 농약이 섞인 음식을 섭취하는데, 이는 체내에서 암세포를 활성화합니다. 망드라 공동체는 천적을 이용하여 곤충의 피해를 어느 정도 차단하고, 잡초 제거를 위해서 식초를 활용한 물질을 개발하여 제초제 대신 활용하고 있습니다. 그 밖에도 토양을 보존하기 위해서 화학비료 대신에 퇴비, 어분 그리고 밀 껍질 등과 같은 식물성 비료와 오리를 이용해 개발된 동물성 비료가 사용되고 있습니다. 이런 식의 유기 농법으로 재배된 채소의 수확량은 그리 많지 않습니다. 그렇지만 인간의 건강을 위해서 이러한 유기 농법의 재배는 그야말로 필수적입니다. 유기농 채소에는 다른 식품보다 "살리실산(Salicylic Acid)"이 여섯 배나 많이 함유되어 있어서, 심장 질환과 암에 걸릴 위험을 대폭 감소시켜 준다고 합니다. 식물의 질병을 방어하는 살리실산은 흔히 진통제로 사용되는 아스피린의 주요 성분 중 하나입니다.

12. 땅은 식료품 공장이 아니라 정원이어야 한다. 공동체의 세 가지 원칙:

공동체 사람들은 다음과 같이 말합니다. 농사는 그 자체 삶의 유형이지, 재화를 창출하는 산업일 수는 없다고 말입니다. 땅은 식료품을 마련하는 공장이 아니라, 그 자체 아름다운 정원이어야 합니다. 농촌 유토피아의 공동체 사람들은 상기한 사항을 실천하기 위해서 다음과 같은 세 가지 기본 원칙을 확립해야 했습니다. 첫째로, 공동체 사람들은 일차적으로 바로 소비되어야 하는 질 좋은 상품들을 선별하여, 일단 그것들을 외부로 판매했습니다. 이로써 반드시 지출되어야 하는 세금 문제가 해결되고, 컴퓨터 등과 같은 필요한 물품들을 마련할 수 있었습니다. 둘째로, 사람들은 이윤이 아니라 필요에 따라 여러 물품을 생산해 낼 수 있었습니다. 이로써 이윤 추구 내지 산업을 위한 생산 행위로부터 서서히 등을 돌릴 수 있었습니다. 공동체 사람들은 오로지 이윤을 추구하기 위해 노동에 임할 필요성을 제거해 나갔습니다. 셋째로, 공동체 사람들은 경제적 유통 구조에 언급되지 않는 그림자 노동 역시 중요한 일감으로 이해하게 되었습니다. 언젠가 급진적 사상가, 이반 일리치는 임금으로 보상받지 못하는 노동을 "그림자 노동"이라고 규정하였습니다. 그림자 노동 가운데에는 가사와 육아를 위한 여성들의 노동이 커다란 부분을 차지하고 있습니다. 아이를 자본화시키기 위해서 엄마가 무보수로 쏟는 시간과 노력은 일리치에 의하면 인적 자본을 형성하는 주요 원천이라는 것입니다(일리치: 53). 그림자 노동은 망드라의 공동체 내부에서 중요한 일감으로 수용되었습니다. 가사노동뿐 아니라, 아이와 노인의 노동 행위도 거대한 가족 체제 내에서 인정받게 되었습니다.

13. 시골 유토피아 나라의 일곱 가지 특성: 상기한 사항과 관련하여 망드라의 유토피아의 특성은 일곱 가지로 요약됩니다. 첫째로, 자본주의와 산업화로부터 완전히 등을 돌리고, 농업을 발전시켜 자급자족하는 것을 원칙으로 합니다. 그렇다고 공동체가 완전한 자급자족을 실현하는 것은 아닙니다. 일부 물품은 외부로 판매하고, 외부로부터 특정 물품을 구

매합니다. 둘째로, 자연 친화적인 삶과 계몽주의적 이상을 실현하고 인구 분산을 위해서 마을의 구조를 개선해 나갑니다. 여기서 말하는 계몽주의적 이상이란 "스스로 생각하라(Sapere aude)"라는, 칸트의 정언적 명제에 입각하여, 자신이 옳다고 여기는 대로 행동하는 자율성과 관련됩니다. 시골 유토피아 나라는 — 칼렌바크의 『에코토피아』의 경우와 마찬가지로 — 도시계획의 차원에서 실재하는 국가의 정책과 가급적 보조를 맞추려고 합니다. 셋째로, 시골 유토피아 나라는 첨단 자연과학의 연구 결과를 적극적으로 활용합니다. 물론 이 경우 기술은 온건하고 유연한 방식으로 활용되어야 합니다. 넷째로, 시골 유토피아 나라가 가장 강조하는 것은 교육과 문화입니다. 이를 위해서 각자는 고유한 일상적, 예술적 삶을 가꾸어 나가야 합니다. 중요한 것은 구성원 개개인들이 개별적 문화와 예술의 가치를 존중하는 일입니다. 공동체 사람들은 교육에서 상대평가를 위한 시험제도를 거부합니다. 이러한 제도는 단 하나의 정답을 도출해 내는 것을 철칙으로 하므로, 공동체가 추구하는 다양성과 자율성의 원칙에 어긋난다고 합니다.

다섯째로, 생태 공동체는 다음의 사항을 가장 의미 있는 일감으로 간주합니다. 즉, 아무 방해 없이 자신의 개성을 발전시키도록 노력하는 일이 그것입니다. 가족, 친구 그리고 주위 사람들은 가급적 타인의 삶에 간섭하지 않습니다. 공동체는 자치적으로 관리되고, 아무도 다른 사람을 대변하여 결정권을 행사할 수 없습니다. 여기서 우리는 직접민주주의의 초석을 찾아낼 수 있습니다. 여섯째로, 전통적 가족제도는 파기되는 게 바람직하다고 여깁니다. 전통적 가족제도가 존속되면, 가족 이기주의가 자라나서 공동체 전체의 안녕을 해칠 수 있기 때문입니다. 이는 토마소 캄파넬라의 국가주의 유토피아에서 제기된 바 있는 난제입니다. 모두가 자신이 원하는 대로 살아가야 합니다. 사랑하는 사람들에게는 결혼이라는 통과의례가 필요 없다고 합니다. 공동체 사람들은 각자의 의지에 따라 사랑과 배려, 존경심과 책임감으로 사랑하는 임과 조우해야 합니다

(황선애: 99). 일곱째로, 자본주의의 이윤 추구는 거의 용납되지 않습니다. 사람들은 공동으로 일하는 등 새로운 재화 획득 방식을 채택합니다. 노동의 의무는 면제되고, 노동시간 역시 정해져 있지 않습니다. 한 사람이 하나의 고유한 공장을 소유할 수 없습니다. 생산 중심의 사회는 반드시 용역 중심의 사회로 이행되어야 합니다. 이는 잉여가치 대신에 노동 행위 자체의 가치를 존중한다는 것을 뜻합니다(Heyer 2006: 138).

14. 시골 유토피아 나라의 변화 과정: 상기한 일곱 가지 사항은 시골 유토피아 나라의 구성 원칙과 같습니다. 공동체 사람들은 다양한 직업을 지니며, 삶의 방식 역시 제각기 이질적입니다. 바로 이러한 사항이 오히려 공동체 전체에 어떤 내적인 동력을 부여합니다. 말하자면, 공동체는 다양한 사람들로 인하여 계속 변화를 추구하는 과정의 특성을 연속적으로 견지하게 되었습니다. "20년 전에는 공동체에서 가장 중요한 과업이 교육과 문화에 집중되어 있었고, 10년 전에는 공동체 전반에 걸쳐 지방 자치의 개혁이 실행되었으며, 지금에는 노동자 스스로 모든 것을 결정하는 문제를 가장 비중 있게 다룬다"(Mendras 1992: 133). 처음에 사람들은 어떤 일에 대해 완전히 손으로 해결하려고 했는데, 이는 결코 수월한 일이 아니었습니다. 그래서 사람들은 어떤 일을 단계적으로 하나씩 발전시킬 수 있었습니다. 처음에는 문화적, 교육적 구도를 새롭게 정착시키는 데 심혈을 기울였으며, 몇몇 지도자 역할을 담당하는 사람들이 많은 일을 과도하게 처리해야 했습니다. 그렇지만 제반 일감이 체계적으로 수행되자, 경제 행위의 새로운 형태가 나타났고, 자치적 삶이 실행되었으며, 고전적 가족 구도 역시도 점차 파기될 수 있었습니다.

사실 초창기에 몇몇 사람들은 시골 유토피아 공동체를 건립하였습니다. 기존의 시스템을 비난하면서 새로운 조직을 결성하였던 것입니다. 이때 처음으로 나타난 것이 바로 코뮌이었습니다. 알렉시는 다음과 같이 말합니다. "사람들은 그들을 아예 히피족이라고 불렀다. 뒤이어 그들은 서서히 세상과 화해하면서 그들의 계획을 실천하기 시작했다. 맨 처음 시도한 것이 학교였다. 이러한 거대한 운동은 이곳뿐 아니라 외국에서도 행해지기 시작했다"(Mendras 1992: 84f). 알렉시는 20년 전에도 자치적 생활 방식이 언급되었는데, 그 당시에는 커다란 반응을 얻지 못했다고 말합니다. 공동체 사람들은 삶의 환경을 산업이 아니라 농업 중심으로 변화시키고, 생필품 공장이 아니라 거대한 정원으로 가꾸어야 한다는 것이었습니다. 그렇게 해야만 도시가 아니라 시골에서 찬란한 삶을 영위할 수 있다고 주장했습니다. "당시에는 모두가 나를 비웃었다. 특히 국민경제학 연구가들의 비난이 도를 넘을 정도로 컸다. 스스로 조달하는 삶의 방식은 실현될 수 없는 것이라고 그들은 주장했다. 그럼에도 불구하고 공동체 사람들은 농업경제의 논리를 재발견하였다. 그리하여 생산과 소비의 평균적 성장을 조절할 수 있었다. 여기에는 몇 가지 기본 원칙이 있다. 우리는 가공식품이 아닌, 좋은 물품들을 팔아야 한다. 이로써 벌어들인 남는 수익은 나이 많은 사람들과 어린이들을 위해서 활용되어야 한다"(Mendras 1992: 85).

15. 자본주의 사회와의 부분적 소통: 망드라의 유토피아에서 가장 중요한 것은 시골 유토피아 나라가 무엇보다도 자본주의의 발전 과정에 유기적으로 대처한다는 사실입니다. 자본주의의 발전 형태는 빈부 차이를 불러일으켰지만, 현대인들에게 지금까지 어느 정도의 범위에서 사치에 대한 갈망을 충족시켜 주었습니다. "부유한 나라에서는 자신에게 필요한 물품을 얼마든지 직접 구입할 수 있다. 게다가 자유 시간이라든가 자기 발전을 위한 여가 생활 등을 생각해 보라. 그러나 자본주의는 **모든 사람을 풍요롭게 살게 해 주지는 못했다**. 물론 우리는 과거의 풍요로움을 계속 누리지는 못한다. 모두가 이를 생각하지만, 아무도 이에 관해서 발설하지 않는다. 시골 유토피아의 건립에 있어서 상당히 많은 다양한 계층 사람들이 필요했다. 특히 노인들의 상황, 봉사하는 일들, 이를테면 정

보, 교육 그리고 문화 전반에 걸친 소통의 시스템과 교통수단 등도 배제할 수 없었다. 냉장 시설은 시골 유토피아 나라 전체의 상징적 표시와도 같다. 역설적으로 말해서, 농부와 노동자 외에도 이러한 공동체를 건설하는 데 있어서 모든 것이 필요했다. 농촌의 사라져 가는 문화를 보존하기 위해서 농촌의 전통을 계승할 필요가 있다. 시골 유토피아 나라에서 살기 위해서는 자기 자신이 품위 있는 존재임을 증명해 내야 했다. 사실 시골 사람들은 도시 사람들보다도 더 많이 일해야 한다. 물론 다른 곳에서는 도시도 있고, 산업 시설도 존재한다. 거기서 돈을 벌 수 있으며, 돈이 있으면, 굳이 불필요한 일들을 행하지 않아도 된다. 그러나 시골 유토피아 나라에서는 농촌에서 생산해 낼 수 없는 물건들이 필요하다. 이를테면 냉장고, 자동차, 트랙터, 전화기 그리고 현대적인 주방 기구들을 생각해 보라. 현대의 모든 기계 내지 유용한 기술들을 우리는 활용하면서 살아간다"(Mendras 1992: 92).

16. 시골 유토피아의 토대는 프랑스 자본주의의 경제적 발전에 기인한 것이다: 망드라는 유토피아 구상의 세부 사항에 있어서 놀랍게도 종래의 유토피아를 비판하고 있습니다. 이는 지금까지의 유토피아 설계에서 거의 도외시되어 온 사항입니다. 비판의 첫 번째 사항은 시골 유토피아 나라의 경제적 토대에 관한 것입니다. 농촌 유토피아 공동체라고 해서 주위 사회와 아무런 관계도 맺지 않는 독자적 사회는 아닙니다. 오히려 그 반대입니다. 주위의 이웃, 지방자치단체, 국가와의 끝없는 교류 내지는 경제적 지원 그리고 공동체 나름대로의 사회적 기여 등이 없으면, 어떠한 공동체도 존속될 수 없습니다. 망드라는 다음의 사실을 용인합니다. 즉, 시골 유토피아 나라에 관한 구상이 발전된 것은 1950년대 이후로 약 20년간 프랑스 전역에서 이룩해 낸 놀라운 경제적 비약 때문이라는 사실 말입니다. 이러한 비약은 1970년대 중엽에 이르러 어떤 정체 상태에 이를 정도로 대단한 것이었습니다. 바로 이러한 사항이 시골 유토피

아 나라를 건설하는 데 크게 기여하였습니다. 망드라의 유토피아는 비-국가주의 유토피아를 실천하지만, 인접 도시와 국가와의 교역과 교류를 도모한다는 점에서 무작정 아나키즘 내지는 반-정부주의적 저항을 내세우지는 않습니다. 오히려 망드라는 일부 아나키스트들이 의도하는 폭력적 생디칼리슴으로부터 등을 돌리고 있습니다. 이 점에 있어서 시골 유토피아 나라는 기존하는 자본주의 국가와 변증법적인 관계를 맺고 있습니다.

17. 대안 사회와 자본주의 사회의 공생 관계: 시골 유토피아 나라는 하나의 대안 사회입니다. 대안 사회는 망드라에 의하면 상당 부분 자본주의 경제에 의존하고 있습니다. 이러한 사회는 자치권, 세금 납부 그리고 국가의 보조 등에 이르기까지 많은 도움을 받으며, 또한 사회적으로 일정 부분 기여합니다. 그뿐 아니라 공동체의 설립 과정에 있어서 자본주의 시스템과 밀접한 관계를 맺습니다. 왜냐하면 새로운 공동체의 사람들 역시 이전의 자본주의 시스템 속에서 어떻게 해서든 돈을 벌어야 하고, 동시에 새로운 시스템 속에서 나타나는 장점들을 향유해야 하기 때문입니다. 타인을 도와주는 용역의 일감은 자본주의 체제 내에서 얼마든지 유효하게 활용될 수 있으며, 당사자에게 이득을 안겨 줄 수 있습니다. 시골 유토피아 나라의 대표자는 다음과 같이 말합니다. "사람들은 세벤 협곡과 피레네 산맥 지역의 공동체를 방문하곤 한다. 지역 공동체에서 한 가지 사항은 명확하게 드러난다. 즉, 시골 유토피아 나라는 인민 경제의 도움으로 영위된다는 사실 말이다. 이곳으로 흘러드는 개인과 국가의 돈을 생각해 보라. 몇몇 노인들은 이곳에 정주하여 연금을 받고 살아간다. 도시 사람들은 휴가 시간 혹은 주말에 농촌에서 시간을 보낸다. 몇몇 특권을 지닌 사람들, 이를테면 예술가, 교사 혹은 수공업자들은 그곳에서 자신이 원하는 일을 할 수 있다. 이들은 결코 무언가를 생산하는 일을 담당하지는 않는다. 그 밖에 국가는 정치적, 경제적, 전략적, 그리

고 이데올로기적인 이유에서 산맥에서 살아가며 삼림 사업에 몰두하는 사람들에게 유리한 정책을 결정하였다. 국가는 삼림을 가꾸고 보호하는 사람들에게 돈을 빌려주고 지원해 주는 사업을 지속적으로 추진한 것이다. 시골에서 숲을 가꾸는 각자에게 보조금을 지급하고 건축 자금을 마련해 주었다"(Mendras 1992: 166f).

18. 하나의 문제점, 개인의 자유로운 삶과 국가와 사회의 영향 사이의 거리감: 어느 대학교의 학장은 공동체에 속해 있는 사람인데, 다음과 같은 질문을 던집니다. 어떻게 하면 사람들, 특히 어린아이를 잘 교육시키고 그들의 자발적이고 유연한 인성 구조를 가꾸게 할 수 있는가 하는 게 바로 그 물음이었습니다. 이에 대해 알렉시는 다음과 같이 대답합니다. "당신의 질문에 대해 답하기 어렵다. 나는 그 분야에 대해 잘 모르기 때문이다. 그럼에도 당신이 나의 얄팍한 견해를 듣고 싶다면, 다음과 같이 말씀드릴 수 있다. 이곳에서 거주하는 어린아이들과 미성년자들은 즐겁게 살아간다. 어떠한 경우에도 권위주의적 체제에 굴복하거나, (1968년에 파리에서 접했던 것처럼) 무조건적으로 반항하지는 않는 것 같다, 이곳에서는 교육의 영역에서 깊은 변화가 일어난 게 분명하다. 그렇기에 나는 어떠한 사회적, 정치적 사고가 시골 유토피아 공동체에 영향을 끼쳤는지 곰곰이 숙고해 볼 참이다"(Mendras 1992: 172). 당연히 망드라의 생태 공동체의 구성과 정책에 있어서 몇 가지 하자는 존재합니다. 가령 이곳에는 어떤 목표 지향성 내지 실현 가능한 과정에 관한 로드맵이 결핍되어 있습니다. 공동체는 어느 정도의 범위에서 그리고 언제부터 프랑스의 사회적 시장경제 내지는 제반 국가의 정책으로부터 완전히 독립하여 독자적인 자치, 자생 그리고 자활을 실천하는 단체로 거듭나게 될지 아무도 모릅니다. 눈앞의 문제에 관해서는 분명한 길이 보이지만, 먼 미래의 공동체의 삶이 마치 안개처럼 흐릿하게 투영되는 것은 바로 이 때문일 것입니다.

19. 고립된 삶 내지는 사적 이기주의를 추구하는 것은 아니다: 또 한 가지 문제는 다음과 같습니다. 기존 국가와 경제적으로 공조 체제를 유지하면서, 사회 문화적으로 자발적 독자성을 추진하는 정책은 때로는 난관과 마주칠 수 있습니다. 이를테면 공동체의 대부분의 사람은 자발적으로 국적을 포기했습니다. 이로써 그들의 조국에 대해 더 이상 정치적인 책임을 지지 않게 되었습니다. 현재 상태에 대해 더 이상 저항하지 않고 사적인 삶에 집착하게 되었으며, 더 이상 전체로서의 사회와 소통하지 않게 된 것입니다. 물론 국적을 포기하면 여러 가지 국가적 지원을 받을 수 없다는 문제가 발생하기도 합니다. 그렇지만 국적을 포기한다고 해서 프랑스 인민이라는 신분이 완전히 사라지는 것은 아니며, 경제적 측면에서의 상호 지원과 혜택은 일부 주어질 수밖에 없습니다. 따라서 여기서 말하는 국적 포기는 최소한의 의미에서 어떤 명목적 특성을 거부하겠다는 의미를 지닙니다. 공동체 사람들의 국적 포기는 때로는 사적 삶에 집착하는 이기주의라고 비난받을 수 있을지 모릅니다. 그러나 시골 공동체 나라의 사람들은 국가로부터 완전히 등을 돌리는 게 아니라, 차제에는 코라그스탄의 인민으로서 자치적으로 살아가면서 기존하는 국가와 이웃이 될 것입니다. 이는 사적인 아름다움과 감각적 삶만 추구하려는 자들의 수수방관주의와는 거리가 멉니다.

20. 알렉시의 보고와 민주적 사회주의를 지향하는 가상 국가: 이미 언급했듯이, 알렉시의 보고서는 기존하는 인접 국가의 산업 및 문화 그리고 거시적 정치 구조를 건드리지 않은 채 자치적으로 형성할 수 있는 농업 유토피아의 공동체를 다루고 있습니다. 이것이 나중에 가상 국가, 코라그스탄의 정치 및 경제 정책에 유익하게 활용될 것이라는 점은 자명합니다. 망드라는 자신의 문헌에서 독점 자본주의 경제체제의 단점 그리고 소련 사회주의 및 중국 사회주의 체제의 폐해를 정확하게 꿰뚫고 있습니다. 오늘날 소련은 해체되고 러시아가 국가 중심적 전체주의 경제정책을

실천하고 있으며, 중국 역시 정치적으로는 사회주의를 표방하지만, 경제 영역에서는 국수주의에 근거하는 거대 자본의 문어발식 정책을 확장하고 있습니다. 이에 비하면 망드라의 바람직한 사회주의 국가는 지방자치를 전제로 하는 민주적 사회주의를 지향합니다. 한마디로 망드라는 더 많은 이윤을 남기기 위해 물품을 만드는 자본주의 메가 시스템을 비판하고, 자본주의의 이윤 추구에 바탕을 둔 모든 도시계획 정책에 대해 반기를 들고 있습니다.

21. (요약) 현대적 의미의 비국가주의 유토피아: 지금까지 우리는 앙리 망드라가 구상한 "시골 유토피아 나라"의 이모저모를 살펴보았습니다. 앙리 망드라의 공동체는 네 가지 특성으로 요약할 수 있습니다. 첫째로, 그것은 국가 중심적 중앙집권주의의 제반 정책 대신에 지방분권을 추구하는 자치 경제의 실천 가능성을 서술합니다. 그렇지만 망드라는 기존하는 국가의 체제 내지 경제 시스템과 공생 관계를 유지하면서 지방의 경제를 살리는 방안을 모색합니다. 둘째로, 망드라의 공동체는 공업 중심의 국가 산업 시스템을 비판적으로 고찰하면서, 농업(수산업)의 가치를 높이 평가합니다. 왜냐하면 농업과 수산업은 인간의 기본적 생존을 위한 식량을 제공하기 때문입니다. 친환경적 영농법은 생태계 문제를 극복할 수 있는 첫걸음이 될 수 있습니다. 셋째로, 망드라의 유토피아 구상은 독점자본주의의 이윤 추구의 의향을 거부하면서, 자유와 평등 그리고 물질 추구 이후의 시대를 위한 협동적 삶으로 향한 방향 전환을 추구합니다. 망드라 공동체는 이윤 추구로 인한 경쟁과 갈등을 지양하고, 인간 사이의 평화와 협동 그리고 생태계의 상생을 도모합니다. 넷째로, 망드라의 유토피아 구상은 국가, 교회 그리고 가족 등의 체제에서 나타나는 위로부터 아래로 향해 자행되는 모든 종류의 폭력을 거부하고 이를 차단하려고 합니다. 공동체 내에서 가족 체제는 어느 정도의 범위에서 파기되고, 함께 아우르는 새로운 방식이 채택되고 있습니다.

22. 앙리 망드라의 유토피아의 과제: 망드라의 생태 공동체는 ―『서양 유토피아의 흐름』제2, 3, 4권에서 서술한 바 있듯이 ― 라블레의 텔렘 사원, 푸리에의 팔랑스테르 공동체, 데자크의 급진적 유토피아를 거쳐서, 모리스의 유토피아, 로시의 실증적 운동을 계승하고 있습니다. 그것은 비-국가주의 유토피아의 흐름의 연장선으로 이해됩니다. 또한 비-국가주의 체제 하에서 설립될 수 있는 농업 유토피아는 소련에서 차야노프에 의해서 실험적으로 설계된 바 있는데, 망드라는 차야노프의 구상에서 많은 사항을 긍정적으로 수용하고 있습니다. 20세기 후반에 이르러『시골 유토피아 나라로의 여행』에서 다루어진 내용은 실제로 실천되고 있습니다. 이로써 생태주의 국가 내지는 공동체가 기존의 자본주의 국가 체제를 어느 정도의 범위에서 견제할 수 있으며, 가장 효과적이고 실현 가능한 삶의 방식이라는 점이 증명되었습니다. 망드라의 생태 공동체는 무엇보다도 실천을 중시한다는 점에서 생태 공동체의 실현을 위한 구체적 유토피아로 명명될 수 있습니다. 1990년 이후로 유럽 각국에서는 생태 공동체가 본격적으로 활성화되기 시작했는데, 이러한 운동에 놀라운 전기를 마련한 것이 바로 앙리 망드라의 "시골 유토피아 나라"였습니다.

참고 문헌

로랑, 알랭 (2001): 개인주의의 역사, 김용민 역, 한길사.

일리치, 이반 (2020): 젠더, 허택 옮김, 사월의 책.

황선애 (2005): 독일 생태공동체의 가족과 젠더. ZEGG 공동체와 니더카우풍엔 공동체를 중심으로, 실린 곳: 국중광 외: 새로운 눈으로 보는 독일 생태공동체, 월인. 81-104.

Bahro, Rudolf (1990): Logik der Rettung. Wer kann die Apokalypse aufhalten? Ein Versuch über die Grundlagen ökologischer Politik, Weilbrecht: Stuttgart 1987.

Riesman, David (2020): Lonely Crowd. A Study of the Changing American Character, Yale University Press, New Haven.

Friedmann, Georges (1953): Problèmes humains du machinisme industriel, Gallimard: Paris 1946. (독어판) Der Mensch in der mechanisierten Produktion, Bund: Köln.

Friedmann, Georges (1953): Die Zukunft der Arbeit, Köln.

Heyer, Andres (2006): Die Utopie steht nach links, Berlin, S. 135-141.

Heyer, Andreas (2009): Sozialutopien der Neuzeit. Bibliographisches Handbuch, Bd. 2: Bibliographie der Quellen des utopischen Diskurses von der Antike bis zur Gegenwart, Münster.

Mendras, Henri (1970), La fin des paysans, Paris, SEDEIS, 1967; A. Colin, 1970

Mendras, Henri (1992): Voyage au pays de l'utopie rustique, Arles, Actes Sud.

Saage, Richard (2009): Utopische Prifile, Bd. 4, Widersprüche und Synthesen des 20. Jahrhunderts, 2. Aufl. Lit: Münster.

11. 칼렌바크의 『에코토피아 출현』

(1981)

1. 칼렌바크의 또 다른 작품, 『에코토피아 출현』: 1981년에 어니스트 칼렌바크는 『에코토피아 출현(Ecotopia Emerging)』이라는 작품을 발표하였습니다. 미국의 출판사들은 약 20차례에 걸쳐, 책의 출간을 거부했습니다. 이를 안타깝게 여긴 칼렌바크는 직접 "바니안 트리(Banyan Tree)" 출판사를 설립하여 자신의 소설을 발표하였습니다(Fehler: 123). 1975년에 발표된 『에코토피아』가 1999년에 미국 서부 지역에서 새롭게 건립된 생태 국가에 관한 사회적 틀을 서술하고 있다면, 『에코토피아 출현』은 1980년까지 생태 국가, 에코토피아가 어떻게 건립되었는가 하는 과정을 소상하게 묘사하고 있습니다. 우리는 이 작품을 읽게 되면 다음의 물음에 대한 해답을 찾을 수 있을 것입니다. 생태 국가인 에코토피아가 어떠한 계기로, 그리고 어떠한 과정을 거쳐서 탄생했는가 하는 물음 말입니다. 『에코토피아』에서는 주어진 현실 비판이라는 유토피아의 기능이 명시적으로 부각되지 않고 있습니다. 가령 미국 정부의 석유산업 중심의 경제, 세계 경찰로서의 외교 전략, 핵발전소의 문제, 발암의 원인에 관한 의학적이고 생물학적인 진단 등의 구체적인 시대적 사안은 『에코토피아 출현』에 이르러 비로소 중요한 현안으로 언급되고 있습니다.

2. 몽타주 식의 서술 방법: 칼렌바크는 두 번째 작품에서 모든 사항을 수미일관적으로 서술하지 않고, 몽타주 식으로 끊어서 간결하게 기술합니다. 게다가 수많은 등장인물들이 우후죽순 격으로 출현하는 것은 브레히트의 서사극 이론과 마찬가지로 독자의 비판과 이성의 객관적 판단을 고취시키기 위함입니다. 그러나 이러한 조처는 때로는 독서의 흐름을 차단하고 방해합니다. 그렇지만 몽타주 식의 서술 방법은 — 브레히트의 "생소화 효과"가 그러하듯이 — 독자로 하여금 모든 사항을 비판적으로 고찰하게 하는 효과를 거둡니다. 『에코토피아 출현』은 도합 154장으로 구성되어 있습니다. 이는 장과 장이 매우 빈번하게 차단되고 있음을 말해 줍니다. 각 장은 주인공인 18세 소녀, 루 스위프트의 태양에너지 실험 과정, 미국 사회에서 발생하는 환경 문제와 관련된 수많은 비리, 의혹 그리고 흑색선전을 다룹니다. 그 밖에 석유 회사와 중앙정부의 담합 하에 이루어지는 정책의 커넥션, 여성 정치가, 베라 올웬에 의해 서서히 활동을 개시하는 생존자당의 형성과 발전 그리고 미국 사회의 자연 재앙과 생태계 파괴에 관한 작가의 구체적이고 명징한 논평이 실려 있습니다. 이것들 가운데 특히 작가의 논평은 이탤릭체로 표기되어 있는데, 이는 각 장의 개별적 이야기를 보완해 주는 설명으로 이해됩니다. 요약하건대, 작품은 1983년 미국 샌프란시스코의 북부에 위치한 소도시, 볼리나스를 배경으로 하고 있습니다.

3. 작가의 시대 비판: 『에코토피아 출현』은 이전의 작품, 『에코토피아』와 마찬가지로 미국 사회에 만연해 있는 "온갖 유형의 오염, 암(癌), 부정부패 그리고 자원 낭비"를 고발하기 위해서 집필된 것입니다(Callenbach 1983: 11). 이에 관해서 차례로 언급하면, 우리는 작가의 시대 비판을 접할 수 있을 것입니다. 첫째로, 미국 사회는 지금 이 순간에도 심각한 오염의 문제에 직면하고 있습니다. 석탄과 석유에 의존하는 산업의 발전은 결국 대기와 하천을 오염시키고, 급기야는 대양을 오염시킵니다. 미국

정부는 태양에너지, 풍력 에너지 그리고 바이오매스 등과 같은 재생에너지를 좌시하고, 지금까지 지속적으로 석유 산업과 전쟁 산업만 추진해 왔습니다. 미국 정부는 수미일관 원자력 에너지 정책을 추진하여 현대인들의 생존을 위협하고 있습니다. 2014년의 통계에 의하면, 미국에는 60개의 원자력발전소가 있는데, 여기에 99개의 원자로 블록이 설치되어 있습니다. 가령 시애틀에 건립된 핵발전소 퓨젯 1호는 노후화되어 원전 사고의 위험을 가중시키고 있습니다. 원자력은 주지하다시피 핵폭탄의 쌍생아와 같습니다. 설령 원자력발전소의 가동에 있어서 아무런 사고가 발생하지 않는다 하더라도, 핵폐기물의 문제는 그 자체 현대사회에서 뜨거운 감자로 대두되어, 인간과 인간 사이의 첨예한 갈등을 부추기고 있습니다. 고준위 핵폐기물의 반감기는 10만 년에서 20만 년이라고 하니, 핵에너지 문제는 21세기의 가장 큰 골칫거리가 아닐 수 없습니다. 나아가 핵에너지 개발에 의한 생태계 파괴 현상은 수많은 동식물의 멸종을 가속화시키고 있습니다.

현대인의 질병 가운데 가장 무서운 것은 암입니다. 문제는 수많은 종류의 암이 무엇보다도 화학제품의 무분별한 개발과 남용에서 유래한다는 사실입니다. 칼렌바크는 작품에서 이를 놀라울 정도로 정확하게 지적하고 있습니다. 예컨대 살충제에 해당하는 DDT, 2-4D는 인간의 건강을 서서히 해칩니다. 살충제는 해충만을 박멸하는 게 아니고, 인간의 신체 또한 서서히 괴멸시킵니다. 구토, 두통, 식은땀, 배탈 그리고 혈액순환 장애는 물론이며, 체내에서 오래 머물면 결국 암세포를 형성하게 됩니다(앨러이모: 268). 암을 유발하는 화학물질은 페인트나 광택제로 사용되기도 하며, 병이나 플라스틱 코팅제나 축음기 생산에 활용되었습니다. 1970년 이후로 세포의 돌연변이로 인하여 유럽에서 비정상아가 태어나는가 하면, 여러 유형의 불치병이 속출하게 되었습니다. 화학자들은 매년 수천 종의 화학제품들을 끊임없이 발명해 내었습니다. 화학제품들은 살충제, 제초제, 가구류, 실내장식, 카펫, 건축자재 등 전방위적으로 퍼져 나가 마구잡이로 사용되고 있습니다. 이를테면 PCB(폴리염화비페닐)라는 유독 물질이 전신주의 변압기와 축전기, TV, 형광등, 단열재로 사용되고 있는데, 전문가조차도 이에 관해서 거의 침묵으로 일관하고 있습니다. 더욱 문제가 되는 것은 농업용 비료에 발암물질이 은밀히 활용된다는 사실입니다. 미국에서 살충제와 제초제는 헬리콥터로 살포되는데, 이는 결국 17개 주의 식탁에 오르는 음식물 속에 스며들게 됩니다. 암의 발병 요인 가운데 80퍼센트가 화학제품에서 기인한다는 게 밝혀졌습니다.

셋째로, 우리로 하여금 인간답게 살지 못하게 하는 것은 칼렌바크에 의하면 무엇보다도 소음이라고 합니다. 실제로 인간의 귀는 청각 내지 청력과 관련되지만, 달팽이관은 인간의 몸에서 신체적 균형을 유지하게 하는 매우 중요한 기관입니다. 교육철학자, 루돌프 슈타이너는 이미 100년 전에 유아의 신체 발달에 있어서 청각기관의 중요성을 언급한 바 있습니다(쾨니히: 45). 소음은 인간의 신경을 극도로 예민하게 만듭니다. 미국 사회의 경제구조는 일반 사람들을 대도시로 이전하게 하였습니다. 가난하고 힘없는 사람들은 취업을 위해서 대도시로 몰려듭니다. 밀집해서 살아가는 삶의 현장은 인간으로부터 깊은 잠과 편안함을 앗아 갑니다. 사실 지속적으로 발생하는 소음만큼 생명체를 더 힘들게 하고 괴롭히는 것은 없습니다. 그것은 만성적 고문이나 다를 바 없습니다. 넷째로, 칼렌바크는 미국 정부와 석유 산업과 군수품 등을 관장하는 재벌 사이의 커넥션이 부정부패를 촉진시키는 연결고리라고 단호하게 규정합니다. 작품 내에서도 자세히 언급되고 있지만, 재벌들은 모든 이권을 차지하기 위하여 정치가들과 담합하여 자신들의 이득을 챙깁니다. 이로써 친환경 에너지를 개발하는 사람들의 노력은 음으로 양으로 방해받게 됩니다. 『에코토피아 출현』에서 생존자당이 출범하는 근본적 계기 역시 미국 정부의 부정부패에서 기인합니다.

다섯째로, 칼렌바크는 미국 사회에 만연해 있는 낭비의 풍조를 신랄하게 비판합니다. 마트와 대형 백화점에서는 값싸고 질 좋은 물건을 구매하려고 모인 고객들로 인산인해를 이루고 있습니다. 능률 중심주의 내지 이행 능력 중심주의의 사고는 미국 서부 개척의 역사에서 맨 처음 출발하였고, 무한대의 재화를 차지하려는 열망은 미국 카우보이의 생활관으로 정착되었습니다. 이는 결국 자연을 무한대로 착취하는 "미국식 삶의 방식"으로 정당화되기도 하였습니다(Hermand: 262). 칼렌바크는 이러한 사치와 낭비의 풍조야말로 현대인들 개개인이 떨쳐야 하는 끔찍한 악덕이라고 규정합니다. 이와 관련하여 생존자당은 환경에 미치는 폐단을 최소화하기 위해서 물건의 재순환과 재활용을 열렬히 지지합니다. 특히 문제가 되는 것은 세계의 경찰국가를 자처하는 미국의 군수품 생산입니다. 미국은 유용한 자본과 최고의 두뇌를 오로지 "적국"과 "적국의 인민"을 살상하는, 불필요한 짓거리에 활용해 왔습니다. 예컨대 미국 정부는 고성능 탄도탄을 마음대로 개발하면서도 국민들의 편안한 삶에 관해서는 어떠한 관심도 기울이지 않습니다. 가령 관리들은 대도시의 교통 체계를 원활하게 운용하는 것이 거의 불가능하다고 발뺌할 정도입니다.

4. 주인공의 태양전지 개발: 작품의 주인공은 18세의 나이 어린 루 스위프트입니다. 그미는 섬세한 심성과 진지한 학구열을 지니고 있습니다. 루 스위프트는 주어진 자연 현상에 대해 언제나 의문을 제기하는 등 대단한 탐구욕을 드러냅니다. 작품은 루 스위프트가 어떻게 재생에너지를 실제 현실에 도입하는가를 자세하게 서술합니다. 루의 노트에는 태양에너지의 흡수를 통한 광전자 효과에 관한 실험 과정이 빼곡하게 기록되어 있습니다. 놀라운 것은 대기업 내지 중소기업에 고용된 과학자들도 성공해 내지 못한 태양전지를 일개 18세의 여성이 혼자의 노력으로 발명해 낸다는 사실입니다. 더욱더 가관인 것은 이러한 실험이 대기업의 방해 공작에도 불구하고 루에 의해 성공리에 진척된다는 사실입니다. 대기업은 어떻게 해서든 루 스위프트의 실험을 막으려고, 흥신소 사람을 고용하여 그미의 작업 노트마저 훔치려고 합니다. 어쨌든 주인공의 태양전

지 개발은 생태계를 고려한 자연과학의 활용이라는 점에서 중요한 상징적 의미를 지니고 있습니다. 왜냐하면 태양전지의 개발은 몇 년 후에 건설되는 생태 국가, 에코토피아의 중요한 에너지 공급원으로 활용되기 때문입니다.

5. 메리사 다마토: 등장인물 가운데 몇몇은 『에코토피아』에 이미 등장한 바 있습니다. 가령 메리사 다마토와 베라 올웬이 그들입니다. 이전의 작품에서 메리사는 목재 및 수목 보호 위원회에서 위원으로 일하다가, 윌리엄 웨스턴에게 에코토피아의 목재 산업과 자연보호에 관해서 많은 정보를 제공합니다. 그러다가 그미는 윌리엄 웨스턴과 하룻밤의 정을 나눕니다. 이에 비하면 『에코토피아 출현』에서 메리사는 젊은 여대생으로 등장합니다. 칼렌바크는 에코토피아가 탄생하기 20여 년 전으로 거슬러 올라가고 있습니다. 작품은 그미가 어떻게 오염과 남획으로 파괴된 자연을 복원하는 일에 적극적으로 참여하게 되었는가를 서술합니다. 메리사는 야영을 통해서 체력을 단련하며, 특히 나무와 목재에 관한 지식을 하나씩 터득해 나갑니다. 숲속의 나무들은 그미에게는 가만히 머물면서 조용히 호흡하는 친구와 같습니다. 이로써 메리사는 켈트족 출신의 "드루이드 사제(Druiden)"처럼 나무의 생명체를 자신의 존재의 일부로 이해하기 시작합니다. (드루이드 사제들은 생명의 재탄생을 신봉하였습니다. 드루이드 사상은 부분적으로 만국의 평화를 추구하는 비밀결사 단체인 프리메이슨 운동과 접목되었는데, 그들의 신학적 흔적은 윌리엄 블레이크William Blake와 이신론을 신봉하는 18세기 철학자, 존 톨랜드John Toland에게서 엿볼 수 있습니다.) 메리사는 나무의 수종, 나무의 보호 정책, 병충해 방지를 위한 실험 그리고 묘목 관리 방법 등을 집중적으로 연구하면서, 미국 당국의 삼림 관리 정책에 관여하기 시작합니다. 마치 고대의 소요학파의 수장이었던 테오프라스토스(Theophrast)가 병든 나무를 손질하고 가꾸었듯이, 메리사는 나무들을 세심하게 보살핍니다. 나중에 메리사가 생존자당에

가입하여 생태 보존을 위한 정책을 적극적으로 추진하는 것은 당연한 귀결이었습니다.

6. 베라 올웬과 생명의 물: 베라 올웬은 샌프란시스코에서 일하는 공무원이었는데, 주 정부의 식수 문제를 해결하기 위해서 뉴올리언스에 잠시 체류하고 있었습니다. 이때 그미는 시카고, 디트로이트, 클리블랜드, 신시내티 그리고 세인트루이스에서 살고 있는 수천만 명의 사람들이 오염된 물을 마시며 살아가고 있다는 사실을 접하고 경악을 금치 못합니다. 식수는 농약, 화학 비료, 제초제와 산업폐기물 등으로 인하여 심각하게 오염되어 있었던 것입니다. 문제는 이곳 사람들이 식수 문제를 원천적으로 해결해 달라고 단 한 번도 당국에 요구하지 않는다는 사실입니다. 정치가들은 식수의 정화를 위해 어떠한 조처도 취하지 않고 있었습니다. 그들은 경제적 이득이 없는 분야에는 신경을 쓰지 않았던 것입니다. 물론 1970년대에 환경보호국은 하수처리 시설에 관한 방대한 프로그램을 개발해 시내와 강의 오염을 어느 정도 완화시켰습니다. 환경보호국은 EPA 규제를 통하여 위험 물질의 제조 단계에서 폐기 과정까지 단속하는 데 성공을 거두었습니다. 그러나 기업들은 차라리 법규를 위반하고 벌금을 내는 게 화학제품을 제조하여 돈을 버는 것보다 싸게 먹힌다는 것을 깨달았습니다. 그리하여 EPA 규제는 그야말로 유명무실한 법규로 판명됩니다. 1970년대 말에 이르러 캘리포니아의 환경보호국은 경제적 채산성을 이유로 해체되고 맙니다. 베라 올웬은 미국 정부의 어떠한 당도 미국 국민의 생명을 지키기 위해서 실질적 노력을 다하지 않는다는 사실을 절감하게 됩니다.

7. "하지 말라" 십계명: 대부분의 미국 사람들은 1970년대 말에 정치적 사안으로부터 배제되어 있었습니다. 왜냐하면 만인이 국가의 경영에 직접 참여할 수 없는, 이른바 간접민주주의 제도를 선택했기 때문입니다.

국가의 규모가 너무 방대해졌기 때문에, 사람들은 국가의 경영 정책에 관여할 수 있는 엘리트 전문가를 의회로 보낼 수밖에 없습니다. 그렇지만 미국의 상하원 의원들은 국민의 의사를 직접적으로 반영하는 벼슬아치들이 아니라, 무엇보다도 자신의 이득을 챙기는 데 혈안이 되어 있습니다. 베라 올웬은 이것이 간접민주주의의 폐단이라는 점을 뼈저리게 느낍니다. 그미는 주민들과 함께 대화를 나누면서, 생존자당이 창립되어야 하는 필연성에 관해 토론을 벌입니다. 토론의 과정을 거쳐서 "더 이상 하지 말라"라는 십계명을 창안합니다. 이로써 "하지 말라 십계명"은 생존자당의 기본 강령으로 확정됩니다. 첫 번째 강령은 "다른 생명을 멸종시키지 말라"입니다. 산업혁명과 인구 성장의 결과로 수많은 동식물들이 지구상에서 서서히 사라지고 있습니다. "힘없는 인간을 억압하고 착취하지 말라"가 아니라, "다른 생명을 멸종시키지 말라"라는 전언이 당의 첫 번째 강령으로 채택된 것은 그 자체 의미심장합니다. 이는 생존자당의 기본적 시각이 인간 본위주의라는 일방적 시각에서 벗어나서 사변적 유물론으로 이전되어 있음을 반증합니다.

  두 번째 강령은 "핵무기와 원자력발전소를 건립하지 말라"입니다. 사람들은 경제성장과 에너지 부족을 이유로 원자력발전소의 건립이 필연적이고 당연하다고 주장합니다. 그러나 베라 올웬의 생존자당은 핵에너지를 현대인들을 불행으로 몰아가는 판도라의 상자 속에 들어 있는 가장 끔찍한 "아름다운 죄악(καλὸν κακόν)"(헤시오도스)과 같다고 간주합니다. 왜냐하면 핵발전소가 정상적으로 작동된다고 하더라도 핵폐기물의 난제는 여전히 남아 있기 때문입니다. 작품은 이를테면 시애틀에 있는 핵발전소의 퓨젯 1호기의 냉각수 공급이 차단되어 우라늄 노심이 녹아내리는 심각한 경우를 세밀하게 묘사하고 있습니다(Callenbach 1983: 360f). 사실 체르노빌과 후쿠시마를 예로 들지 않더라도 원자력 에너지는 인류에게 엄청난 재앙과 손해를 가져다줄 수 있습니다. 이를 감당할 사람은 후세 사람들이라는 점에서, 핵에너지의 활용은 베라 올웬에 의하면 중단되어야 마땅합니다. 작품 내에서 생존자당은 개별적으로 세력을 확장시켜서 미국 서부 지역은 물론이고, 동부 지역에 이르기까지 그들의 정책을 실천합니다. 그들의 정치적 결실은 워싱턴주 주지사의 해임과 워싱턴주에서의 원자력발전소 건립 금지로 나타나게 됩니다.

세 번째 강령은 "발암성 물질이나 돌연변이 유발 물질을 제조하지 말라"이며, 네 번째 강령은 "음식물에 불순물을 넣지 말라"입니다. 현대인의 삶을 위협하는 것은 거창한 이슈 내지 계층 간의 대립이 아니라, 더러운 물과 공기 그리고 오염된 토양입니다. 부와 경제성장을 이룩하려는 인간 동물의 열망은 수많은 화학제품과 산업 쓰레기를 양산하였습니다. 가령 제초제, 살충제 속에는 암을 유발하는 화학물질이 다량 함유되어 있어서, 오늘날에도 인간의 생명을 치명적으로 위협하고 있습니다. 그 밖에 가공 음식물 속에는 수많은 식품첨가물들이 들어 있습니다. 이것들은 방부제, 보존료, 산화방지제, 색소, 과당 등 수많은 성분으로 구성되어 있습니다. 발색제에 해당하는 아질산나트륨은 암을 불러일으키고, 착색제인 적색 102호, 황색 4호, 청색 1호 등은 발암성이 의심되고, 항-곰팡이제인 오르토페닐페놀과 디페놀은 동물실험을 통해 인간의 몸속에서 암을 유발한다는 사실이 학문적으로 밝혀졌습니다. 그런데도 미국 식약청은 식품 가공에 있어서 안전성을 면밀히 조사하지 않고, 식품회사의 요구만 용인해 주고 있습니다. 생존자당 당원들은 당국의 바로 이러한 처사에 대해 지속적으로 항의하기로 결정합니다.

다섯 번째 강령은 "성별, 나이, 종교 그리고 인종을 이유로 인간을 차별하지 말라"입니다. 여섯 번째 강령은 "자가용을 타지 말라"입니다. 현대의 다문화 사회에서 모든 인간은 동등한 권리를 인정받아야 합니다. 나이 어린 흑인 여자, 유대인 처녀들은 남성 중심주의 사회에서 언제나 피해당하거나 차별당하곤 합니다. 이와 관련하여 베라 올웬이 여성이면서도 생존자당의 대표로 추대되는 것은 나름대로 의미를 지닙니다. 지금까지 백악관의 주인은 남성이었으며, 의회를 장악한 사람들도 대부분 남성이었습니다. 미국 사회 역시 성, 나이, 종교 그리고 인종을 이유로 차별당하는 경우는 사라져야 한다는 게 생존자당원의 공통된 견해입니다. 그 밖에 여섯 번째 강령을 설정하는 데 있어서 생존자당은 고심에 고심을 거듭하였습니다. 왜냐하면 미국 사회에서 자동차는 필수적인 이동 수단이기 때문입니다. 광활한 미국 땅에서 자동차가 없으면 꼼짝할 수 없습니다. 당장 슈퍼마켓에 가는 데에도 미국 사람들은 자동차를 필요로 합니다. 당장 시행하는 데 어려움이 있겠지만, 사람들은 자가용을 포기하고, 서서히 버스, 택시, 전차 그리고 지하철, 자전거 등의 활용 가능성을 생각해 내지 않으면 안 될 것입니다. 게다가 자동차의 배기가스는 『에코토피아』에서 "암을 유발하는 방귀"로 설명되고 있습니다 (Callenbach 1986: 68). 모든 미국 사람들은 자동차에서 배출되는 배기가스가 대기 오염과 온실효과를 불러일으킨다는 사실을 잘 알고 있습니다. 그럼에도 그들은 일상사에만 골몰하면서, 생명 유지에 가장 소중한 물과 공기의 오염에 항의하지 않고 있습니다.

일곱 번째 강령은 "TV는 광고주와 거래를 끊고, 일방적인 권력을 행사하지 말라"이며, 여덟 번째 강령은 "유한책임 회사를 설립하지 말라"이며, 아홉 번째 강령은 "회사의 모든 임직원들은 1인 1표씩 투표하고, 부재 주주가 회사를 통제하지 말라"입니다. TV 방송의 경우 초 단위로 내보내는 상업광고로 이득을 챙기는데, 사실 이것이 가장 커다란 문제가 아닐 수 없습니다. TV는 광고주의 손에 놀아나지 말아야 합니다. 사실 "바보상자"가 인간에게 끼치는 영향은 참으로 지대합니다. 정치가의 시각으로 고찰할 때, TV만큼 대중의 의식을 마비시키기에 적당한 도구는 아마 없을 것입니다. 생존자당은 인간의 비판 의식을 마비시키는 TV의 악영향으로부터 자유를 되찾자고 선언하고 있습니다. 여덟 번째 강령은 유한책임 회사의 건립을 차단시키라는 사항입니다. 유한책임 회사의 임직원들은 얼마든지 법망을 빠져나갈 수 있습니다. 가령 누군가 고의로 미국에서 유독성 제품이나 불량식품을 제조했다고 하더라도, 그의 사악한 행위는 법의 심판을 받지 않게 됩니다. 왜냐하면 당사자가 속해 있는 회사가 모든 책임을 떠안기 때문입니다. 이러한 불법적인 보호막을 사전에 차단하기 위해서 생존자당은 유한책임 회사의 설립을 사전에 통제해야 한다고 호소하였습니다. 아홉 번째 강령 역시 이와 관련됩니다. 직원은 회사의 명령대로 일하는 노예가 아니라, 회사와 공조하고 이득을 함께 나누는 노동의 주체여야 합니다. 이러한 강령 속에는 노동조합의 합법성 및 바람직한 운영 가능성이 포함되어 있습니다. 이는 무엇보다도 다음과 같은 과업을 실천하기 위함이 아닐 수 없습니다. 즉, 주주에게 배당금을, 노동자에게 직접 경영의 권한을 부여하는 당연한 과업 말입니다 (김상봉: 239쪽 이하).

열 번째 강령은 "인구를 증가시키지 말라"입니다. 주지하다시피 인구는 산업혁명 이후로 기하급수적으로 늘어났으며, 2021년에는 79억 명에 육박하고 있습니다. 마지막 강령은 마치 "물구나무선 먹이 피라미드"와 같은 전-지구적 상황을 수정하고, 생태학적으로 바람직한 자연 상태를 갈구하는 태도를 반영하고 있습니다. 이러한 사고는 — 마농 그리제바흐(Manon Griesebach)가 『녹색의 철학(Philosophie der Grünen)』(1982)에서 언급한 바 있듯이 — 인간 본위주의를 지양하고 녹색의 철학에 해당하는 생태학적 사고에 근거한다는 점에서 첫 번째 강령과 동일한 의향을 지니고 있습니다. 이와 관련하여 생존자당이 채택하는 정책은 피임과 낙태의 합법화, 여성들의 권익 옹호를 위한 새로운 법 제정 등으로 요약될 수 있습니다. 여성들은 더 이상 "출산하는 기계"가 아니라, 남성과 동등한 권리를 보장 받는 주체로서 살아갈 권한을 내세웁니다. 이 점에 있어서 생존자당은 일부 페미니스트들의 요구 사항을 적극적으로 채택합니다. 생존자당에서 여성 정치가를 당의 대표로 추대하는 것은 어떤 상징적 의미를 지닙니다. 생존자당이 하지 말라 십계명을 발표했을 때, 국내의 매스컴들은 이를 완전히 무시했습니다. 70년대 이후부터 발생한 미국 내의 보수주의의 분위기가 새로운 정당의 영향력을 사전에 차단시켰던 것입니다. 그래서 생존자당은 주위의 작은 문제부터 하나씩 해결해 나가기 시작합니다.

8. **정책 과정 (1), 암 환자 특공대:** 수많은 미국 사람들이 불치의 병, 암에 걸려서 죽음을 맞이해야 합니다. 대기오염, 수질오염 그리고 다이옥신, 제초제 그리고 살충제 등이 결국 많은 미국 시민들을 암 환자로 만들었습니다. 메리사의 어머니, 로라는 폐암에 걸려서 암 병동에서 치료를 받고 있는데, 의사로부터 앞으로 1년 정도 생존할 수 있다는, 이른바 시한부 삶을 통고 받습니다. 그미는 자신이 어째서 암에 걸렸는지 깊이 숙고한 다음, 끝내 그 이유를 밝혀냅니다. 결국 로라는 자신의 몸속의 암세포가 무엇보다도 제초제, 살충제, 방부제, 착색제 등과 같은 화학제품 때문에 발생했다는 사실을 확인합니다. 그래서 동병상련의 암 환자들은 서로 만나서 대책을 강구합니다. 그들은 차제에는 더 이상 희생자가 나타나서는 안 된다고 다짐하면서, 화학 회사 및 주 정부에 이를 시정해 달라고 정식으로 요청하였습니다(Callenbach 1983: 282). 그러나 이러한 서류상의 요구 사항들은 단호하게 거절당합니다. 자신의 정당한 요구가 받아들여지지 않자, 암 환자들은 처음에는 의기소침해졌습니다. 그래도 몇몇은 이대로 죽음을 기다릴 수 없다고 하면서, 암 환자 특공대를 결성하는 게 시급하다고 다짐합니다. 말하자면, 정당하고 합법적인 방법이 통하지 않자, 결국 화학 회사에 사제 폭탄을 터뜨리기로 결심한 것입니다. 그들은 자력으로 사제 폭탄을 제조하여 샌프란시스코에 있는 옴니 화학 회사에 폭탄을 던져 터뜨립니다. 폭발이 일어난 즉시 로라를 비롯한 암 환자 특공대는 성명서를 발표하고 경찰에 자수합니다.

9. **암 환자 특공대 성명서:** 암 환자 특공대의 성명서에는 다음과 같은 구절이 있습니다. "지난 한 해 동안에 30억 파운드 이상의 농약이 생산되었습니다. 1940년에 생산된 농약이 10만 파운드이니, 그 증가량을 비

교해 보시기 바랍니다. 모든 독극물이 확산된 까닭은 화학 회사의 사악한 자본가가 주장하는 것처럼 국민들의 영양을 책임지려고 식량을 공급했기 때문은 결코 아닙니다. 오로지 돈을 벌기 위해서 회사는 독극물을 생산해 낸 것입니다. (…) 우리는 암으로 시한부 삶을 판정받은 사람들입니다. 우리는 곧 죽을 테고, 죽기 전에 인류를 위해 무엇인가를 하고 싶었습니다. 그렇기에 우리는 결과에 대한 두려움 없이 무언가 행동할 수 있습니다. 그래서 저 위험한 옴니 회사의 화학 공장을 선택하였습니다. 왜냐하면 회사 사람들은 엄청난 양의 치명적인 화학물질을 지금 이 순간에도 생산해 내니까 말입니다"(Callenbach 1986: 275f). 결국 암 환자 특공대는 자신들의 범법 행위에 따라서 처벌되었으나, 이 사실은 미국 전역에 알려지는 계기로 작용합니다. 암 환자 특공대 가운데 로라와 닐은 유죄 처분을 받습니다. 로라는 재판 도중에 의식을 잃고 쓰러져서 감옥의 병원으로 송치됩니다. 놀라운 것은 암 환자 특공대의 재판이 거행되는 날 샌프란시스코에서 다이옥신 함유 물질의 제조 금지를 위한 대규모 대중 집회가 개최되었다는 사실입니다.

10. 정책 과정 (2), 원전 사고가 발생하다: 『에코토피아 출현』에서는 원자력발전소의 근본 문제점이 조목조목 언급되고 있습니다. 이는 『에코토피아』에서 거의 언급되지 않았던 사항으로서, 어째서 미국 서부 지역에 생태 국가 에코토피아가 탄생할 수밖에 없었는가 하는 물음에 대한 결정적인 논거를 제시하는 사항입니다. 80년대 후반에 미국의 시애틀에서 원자력발전소 퓨젯 1호기가 폭발합니다. 냉각수를 공급하는 수많은 파이프들 가운데 몇 개가 엄청난 압력을 견디지 못해 파열되는 사고가 발생했던 것입니다. 이로써 원자로 중심부의 온도가 급작스럽게 상승했으며, 연료 장치가 변형되기 시작합니다. 원자로의 노심이 녹아내리면서 방사능을 함유한 다량의 우라늄이 원자로의 바닥과 철근 콘크리트 차단벽을 뚫고 흘러나오기 시작했던 것입니다. 우리는 이러한 무시무시한 현

상을 "멜트다운(Meltdown)"이라고 명명합니다(칼렌바크: 401 이하). 높은 압력 하에서 방사능을 내뿜는 가스들이 둥근 격납 용기를 채우면서 수소와 뒤섞이게 됩니다. 여기서 수소는 물과 제어봉의 화학 반응에 의해서 발생한 것이었습니다. 거대한 폭발이 발생하자, 발전소 간부들은 주지사 사무실에 긴급 전화를 걸어 비상사태를 선포하게 합니다. 시애틀의 주민들은 긴급 뉴스를 접하고 대피하기 위해 자동차를 타고 어딘가로 떠납니다. 자동차 도로는 수많은 차량으로 인하여 교통 마비 상태에 빠집니다. 결국 사태는 어느 정도 안전하게 수습됩니다. 원전 사고로 인하여 발생한 피해액이 500억 달러 이상 소요되었지만, 앞으로 도래할 방사능 피해를 감안하면 그 액수는 수십 배로 불어날 것으로 예상됩니다. 생존자당은 원자력발전소 건립을 찬성했던 주지사를 탄핵하기 위하여 서명 운동을 벌이는데, 특별 재선거를 위한 서명자 수는 단 사흘 만에 탄원서를 가득 채웁니다. 한마디로 말해서, 원전 사고는 생존자당과 나중의 생태 국가 에코토피아가 건립되는 중요한 계기로 작용하게 됩니다.

11. 정책 과정 (3), 볼리나스 사람들의 독립 국가 선언: 생존자당은 주 정부와 중앙정부에 자신의 정당의 강령을 외칩니다. 정당은 "하지 말라 십계명"에 언급된 내용 가운데 "원자력발전소를 건립하지 말라," "발암 물질이 함유된 농약을 제조하지 말라," 그리고 "음식물에 불순물을 첨가하지 말라"는 점을 요구 사항으로 내걸었습니다(Callenbach 1983: 259). 미국 전역의 사람들은 시간이 흐름에 따라 생존자당을 지지하게 됩니다. 몇 년 후에 생존자당은 볼리나스에서 다수 정당으로 세력이 커지게 되었는데, 그럼에도 불구하고 정부는 이들과 협상하려고 하지 않습니다. 주정부는 어떻게 해서든지 볼리나스의 생존자당의 건물을 불도저로 밀어붙일 계획을 세웁니다. 이러한 계획이 전해지자, 볼리나스는 물론이고 샌프란시스코 시민들까지 합세하여 주 정부의 폭력 행위에 개탄을 금치 못하면서 공동으로 투쟁하려고 합니다. 볼리나스 주민들은 더 이상 주 정

부 내지 중앙정부를 신뢰할 수 없다고 판단합니다. 우여곡절 끝에 볼리나스는 미국으로부터 떨어져 나와서, 독립된 영토, 독립된 주권을 선언하게 됩니다. 이로써 서부 사람들은 미합중국의 캘리포니아주, 마린 카운티의 법은 더 이상 효력을 지닐 수 없다는 것을 공표하게 된 것입니다.

12. 정책 과정 (4), 생태 친화적인 도시국가의 출현: 볼리나스 사람들은 민병대를 구축하고 독자적인 법원을 설치하는 것을 골자로 한 볼리나스 독립선언서를 발표합니다. 이로써 미국으로부터 에코토피아의 분리 독립은 서서히 기정사실화 됩니다. 베라 올웬은 볼리나스를 자치, 자생 그리고 자활의 도시국가로 선언하고, 미합중국으로부터 정치적, 경제적으로 독립하게 되었음을 대내외적으로 공언합니다. 새롭게 탄생한 생태 친화적 도시국가는 더 이상 핵에너지에 연연하지 않고, 더 이상 제초제, 살충제를 사용하지 않으며, 생태 친화적으로 살아가려는 사람들을 위한 자치적인 나라라는 것을 공표하게 된 것입니다. 여기서 독자는 볼리나스가 나중에 세력 확장을 통해서 미국 서부 지역을 포괄하는 생태 국가, "에코토피아"로 거듭나게 된다는 것을 유추할 것입니다. 전력은 루 스위프트가 개발한 태양전지의 보급으로 충당하게 됩니다. 루는 태양전지를 이용해 태양열 집열판을 통해 생성된 전기에너지를 저장하는 게 얼마든지 가능하다고 판단하고, 이를 실생활에 도입하기 시작합니다. 적어도 볼리나스 지역의 가옥에 집열판을 설치하게 되면, 생존에 필요한 최소한의 전력을 자급자족할 수 있다는 게 루의 판단이었습니다.

13. 중앙정부와의 내전 가능성: 미국 중앙정부는 에코토피아가 미합중국의 체제를 파괴한다고 믿고, 볼리나스의 독립을 심각한 우려로 받아들이게 됩니다. 그리하여 정부는 볼리나스 지역에 연방 방위대를 신속하게 파견합니다. 연방 방위대는 지금까지 홍수 및 재난 지역의 구조대로 활동하는 사람들로 구성되어 있었습니다. 그렇기에 그 군대는 효율적인 전

문 조직은 아니었습니다. 대원들은 돈을 더 벌기 위해서 자원한 지원군이었습니다. 두 국가 군인들의 대치 상태가 지속되고 있을 때, 볼리나스 민병대는 삐라를 살포하여 사태를 분명하게 해명합니다. "볼리나스는 생태 친화적으로 살아가려는 사람들의 모임이며, 결코 무력 투쟁을 원하지 않는다." 그럼에도 연방 방위대가 마린 카운티의 보안관의 명령을 받고 국경을 넘어선다면, 폭력으로 대응하리라는 것을 분명히 선언합니다. 이때 루를 포함한 여성들이 연방 방위대를 찾아가서 그들에게 땔감과 음식을 제공합니다. 말하자면, 적국의 여성이 아군을 찾아와서 식사를 제공한 것입니다. 또한 베라 올웬은 TV에 출연하여 볼리나스와 생존자당의 목표와 정책 추진 과정을 설명합니다. 이러한 여러 가지 방법을 동원하여 무력 대치 상태는 종결됩니다. 새로 부임한 주지사가 볼리나스에 파견된 주둔군을 철수시켰던 것입니다.

14. 마리화나와 동성연애: 모든 이야기는 18세의 처녀 루 스위프트가 어른이 되는 과정 속에서 서술되고 있습니다. 그미가 발명하고 그미의 성년식을 빛내 준 태양전지가 나중에 생태 국가, 에코토피아에서 상용화된다는 것은 그 자체 의미심장합니다. 왜냐하면 이는 새로운 국가의 탄생에 즈음하여 새로운 삶을 위한 도덕의 출발로 이해되기 때문입니다. 그 밖에 『에코토피아 출현』은 생태 국가 유토피아의 성립 과정 외에도 마리화나와 동성연애 등의 문제를 부수적으로 다루고 있습니다. 작가는 대마초를 마약이 아니라 하나의 약초 개념으로 이해합니다. 또한 동성연애를 수많은 사랑의 방식 가운데 하나로서 관대하게 받아들일 필요가 있다고 지적합니다. 자고로 많은 종류의 마약은 사회적 통제를 필요로 합니다. 그러나 대마초는, 엄밀하게 말하면, 담배보다도 중독성이 약하고, 미국의 여러 주가 이를 합법화한 바 있습니다. 사실 다년생 식물인 대마초는 종이의 원자재인 펄프의 대용으로 활용될 수 있으며, 그 씨는 한약 재료로 사용되고 있습니다. 대마초의 씨, 마인(麻仁)은 장의 소통과

혈액 순환을 돕습니다(김종철: 29). 그 밖에 동성연애는 사랑의 삶을 누리려는 개인의 생활 방식, 그 이상도 그 이하도 아닙니다. 사랑의 삶의 패턴이 남들과 다르다고 해서 그것이 세인의 지탄을 받을 수는 없는 일입니다. 동성연애는 타인에게 해를 끼치는 행위가 아니라는 점에서 제3자가 관여할 일은 아니라는 것입니다. 문제는 대마초와 동성연애에 대한 일반 사람들의 편견입니다. 이러한 편견을 조장하는 것은 무엇보다도 소수의 특정 문화를 억압하고 대중을 정치적으로 그리고 경제적으로 지배하려는 국가의 획일적 정치 이데올로기 내지 소비문화 이데올로기의 횡포가 아닐 수 없습니다.

15. 인간 본위주의의 사고에 대한 전면적 비판: 칼렌바크는 처음부터 전통적으로 내려온 인간 본위주의의 사고를 거부하였습니다. 이를테면 「창세기」 제1장 28절의 "생육하고 번성하라, 땅을 정복하라, 바다의 물고기와 하늘의 새와 땅에 움직이는 모든 생물을 다스리라"는 말은 오랫동안 서양 사람들의 기독교, 유대교 그리고 이슬람 종교의 제반 삶의 토대가 되어 왔는데, 이는 칼렌바크에 의하면 더 이상 유효하지 않다고 합니다(Callenbach 1988: 99). 사실 칼렌바크는 인간 본위주의의 문제점을 지적하고, 20세기 말부터 대두된 생태계 파괴의 문제를 제시하면서 새로운 자연관을 내세우고 있습니다. 이와 관련하여 칼렌바크가 두 작품에서 자연과 인간의 상생을 도모하는 생태주의를 강조하고 인디언의 세계관에 크게 동조하는 것은 당연한 귀결입니다. 한마디로 인간 본위주의에서 생명 중심주의로의 의미론적 확장은 서양 유토피아의 역사에서 출현하는 **두 번째 코페르니쿠스적 전환**으로 해석될 수 있습니다(Schölderle: 140). 서양 유토피아의 흐름에서 나타난 첫 번째 코페르니쿠스적 전환은 주지하다시피 역사학자 라인하르트 코젤렉이 지적한 바 있는 "장소 유토피아에서 시간 유토피아로의 패러다임 전환"을 가리킵니다. 17세기에 이르러 사람들은 이상의 공간이 지상에서는 더 이상 발견될 수 없다는

것을 확인한 바 있습니다. 바람직한 삶의 공간은 미래의 바로 이곳에서 출현할 수 있다는 사고는 계몽주의의 사상과 맞물려서 태동하였던 것입니다. 이로써 더 나은 삶의 가능성은 미래의 시점으로 이전됩니다. 이것이 바로 우크로니아입니다. 그 밖에 인간중심주의에서 생태 중심주의로의 패러다임 변화는 유토피아의 흐름에서 두 번째 코페르니쿠스적 전환과 같습니다. 왜냐하면 그것은 유토피아의 사고의 토대가 되는 휴머니즘의 사고를 뛰어넘어, 인간과 자연 주체의 상생을 추구하는 세계관의 변화를 모색하기 때문입니다.

16. 요약: 『에코토피아 출현』은 6년 전에 발표된 칼렌바크의 작품, 『에코토피아』(1975)의 내용을 보완해 주는 작품입니다. 『에코토피아』가 새롭게 탄생한 생태 국가, 에코토피아의 정태적 구조와 기능을 여러 방면에서 차례로 서술해 주고 있다면, 『에코토피아 출현』에서는 어떠한 과정으로 생태 국가가 성립되었는가 하는 에코토피아의 건국 과정이 치밀하게 묘사되고 있습니다. 특히 두 번째 작품은 가상적 특성을 전혀 담고 있지 않으며, 미국에서 발생한 신생 도시국가가 형성되는 과정을 역사적, 비판적 각도에서 리얼하게 묘사하고 있습니다. 이 점을 고려한다면, 두 작품은 주제 상으로도 상호 보완적으로 작용합니다. 만약 전자의 작품만 읽는다면, 우리는 정태적으로 서술된, 황당한 사회 설계에 막연하게 당혹감을 드러내게 될 테고, 후자의 작품만 읽는다면, 우리는 20세기 현대사회의 갈등과 문제점만을 접할 뿐, 하나의 대안으로서 어떤 문학 유토피아의 골격을 전혀 파악할 수 없기 때문입니다.

17. 마지막 사족, 생태주의: 그렇다면 칼렌바크의 작품은 우리에게 어떠한 전언을 전해 주는가요? 우리는 핵에너지를 무조건 예찬하는 사람들의 오류를 지적해야 하며, 합리적 방법으로 그들을 설득시킬 수 없을 경우 칼렌바크의 작품에 등장하는 암 환자 특공대처럼 무력 투쟁이라도

감행해야 할지 모릅니다. 자연과학자, 앨빈 와인버그(Alvin Weinberg)는, 인류는 신묘한 천성을 내주고 핵에너지를 얻었다고 말했습니다. 마치 파우스트가 청춘을 위해서 자신의 영혼을 악마에게 팔았던 것처럼, 사람들은 눈앞의 이득을 위해서 핵에너지를 활용하는 데 혈안이 되어 있습니다. 파우스트는 영혼을 팔아넘김으로써 주위의 사람들을 죽음으로 몰아가게 했습니다. 이러한 행동은 눈앞의 이득 때문에 더 큰 것을 놓치는 소시민들의 소탐대실과 다를 바 없습니다.

18. 인간 동물은 자기 확신에 가득 찬 원숭이들이다: 이러한 어처구니없는 오류는 브레히트의 드라마, 「억척어멈과 그 자식들」에서도 잘 나타나고 있습니다. 브레히트의 여주인공은 전쟁상인으로서, 눈앞의 이득 때문에 자식의 목숨을 희생시키고 있습니다. 그런데 문제는 억척어멈의 맹목적 신념에 있습니다. 여주인공은 자식들의 죽음을 접하면서도 자신의 판단이 어째서 그릇된 것인지를 스스로 깨닫지 못합니다. 핵에너지를 맹신하는 현대인들의 태도는 억척어멈의 그릇된 용기 내지 맹목성과 다를 바 없습니다. 또 다른 예를 들어 봅시다. 흔히 프로메테우스는 인간에게 불을 건네준 반신으로 추앙받고 있습니다. 인류는 불을 건네받음으로써 후세에 찬란한 자연과학을 발전시킬 수 있었습니다. 그러나 프로메테우스는 우리가 생각하는 만큼 자비로운 자는 아니었습니다. 프로메테우스는 불을 건네주기 전에 인간이 이전에 지니고 있던, 이른바 "미래를 예견하는 능력"을 빼앗아 갔던 것입니다. 만약 인간이 미래에 대한 예견력을 계속 가지고 있었다면, 인간은 먼 훗날에 발생할 체르노빌 내지 후쿠시마 사태를 내다보았을 테고, 섣불리 불을 건네받지 않았을 게 뻔하니까 말입니다(Kunert: 248). 이제 인간은 한 치의 미래도 예견하지 못하게 되었습니다. 그러나 불을 다스리는 일 — 그것은 인간의 손에 달려 있습니다.

참고 문헌

김상봉 (2013): 기업은 누구의 것인가? 노동자 경영권을 위한 철학적 성찰, 꾸리에.
김종철 (2010): 포기를 통한 행복의 추구, 실린 곳: 녹색평론, 110호, 2-31.
박설호 (2016): 미국 사회의 대안으로서의 생태 국가, 그 특성과 한계, 실린 곳: 박설호, 비행하는 이카로스, 울력, 301-320.
앨러이모, 스테이시 (2018): 말, 살, 흙. 페미니즘과 환경 정의, 윤준 외 역, 그린비.
칼렌바크, 어니스트 (2009): 에코토피아 비긴스, 최재경 역, 도솔.
쾨니히, K (2003): 치료 교육과 R. 슈타이너의 감각발달과 생명 체험, 정정순 역, 특수 교육.
Callenbach, Ernest (1983): Ein Weg nach Ökotopia. Berlin.
Callenbach, Ernest (1986): Ökotopia, Berlin.
Callenbach, Ernest (1988): Erfahrung mit Ökotopia, in: Rüdiger Lutz (hrsg.), Pläne für eine menschliche Zukunft, Weinheim/Basel, 95-100.
Fehlner, Gert (1989): Literarische Utopien als Reflexion und Kritik amerikanischer Wirklichkeit. Ausgewählte Beispiele seit den 60er Jahren, Meitingen.
Hermand, Jost (1983): Möglichkeiten alternativen Zusammenlebens, in: (hrsg.) Klaus L. Berghahn und H. U. Seeber, Literarische Utopien von Morus bis zur Gegenwart, Königstein Ts., 251-264.
Koselleck, Reinhart (1982): Die Verzeitlichung der Utopie, in: Utopieforschung, (hrsg.) W. Voßkamp, Utopieforschung, Bd. 3, Frankfurt a. M., 1-19.
Kunert, Günter (1985): Diesseits des Erinnerns, München.
Maren-Griesebach, Manon (1982): Philosophie der Grünen, Köln.
Saage, Richard (2003): Utopische Profile, Bd. 4, Widersprüche und Synthesen, Lit: Münster.
Schölderle, Thomas (2011): Geschichte der Utopie, Stuttgart.

12. 애트우드의 『시녀 이야기』 외

(1985)

1. 여성은 섹스 도구 내지 출산 도구가 아니다: 현대인들은 진보주의자나 보수주의자를 막론하고 다음의 사실을 잘 알고 있습니다. 즉, 여성의 예속이 남성 사회의 허울 좋은 이데올로기에 의해 오랫동안 당연한 것으로 인식되었다는 사실 말입니다(Schröder: 36). 그럼에도 지구상에는 정도 차이는 있지만 여전히 남존여비의 생활 관습이 사라지지 않고 있습니다. 가장 심각한 것은 여성들이 여전히 전 세계적으로 섹스 도구 내지는 출산 도구로 활용되고 있다는 사실입니다. 물론 제1세계 남성들의 매춘도 늘어 가는 추세이지만, 여성에 대한 경제적 내지 성적 학대는 그치지 않고 있습니다(Jaschke: 519). 더욱이 놀라운 것은 여성의 몸에서 난자를 판매하는 짓거리, 대리모를 통한 인공수정이 비일비재하게 행해진다는 사실입니다. 이와 관련하여 애트우드의 작품은 여성에 대한 가장 끔찍한 박해의 시나리오를 우리에게 보여 주고 있습니다. 작품 『시녀 이야기 (The Handmaid's Tale)』에서는 수많은 여성들이 현대의 질병인 암과 핵전쟁의 여파로 인하여 불임 상태에 빠지게 되었는데, 사람들은 임신 가능한 여성들을 이른바 "시녀"로 분류하여 아이 낳는 기계로 활용하고 있습니다.

2. 끔찍한 디스토피아의 가상적 이야기: 캐나다 작가, 마거릿 애트우드는 1985년에 소설, 『시녀 이야기』를 발표하였습니다. 디스토피아 계열에 속하는 이 작품은 제3차 세계대전 이후의 세계, 혹은 어떤 새로운 세계대전의 가상적 상황을 전제로 하는 게 아니라, 조지 오웰의 소설에서 나타난 바 있는 전체주의 국가의 끔찍한 횡포를 문학적으로 훌륭하게 형상화하고 있습니다. 작품 속에서, 20세기 말에 어느 광신도 종파는 거대한 힘을 집결하여 미국 북부 지역을 장악하고, 무력으로 길리어드 공화국을 건립하였습니다. 그들은 제이콥의 아들들로서, 거대한 신권 국가의 체제를 공고히 하기 위해 자신의 힘을 비축하면서, 끝내는 끔찍한 폭정을 저지르기 시작합니다. 민주적 절차에 의해 선출된 대통령과 연방의회 의원들은 즉시 살해당합니다. 헌법은 더 이상 제 기능을 발휘하지 못하고, 언론은 완전히 통제됩니다. 이로 인하여 미국 북부 지역에 거주하는 모든 인민들은 자결권을 뺏기고, 끔찍한 국가의 폭력에 굴복하면서 노예로 살아갈 수밖에 없습니다.

3. 여성에 대한 억압과 예속: 그런데 문제는 인민의 절반을 차지하는 여성들의 권익이 심각할 정도로 타격을 받았다는 사실입니다. 여성들은 자신의 권한을 조금도 활용할 수 없을 정도로 남성들에게 철저하게 예속되어 있습니다. 가령 그들은 어떠한 재산도 지닐 수 없습니다. 여성들의 재산은 가까운 친인척 남자들에게 강제로 이양됩니다. 물론 이러한 국가의 끔찍한 폭력은 애트우드에 의해서 처음으로 제기된 것은 아닙니다. 이러한 구도는 이미 17세기 후반에 퐁트넬의 『철학자의 공화국, 혹은 아자오 섬의 이야기』(1768)에서 한 번 나타난 바 있지만(본서 제2권 참고), 이처럼 잔악하고 혹독하지는 않았습니다. 예컨대 길리어드 공화국 사람들의 신분은 남자와 여자로 철저히 구분되어 있으며, 유니폼을 걸칩니다. 남자들의 유니폼은 색깔에 따라 계급이 정해져 있습니다. 여성의 유니폼의 색은 일곱 단계에 따라 구분됩니다. 이는 사회의 다른 계층뿐 아

니라, 생물학적으로 임신 가능한가, 그렇지 않은가 하는 사항을 외부적으로 식별하게 하는 기능을 지닙니다. 이렇듯 공화국 사람들은 유니폼을 통해서 남자와 여자 그리고 그들의 수직적 신분 차이를 분명하게 식별하게 함으로써, 개개인들을 보다 쉽게 통제하고 감시하고 있습니다.

4. 여성은 글을 읽어서도 글을 써서도 안 된다: 특히 여성들을 억압하고 통제하기 위해서 길리어드 공화국이 채택한 첫 번째 방법은 여성들로부터 언론의 자유를 빼앗는 조처였습니다. 오웰 역시 『1984년』에서 전체주의 국가의 지배 방식 가운데 가장 설득력을 지니는 것이 언론의 자유의 박탈이라고 언급한 바 있습니다. 권력자들은 이를 위해 하나의 술수를 사용합니다. 그것은 다름 아니라 일반 사람들이 체제 비판적인 의식을 지니지 못하도록 언어적 소통 수단을 교묘하게 조종하는 간계입니다. 길리어드 공화국 역시 이러한 교활한 방법을 채택합니다. 문학과 도서는 지금까지 남근 중심주의에 입각하여 남성의 억압 기제로 이해되어 왔는데(Klarer: 73), 작품은 이를 적극적으로 반영하고 있습니다. 특히 비판의 대상이 된 사람들은 여성들이었습니다. 예컨대 "공화국에 거주하는 모든 여성들은 책을 읽어서도 안 되고, 글을 써서도 안 된다"는 규정이 생겨납니다. 이러한 규정의 배후에는 여성을 더욱 철저하게 억압하고 예속시킴으로써 가부장주의 체제를 고수하려는 의향이 도사리고 있습니다. 여성에게서 말과 글을 배제시킴으로써 여성성을 억압하고 여성들의 고유한 의향을 압살시키겠다는 것은 참으로 끔찍한 발상입니다.

5. 애트우드, 그미는 누구인가?: 마거릿 애트우드는 소설가로서보다는 시인으로서 그리고 환경 운동가로서 이름을 떨친 분입니다. 그미는 1939년 11월 18일 캐나다 오타와에서 태어나 유년 시절을 그곳에서 평화롭게 보냈습니다. 그미의 아버지는 곤충을 연구하는 생물학자였는데, 1946년 토론토 대학의 교수가 되면서, 애트우드는 아버지의 연구

를 위해 토론토와 퀘벡 등지로 옮겨 다녀야 했습니다. 나중에 애트우드는 토론토 대학교와 하버드 대학교에서 영문학과 문예학을 공부하였으며, 1961년에 졸업하게 됩니다. 1964년부터 그미는 미국과 캐나다의 여러 대학에서 강의하면서, 틈틈이 작품을 집필하고 발표하였습니다. 뒤이어 그미는 주로 미국에서 활동하게 됩니다. 80년대 이후로 애트우드는 캐나다의 토론토에 정주하며, 소설가인 남편 그레이엄 깁슨 그리고 딸과 함께 살아가고 있습니다.

애트우드의 문체는 매우 정갈하고 시적입니다. 이는 아마도 그미가 처음에 시문학에 경도했기 때문으로 여겨집니다. 그미는 60년대 후반부터 산문을 집필하기 시작하였습니다. 그미의 첫 작품은 『식용 여인(The Edible Woman)』(1969)이며, 1985년 『시녀 이야기』로 세계적으로 명성을 떨치게 됩니다. 애트우드는 사이언스 픽션의 소재로써 여성의 사회적 지위에 관한 문제, 권력의 갈등 문제 그리고 환경 파괴에 관한 사항 등을 심도 있게 다루었습니다. 그미의 작품 『눈먼 암살자(The Blind Assassin)』 (2000)와 『도둑 신부(The Robber Bride)』(1993) 등은 이미 우리나라에도 번역되어 소개된 바 있습니다. 마거릿 애트우드는 문학작품의 발표 외에도 90년대까지 인권 운동에 관심을 기울였습니다. 그미는 여성 문제뿐 아니라, 캐나다의 역사와 인종차별의 문제 그리고 환경 문제에도 깊은 관심을 드러내었는데, 이는 그미로 하여금 국제사면위원회와 캐나다 인권운동연합 등에서 적극적으로 활약하도록 자극했습니다.

6. 녹음테이프에 반영된 길리어드 공화국: 작품의 화자는 길리어드에서 살아가는 여성으로 설정되어 있습니다. 일인칭 화자인 여성의 정체는 소설의 결말부에서 비로소 밝혀집니다. 약 200년 이후의 시점인 2195년 누나비트라는 소도시에서 어느 역사 학회의 총회가 개최됩니다. 이때 누군가 고고학적 내용을 담은 녹음테이프를 대필하여 이를 공개하게 됩니다. 역사 학회의 발표자인 파익소토 교수는 케임브리지 대학의 20세기,

21세기 역사 보존 서고의 책임자로 일하고 있는 학자인데, 기이하게 입수된 자료에 관해서 다음과 같이 논평합니다. 자료가 처음 발견되었을 때, 이 물품은 1955년경으로 추정되는 미합중국 육군 보급품인 금속 트렁크에 실려 있었습니다. 트렁크 속에는 소포를 포장할 때 쓰는 테이프로 밀봉한 30개의 카세트테이프가 담겨 있었습니다.

테이프 속에는 처음에는 음악이 녹음된 것 같습니다. 가령 "엘비스 프레슬리의 황금기"라고 적힌 4개의 테이프, "리투아니아 민요"라고 적힌 3개의 테이프, "보이 조지의 모든 것"이라고 적힌 3개의 테이프, "만토바니의 달콤한 현악"이라고 적힌 2개의 테이프 그리고 "트위스티드 시스터즈 카네기홀 공연"이라고 적인 테이프도 있었습니다. 모든 테이프는 처음에 두세 개의 음악을 들려줍니다. 이는 자료의 내용을 일부러 은폐하기 위한 수단처럼 보입니다. 더 이상 음악이 들리지 않으면, 여성의 목소리가 들립니다. 카세트의 음성과 그 내용을 분석하면, 우리는 그것이 어떤 은폐된 비밀스러운 역사적 자료라는 것을 분명히 알 수 있습니다. 이것은 길리어드 공화국의 초창기 시대의 숨겨진 진실을 다루고 있는 게 분명합니다. 추측컨대, 공화국은 엘비스 프레슬리의 "찬란한 세월"에 대해 방송 금지 조처를 내린 게 분명합니다. 그리고 카네기홀에서 자주 공연되던 몇 개의 대중가요 역시 그렇게 처분 받았던 것 같습니다. 파익소토 교수는 동료들과 함께 제법 오랜 시간을 투자하여 녹음테이프의 내용을 순서대로 정리한 다음에 이 자료를 공개하게 되었습니다.

7. 길리어드 공화국에 관한 역사학적 논쟁: 작가 애트우드는 유토피아의 내용에 리얼리티를 부여하기 위해서 편집자를 내세우고 있습니다. 가령 연구 팀은 녹음테이프의 내용이 참인지 거짓인지 오랫동안 토론을 벌입니다. 왜냐하면 이전에 이와 유사한 경우가 여러 번 있었기 때문입니다. 이를테면 1983년에 아돌프 히틀러의 일기가 세상에 공개되어 엄청난 센세이션을 일으켰는데, 그것은 나중에 조작된 것으로 밝혀진 바 있

습니다. 이와 관련하여 역사 학회의 발표자, 파익소토 교수는 무조건 처음부터 도덕적인 자세를 취하면서 길리어드 공화국을 막무가내로 헐뜯어서는 안 된다고 경고합니다. 그의 견해에 의하면, 역사적 내용을 일단 사실적으로 밝혀내는 게 급선무라는 것입니다. 파익소토 교수의 이러한 주장은 히틀러의 국가사회주의를 둘러싼 역사학 논쟁을 유추하게 합니다. 가령 1986년에 제기된 에른스트 놀테와 하버마스의 논쟁은 이에 대한 하나의 좋은 범례라고 할 수 있을 것입니다.

8. 여성의 말문을 차단시키는 제반 정책: 길리어드 공화국에서 가해지는 끔찍한 조처는 무엇보다도 문학작품의 출판을 금지하는 일이었습니다. 공화국은 특히 여성들에게만 적용되는 어떤 철저한 규율들을 발표하면서, 이를 어길 시에는 끔찍한 형벌을 가합니다. 가령 여성들에게는 어떠한 경우에도 글을 읽고 쓰는 일이 금지되어 있습니다. 여성들은 심지어 성서조차도 직접 두 손으로 거머쥘 수 없습니다. 그들은 다만 누군가 들려주는 성서의 내용을 경청할 수는 있습니다. 당연한 말이겠지만, 고도로 발전된 현대의 기술 사회의 매체는 세분화되어 있습니다. 그런데도 여성들은 책을 직접 읽거나 글을 쓸 수 없습니다. 당국이 이러한 규정을 공표한 까닭은 여성들에게서 그들의 발언권을 모조리 빼앗으려고 했기 때문입니다. 여성들은 서로 토론을 벌일 수는 있지만, 이러한 의사소통의 형태는 그야말로 진부합니다. 왜냐하면 당국이 모든 언론 수단을 사전에 통제하면서 이를 은밀하게 도청하기 때문입니다. 이를테면 역사가 조직적인 방법으로 왜곡되어 있고, 자연스러운 의사소통이 차단될 정도로 밀고자들이 음으로 양으로 이곳저곳에서 활약하고 있습니다. 당국은 CCTV와 감시자를 통해서 개별 인간들의 의사소통과 감정의 주고받기를 축소시키거나 방해합니다. 이로써 개별 사람들은 짤막한 표정으로 비밀스러운 내용을 전달할 뿐입니다. 이를테면 최근에 체제를 비판하던 누군가가 소리 없이 어딘가로 끌려갔다는 표현은 손짓과 몇 마디 말로 표

현되고 있습니다.

9. 여주인공과 친구, 모이라: 소설의 여주인공의 이름은 "오브프레드"입니다. 이것은 프레드라는 이름을 지닌 남자의 예속물임을 분명히 표현하고 있습니다. 여자들에게는 이런 식으로 "오브글렌(Ofglenn)," "오브워런(Ofwarren)"이라는 이름이 부여되고 있습니다. "글렌의 것," "워렌의 것"이라는 의미를 담고 있지요. 오브프레드는 자신의 기억을 떠올리며 국가가 어떻게 기능하는지를 전해 주고 있습니다. 소설의 맥락을 고려하건대, 오브프레드의 본명은 준이며, 과거에 남편 루크와 어린 딸과 함께 생활한 게 분명합니다. 그들은 길리어드 공화국을 탈출하여 캐나다로 도주하려 하다가 붙잡혀 이산가족 신세로 전락하게 되었습니다. 하녀로 일하게 된 주인공은 어디에선가 살아가고 있을 남편 루크와 어린 딸을 몹시 그리워합니다. 또한 오브프레드는 여자 친구, 모이라와 함께 어머니를 회고합니다. 그미의 어머니는 진취적인 사고를 지닌 여성으로서 딸을 혼자서 키웠으며, 낙태 제도와 외설적인 포르노 제작에 대항해 격렬하게 저항하며 싸운 페미니스트였습니다. 모이라는 레즈비언으로서 페미니즘에 열광하는 절친한 친구였으며, 여성 단체에서 일하는 적극적인 여성이었습니다. 길리어드 공화국이 건립되었을 때, 모이라는 어느 비밀 지하단체에 가담하려다가 체포됩니다. 그미는 전향 교육 센터에서 강제로 뇌 수술을 당한 다음부터 장교 클럽에서 창녀로 살아갑니다. 오브프레드가 우연히 그미와 재회했을 때, 모이라는 몽롱한 눈빛을 지닌 반송장처럼 보였습니다.

10. 길리어드 공화국의 쿠데타 이후의 정책: 오브프레드는 쿠데타가 발생할 무렵에 어느 평범한 도서관에서 일했습니다. 그미의 임무는 책의 내용을 컴퓨터 디스켓에 입력하는 일이었습니다. 그미의 친구, 모이라는 출판 분과에서 일하면서 여성 공동체를 위한 작업에 몰두하고 있었습니

다. 당시에 출판 분과에서는 가족계획이라든가 여성에 대한 성폭력과 같은 테마의 책을 간행하고 있었습니다. 말하자면, 두 사람은 아날로그 방식의 자료를 디지털화 하는 작업에 몰두했습니다. 길리어드 체제가 가동되자 권력 중심부는 현대의 제반 매체를 완전히 폐쇄시키고, 은행의 구좌를 차단시켰습니다. 주인공은 자신의 신용카드가 더 이상 효력을 지니지 못하게 되자, 이것이야말로 정치적 변혁의 첫걸음이라는 것을 순식간에 알아차립니다. 뒤이어 그미는 당국으로부터 직장에서 해고되었다는 통보를 받게 됩니다. 조만간 오브프레드는 모든 여성들이 자신의 일자리에서 쫓겨났다는 사실을 확인하게 됩니다. 사람들은 길리어드 전문가로 구성된 학자들의 보고서를 통해서 쿠데타가 발생하였고, 모든 사회적 변혁 조처가 시행되었다는 놀라운 소식을 접합니다.

11. 길리어드 공화국의 가족 해체 정책: 길리어드 공화국의 정책은 무엇보다도 기존 가족의 해체로 요약할 수 있습니다. 여성들은 마치 새로 입소한 훈련병처럼 국가의 목표에 따라서 새롭게 교육받고, 정책에 의해서 새로운 일터를 배정받게 됩니다. 당국은 여성 예비 인력을 비축하는 방안으로서 일부일처제의 결혼 그리고 결혼과 무관하게 행해지는 파트너의 성생활을 범죄로 규정했습니다. 이를테면 "사랑의 감정"은 개개인의 삶의 행복과 국가의 안녕을 해치는 위험한 것이라고 간주됩니다. 왜냐하면 그것은 해방된 이성이 도피할 수 있는 마지막 방법이기 때문입니다(Atwood: 193). 그럼에도 이를 고수하려는 여성들은 경찰에 의해서 체포됩니다. 아이들은 마치 물건처럼 국가의 관할로 몰수됩니다. 강압적으로 몰수된 아이들은 슬하에 자식이 없는 양부모들에게 넘겨집니다. 이러한 가족 해체 정책은 국가의 교회에서 결혼식을 올리지 않고 다른 곳에서 결혼식을 올린 모든 부부들에게 적용됩니다. 공화국의 엘리트 남자들은 아이를 낳은 적이 있는 여성 예비 인력 가운데 자신의 마음에 드는 여성을 선택하여 자신의 성적 파트너로 만들 수 있습니다.

12. 백인 인종의 감소를 막기 위한 조처: 과학기술이 발전된 시대에는 특히 유럽 인종의 출생 수가 현저하게 감소되어 있습니다. 이러한 추세는 비단 길리어드 공화국뿐 아니라, 유럽과 북미에서도 대부분 분명히 드러나는 현상입니다. 출생 인구가 줄어드는 현상의 근본적인 이유는 한 마디로 요약하기 어렵습니다. 출생률의 감소는 콘돔, 경구피임약 그리고 그 밖의 피임 기구의 활용이라든가, 낙태 수술이 보편적으로 활성화되어 있기 때문입니다. 길리어드 공화국은 무엇보다도 피임 도구의 사용을 금하고 낙태 수술을 범죄로 규정하기 시작했습니다. 이렇듯 출생률의 감소는 부분적으로 여성들이 임신을 원하지 않았기 때문으로 여겨집니다. 인구 감소의 근본적인 이유는 주로 백인 여성들에게 적용되는 사항일 뿐, 다른 인종의 여성들에게는 해당되지 않습니다. 왜냐하면 황인과 흑인들은 대체로 자식과 후사에 대해 매우 커다란 의미를 부여하기 때문입니다. 그 밖에 출생률의 감소는 과거에 존재했던 핵전쟁의 여파 때문입니다. 핵무기의 공격은 적군이든 아군이든 간에 사람들의 몸속으로 파고들어서 그들의 생식 능력을 약화시켰습니다. 핵전쟁으로 인한 환경 파괴와 전염병 등으로 인하여 생식 능력을 갖춘 사람들의 수는 더욱 현저하게 줄어들게 됩니다.

13. 여성들의 단계적 등급: 국가는 어떻게 해서든 백인 아이를 많이 낳는 것을 가장 시급한 관건으로 정해 놓고 있습니다. 여성들은 다음의 일곱 가지 카테고리에 의해서 단계별로 분류됩니다. 첫 번째 부류는 국가의 고위 공직자와 결혼한 여성들이며, 푸른 드레스를 입습니다. 두 번째 부류는 여성들을 교화시키고 교육시키는 업무를 담당하는 여성들입니다. 이들은 비교적 나이 든 여자들로서, 하녀들을 감시하는 기능을 담당합니다. 세 번째 부류는 가사도우미, 청소 그리고 크고 작은 모든 업무를 관장하는 "마르타" 그룹입니다. 이들은 주로 초록색 옷을 입고 있습니다. 네 번째와 다섯 번째 부류는 사회의 여러 말단 부서에서 "일하는

여성 내지 기혼녀들(The Aunts)"로 이루어져 있는데 갈색의 옷을 입고 있습니다(김순식: 33). 여섯 번째 부류는 특히 남성들의 성욕을 채워 주는 창녀 그룹, "이사벨"이며, 마지막으로 일곱 번째 그룹은 마치 대리모가 그러하듯이 종족 번식을 담당하는 시녀 그룹입니다. 시녀 그룹은 붉은 원피스를 걸치고 흰색 두건을 쓰고 다녀야 합니다. 놀라운 것은 시녀 그룹만이 아이를 낳을 수 있다는 사실입니다. 시녀 그룹은 "아기를 생산하는 기계"나 다를 바 없습니다. 오브프레드는 시녀 그룹에 속하는 여성으로서 사령관의 소유로 배정됩니다. 왜냐하면 사령관의 아내, 세레나 조이가 최근에 의학 연구소에서 불임으로 판정받았기 때문입니다.

14. 주인공을 감시하는 이웃 여자: 길리어드 공화국에서는 모든 여성들이 감시를 당하면서 살아갑니다. 주인공을 감시하는 사람은 오브글렌이라는 이웃 여성입니다. 오브글렌 역시 시녀 그룹에 속하는 여성이지만, 시간이 흐름에 따라 오브프레드에게 호의를 베풉니다. 주인공은 오브글렌을 통하여 길리어드 공화국에서도 비밀 저항 조직, 메이데이가 있다는 사실을 접하게 됩니다. 알고 보니 오브글렌은 메이데이의 조직원으로 일하고 있었습니다. 어느 날 오브글렌은 주인공과 함께 어느 처형 대회에 참가합니다. 처형 대회란 시녀들이 모여서 죄인들을 공개 처형하는 행사를 가리킵니다. 이때 오브글렌은 지하조직의 당원이 처형당하는 것을 지켜보다가, 처형당하는 자가 고통 없이 죽도록 도와줍니다. 나중에 그미는 자신의 일이 당국에 발각될까 몹시 두려워하다가, 결국 자살로 삶을 마감합니다. 몇 달 후에 어떤 강건한 몸매의 여자가 오브프레드 앞에 나타나, 자신의 이름이 오브글렌이라고 말합니다.

15. 시녀가 침실에서 행하는 성행위: 오브프레드는 침실에서 기괴한 방식으로 성교합니다. 이때 세레나는 동작에 맞추어, 아래에 누워 있는 오브프레드의 손을 당겼다 놓았다 하는 동작을 계속합니다. 오브프레드는

두 눈을 감고 모든 고통과 수모를 감내해야 합니다.

주인공은 다음과 같이 서술합니다. "나는 두 팔을 위로 치켜든다. 그리고 세레나 조이가 내 손을 한 손에 하나씩 잡는다. 이런 자세는 우리가 하나의 육신, 하나의 존재임을 상징하기 위한 것이다. 하지만 솔직히 속뜻을 들여다보면 그녀 쪽에 결정권이 있다는 의미일 뿐이다. 과정을 자신이 통제하고 있으니, 결과물도 자신의 것이라는 주장일 뿐이다"(애트우드: 165). 오브프레드는 언젠가 빅토리아 여왕이 결혼을 앞둔 그미의 딸의 귀에다 속삭인 말을 분명히 기억합니다. "남편이 너의 몸을 취하려고 하면, 눈을 질끈 감고, 오로지 조국만을 생각해!" 그렇지만 주인공에게는 애국심 따위는 사라진 지 오래입니다. 그미는 오르가슴을 느끼기는 커녕, 가급적이면 빨리 프레드의 피스톤 운동이 그치기만을 기다릴 뿐입니다.

16. 법이 정한 규범은 실제 현실의 삶을 전적으로 포괄하지 못하고 있다: 주인공은 성행위를 감내해야 할 뿐 아니라, 때로는 대리모로서 행해야 하는 의료 시술 과정을 견뎌 내야 합니다. 주인공과 같은 대리모들은 때로는 인공 분만을 위해서 자궁 검사를 받고 난자를 추출하는 등 인공 분만의 고통스러운 과정을 참고 견뎌야 합니다. 그런데 문제는 작품에 등장하는 모든 여성들이 실제 현실에서 길리어드의 "신성한" 법을 더 이상 준수하지 않는다는 사실입니다. 가령 사령관은 항상 반복되는 "아기 만드는 일"에 지루함을 느낀 듯이 오브프레드에게 스크래블 게임, 다시 말해서 단어 퍼즐 놀이를 하자고 제안합니다. 그런데 이러한 퍼즐 놀이는 여성에 대한 글쓰기 금지 정책에 전적으로 위배되는 행위입니다. 사령관은 이를 잘 알면서도 오브프레드에게 퍼즐 놀이를 하자고 제안합니다. 시간이 흐름에 따라 그는 오브프레드에게 인간적 매력을 느낀 것 같습니다. 프레드는 길리어드 공화국에서는 누군가를 사랑한다는 것 자체가 체제 파괴적 감정으로 매도된다는 것을 잘 알고 있습니다. 이는 시간이

흐름에 따라 세레나 조이의 질투심을 유발시킵니다.

17. 또 다른 범법 행위: 나중에 주인공은 기이한 일을 경험해야 했습니다. 즉, 사령관의 아내인 세레나 조이가 주인공, 오브프레드에게 무언가를 부탁한 것입니다. 그것은 주인공이 사령관 대신에 운전사, 닉과 동침해 달라는 것입니다. 아무리 생각해도 남편에게는 더 이상 생식 능력이 없는 것 같으니, 어떻게 해서든 후사를 두어야 한다는 것이었습니다. 만약 이 사실이 발각되면, 세레나는 아무리 자신에게 특권이 주어져 있다고 하더라도 당국에 끌려가서 사형을 면치 못하게 될 것입니다. 바로 이 와중에 운전수 닉은 값비싼 물건을 밀수했다는 이유로 당국에 체포됩니다. 심문 과정에서 그는 세레나 조이의 하수인에 불과하다고 솔직하게 토로하는데, 이로써 그는 풀려나게 됩니다. 당국은 세레나 조이에게 조심하라는 경고 조처를 내립니다. 오브프레드는 사령관의 요구 사항을 받아들이고, 섹스 대신에 단어 퍼즐 놀이를 즐기며 시간을 보냅니다. 뒤이어 그미는 운전사 닉을 만나 사형의 위험에도 불구하고 그와 정을 통합니다. 두 사람은 오로지 임신과 출산만을 고려하고 있습니다.

18. 한 여성의 길리어드 공화국 탈출에 관한 이야기: 작품 내에서 자동차 운전사인 닉이 체제 비판적인 혁명가인지 아닌지는 결코 밝혀지지 않습니다. 확실한 것은 그가 비밀스러운 서클에 가담하여, 여러 체제 비판적인 남자들과 자주 만난다는 사실입니다. 그는 오브프레드와 동침한 다음에 그미를 어디론가 은밀한 장소로 데리고 갑니다. 인적이 드문 장소에서 그미를 영접한 사람은 두 명의 남자였습니다. 그들은 오브프레드에게 다음과 같이 말합니다. 자신은 비밀 저항 조직인 메이데이의 조직원들이며, 오브프레드를 캐나다로 탈출시켜 주려고 한다는 것입니다. 오브프레드는 이들의 도움으로 어떤 낯선 곳에 은거하게 됩니다. 그미는 자신이 체험한 모든 사항과 길리어드 공화국에 관한 모든 사항들을 녹음

테이프에 녹취합니다. 그런데 오브프레드가 결국 길리어드 공화국을 탈출하여 캐나다에 정주했는지, 아니면 도중에 살해당했는지 하는 사항은 끝내 밝혀지지 않습니다. 소설의 원고는 200년 후, 정확하게 말하자면 2195년 6월 25일에 디네이 대학에서 개최된 국제 역사학자 회의에서 연구 대상 자료로 논의됩니다. 이때 이곳에 모인 학자들은 오브프레드라는 여자가 무려 200년 전에 끔찍한 길리어드 공화국에서 탈출했다는 사실을 비로소 처음으로 확인합니다. 소설의 마지막 대목은 소설의 줄거리가 어떠한 경로를 통해서 미래로 전해졌는지 설명해 줍니다.

19. 작품의 구조적 특성: 소설의 틀은 2195년에 개최된 역사학자 회의입니다만, 주류를 이루고 있는 것은 길리어드 공화국에서 시녀로 살았던 여성의 녹음테이프 내용입니다. 따라서 화자의 시각은 의도적으로 제한되어 있습니다. 여성을 억압하는 공화국의 끔찍한 모습이 한 개인의 시각에서 다루어집니다. 그런데 녹음 음성은 등장인물이 실제 현실에 생존하고 있었음을 반증하는 것입니다. 따라서 녹음테이프들은 길리어드 공화국의 디스토피아의 참상에 대한 증거 자료로 채택될 수 있습니다(김순식: 42). 특히 녹음테이프 외에 남아 있는 다른 자료는 아무것도 없습니다. 그런데 우리가 유토피아의 흐름의 연구에서 필요한 거대한 정치 조직의 구체적 형태와 디스토피아 국가의 기능 등을 세부적 관점에서 찾아내기란 거의 불가능합니다. 소설을 읽는 독자는 어떠한 정황에서 그리고 언제 어디서 이야기가 전개되는지 명확하게 간파하지는 못합니다. 애트우드는 의도적으로 한 개인의 일방적 관점에서 모든 것을 서술하고 있으므로, 독자는 길리어드 공화국 전체를 쉽사리 조망할 수 없습니다. 문체가 간결하고 시적이므로, 독자는 한 여성의 행동과 말 그리고 주위 환경에 대해 서서히 이해해 나갈 수 있습니다.

20. 작품의 시대 비판 (1), 임신을 불가능하게 하는 현대 문명에 대한 비

판: 작품은 출생률 저하의 이유와 출산을 기피하는 근본적인 이유 등을 분명하게 지적합니다. 과거에는 사람들이 자식 낳기를 기피하였습니다. 젊은이들은 서로 사랑을 나눌 뿐 더 이상 자식을 낳지 않으려는 생각이 널리 퍼져 나갔습니다. 피임 도구가 개발되어 얼마든지 인위적으로 피임할 수 있다는 것도 젊은이들에게 많은 도움이 되었습니다. 유럽 인종이든, 비유럽 인종이든 간에 자의에 의해서 얼마든지 임신과 출산을 인위적으로 연기하거나 회피할 수 있었습니다. 그런데 이제는 자식을 낳고 싶어도, 여성들이 임신할 수 없는 지경에 이르렀습니다. 수많은 바이러스가 인간에게 크고 작은 질병을 유발합니다. 가령 R 유형의 매독균과 에이즈 질병이 세계적으로 퍼지게 되었으며, 젊은이들 가운데에는 기형아를 출산하는 일이 속출하게 됩니다. 핵발전소에서 원전 사고 혹은 부주의로 인하여, 요오드, 세슘, 플루토늄 그리고 스트론튬 등과 같은 여러 가지 발암물질이 빠져나옵니다. 고준위 내지 중준위의 핵 쓰레기를 불법적으로 매립하는 일이 교묘하게 발생합니다. 화생방 무기에서 분사되어 나오는 죽음의 유독가스가 상수도를 오염시켜서 사람의 건강을 해치기 시작했습니다. 게다가 전 세계적으로 무분별하게 사용되는 살충제와 제초제 등을 생각해 보십시오. 이러한 성분들이 인간의 체내에서 암을 생성하거나, 수많은 임산부들로 하여금 병든 아기를 낳게 한 것은 사실입니다. 애트우드는 이 점을 분명하게 지적하고 있습니다(Atwood: 402).

21. 작품의 시대 비판 (2), 출산 도구로서 여성: 국가는 임신과 출산이 가능한 하녀들을 선별적으로 골라서, 그들로 하여금 인위적 방식으로 임신하게 조처합니다. 그리고 국가는 여러 가지 유형의 하녀들을 선발하여 적재적소에서 허드렛일을 담당하게 합니다. 하녀들의 유형은 매우 다양합니다. 가령 가정부로서 집안일을 담당하는 마르타와 같은 하녀가 있는가 하면, 어린 소녀들을 교육시키고 감독하는 탄테르와 같은 하녀도 있습니다. 하급 남자들에게 할당되어 그들의 가사를 돕는 하녀들이 있

는가 하면, 높은 직책의 장교 혹은 장성과 결혼한 상류층 여자도 존재합니다. 특히 장교와 장성들에게는 임신 가능한 하녀들이 배속되는데, 아기는 이러한 여성들의 자궁 속에서 태어나지만, 장교 내지 장성의 아내에 의해서 교육받고 자라납니다. 임신 가능한 하녀들은 상류층 여자가 시키는 대로 그미의 남편과 성행위를 행합니다. 여기에는 어떠한 사랑도 오르가슴도 없으며, 오로지 수태하라는 명령에 의해 마치 기계처럼 남자와 성교해야 하는 하녀들의 참담한 상황만이 존재할 뿐입니다. 여성을 아기를 생산하는 기계 내지 생물학적 그릇으로 활용하는 것은 올더스 헉슬리의 『원숭이와 본질(Ape and Essence)』에서 언급된 바 있는 끔찍한 사례가 아닐 수 없습니다(Huxley: 27).

22. 작품의 시대 비판 (3), 남성 중심주의의 폭력: 남성주의 국가의 전체적 시스템은 막강한 위용을 자랑하며, 개개인의 존엄성을 처음부터 끝까지 유린합니다. 심지어 야권 세력이 있다 하더라도 길리어드 공화국은 부소불위의 힘을 자랑합니다(정정미: 238). 가령 오브프레드는 세레나 조이에 의해 삭막한 방에 갇힙니다. 누군가 이곳에 감금되어 있다가, 그곳 벽에다가 못으로 다음과 같은 라틴어 문장을 새겨 놓았습니다. "사악한 사생아들이 너의 몸을 망치게 하지 말라(Nolite te bastardes carborundorum)"(Atwood: 235). 애트우드의 길리어드 공화국은 개별 사람들이 느낄 수 있는 연정과 사랑 자체를 체제 파괴적인 위험한 감정으로 매도합니다. 왜냐하면 이것은 해방의 이성을 도피시키게 하는 마지막 출구로 기능하기 때문입니다. 이와 관련하여 애트우드는 『시녀 이야기』를 통하여 20세기에도 그치지 않고 자행되는 여성에 대한 학대 내지 여성 살인의 역사를 비판하려고 했습니다. 이를테면 우리는 1980년대 이슬람 종교를 신봉하는 지역의 여성 억압의 이데올로기, 중국, 타이완, 한국 그리고 일본 등지에 팽배되어 있는 페미니즘 운동에 신경과민으로 반응하는 가부장적 유교주의, 여성 차별의 이란 국가와 남성 중심적 수직

구도로 이어지는 유대교의 이데올로기 등은 여성 학대 내지 여성 억압의 역사적 맥락에서 이해될 수 있습니다(Saage: 375).

23. 페미니즘의 한계를 뛰어넘는 소설: 상기한 사항을 고려할 때, 작가가 북아메리카뿐 아니라, 세계 전체를 의식하면서 소설을 집필한 것은 분명합니다. 소설의 주제는 여전히 억압당하며 살아가는 여성들의 애환을 다루고 있는데, 구성을 고려할 때 페미니즘의 디스토피아 문학작품으로 분류될 수 있습니다. 실제로 수많은 여성들은 지금도 남성에 봉사하는 역할만 수행하며, 하나의 주체로서 어떠한 무엇도 스스로 결정하지 못하고 있습니다. 작품에서 가장 눈에 띄는 것은 여성들에게 책을 읽고 글을 쓰는 행위를 금지시킨 길리어드 공화국의 집요하고도 잔인한 정책입니다. 그렇지만 소설 내에서 남성들이 책 읽기와 글쓰기의 문화를 완전히 장악한 것은 아닙니다. 가령 사령관 프레드와 자동차 운전수 닉은 책을 즐겨 읽는 독자도 아니고, 그렇다고 해서 직접 어떤 무엇을 글로 표현하는 사람도 아닙니다. 그렇다면 과연 공화국 내의 어느 누구가 구체적으로 글쓰기와 책읽기를 장악하고 있을까요? 어쩌면 이러한 의문을 통해서 애트우드는 문제 해결의 당사자가 여성뿐 아니라 남성이라는 점을 암시해 줍니다.

24. 디스토피아의 문학적 설정은 하나의 경고이다: 길리어드 공화국의 쿠데타, 남자들에 의해서 완전히 장악된 20세기 말의 미국의 현실, 성의 노예로 살아가는 여성들의 변태적 성행위 장면들은 우리를 그야말로 전율에 사로잡히게 만듭니다. 물론 애트우드는 핵전쟁과 이로 인한 인간 삶의 파멸 현상에 관해서 세밀하게 서술하지는 않았습니다. 그렇지만 길리어드 공화국에서는 사회적으로 중요한 과업을 수행하는 데 있어서 여성이 철저히 배제되고 있습니다. 삶의 기쁨은 찾아볼 수 없으며, 예술이 말살되고, 인간적 만남으로 인한 기쁨은 모조리 생략되어 있습니다. 이

러한 풍토는 무미건조하고, 황량하며, 그야말로 폭력적이기까지 합니다. 단추 하나만 누르면, 수많은 인간이 순식간에 잿더미로 변하는 경우를 생각해 보십시오. 작품이 경고하는 것은 바로 이것입니다. 특정한 광신적인 권력자가 저지르는 어떤 끔찍한 행동은 이렇듯 여성들의 자결권을 모조리 빼앗아 갈 수 있으며, 모든 사람들을 순식간에 죽음과 끔찍한 경악 속으로 몰아넣을 수 있습니다. 가령 중동에서 자주 발생하는, 여성에게 가해지는 끔찍한 사건을 생각해 보십시오. 길리어드 공화국은 남성 중심주의로 무장한 채 테러를 저지르는 이슬람 국가를 연상시킵니다.

25. 핵 발전을 통한 위험성: 작가는 핵에너지 개발의 후유증으로 나타난 여러 가지 질병을 경고합니다. 과거에는 기껏해야 매독과 에이즈 등의 전염병으로 인해 젊은 사람들의 성 인식과 성생활의 패턴만이 변화되었을 뿐입니다. 그러나 원전 사고와 가상적인 핵전쟁은 여성들의 건강 상태를 해쳐서 불임 상태로 몰아넣었고, 사산, 기형아 출산 그리고 유전적 질병을 초래하였습니다. 건강한 자식이 태어나지 않는다는 것은 근본적으로 인류에게 미래가 주어지지 않으리라는 것을 의미합니다. 애트우드의 작품은 가장 끔찍한 디스토피아 문학으로 이해될 수 있습니다. 애트우드의 『시녀 이야기』는 여성의 동등권을 이룩하기 위한 자극제로서 활용되었습니다. 1990년에 폴커 슐렌도르프(Volker Schlöndorff)는 해롤드 핀터(Harold Pinter)가 각색한 시나리오를 영화로 만들었습니다. 여기서 여주인공은 사령관 프레드를 칼로 찔러 살해합니다. 나중에 애트우드는 『오릭스와 크레이크(Oryx ans Crake)』(2004)를 발표하는데, 여기서는 유전자 조작과 영생을 위한 알약에 관한 기상천외한 이야기가 서술되어 있습니다. 이 작품은 애트우드의 시녀 이야기의 연작으로 이해됩니다.

26. 레이 브래드버리의 『화씨 451』: 우리는 또 다른 디스토피아 문학으로서 레이 브래드버리(Ray Bradbury, 1920-2012)의 『화씨 451(Fahrenheit

451)』(1953)을 생략할 수 없습니다. 작품 속에서 사회적으로 금지되는 것은 기이하게도 책, 다시 말해 도서입니다. "화씨 451"은 책을 태우기에 가장 적당한 온도를 가리킵니다. 주인공은 기혼남인데, 아내 밀드레드와 함께 지내는 방을 마치 무덤 속의 어둠으로 간주합니다. 왜냐하면 침실의 세 면에 TV가 장착되어 있고, 아내의 귀에는 "조개 라디오(Seashell-radio)"라고 불리는 귀 라디오가 장착되어 있기 때문입니다. 미국 사람들이 매스컴으로부터 벗어날 수 있는 자유는 전혀 주어지지 않고 있습니다. 놀라운 것은 삶과 살림의 객관적 상관물로서 흰색, 밝음, 자연 등이 죽음과 죽임의 그것으로서 검정색, 전기 기계 등과 대조된다는 사실입니다(Bradbury: 76). 주인공은 가이 몬태그라는 이름을 지닌 30세 나이의 남자입니다. 그의 직업은 방화대원입니다. 국가는 방화대원을 차출하여 그들의 손에 화염방사기를 안겨 줍니다. 그리하여 그들로 하여금 모든 도서를 불태우게 합니다. 어딘가에 과거의 위대한 사상가의 책이라든가 불멸의 문학작품이 존재한다면, 이는 국가적 차원에서 매우 위험하다고 합니다. 도서는 독자의 마음속에 은밀히 고유한 사고 내지 비판 의식을 자극하기 때문입니다.

27. 오웰의 『1984년』과의 비교: 가령 『1984년』은 전체주의 사회의 경제적 생산과 정치적 시스템이 어떻게 개개인의 자유를 빼앗는지 세밀하게 서술하고 있습니다. 오웰의 작품에 비하면 『화씨 451』에서 사회적 구조에 관한 구체적이고 상세한 언급은 생략되어 있습니다. 또한 미래의 미국 사회에서는 선거를 통해서 대표자를 선출하는 시스템이 처음부터 없습니다. 자유주의 내지 민주주의의 요구는 이미 오래 전에 박탈되어 있으며, 신문 방송은 대중적 오락 프로그램으로 가득 차 있습니다. 사람들은 그저 바보상자인 텔레비전을 들여다보며 여가 시간을 보냅니다. 그럼에도 『화씨 451』에서는 디스토피아의 특성이 발견되고 있습니다. 가령 주인공 몬태그는 처음에는 국가권력을 맹신하고 이에 추종하지만,

나중에는 자신의 일에 회의감을 느끼고 등을 돌립니다. 이 점에 있어서 『1984년』의 주인공 윈스턴 스미스와 같습니다. 윈스턴 스미스도 처음에는 체제 옹호적 의식을 지니고 있었지만, 줄리아라는 여성을 만나면서 국가의 음험한 이데올로기를 감지하게 됩니다.

28. 주인공의 회의와 과학기술의 폭력: 주인공 몬태그 역시 한 여성을 만나면서 주어진 사회적 시스템을 의심하기 시작합니다. 다시 말해, 클라리세를 만남으로써 처음으로 자신의 소외된 삶을 감지하게 된 것입니다. 우연히 만난 클라리세는 귀엽고 천진난만하며 주인공으로 하여금 마치 오래 전에 체험했던 평온한 자연을 떠올리게 해 주었습니다. 몬태그는 그미를 통해서 자신의 결혼 생활과 방화관이라는 직업에 대해 회의하기 시작합니다. 나아가 금지된 책을 읽으면서 국가의 전체주의 시스템을 의심하게 된 것도 클라리세를 통해서였습니다. "그는 수동적으로 살아가는 대중들로부터 점점 멀어지기 시작한다. 사람들은 벽에 부착된 TV를 뚫어지게 바라보고, 귀에 '조개 라디오'(이어폰)를 꽂은 채 경박하고 단순한 우스개 이야기에 넋이 나가 있다"(Bradbury: 12). 현대의 첨단 기술은 사람들의 의식을 완전히 와해시키는 거대한 에너지로 돌변해 있습니다. 19세기만 하더라도 사람들은 기술의 발전으로 인간 삶이 발전되리라는 낙관적 자세를 취해 왔습니다. 그러나 이제는 정반대입니다. 과학기술은 인간의 사회적, 개인적 삶을 감시하고 조종하기에 이른 것입니다. 가령 기계로 만들어진 개 한 마리가 개개인을 감시하고, 개인의 힘으로는 도저히 제어할 수 없는 힘을 지닙니다. 개는 사회에 비판적인 사람들을 찾아내어 그들을 체포하는 일을 담당하고 있습니다.

29. 주인공의 사보타주 그리고 직장 상사, 비티의 발언: 어느 날 몬태그는 도서에 불을 지르기 위해 어느 건물에 뛰어듭니다. 그곳에서 어느 나이 든 여자의 죽음을 목격하게 됩니다. 여자는 누군가 자신의 도서들을

모조리 불태우자 스스로 화염 속으로 뛰어들어 자살했던 것입니다. 나이 든 여자는 국가의 시스템에 순응하고 굴복하며 살아가느니 차라리 자살하는 게 낫다고 판단한 것입니다. 시신을 바라보았을 때, 누군가 주인공의 머리를 망치로 내리치는 것과 같은 느낌을 받습니다. 몬태그는 정신 나간 사람처럼 며칠 동안 아무 일도 하지 않고 지냅니다. 이때 그의 상사인 비티(Beatty)가 집으로 찾아옵니다. 체제 옹호적인 입장을 드러내는 비티는 정부의 문화 정책에 관해서 설명해 줍니다. 그의 말에 의하면, 문학, 문화 그리고 자유로운 사상을 거부하는 일은 정부에 의해서 주도적으로 행해진 게 아니라, 사회적 변화에 따라 저절로 출현한 것이라고 합니다. 물론 국가가 검열 행위를 시행한 것은 사실이라고 합니다. 비티의 말에 의하면 모든 국민은 지적으로 동일한 수준을 지니며, 스스로 핍박당한다는 느낌을 더 이상 품지 않게 되었다는 것입니다. 비티는 자기 자신도 여러 권의 책을 읽은 적이 있는데, 독서를 통해서 아무런 도움도 얻지 못했다고 토로합니다.

30. 주인공, 체제 파괴적인 시각을 견지하다: 몬태그는 드디어 자신이 몰래 감춰 두었던 책들을 읽으려고 작심합니다. 그는 아내에게 함께 책을 읽자고 독촉합니다. 그러나 밀드레드는 이를 거절합니다. 왜냐하면 독서는 자신의 일상화된 TV 시청을 방해하기 때문입니다. 주인공은 독서 행위에 관해서 조언을 구하기 위해서 퇴직 교수, 파버(Faber)를 찾아갑니다. 파버는 인문대 문화학과 교수였는데, 문화학과가 실용주의의 압력에 의해 폐쇄되는 과정을 고스란히 체험하였습니다. 그는 독서의 가치를 인정하는 몬태그를 다독이면서, 책읽기가 타인에게 발각되지 않도록 조심하라고 조언합니다. 그러나 몬태그는 퇴직 교수의 충고를 개의치 않게 생각합니다. 어느 날 주인공은 아내와 그미의 여친들이 모인 자리에서 시 한 편을 낭송합니다. 그것은 매슈 아놀드(Matthew Arnold)의 「도버 해변(Dover Beach)」이라는 시였습니다. 아놀드는 이 시를 통하여 현대인

이 상실한 신앙심을 슬프게 노래한 바 있는데, 여성들은 그것을 체제 파괴적으로 이해합니다. 그리하여 그들은 시를 낭송하는 주인공을 체제 파괴적인 위험 분자라고 속단합니다. 결국 자신의 아내조차 여성들의 견해를 따르게 됩니다. 며칠 후에 밀드레드는 비티를 찾아가서 남편을 당국에 고발합니다. 그미는 얼마 되지 않아 신경안정제 과다 복용으로 사망합니다.

31. 주인공 야권 세력에 합류하다: 젊고 아리따운 클라리세는 언젠가 주인공에게 삶이 행복한지 질문한 적이 있었습니다. 이때 몬태그는 언어의 예술, 자유로운 사고 그리고 자연의 맑은 공기와 그 순수한 아름다움 등이 얼마나 소중한 가치를 지니고 있는지를 깨닫습니다. 그러나 몬태그는 고발당하여, 직장 상사, 비티에 의해 어떤 처벌을 받아야 합니다. 책이 비치된 주인공의 집을 깡그리 불태우라는 명령이 바로 그 처벌이었습니다. 비티는 파버 교수의 수상한 행동을 비아냥거리면서, 대화 도중에 그를 감옥에 처넣겠다고 협박합니다. 그러자 몬태그는 이를 지켜보다가 국가의 더러운 하수인, 비티를 자신의 화염방사기로 태워 죽입니다. 뒤이어 그는 파버 교수의 도움으로 도시 외곽에 있는 강과 숲을 지나 도주합니다. 그는 메가 도시 밖에서 살아가는 몇몇 반체제 지식인 그룹에 합류하게 됩니다.

32. 중우정치에 대한 작가의 비판: 브래드버리는 소설을 통하여 다음의 사항을 무엇보다도 문제 삼고 있습니다. 즉, 현대의 미국 사회는 가짜 뉴스를 보도하기 위하여 TV를 활용하고 있는데, 이는 인민의 눈과 귀를 차단하기 위한 의도에서 비롯되었다는 것입니다. 진실이 거짓으로 왜곡되는 이데올로기가 행해진 첫 번째 시점은 1790년이며, 이를 주도한 사람은 작가의 견해에 의하면 벤저민 프랭클린이라고 합니다(황은주: 592). 이러한 유형의 이데올로기의 횡포는 1950년대의 미국 사회에서 나타납

니다. 국가는 민주주의를 표방하고 만인에게 정보를 제공한다고 공언하지만, 권력기관, 매스컴 등은 자신의 정책을 수행하기 위해서 거짓된 정보 내지 왜곡된 정보를 노출시킵니다. 매스컴은 근본적으로 올바른 정보의 전달과 비판을 행한다고 말하지만, 정보는 실제에 있어서는 권력기관 내지 일부 사회 계층의 요구에 따라 왜곡되기도 하고 무시되기도 합니다. 프로이트의 조카 에드워드 루이스 버네이스(Edward Louis Bernays)는 『프로파간다(Propaganda)』(1928)에서 거짓이 진실로 둔갑되는 교묘한 기술을 서술한 바 있습니다. 동서고금을 막론하고 인민에게는 왜곡되거나 거짓된 정보를 간파할 능력이 결여되어 있습니다. 이를 활용하여 자신의 정치력을 확장하려는 사람들은 오늘날 어디서나 출현하는 실정입니다.

33. 『화씨 451』의 시대 비판: 브래드버리의 문학적 현실은 한마디로 "타협의 지옥"과 같습니다(Zipes: 183). 왜냐하면 TV와 같은 매스컴의 폭력은 개개인의 자유로운 사고와 비판력을 약화시키거나 차단시키기 때문입니다. 어쩌면 작가는 현대의 대중문화의 공허함과 이로 인한 끔찍한 결과를 보여 주려고 했는지 모릅니다. 사실 『화씨 451』은 1950년대 초반 미국의 현실과 밀접한 관련성을 보여 줍니다. 우리는 작품 속에서 다섯 가지의 경향을 읽을 수 있습니다. 첫째로, 미국은 1947년부터 50년대 중엽까지 매카시즘이라는 악영향으로 체제 비판적인 지식인을 탄압하는 공포 정치를 행했습니다. 둘째로, 당시에는 한국전쟁 등 냉전의 분위기가 증폭되어 있었습니다. 셋째로, TV의 광고 문화는 미국 전체로 확산되어 사람들의 의식을 마비시키고 있었습니다. 넷째로, 과학기술의 영향은 인간의 사적인 일상을 서서히 장악하고 통제하게 되었습니다(Kohn: 117). 다섯째로, 작가는 젊은 세대의 좌절 내지 폭력을 부분적으로 작품에 반영하고 있습니다. 당국은 사회주의와 관련된 책을 모조리 수거하여 불태우도록 조처했습니다. 작품의 주제는 도서 문화에 대한 권력자의 집

요한 혐오 그리고 매스컴과 영상 매체만이 난무하는 시대적 조류에 대한 비판 등으로 요약될 수 있는데, 이는 오늘날에도 비일비재하게 출현하는 현상입니다.

참고 문헌

김순식 (2015): 마거릿 애트우드의 『대리모 하녀이야기』와 『일명 그레이스』에 나타난 여성적 글쓰기/말하기의 전복성, 실린 곳: 비교문학, 제65집, 27-58.
브래드버리, 레이 (2009): 화씨 451, 박상준 역, 황금가지.
애트우드, 마거릿 (2018): 시녀 이야기, 김선형 역, 황금가지.
정정미 (2019): 디스토피아 이야기와 디스토피아적 전망. 마가릿 애트우드의 『시녀 이야기』, 실린 곳: 현대영어영문학, 69권 4호, 225-248.
황은주 (2012): 레이 브래드베리의 『화씨 451』과 지식 통제 사회, 실린 곳: 영어영문학, 58권 4호, 589-609.
Atwood, Margaret (1998): The Handmaid's Tale, Toronto 1985.. (독어판) Der Report der Magd, 3. Aufl., Hildesheim.
Atwood, Margaret (2003): Oryx and Crake, Ramdom House: New York.
Bernays, Edward Louis (2011): Propaganda, Die Kunst der Public Relations 1928, Orange-Press, Freiburg.
Bradbury, Ray (2018): Fahrenheit 451, Roman, Heyne: München.
Huxley, Aldous (1992): Ape and Essence, Chicago.
Jaschke, Wolfgang (1989)(hrsg.): Das Science Fiction Jahr 1989, Heyne: München.
Klarer, Mario (1993): Frau und Utopie: Feministische Literaturtheorie und utopischer Diskurs im anglo-amerikanischen Roman, Darmstadt.
Kiausch, Usch (2010): Das Jahr der Flut. In: Sascha Mamczak, Wolfgang Jeschke (hrsg.): Das Science Fiction Jahr 2010. Heyne: München, 869-874.
Kohn, Martin (2009): Ray Bradbury, Fahrenheit 451, Hollfeld.
Saage, Richard (2009): Utopische Profile, Bd. IV: Widersprüche und Synthesen des 20. Jahrhunderts Münster.
Schröder (1976): Schröder, Hannelore (hrsg.), John Stuart Mill u. a. Die Hörigkeit der Frau und andere Schriften zur Frauenemanzipation, Frankfurt a. M..
Vanspanckeren, Kathryn (1988)(hrsg.): Margaret Atwood, Vision and Forms. Southern Illinois University Press, Carbondale,
Zipes, Jack (1983): Fahrenheit 451, No Place Else: Explorations in Utopian and Dystopian Fiction, Southern Illinois UP.

13. 크리스타 볼프의 『원전 사고』

(1987)

1. 21세기의 삶을 좌지우지하는 핵에너지 문제: 크리스타 볼프의 『원전 사고(Störfall)』는 더 나은 국가에 관한 유토피아 모델을 다루지는 않습니다. 그럼에도 우리가 이 작품을 예의 주시하는 까닭은 21세기의 가장 큰 화두인 핵에너지의 문제를 다루고 있기 때문입니다. 사람들은 리영희 교수가 언급한 바 있듯이 통상적으로 핵에 대해 무지하고, 무관심하며, 무감각하고, "무-민족적(無民族的)"인 태도를 취하곤 합니다. 나아가 핵에 대해 인간 이성, 기계의 정밀성 그리고 군사력을 과신한다는 것입니다. 리영희 교수는 이러한 특성을 "사무삼과(四無三過)"라는 조어로 설명하였습니다(리영희: 416). 사실 핵은 우리가 생각하는 그 이상으로 위험하고 끔찍한 부작용을 낳을 수 있습니다. 원자로는 핵무기와 마찬가지로 핵에너지를 활용합니다. 원자로와 핵무기는 핵에너지의 쌍생아와 같습니다. 그렇기에 핵을 평화적으로 사용하겠다는 정치가의 발언은 거짓입니다. 실제로 자연과학의 힘은 매우 강해졌는데, 우리는 핵 문제에 관한 모든 권한을 몇몇 엘리트들에게 위임하고 있습니다. 게다가 과학기술의 놀라운 성과는 군사 무기의 파괴력을 더욱 강화시켰습니다. 원자로는 일견 인간에게 많은 에너지를 제공해 주는 유익한 자산인 것처럼 보이지만, 정상 작동되더라도 핵폐기물이라는 끔찍한 위험물을 생산해 냅니다.

2. 크리스타 볼프의 카산드라 프로젝트: 1980년도 초에는 미국과 소련이라는 두 강대국 사이에 핵전쟁의 위협이 극에 달하고 있었습니다. 두 국가는 단추 하나만 누르면, 상대방을 몰살시키고도 남을 만한 핵무기를 개발했기 때문입니다. 크리스타 볼프(Christa Wolf, 1929-2011)는 이러한 국제 정세를 고려하면서 소설 『카산드라』를 집필했습니다. 소설 집필을 위해서 그미는 직접 그리스의 여러 지역을 여행하였습니다. 집필 과정 속에서 탄생한 것은 『소설 카산드라의 전제 조건(Voraussetzung zur Erzählung: Kassandra)』(1983)이라는 문헌이었습니다. 이 책은 여행기, 에세이, 일기 등을 담고 있는데, 우리는 여기서 볼프의 창작 의도, 여성의 시각에서 바라본 역사와 현재 상황 그리고 작가의 깊이 있는 사고와 탁월한 재치 등을 접할 수 있습니다. 볼프는 다음과 같은 물음을 집요하게 파고들었습니다. 역사적으로 끊임없이 나타난 전쟁의 근본 이유는 무엇이며, 문학은 이에 대해 어떠한 입장을 취해 왔는가 하는 물음 말입니다.

3. 크리스타 볼프: 볼프의 삶은 구동독의 역사와 평행하게 이어졌다고 해도 과언이 아닙니다. 1929년에 태어난 그미는 10대의 나이에 제2차 세계대전을 겪었습니다. 1950년대에 볼프는 라이프치히 대학교에서 한스 마이어(Hans Mayer)의 지도로 석사학위를 취득한 다음 작가가 되었습니다. 이후에 발표된 소설 작품들은 세인의 관심을 끌기에 충분하고도 깊이 있는 주제를 다루고 있습니다. 1960년대 초, 베를린 장벽이 건설되었을 때 크리스타 볼프는 구동독 젊은이들에게 서방세계로 이주하지 말고 고향을 더 나은 삶의 공간으로 만들자고 호소하였습니다. 이러한 호소는 베를린 장벽이 무너지기 직전인 1989년에도 계속되었습니다. 소련에서 고르바초프가 권좌에 오른 뒤에 "개혁"과 "개방"은 동독 전역에 확산되었습니다. 1989년 여름 수많은 구동독 사람들이 체코와 헝가리의 대사관을 통해서 서독으로 이주하려고 했을 때, 크리스타 볼프는 하이너 뮐러, 크리스토프 하인과 마찬가지로 고향을 지키고, 구동독을

민주적인 사회주의 국가로 만들자고 호소하였습니다(Emmerich: 216). 그러나 볼프의 이러한 호소는 대중의 지지를 얻지 못했습니다. 통독 직후에는 소설 『남아 있는 것(Was bleibt)』(1990)이 발표되었습니다. 작품은 슈타지와의 갈등을 소재로 한 것인데, 사람들은 소설의 발표 시점을 문제 삼았습니다. 구동독에서 특권을 누리던 작가가 동독이 몰락한 뒤에 뒤늦게 과거의 정치적 갈등을 담은 작품을 발표한다는 사실 자체가 어불성설이라는 것이었습니다. 이 작품을 계기로 통일된 독일에서는 1990년대 초부터 동독 문학 논쟁이 발생합니다. 서독의 일부 비평가들은 볼프의 이른바 무책임한 태도 내지 기회주의를 질타하였습니다. 이로써 크리스타 볼프의 문학과 구동독의 문화 전체가 비판의 도마 위에 오르게 되었습니다. 안타까운 것은 동독 문학 논쟁이 작품 비판이라는 사실적 토대에 근거한 게 아니라, 동독의 몰락 이후 과거의 사회주의 문화 전체를 결과론적으로 매도하기 위하여 서독의 보수주의를 표방하는 평론가들에 의해서 제기되었다는 데 있습니다.

1996년에 소설 『메데이아』가 발표되었습니다. 이 작품을 통해서 볼프는 서양 문명의 남성 중심의 편협적인 세계관을 비판적으로 거론하였습니다. 이로써 두 가지 핵심적 물음이 제기됩니다. 그 하나는 유럽의 역사에서 신화적 내용이 남성적 이데올로기에 의해서 얼마나 왜곡되고 잘못 전달되는가 하는 물음을 가리키고, 다른 하나는 권력과 금력의 추구가 인간답게 살아가려는 노력에 얼마나 악재로 작용하는가 하는 물음을 지칭합니다. 볼프는 그 이후에도 많은 작품을 발표하였습니다. 놀라운 것은 작품 집필을 위한 전초 작업으로서 작가가 언제나 주제와 관련되는 글을 항상 병행하여 발표했다는 사실입니다. 대부분의 작가들은 직관에 의존하여 작품을 집필·발표하여, 작품의 해석 및 테마의 재인식 작업을 평론가들에게 그냥 일임합니다. 이에 반해 크리스타 볼프는 사회의 근본 문제를 깊이 숙고하고 탐구한 연후에 소설 집필에 착수합니다. 크리스타 볼프의 사상적 숙고는 2권으로 이루어진 문학 논문집 『작가의 차원

(Die Dimension des Autors)』(1986)에 실려 있습니다.

4. 잔악한 남성의 살육 행위를 미화한 호메로스의 작품: 일단 고대사회의 전쟁에 관한 볼프의 입장을 살펴보기로 합니다. 이하의 내용은 크리스타 볼프의 책『소설 카산드라의 전제 조건』에 실려 있는 내용입니다. 서양 문학의 효시라고 일컫는 호메로스의『일리아스』와『오디세이』는 볼프에 의하면 잔악한 남성들의 살육 행위를 영웅화시키고 있습니다. 이를테면 아킬레우스는 수많은 트로이 사람들을 죽음으로 몰아간 살인마이며, 미소년의 성을 강제로 탐한 도착적 동성연애자라고 합니다. 특히 시체를 즐겨 간음했다는 점에서 그는 끔찍한 엽기적 변태성욕자의 모습을 여지없이 보여 줍니다. 그럼에도 호메로스는『일리아스』에서 아킬레우스를 "그리스의 영웅"으로 칭송하였습니다. 여기서 극명하게 드러나는 것은 서양 작가들의 남성적, 수직적 그리고 전투적 세계관입니다. 크리스타 볼프는 전쟁을 찬양하는 호메로스의 작품이 과연 서양 문학의 효시로 인정받는 것이 올바른가 하고 묻습니다. 무고한 사람들을 잔악하게 살해하는 아킬레우스는 볼프에 의하면 영웅이 아니라 살인마 그 자체라고 합니다. 오히려 패망한 국가의 인민들을 데리고 트로이를 떠나 새로운 땅으로 항해한 아이네이스와 그의 아버지, 안키세스(Anchises)야말로 진정한 영웅이라고 볼프는 주장합니다. 만약 문학이 인류의 평화에 기여할 수 있다면, 전쟁을 찬양하고 살인자를 영웅으로 떠받드는 공식은 차제에 반드시 수정되어야 마땅합니다. 이와 관련하여 트로이 전쟁은 볼프에 의하면 피해자의 입장에서 다시금 공정하게 재구성되어야 합니다.

5. 정치적, 경제적 그리고 사적인 이해관계에 의해서 왜곡되고 부풀려진 전쟁의 명분: 호메로스가 트로이 전쟁의 문제를 전쟁의 승리자 그리스인의 시각에서 묘사했다면, 볼프는 전쟁의 패배자 트로이 사람들의 시각에서 모든 것을 고찰하였습니다. 호메로스가 그리스 신들의 거대한 권

능을 동원하여 트로이 전쟁을 "성스러운 전쟁"이라고 규정했다면, 볼프는 이를 부정하였습니다. 모든 전쟁은 볼프에 의하면 무엇보다도 세 가지 모티프에서 비롯된다고 합니다. 그것은 "(국가의) 이기주의, (자본주의의) 경쟁 그리고 (남의) 빵에 대한 질투심"으로 요약될 수 있습니다 (Dokumentation: 104). 신의 권능 운운하는 것은 정치가의 이데올로기적 계략에서 비롯된 것입니다. 예컨대 신탁은 고대로부터 권력자의 정책을 합법화하거나 인정받는 수단으로 활용되었습니다. 이러한 입장은 특히 마르크스주의에 입각한 조지 톰슨의 신화 이해 내지 고대 그리스의 숙명론적인 해석과 관련됩니다 (Thomson: 122). 아니나 다를까, 볼프는 작품 속에서 신의 권능을 철저히 배제하였습니다. 중요한 것은 신에 의해서 예정된 성스러운 전쟁이 아니라, 제반 갈등이 인간의 정치적, 경제적 그리고 사적인 이해관계에 의해서 왜곡되고 부풀려진다는 사실입니다.

6. 문제는 세 가지 모티프의 극복에 달려 있다: 핵전쟁에 있어서 가장 중요한 문제는 "(국가의) 이기주의, (자본주의의) 경쟁 그리고 (남의) 빵에 대한 질투심"을 극복하는 일입니다. 만약 특정 국가가 당동벌이(党同伐異)의 사고를 저버리고, (마치 춘추전국시대의 제자백가 가운데 묵자墨子가 그러했듯이) 타국을 마치 형제자매의 나라로 이해한다면, 제각기 자본주의의 방식대로 군수품과 재화 등으로써 경쟁하지 않는다면, 남의 재화에 대해 배 아프게 생각하지 않는다면, 전쟁 발발의 근본적 계기는 처음부터 출현하지 않으리라고 합니다. 예컨대 트로이 전쟁은 오로지 땅을 차지하거나 경제력을 확장하려는 권력자들의 탐욕에서 비롯된 것입니다. 이들은 자신의 전쟁 지향적인 정책을 수행하기 위해서 신화적 세계를 현실 세계에 끌어들이고, 신탁으로써 일반 백성들을 현혹시켰습니다. 따라서 중요한 것은 민초들이 더 이상 스스로 전쟁의 화살 과녁으로 이용당하지 않고, 권력자의 탐욕에서 발생하는 전쟁의 본질을 예리하게 통찰하는 일입니다.

7. 핵무기 시대와 작가: "(국가들의) 국익 중심주의, 경쟁 그리고 남의 빵에 대한 질투심"은 전쟁 발발의 계기로서 과거의 전쟁으로부터 20세기의 전쟁에 이르기까지 동일한 패턴으로 나타났습니다. 문제는 20세기에 이르러 전쟁이 더욱 강력하고 첨예화되었다는 사실입니다. 그래, 현대인들은 핵무기 시대에 살아가고 있습니다. 미사일 발사 단추 하나만 누르면, 대도시에서 살아가는 사람들 모두가 몰살당하는 형국입니다. 1980년대 초 냉전 시대의 상황은 오늘날만큼 심각했습니다. 크리스타 볼프는 80년대 초에 베를린과 헤이그에서 개최된 평화를 위한 작가 회의에 참석하여 "오늘날의 문학은 평화 연구를 위한 것이어야 한다"고 선언했습니다. 즉, 진정한 문학은 — 마치 어니스트 헤밍웨이의 서술 방식으로 — 전쟁과 연애 이야기를 뒤섞어서 독자의 감성을 몽환에 사로잡히게 하는 게 아니라, 독자로 하여금 전쟁의 이유를 깨닫게 하고 평화를 위한 연대의식을 촉구하는 자극제가 되어야 한다는 것입니다.

8. 핵무기 시대에 평화는 가능할까: 볼프는 미래에 인류를 파국으로 몰아갈 핵전쟁의 위기를 다루는 것이야말로 문학의 핵심적 과제라고 생각합니다. 핵무기 시대의 위기적 상황은 국가들의 자국 중심적 욕구를 해결함으로써 극복될 수 있습니다. 왜냐하면 핵무기, 핵에너지, 자연 파괴의 현상은 지구상의 모든 인간들에게 다음과 같은 사실을 인식하게 하기 때문입니다. 즉, 개개인의 자기 보존의 원칙은 타인의 이익을 무시하거나 약화시킴으로써 실행되는 게 아니라, 오히려 그것을 강화함으로써 이룩될 수 있다는 점 말입니다. 옛날에는 전쟁을 통해서 환호하는 승리자와 굴욕을 감수하는 패배자가 생겨났지만, 원자폭탄의 발명 이후에는 그러한 일이 생겨날 수 없습니다. 왜냐하면 핵전쟁은 상호 패망의 길로 치닫게 하기 때문입니다. 그렇기에 볼프는 다음과 같이 말합니다. "첫 번째로 다른 나라를 공격하는 자는, 그 후에 두 번째로 끔찍한 피해를 당할 것이다"(Wolf 1983: 88). 바로 이러한 까닭에 개인 혹은 국가의 이기주의의 관점은 — 현

대의 평화운동을 염두에 둘 때 — 국가와 국가 사이의 상생이라는 이타주의로 변할 수밖에 없습니다. 이러한 변모는, 만약 우리가 힘없고 권력 없는 국가의 사람들을 객체로서 파악하거나 생각을 달리하는 사람들을 무조건 적으로 간주하는 일을 포기한다면, 이루어질 것이라고 볼프는 확신하고 있습니다(Wolf 1983: 424). 크리스타 볼프는 핵전쟁이라는 극한의 위험 속에서도 평화에 대한 기대감을 견지하였으며, 유럽인, 나아가 지상의 모든 사람들의 평화의 가능성을 확신하고 있었습니다.

9. 체르노빌 원전 사고: 1986년에 일어난 체르노빌 원전 사고는 전-지구적으로 커다란 충격을 주었습니다. 실제로 체르노빌 원전 사고는 1986년 4월 26일 우크라이나 공화국 수도 키예프 시 근처의 체르노빌 원자력발전소의 제4호 원자로에서 발생한 20세기 최악의 사건입니다. 사고 당시 31명이 즉사하고 피폭 등의 원인으로 1991년 4월까지 5년 동안 7,000여 명이 사망했으며, 나중에 70여만 명이 방사능 오염으로 인하여 치료를 받았습니다. 이 사고로 방출된 방사능의 총량은 방사능 단위로 표현하면 1억 Ci(퀴리)에 이르는 것으로 추정되었습니다. 방사능은 기상의 변화에 따라 유럽 전역으로 확산되었고, 그 일부가 아시아권의 국가들에까지 도달했습니다. 방사능 오염으로 인하여 유럽 사람들은 수년간 과일과 야채 그리고 우유를 안심하고 먹고 마실 수 없었습니다. 원전 사고의 이유는 다음과 같습니다. 발전소는 터빈발전기의 관성력을 이용하는 실험을 하기 위해 원자로의 출력을 1/3 정도로 낮출 계획이었습니다. 그런데 실수로 거의 정지 상태로까지 하강시켰기 때문에 더 이상 신속한 재가동이 곤란하게 되었습니다. 그런데도 발전소의 담당자는 무리하게 출력을 높이면서 제어봉의 에너지를 급상승시켰는데, 이로 인하여 긴급 정지를 조작할 틈도 없이 원자로의 과부하로 사고에 이르렀다는 것입니다. 요약하건대, 체르노빌 사고는 기계의 작동 오류를 일으킨 인재(人災)라는 게 사실로 판명되었습니다.

10. 원전 사고, 소설 집필의 계기가 되다: 크리스타 볼프는 원전 사고의 소식을 접하고, 문학과 작가의 영향력, 기술 문명의 문제점 그리고 정치적 유토피아 등에 관해서 비판적으로 성찰하기 시작하였습니다. 이것은 서양 문명의 맹점을 파헤치는 작업, 조지프 콘래드(Joseph Conrad)의 표현을 빌면, 『암흑의 심장부(Heart of Darkness)』를 추적하는 상징적 의미를 지닙니다. 그런데 가장 심각한 문제는, 일반 사람들은 원전 사고에 직면할 때 사전 혹은 사후의 조처를 취할 수 있는 방도가 하나도 없다는 사실입니다. 실제로 우리는 복잡하게 전문화된 세상에서 제각기 기계의 부속품처럼 활동하고 있습니다. 모든 개개인은 국가의 시스템에 의해서 일사분란하게 작동되는 것처럼 보입니다. 그렇지만 이는 사실이 아닙니다. 문제는 대부분의 사람들이 세계사의 가장 중요한 사안들을 주도적으로 계획하고 추진하는 정책으로부터 소외되어 있다는 사실입니다. 볼프의 표현에 의하면, 개개인은 "세 개의 W"로부터 완전히 벗어나 있습니다. "세 개의 W"란 "세계 정치, 과학 그리고 경제(Weltpolitik, Wissenschaft und Wirtschaft)"를 가리킵니다(Wolf 1981: 182). 그래, 현대인들은 안타깝게도 이웃과 사회 그리고 국가와 지구촌을 위하여 무언가를 기획하고 실천하는 등의 과업에 직접적으로 영향을 끼치지 못합니다. 세상사는 지금도 소수 엘리트에 의해서 좌지우지되고 있습니다. 체르노빌 원전 사고가 발생하면, 이로 인해 고통을 당하는 사람들은 수많은 민초들입니다. 이러한 무기력한 상황, 일반인으로서 아무것도 할 수 없는 정황은 결국 크리스타 볼프로 하여금 소설 『원전 사고』를 집필하도록 자극했습니다.

11. 소설 『원전 사고』의 두 가지 흐름: 『원전 사고』는 내적 독백으로 이루어져 있습니다. 이는 일직선적인 줄거리를 도출해 내기 어렵게 합니다. 그렇지만 소설 속의 사건은 두 가지 사항으로 병렬적으로 이어집니다. 그 하나는 체르노빌의 원전 사고 및 이후에 나타난 방사능 사고의 끔찍한 영향이며, 다른 하나는 주인공의 남동생인 자그가 치러야 하는 뇌 수

술의 과정입니다. 전자의 사건이 유럽 전역을 공포의 도가니로 몰아넣은 끔찍한 사건이라면, 후자는 뇌 수술로 인하여 그가 다시 건강을 회복하는 지극히 사적인 이야기입니다. 그렇지만 두 사건은 소설 속에서 서로 반대 방향으로 귀결된다는 점에서 소설의 주제를 분명하게 유추하게 해 줍니다. 그것은 한편으로는 자연과학 연구 및 과학기술에 대한 맹목적 집착에 대한 작가 크리스타 볼프의 경고로 해석될 수 있지만, 다른 한편으로는 어떤 바람직한 학문 연구, 다른 측면의 자연과학 탐구에 대한 일말의 기대감을 암시하고 있습니다. 서로 교차되는 소설의 진행 방향을 고려한다면, 크리스타 볼프는 — 비록 약화되기는 했지만 — 과학기술에 대한 일말의 기대감을 견지하고 있습니다(Kunert: 244). 물론 1980년대 이후로 이에 관한 그미의 입장이 점점 회의적인 특성을 드러낸 것은 사실이지만 말입니다.

12. 원전 사고의 소식과 동생의 뇌 수술: 주인공 "나"는 1986년 4월 말에 메클렌부르크의 휴양지로부터 귀가 도중에 원전 사고에 관한 소식을 접하게 됩니다. 그것은 키예프 근처의 체르노빌에 있는 원자력발전소의 작동이 멈추어 방사능이 유출되었다는 소식입니다. 매스컴은 사람들에게 물과 음식을 함부로 먹지 말라고 경고합니다. 특히 유의할 것은 채소와 우유를 먹고 마시지 말라는 경고였습니다. 상당히 위험한 양의 방사능 낙진이 들판에 내려앉게 되었는데, 이곳의 풀을 뜯어먹은 소들이 방사능 물질, 가령 세슘 등이 함유된 우유를 생산한다는 것입니다. 원전 사고의 여파는 이것으로 끝나지 않습니다. 냉각수 공급이 원활하게 이루어지지 않아 원자로가 재차 작동을 멈춘 것입니다. 바로 이 와중에 주인공의 남동생은 뇌 수술을 받게 됩니다. 남동생 역시 자연과학자인데, 그의 뇌에는 흉측한 종양 하나가 자라났습니다. 가급적이면 빨리 제거해야 하는 상황에 처해 있었습니다. 주인공은 동생의 수술이 진행되는 동안 깊은 상념에 빠집니다. 그미는 원전 사고와 이로 인한 나쁜 영향 그리고

동생의 수술에 직면하여, 모든 것을 속수무책으로 지켜보아야 합니다. 주인공은 자신의 무능력에 대해 고통을 느끼며 자책합니다. 작품은 체르노빌에서의 원전 사고를 직접적으로 다루었다는 점에서 현시대의 가장 중요한 문제점을 건드리고 있습니다. 여주인공은 일부러 편안한 생각을 애써 떠올립니다. 그렇게 해야 체르노빌 사건을 잠시라도 잊을 수 있을 것 같습니다. 주인공은 애써 편안한 마음으로 동생의 수술이 성공리에 끝나게 되기를 희망합니다.

13. 쾌락 만족과 파괴 충동 그리고 카인: 볼프의 작품에는 인간 존재와 삶의 문제가 다루어지고 있습니다. 어떠한 이유에서 인간은 역사적으로 그렇게 오랫동안 동족과 피비린내 나게 싸워 왔을까 하고 작가는 숙고합니다. 이와 관련하여. 주인공은 다음과 같이 단언합니다. 즉, 인간은 진화 과정 속에서 잘못된 길을 선택하여 자신의 무의식적 심리 기제 속에 "쾌감의 충족"을 "파괴의 충동"과 묘하게 접목시켜 놓았다고 합니다. 이를테면 개구리 한 마리를 죽일 때 느끼는 어린이의 쾌감을 생각해 보세요. 한 아이는 다만 즐기기 위해서 개구리를 죽이지만, 개구리는 이로 인하여 자신의 생명을 마감하게 됩니다. 이렇듯 인간의 쾌락과 유희의 욕망은 끊임없이 무의식을 자극하여 파괴 충동을 부추겨 왔습니다. 인간은 다른 동물과는 달리 무엇보다도 뇌를 발전시켰습니다. 이로 인하여 탁월한 지적 능력은 괴물의 행동과 병행하여 발전되어 왔습니다(Kaufmann: 264). 가령 인간의 뇌가 신속하게 발전된 근본적인 배경에는 같은 종족과 싸우고 열등한 인간을 제거하려는 열망이 도사리고 있었다고 볼프는 주장합니다(Wolf 2009: 59). 동족을 죽이고 자연을 정복하기 위한 도구를 발전시키며 진화를 거듭한 생명체가 지적 야수인 인간이라는 것입니다. 사랑을 독점하기 위하여 가장 가까운 사람을 살해하고 적통을 이어 간 자가 바로 인간이라는 것입니다. 아벨을 죽인 카인의 형상이 이에 대한 적절한 범례일 것입니다.

14. 타인에 대한 폭력은 타인에 대한 두려움에서 비롯한다: 체르노빌 사건은 모든 사람들에게 성찰의 계기를 안겨 주었습니다. 작품의 주인공 역시 인간이 타인과 갈등하고 투쟁하게 된 계기가 어디에 있는가 하고 고민합니다. 어째서 인간은 인간 삶과 자연환경을 온통 파괴하는 원자로를 개발하게 되었고, 원전 사고를 감수하지 않으면 안 되었는가 하고 숙고합니다. 이때 그미는 재앙의 근본적 이유가 어쩌면 인간의 내면에 자리하고 있는지 모른다고 유추합니다. 그래, 해답은 어쩌면 인간 자신에게, 인간의 불안 심리와 피해망상의 증상 속에 도사리고 있습니다. 행여나 타인으로부터 피해당할까 전전긍긍하는 두려움이 급기야는 인간으로 하여금 타인에게 폭력을 가하도록 영특하게 자극합니다. 부자는 가난에 대한 불안 때문에 더욱더 축재에 집착합니다. 다른 종족이 자신들에게 해악을 가할까 봐 그들은 타인을 경계하고 백안시합니다. 내면에 도사린 이러한 공포심은 마음속에 피해망상을 불러일으키고, 우리의 마음속에서 절대로 패배해서는 안 된다는 경쟁심을 부추깁니다. 마찬가지로 실패에 대한 불안이 사람들로 하여금 큰 업적을 낳게 하고, 타인에 대한 두려움이 급기야는 타인에 대한 경쟁의식과 공격 성향을 싹트게 한다는 것입니다.

15. 크리스타 볼프의 언어 비판: 상기한 내용과 관련하여 주인공은 인간 언어의 본질에 대해서도 깊이 고민합니다. 사실 인간을 진화시킨 결정적 요인은 인간이 도구를 사용하고 언어를 활용하는 데에서 발견될 수 있습니다. 특히 언어는 다른 동물에게서 찾아볼 수 없는 인간의 고유한 능력으로 발전되고 계발되었습니다. 인간은 언어를 통해서 자신의 지적 능력을 향상시킨 셈입니다. 그런데 언어는 의사소통의 수단이며, 인간의 이성이 본연의 힘을 지니게 하는 매개체입니다. 그렇지만 다른 한편으로 언어는 자칫 잘못하면 폭력 내지 자기합리화의 수단으로 얼마든지 사악하게 남용될 수 있습니다(Wolf 2009: 84). 가령 어떤 유형의 인종은 말 못

하는 동물들을 정복하고, 다른 언어를 사용하는 타 인종을 멸시하고 박해합니다. 언어는 한편으로는 특정 인간들에게 어떤 동질성 내지 동류의식을 안겨 주지만, 다른 한편으로는 다른 언어를 사용하는 인종을 배척하고 말살시키는 수단으로 활용되기도 합니다. 언어는 한편으로는 인간의 의식을 깨우치게 하지만, 다른 한편으로는 터득하고 의식한 내용을 다시금 무의식 속으로 가라앉히는 역할을 담당합니다. 그렇기에 때로는 자신의 위선과 거짓을 은폐시키는 데 활용되기도 합니다. 그러한 언어는 사상 감정의 표현 수단이면서, 동시에 타인을 살해하는 수단이기도 합니다. 언어는 "좌뇌"를 발전시키도록 작용했고, 이로 인하여 감성과 직관을 담당하는 "우뇌"를 퇴화시키도록 작용했습니다(김상일: 76). 이로 인하여 문화는 길들여질 수 없는 무엇을 길들이도록 작동하는 무엇으로 이해되면서, 인간의 감성을 자극하는 영역 대신에 과학기술의 영역만을 기형적으로 발전시키게 되었던 것입니다.

16. 자연과학의 일방성과 맹목성: 볼프는 주인공을 통해서 다음과 같이 묻습니다. "어쩌면 우리 시대의 유토피아들이 하나의 괴물을 태동시킨 게 아닌가? 자연과학이라는 새로운 신이 우리가 바라는 모든 해결책을 가져다줄 수 있는가?"(Wolf 2009: 37). 지금까지 인류는 과연 스스로 괴물처럼 행동함으로써 끔찍한 파괴를 위해서 달려온 게 아닌가? 여기서 볼프의 비판은 자연과학자의 맹목적 작업으로 향하고 있습니다. 대부분의 자연과학자들은 무언가를 개발하기 시작하면, 도중에 절대로 연구를 포기하지 않습니다. 왜냐하면 자연과학의 연구는 처음부터 획기적인 계획에 의해서 수립된 것이며, 실용적 가치를 위해 그리고 발명 특허를 위해 누구보다도 먼저 완성되어야 하기 때문입니다. 자연과학자들이 밤잠을 자지 않고 집요하게 연구에 몰두하는 이유는 바로 여기에 있습니다. 마치 동물들이 본능적으로 쾌감을 좇듯이, 자연과학자들은 기술의 발전과 개발을 끈덕지게 추구합니다. 이러한 성향은 세상 어디에도 만족하거

나 안주하지 않고, 끊임없이 새로운 무엇을 탐색하는 파우스트의 열광적 탐색의 특징과 같습니다.

17. 현대판 파우스트의 전형, 자연과학자에 대한 비판: 작품의 주인공은 현대판 파우스트인 자연과학자의 전형으로서 미국 리버모어 연구소의 젊은 과학자들을 예로 들고 있습니다. 젊은 과학자들은 악마에게 영혼을 판 게 아니라, 과학기술에 매혹되어 격리된 실험실에서 밤낮으로 작업을 계속합니다. 그들의 삶은 마치 노예선에 묶여 있는 흑인 노예들처럼 혹독하고 비참합니다. 이러한 유형의 자연과학자들에게는 가정도, 자식도, 친구도 중요하지 않습니다. 컴퓨터 앞에서 작업을 계속하는 것만이 자신의 일상일 뿐입니다. 현대판 파우스트의 전형은 이를테면 리버모어의 과학자인 페터 하겔슈타인입니다. 그는 뢴트겐선을 현실에 이롭게 활용하는 방법을 연구하고 있습니다. 이로써 추진되는 실험은 레이저 폭탄의 개발 사업입니다. 하겔슈타인은 지식을 추구하기보다 오히려 노벨상에 더 큰 욕심을 품고 있습니다. 하겔슈타인의 애인, 조세핀은 결국 더 이상 함께 살 수 없음을 깨닫고, 그에게 이별을 통고합니다. 그런데도 그는 빵, 버터, 토마토케첩을 먹고, 콜라만을 마시면서 하루 14시간씩 끈덕지게 작업을 계속합니다. 오로지 실험과 연구에 매달리는 과학자들의 모습은 "죽음에 대한 병적인 불안을 지닌 문화, 남몰래 죽음을 탐닉하는 문화의 표현"입니다. 그렇다면 작가는 체르노빌 사건을 계기로 과학기술을 전적으로 부정하게 되었을까요? 반드시 그렇지는 않습니다. 크리스타 볼프는 소설 속에서 그리고 인터뷰 등을 통해서 "지속 가능한 발전 또는 부드러운 기술을 강조하는 온건 생태주의"의 관점에 동조합니다 (김용민: 414). 재차 말씀드리지만, 자연과학의 기술은 양날의 칼과 같습니다. 부엌에 있는 식칼은 요리 도구로 유용하게 쓰이지만, 강도에게는 살해 도구로 활용되지 않습니까?

18. 과학기술은 양날의 칼이다: 문제는 과학자들이 과학기술이 사회에 어떠한 (악)영향을 끼칠지 전혀 예측하지 못한다는 데 있습니다. 예컨대 알프레드 노벨이 광산 개발을 위해 다이너마이트를 제조할 때, 이것이 차제에 대량 학살 무기로 사용되리라는 것을 사전에 알지 못했습니다. 히로시마와 나가사키에 원자폭탄이 투하될 때, 미국의 과학자들은 원폭 피해로 인한 질병이 인간의 유전자를 변형시킬 정도로 끔찍하다는 사실을 사전에 미처 예견하지 못했습니다. 이렇듯 모든 자연과학 연구는 때로는 유용하지만, 때로는 미래에 출현할 부작용 내지 엄청난 위험성을 안고 있습니다. 심각한 문제는 핵분열과 관련된 제반 연구에 도사리고 있습니다. 핵분열은 엄청난 에너지를 순식간에 분출해 내어 에너지 수급에 도움을 주지만, 핵폭탄으로 활용될 수 있습니다. 뢴트겐선 연구는 당장 병든 인간의 치료를 위해 활용될 수 있지만, 나중에 인류를 죽음으로 몰아가는 도구가 될 수 있습니다.

19. 몸살을 앓는 지구: 인류는 지하자원을 개발하여 산업을 촉진시켰습니다. 석유와 석탄의 채굴은 결국 생태계를 파괴시켰습니다. 인구는 엄청나게 늘었고, 수많은 동식물들이 멸종의 위기를 맞이했습니다. 인간의 개체는 늘어나고, 대신에 플랑크톤의 개체는 현저하게 줄어들고 있습니다. 온실효과로 인하여 북극의 빙산이 녹아서 북극곰의 개체 수는 현저하게 감소하고 있습니다. 지금 남태평양의 섬들은 서서히 가라앉고 있는 형국입니다. 산성비와 배기가스로 인하여 숲들은 서서히 죽어 갑니다. 유럽의 가문비나무, 소나무, 떡갈나무, 너도밤나무의 20%는 지구 온난화로 죽어 가고 있습니다. 이상 기후로 인하여 태풍과 해일이 빈번하고, 육지에서는 사막화가 진행되고 있습니다. 태평양의 섬들은 서서히 물에 잠기고 있습니다. 약 20년 후에는 태평양의 평화롭던 섬들은 대부분 대양 아래로 가라앉는다고 합니다. 특히 가장 심각한 문제는 핵에너지에 도사리고 있습니다. 후쿠시마의 원전 사고는 지진으로 인한 해일에서 비

롯된 것임을 생각해 보십시오. 문제는 심각하지만, 중국에서는 지금도 수십 개의 원자력발전소를 새롭게 건설하고 있습니다. 만약 중국에 있는 원자로 근처에서 지진이 발생하여 동북아 지역에 대재앙이 발생한다면, 우리는 과연 어떻게 피해를 막을 수 있겠습니까? 문제는 개인적으로, 사회적으로 그리고 국가의 차원에서 실행 가능한 구원의 정책을 추진하는 일이며(Bahro: 319), 미래의 모든 정책은 새로운 문화의 원칙을 통해서 환경 문제를 최우선적으로 설정해야 할 것입니다.

20. 원자로의 문제점: 혹자는 원자력 에너지를 평화롭게 사용하면 별로 커다란 문제가 없지 않는가 하고 항변합니다. 과학자들은 핵에너지를 개발하고 활용하는 기술을 만들어 낼 수 있지만, 예견할 수 없는 악영향을 미리 간파하지 못하고, 이를 예방할 기술을 우선적으로 찾아내지도 못합니다. 원전 사고 없이 원자로가 가동된다고 하더라도, 문제가 그것으로 끝나는 것은 아닙니다. 왜냐하면 원자로에서는 엄청난 양의 핵폐기물이 발생하기 때문입니다. 핵폐기물은, 물론 중준위, 저준위의 핵폐기물 사이에는 약간의 차이가 있지만, 약 20만 년 동안 보존되어야 합니다. 만약 우리가 핵에너지에 의존한다면, 우리는 핵폐기물의 처리에 관한 비용과 난제를 후세 사람들에게 안겨 주는 꼴이 될 것입니다. 지금까지 유럽에서는 핵폐기물 처리의 문제로 정부와 인민 사이에 끊임없이 마찰을 일으켰습니다. 바로 이러한 마찰과 핵의 위험성 때문에 독일은 원자로를 2030년까지 완전히 폐쇄하기로 결정했습니다. 이를 해결하기 위한 방안으로서 독일 정부는 핵에너지를 대체할 수 있는 재생에너지 내지 대안에너지의 개발을 위해서 심혈을 기울이고 있습니다. 현재 우라늄 매장량은 430기의 원자로에서 50년 정도 사용할 수 있는 양밖에 남아 있지 않습니다. 원자로를 1,000기로 늘릴 경우에 우라늄 사용 기간은 20년으로 줄어듭니다(이필렬: 39). 따라서 인류는 대안적 사고를 발전시켜야 하며, 재생에너지의 개발은 필수적인 과업입니다. 실제로 후쿠시마

원전 사고는 이에 대해 경종을 울렸습니다. 원자력 에너지는 우리에게 당장 이득이 되는 자산이지만, 원전 사고가 발생할 경우 수만 배 내지 수십만 배의 엄청난 손실을 가져다줍니다.

21. **이상을 추구하는 노력에 대한 회의감:** 볼프의 작품은 원전 사고를 계기로 지금까지 인류가 추구해 온 문명의 방향에 대해서 이의를 제기합니다. 인류는 수십 세기 동안 가난과 폭정을 극복하기 위해서 노력하였으며, 전체주의의 갈등과 전쟁 그리고 대량 학살이라는 끔찍한 사건을 겪었습니다. 그럼에도 인류가 희망을 견지할 수 있었던 까닭은 최소한 정의로움, 평등, 만인을 위한 인간 본위주의 등과 같은 삶의 가치가 실현될 수 있으리라고 믿었기 때문입니다. 수많은 학자들이 정치적 유토피아를 대신할 수 있는 수단으로 과학기술을 언급해 왔습니다. 이를테면 허버트 마르쿠제, 헬무트 셸스키 등은 유토피아의 종언을 선언하기도 하였습니다(Jansen: 124). 특히 셸스키는 68 학생운동 세대를 "회의적 세대"라고 규정하면서, 젊은 네오마르크스주의자들이 추구한 이상을 히틀러 시대에 젊은이들이 추구했던 천년왕국의 이상과 비교한 바 있습니다(Schelsky: 194). 이렇게 주장하게 된 배경에는 과학기술에 대한 기대감이 자리하고 있었습니다. 그렇지만 이제는 사정이 다릅니다. 과학의 발전은 인간 삶의 수준을 향상시키고 편리하게 만들었지만, 이제는 어쩌면 인류를 파멸과 죽음의 구렁텅이로 몰아갈 수 있습니다. 과학기술은 인간에 의해 발전되었지만, 이제 부분적으로 인간 삶을 망치게 하는 도구로 변질된 셈입니다.

22. **환경과 과학기술의 행위:** 인간은 과학기술을 활용함으로써 이성을 지닌 선한 존재가 아니라, 일부 "지적 야수"의 면모를 보여 줍니다. 크리스타 볼프의 대부분의 작품 속에는 등장인물들이 갈구하는 새로운 사회에 대한 갈망의 상이 수미일관적으로 다루어지고 있습니다. 우리는 이러

한 특성을 유토피아의 성분으로 이해할 수 있습니다. 지금까지 유토피아의 국가 모델 내지 더 나은 삶에 대한 기대감으로서 유토피아의 성분이 유효한 까닭은 더 나은 국가, 더 나은 경제적 삶과 더 나은 가정의 행복이 실현되리라는 믿음 때문이었습니다. 그렇지만 이제는 인간학적 관점만으로써 모든 문제가 해결될 수는 없습니다. 체르노빌 사건은 인간이 눈앞의 이득을 추구하다가 얼마나 많은 손실을 입게 되는가를 뼈저리게 깨닫게 해 주었습니다. 과학기술은 인간의 삶을 편리하게 해 주는 데 기여하는 게 아니라, 인간의 삶의 바탕이 되는 자연과 생태계를 하루아침에 망가뜨리는 위험한 도구로서 기능하게 되었다는 것입니다.

23. 구체적 유토피아로서 생존과 평화: 볼프에 의하면, 주어진 현실적 상황이 엄청나게 심각하다고 하더라도 인간은 자신의 모든 희망을 포기할 수 없습니다. 『원전 사고』에서 주인공의 동생의 뇌 수술이 성공리에 끝난다는 사실은 작가가 암시하는 일말의 희망의 징후입니다. 요약하건대, 볼프는 현대사회의 가장 중요한 난제인 원전 사고를 문학적으로 형상화했습니다. 현실적으로 주어진 파국에도 불구하고, 볼프는 정치적 유토피아가 종언을 고한 시대에도 어떤 새로운 구체적 유토피아가 가능하다는 사실을 은밀하게 알려 줍니다. 과거의 유토피아가 국가(정치적 측면), 공유제(경제적 측면) 그리고 새로운 가족제도(사회적, 성적 측면)에서 새로운 실험을 추구해 왔다면, 21세기에는 모든 것을 새로운 각도에서 고찰해야 하는 생태주의 유토피아가 태동할 수 있습니다. 예컨대 생태계 보존을 최우선적 과제로 설정한 첨단 과학기술은 역설적으로 지금까지 잘못된 과학기술의 폐해를 수정할 수 있을 것입니다. 볼프는 핵에너지의 문제를 극복하고 이 땅을 인간이 인간답게 살 수 있는 공간으로 보존해 나가는 일을 가장 중요한 관건이라고 믿고 있습니다. 현대인들은 볼프에 의하면 환경, 여성 그리고 평화의 관점에서 새롭게 그리고 올바르게 생존의 방향을 찾아나서야 한다고 합니다.

참고 문헌

김상일 (2007): 腦의 충돌과 文明의 충돌, 지식산업사.
김용민 (2003): 생태문학. 대안 사회를 위한 꿈, 책세상.
리영희 (2006): 핵무기 신앙에서의 해방, 실린 곳: 리영희 저작집 12, 21세기 아침의 사색, 한길사.
볼프, 크리스타 (1992): 원전 사고, 한일섭 역, 벽호.
이필렬 (2002): 석유시대 언제까지 갈 것인가? 녹색평론사.
Bahro, Rudolf (1990): Rettungspolitik. Grundeinstellungen, in: ders., Logik der Rettung, Wer kann die Apokalyse aufhalten?, Union: Berlin.
Dokumentation (1984): Dokumentation Christa Wolf, in: German Quarterly, Jg. 57, 1984, 91-115.
Emmerich, Wolfgang (1994): Die andere deutsche Literatur. Aufsätze zur Literatur aus der DDR, Opladen.
Jansen (2007): Jansen, Peter-Erwin (hrsg.), Herbert Marcuse. Nachgelassene Schriften. Feindanalyse, zu Klampen: Lüneburg.
Kaufmann, Eva (1990): Unerschrocken ins Herz der Finsternis. Zu Christa Wolfs Störfall, in: Angela Drescher (hrsg.), Christa Wolf. Ein Arbeitsbuch. Studien, Dokumente, Bibliographie, Neuwied, 252-269.
Schelsky, Helmut (1981): Die Generation der Bundesrepublik, in: Walter Scheel (hrsg.), Die andere deutsche Frage, Stuttgart 1979.
Thomson, George D. (1976): Aischylos und Athen: eine Untersuchung der gesellschaftlichen Ursprünge des Dramas, Berlin.
Wolf, Christa (1986): Die Dimension des Autors. Aufsätze, Essays, Gespräche, Reden 1959-1985, 2 Bände, Berlin.
Wolf, Christa (1981): Selbstversuch, in: dies., Gesammelte Erzählungen, Darmstadt.
Wolf, Christa (1983): Voraussetzung der Erzählung: Kassandra, Darmstadt.
Wolf, Christa (2009): Störfall, Nachrichten eines Tages, Aufl. 3. Frankfurt a. M.

14. 노이만의 유토피아, 『레본나』

(1986)

1. 자본주의 그리고 시민사회의 가족제도가 파기된 레본나: 21세기 생태 공동체 운동과 관련된 문헌으로서 우리는 P.M.의 『볼로의 볼로』와 노이만의 『레본나』를 들 수 있습니다. 전자의 작품이 유럽 사회에서 생태 공동체의 확산 가능성을 추적하고 있다면(박설호: 325), 『레본나』는 문학의 형식으로 어떤 가능한 생태 도시를 구체적으로 묘사합니다. 말하자면, 사회학자인 발터 G. 노이만(Walter Gerd Neumann, 1947-)은 르포 형식을 선택하여, 미래의 유토피아를 설계한 셈입니다. 『레본나. 2020년의 사랑과 사회(Revonnah. Liebe und Gesellschaft im Jahre 2020)』는 114페이지 분량의 짤막한 작품입니다. "레본나"라는 가상적인 사회는 미리 말씀드리자면 두 가지 대안의 삶을 지향합니다. 그 하나는 자본주의를 극복한 사회주의의 경제적 삶을 가리키며, 다른 하나는 시민사회의 가족제도가 파기된 새로운 사랑의 삶을 가리킵니다. 전자의 경우 시장, 다시 말해 이윤 추구의 기능이 파기되어 있으며, 후자의 경우 개개인은 강제적 성윤리가 사라진 상태에서 자유롭게 사랑과 성을 누리며 생활합니다. 노이만은 자본주의든 사회주의든 간에 주어진 국가 체제 내에서 하나의 도시 규모가 완전히 새로운 정치적, 경제적 체제를 갖출 수 있다고 확신했습니다(D'Idler: 26). 작품은 여러 관점에서 수준작의 반열에 오르지는 못

합니다. 왜냐하면 작품 속에는 문학적 현실의 리얼리티와 박진감 넘치는 스토리 전개 등이 결핍되어 있기 때문입니다. 그렇지만 그의 작품은 우리에게 많은 것을 깊이 숙고하게 해 줍니다. 가장 중요한 것은 아무래도 국가 없는 미래의 대안 사회에 관한 어떤 구체적인 틀을 가리킵니다.

2. 노이만은 누구인가: 발터 노이만은 전형적인 늦깎이의 입지전적 인물입니다. 하노버 근처의 노동자 가정에서 태어난 그는 기술학교를 졸업하였습니다. 기술학교는 독일 학제에 의하면 중등학교로서 대학에 진학할 수 없는 학생들에게 기술을 가르치는 학교입니다. 노이만은 일시적으로 관공서의 행정 업무를 배웠는데, 이 시기에는 주로 니더작센 주의 내무부서가 있는 힐데스하임의 학교에 다녔습니다. 뒤이어 "아비투어" 시험을 치른 다음 1969년부터 1973년까지 프랑크푸르트 대학에서 사회학을 공부하였습니다. 그의 지도 교수는 한스 위르겐 크랄(Hans Jürgen Krahl) 교수였습니다. 뒤이어 하노버 대학에서 사회학을 계속 공부했는데, 틈틈이 사회당의 비서로 일하며, 녹색당의 대변인으로 활약하였습니다. 때로는 도서관 사서로 근무하였습니다. 노이만의 풍부한 상상력은 이 시기의 독서 편력에서 비롯한 것 같습니다. 1985년에 발터 노이만은 직업인을 위한 대학교에서 강의하다가, 1988년에 오스나브뤼크 대학에서 박사학위를 취득하기에 이릅니다. 현재 그는 하노버 대학교에서 교육학 교수로 일하면서 이따금 도서 편집자로 활동하고 있습니다. 노이만은 1982년에서 2007년까지 종교, 철학, 사회학, 경제학, 생태학, 페미니즘, 사회, 역사, 인간학, 구체적 유토피아 등의 테마로 무려 54권의 책을 간행하였습니다. 노이만은 지금까지 정신분석학에 입각하여 정치경제학을 비판해 왔습니다.

3. 국경선, 화폐, 의무, 도덕, 강제 노동, 가정은 더 이상 존재하지 않는다: 제목 "레본나(Revonnah)"는 "하노버(Hannover)"를 거꾸로 표기한 이

름입니다. 그렇기에 작품이 2020년 하노버를 배경으로 하는 것은 어쩌면 당연할지 모릅니다. 하노버는 독일 북부 니더작센의 수도로서 51만 명의 인구가 살아가지만, 현재 대도시의 규모를 갖추고 있습니다. 레본나의 특징은 도시 전체가 코뮌이라는 수많은 공동체로 구성되어 있다는 사실입니다. 하노버가 독일이라는 국가의 체제 속에 편입되어 있는 북부 독일의 도시라면, "레본나"는 국가로부터 어떠한 간섭도 받지 않은 채 코뮌의 공동체로 군락을 이루며 자치적으로 살아가는 지역입니다. 이곳 사람들은 2004년부터 많은 것을 실험하였으며, 도시는 정치, 경제, 사회 그리고 문화의 측면에서 놀라운 개혁을 실천했는데, 개혁은 어언 16년 동안 지속되어 왔습니다. 가상 도시에는 더 이상 전통적 의미의 국가 내지 도시의 체제를 갖추고 있지 않습니다. 국가가 없으니 국경선 내지 시 경계선이 존재할 리 만무하고, 화폐가 없으니 시민으로서의 세금 납부의 의무도 없습니다. 사람들은 화폐 대신에 정해진 물품 교환권을 소지하고 있습니다. 특히 레본나에서는 국방, 납세, 교육, 근로, 환경 보전 그리고 재산권 행사의 공공복리 등과 같은 6대 의무가 존재하지 않습니다.

4. 주위 환경과 생태 친화적인 건물: 주위 환경은 많이 변했습니다. 은행, 회사, 관공서로 쓰이던 건물에는 전시장, 영화관 그리고 강연장 등이 들어섰습니다. 이러한 행사는 자치단체에 의해 치러집니다. 사람들은 코뮌의 건물에서 거주하는데, 거기에는 콘크리트와 철근이 보이지 않습니다. 건물마다 풍력 발전기가 설치되어 있습니다. 레본나에서는 재생에너지가 활용되고 있습니다. 식당의 부엌에는 여러 가지 전자 기구들이 힘든 가사 노동을 대체하고 있습니다. 건물은 "바닥 난방" 시설을 갖추고 있습니다. 요즈음에 이르러 유럽인들은 바닥 난방 시설을 활성화하려 합니다. 지금까지 유럽에서는 무엇보다도 실내 공기의 온도를 높이기 위한 장치들이 많이 설치되었습니다. 그렇기에 "바닥 난방"은 유럽에서는 생소한 것이지만, 레본나에서는 상용화되어 있습니다. 건물에는 공동 거

실, 도서관, 음악실 그리고 미술실이 있습니다. 모든 건물은 4층 이하의 규모로 축조되어 있습니다. 왜냐하면 이곳 사람들은 콘크리트와 철근을 활용한 고층 건물을 허물려 하기 때문입니다. 남아 있는 이전의 건물들은 주로 손님의 숙소, 회의실 그리고 식료품 저장소로 활용되고 있습니다. 이전의 공장들은 자연과학 박물관으로 변해 있습니다. 사람들은 이곳에서 낡은 폴크스바겐 자동차를 마치 과거의 유물처럼 관망합니다. 왜냐하면 휘발유와 경유 자동차는 환경 파괴로 인하여 오래 전에 생산이 중단되었기 때문입니다.

5. **시대 비판:** 작가는 2000년경에 제3차 세계대전이 발발했다는 것을 암시합니다. 전쟁이 발발하기 10년 전에는 두 개의 사회가 병존했습니다. 그 하나는 경제성장을 최상의 과업으로 하는 기존의 낡은 체제의 사회이며, 다른 하나는 노동과 생산을 자치적으로 영위하는 새로운 사회를 가리킵니다. 전자의 경우 경제성장은 이룩되었지만, 자본주의 시장경제체제는 빈부 격차를 심화시켰습니다. 사람과 사람 사이에는 언제나 불안과 갈등이 존재했습니다. 부자든 가난뱅이든 괴로운 것은 마찬가지입니다. 부자는 자신의 돈을 빼앗길까 봐 전전긍긍하고, 가난한 자는 일용할 양식을 얻지 못할까 봐 두려움에 떨면서 생활합니다. 그런데 새로운 사회에서는 이러한 불안과 고통은 더 이상 존재하지 않습니다. 사람들은 작은 코뮌을 중심으로 서로 협동하며 재화를 나누는 공동체를 결성하였습니다. 말하자면 공동체의 연합이 새로운 사회의 토대가 된 것입니다. 다행스러운 것은 새로운 사회의 사람들이 고도의 과학기술을 이용하여 장시간 노동하지 않아도 된다는 사실입니다. 이로 인하여 사회의 가장자리에 위치한 사람들이 제품을 적게 생산하여 조금 소비하는 상호 협동적인 삶이 가능해졌다는 사실입니다. 사람들은 국가의 고위 엘리트층에게 대항하면서, 스스로의 삶을 변화시킬 수 있었습니다. 요약하건대, 레본나는 첫째로 인간과 인간 사이의 빈부 격차를 극복한 사회를 가리

킵니다(Neumann B: 79). 이를 위해서는 노동과 임금에 관한 엄밀한 설정과 제도 개선 그리고 이에 대한 실행이 필연적으로 요청됩니다. 둘째로, 레본나는 국가 중심의 권위주의적 수직 구도의 권력 체계를 허물었다는 점에서, 우리는 그것을 작은 규모의 코뮌 사회에 관한 바람직한 범례로 이해할 수 있습니다(Schwendter: 50).

6. 발전된 과학기술과 하루 두 시간 노동: 사람들은 과학기술의 연구를 통해서 많은 것을 창출해 내었습니다. 2004년의 발표에 의하면 과학자들은 기술의 발전을 통하여 세계의 기후변화를 해결하고, 전 지구상으로 퍼져 있는 방사능 수치를 낮추었습니다. 지금까지의 제반 생산 방식은 이제 현저하게 변화되었습니다. 과거 사회에서 사용되던 기계들, 이를테면 세탁기는 더 이상 생산되지 않지만 얼마든지 수선이 가능하고, 부분적으로 개선하여 재활용하도록 하였습니다. 노동의 방식 역시 조금씩 변화되었습니다. 생산과정에서 분업은 철폐되고 노동자들이 교대로 일감을 바꾸는, 이른바 로테이션이 채택되었습니다. 가령 사람들은 천편일률적인 노동으로 지루함을 느끼지 않습니다. 이와 병행하여 생산의 규모는 축소되고 분화되었습니다. 이로써 국가적으로 거대한 산업 계획은 더 이상 실행할 수 없게 되었습니다. 그 밖에 대부분의 사람들의 하루 평균 노동시간은 두 시간으로 제한되어 있습니다. 토머스 모어는 하루 6시간의 노동을 주장하였고, 캄파넬라는 하루 4시간의 노동을 설파하였습니다. 그런데 레본나 사람들은 하루 2시간만 노동하며 살아갑니다. 이러한 규칙은 고도의 과학기술을 상용화함으로써 가능하게 된 것입니다. 가정주부들의 집안일 역시 하나의 노동으로 인정받습니다. 레본나에서는 이반 일리치가 논의한 바 있는 "임금 노동"과 "그림자 노동" 사이의 차이가 없습니다(Illich: 58). 삶에 반드시 필요한 물품 내지 식품을 생산하는 일은 중요한 노동으로 간주됩니다. 노동시간이 줄어들기 때문에, 레본나 사람들은 친구들과의 대화와 자신의 건강을 위한 레포츠에 비교적 충분

한 시간을 할애할 수 있습니다.

7. 재생에너지를 활용하는 삶: 집 주위에는 친환경 야채 밭이 있는데, 모든 시설은 뾰족한 나무로 구획, 정리되어 있습니다. 태양열 주택이 즐비하며, 사람들은 주로 재생에너지를 사용하면서 살아갑니다. 이를테면 뾰족한 나무 기둥 아래에는 음식물 쓰레기를 담는 통이 있습니다. 거대한 통에 담긴 음식물 찌꺼기를 통해서 사람들은 자체적으로 바이오매스 에너지를 생산하여 활용할 수 있습니다. 이에 비하면 하수 종말 처리 시설은 더 이상 필요하지 않게 되었습니다. 왜냐하면 모든 가옥은 생태 친화적으로 축조되어서 건물마다 자체적으로 정화 시설이 갖추어져 있기 때문입니다. 그렇기에 하천과 강 역시 이전보다도 훨씬 깨끗하게 변해 있습니다.

8. 학교의 철폐, 스마트폰 그리고 교육을 위한 도서: 학교는 더 이상 존재하지 않습니다. 젊은이들은 무언가를 배우러 학교에 갈 필요가 없습니다. 학교는 기성세대들이 하나의 틀을 후세대에게 일방적으로 주입시키는 기관이라고 합니다. 모든 과목은 기성세대의 요구에 의해서 만들어진 것입니다. 레본나 사람들은 상명하달의 교육을 더 이상 따르지 않습니다. 교육 내용은 개별적 취향과 소질에 따라서 달리 설정되어야 합니다. 학교가 없으므로, 아이들은 자유롭게 학습 내용을 선택하여, 혼자서 혹은 공동으로 익힙니다. 선생이라는 존재는 필요 없는 경우가 많습니다. 나이 든 사람들이 자발적으로 교사 역할을 행하는데, 이들은 아이들이 질문할 때에 한해서만 세심하게 대답합니다. 놀라운 것은 언어의 영역에서 골치 아픈 문법 체계가 대폭 단순화되었다는 사실입니다. 독일어 문법에 의하면 명사는 대문자로 표기되어야 하는데, 이곳 사람들은 이를 엄수하지 않습니다. 코뮌 사람들은 스마트폰을 거의 사용하지 않고, 책을 많이 읽습니다. 스마트폰은 TV와 마찬가지로 사람들의 뇌를 퇴화시

키며, 육체적으로 허약하게 만든다고 합니다. 따라서 도서 출판 사업이 활발하게 추진되는 것은 참으로 놀랍습니다. 한꺼번에 특정 분야의 한 가지 책을 많이 찍어 내는 경우는 드뭅니다. 왜냐하면 사람들은 판매를 위해서 책을 간행하지 않기 때문입니다. 이를테면 칼렌바크의 『에코토피아』에서도 나타나듯이, 요가 내지 명상에 관한 책은 이곳 코뮌에서 매우 환영받습니다. 대학에서 가장 중요하게 간주되는 과목은 철학과 생태학입니다.

9. 라디오, 전화기, 스마트폰 그리고 TV는 인간의 사고를 방해하는 물건들이다: 이곳 코뮌의 사람들은 이전에 활용하던 라디오, 전화기, 스마트폰 그리고 TV 등과 같은 전자기기들을 더 이상 사용하지 않습니다 (Neumann B: 78). 그것들은 기껏해야 사람들에게 유익한 정보를 찾는 데에 활용될 뿐입니다. 집집마다 메일 박스가 있는데, 이것들은 신문을 유명무실하게 만들었습니다. 레본나 사람들은 골똘하게 생각하는 것을 즐깁니다. 또한 우유의 소비를 증가시키기 위해서 많은 사람들이 집에서 애완동물을 키우고 보살핍니다. 이곳에는 찬란한 스포트라이트를 받는 배우와 가수와 같은 인기 연예인들은 거의 없습니다. 자본주의에 입각한 소비 향락의 문화는 사라지고, 공동체 내에 삶의 의미를 추적하는 의식이 퍼져 있기 때문입니다. 그렇기에 아이돌 가수들은 커다란 인기를 누리지 못하며, 이들의 모습을 구경하려고 몰려드는 군중 역시 존재하지 않습니다. 과거 사람들은 노동에 지친 나머지 마약을 복용하고, 축구 경기에 열광하며, 음악 공연장에서 스트레스를 풀곤 하였는데, 이제는 대부분의 경우 자신이 하고 싶은 일과 개인의 취향에 맞는 유희에 몰두하게 되었습니다.

10. 지방분권 정책: 이전의 도시들은 주민들과 건축물들의 정황을 고려하여 분산되었습니다. 중앙집중식의 생활 방식은 대폭 수정되었습니

다. 도시들은 개별화되어 평의회의 구조로 변신하게 되었습니다. 과거에는 사람들이 시골을 버리고 대도시에 몰려들었습니다. 왜냐하면 대도시에는 일자리가 많았기 때문입니다. 그렇지만 대도시의 장점은 레본나 공동체에서는 더 이상 존속될 수 없습니다. 그리하여 사람들은 대도시를 이탈하여 지방으로 이주하게 됩니다. 이와 병행하여 어떤 놀라운 현상이 출현합니다. 즉, 시골은 도시화되고, 도시는 도시 공동화 현상으로 단아한 시골 분위기를 갖추게 되었습니다. 평의회는 지금까지 독자적으로 일하던 농부들을 한자리에 모이게 하고, 목재, 석재 그리고 녹지 등의 사용권을 자체적으로 활용할 수 있게 되었습니다. 나아가 평의회는 시골 사람들이 더 이상 유리와 금속을 남용하지 못하도록 조처합니다.

11. 도로와 교통: 거리에는 자동차가 거의 눈에 띄지 않습니다. 왜냐하면 사람들은 자동차 이용을 꺼리기 때문입니다. 과거의 자동차 도로에는 풀이 자라나고 있으며, 대신에 자전거 길은 깨끗하게 단장되어 있습니다. 이는 사람들이 자동차 대신에 자전거를 선호하고 있음을 반증하는 것입니다. 더 이상 돈을 벌기 위하여 거대한 트럭을 몰고 타 지역으로 갈 필요가 없게 되었습니다. 왜냐하면 레본나 공동체는 모든 것을 가급적이면 자체적으로 생산하고 소비하기 때문입니다. 그래서 대부분 사람들은 자전거를 빌려서 어디론가 멀리 떠날 수 있습니다. 물자의 운송 수단은 주로 기차입니다. 과일과 채소 등 농산품의 경우, 이탈리아, 에스파냐 등지로부터 열차로 들여옵니다. 모든 사람들이 마음껏 자유를 누리는 것은 아닙니다. 한 지역에서 살아가는 성인들은 최소한 1년에 일주일 동안 철도 공사를 위해 의무적으로 일해야 합니다.

12. 감옥이 없다: "레본나"에서 크고 작은 범죄가 완전히 사라진 것은 아닙니다. 만일 범죄가 발생할 경우 도시 내지 주의 평의회는 이를 해결하려고 노력합니다. 물론 인간이 저지르는 범죄에는 수많은 유형이 있

습니다. 레본나에는 감옥이 존재하지 않습니다. 한 사람을 처벌하는 것 보다 범죄의 발생 원인을 척결하는 게 더욱 중요하기 때문입니다. 자고로 범죄는 개인의 심리적 문제나 사회적 갈등에서 파생되는 경우가 대부분입니다. 무인도에서 살아가는 사람은 이웃과 타인에게 신경 쓰지 않아도 됩니다. 인간은 이웃과 함께 살기 때문에, 죄를 짓거나, 본의 아니게 그들에게 폐를 끼치게 되는 것입니다. 가령 한 사람이 질투심으로 다른 사람을 해치는 경우를 상정해 봅시다. 이 경우, 당사자의 마음속에 질투심을 유발한 사람, 혹은 사회 규범이 문제가 될 수 있습니다(Kindhäuser: 47). 그렇기 때문에 범인을 무작정 처벌하고 엄단하는 것보다는 질투심을 유발하게 만드는 근원적 문제점을 하나씩 해결해 나가는 것이 더 낫다고 레본나 사람들은 믿습니다. 왜냐하면 모든 범죄의 발생에 대해 모든 사람이 함께 책임을 져야 한다고 믿기 때문입니다.

13. 새로운 질서 체계를 갖춘 병원: 레본나의 행정청은 병원과 관련해 가장 많은 금액을 책정합니다. 그렇게 해야만 병원이 재정적 어려움 없이 운영될 수 있기 때문입니다. 병원의 의료진은 일정 기간 동안 정해진 곳에서 근무합니다. 근무처의 변경을 원하는 의료진은 행정청에 신청하면, 경우에 따라서는 해당 지역의 의료진과 교체될 수 있습니다. 그렇기에 그들의 근무처가 타의에 의해서 순식간에 바뀌는 경우는 거의 없습니다. 병원의 제반 질서 역시 대폭 변화되었습니다. 의사와 간호사는 동등한 신분으로 대접 받습니다. 간호사들은 간병인의 역할을 동시에 담당하기 때문에 병원마다 상당수의 간호사들이 하루 3교대로 일하고 있습니다. 병원에 근무하는 모든 사람들은 특별한 경우가 아닌 한 매일 여덟 시간 근무하는 것을 당연하게 여깁니다. 그렇기에 가족들이 직접 환자를 간병하는 경우는 거의 없습니다. 주어진 상황에 따라서 의사가 간호사로, 간호사가 의사로 근무하기도 합니다. 응급 외과 수술의 경우를 제외하면, 의사와 간호사는 함께 일하며 서로를 보조합니다. 특히 약재를 바

탕으로 한 자연 치유와 심리 치료의 경우 의사 내지 간호사의 호칭은 생략됩니다. 요약하건대, 과거에 존재했던 병원의 수직적 위계질서는 이미 사라지고 없습니다.

14. 시간관념이 느슨하다: 레본나 사람들은 시간에 쫓기며 허겁지겁 살아가지 않습니다. 이곳에서는 기존의 태양력이 사용되지 않고, 시간에 관한 독자적인 질서가 설정되어 있습니다. 1년은 다섯 달로 나누어지고, 하루는 여섯 개의 단계로 구분됩니다. 1. 밤 시간, 2. 취침 시간 내지 청소 시간, 3. 성찰과 이성의 시간, 4. 일과 따뜻한 식사의 시간, 5. 여가, 수업 그리고 음악 연주와 청취의 시간, 6. 만남과 조우의 시간. 맨 마지막 시간을 만남과 조우의 시간으로 설정한 것은 나름대로 의미를 지닙니다. 왜냐하면 인간은 저녁 늦은 시간까지 가장 활발하게 친구들과 대화하거나 사랑을 나누려 하기 때문입니다. 이곳의 사람들은 대체로 비교적 늦은 시간에 기상하여 10시에 아침식사를 해결합니다. 일찍 일어나서 정확한 시간 내에 관공서 내지 학교 등으로 가야 할 필요성이 존재하지 않기 때문입니다. 게다가 하루의 노동시간은 두 시간으로 정해져 있습니다. 사람들은 냉수마찰을 즐기는데, 이는 H. G. 웰스의 『모던 유토피아』에서도 자주 나타나는 대목입니다.

15. 인간 소외가 극복된 삶: 모든 사람들이 각자 자유인으로 살아가려 하며, 사회적으로 소외당하는 사람은 없습니다. 사람들은 서로 자주 만나 대화를 나누고, 상대방 역시 자신과 동등한 존재로 생각합니다. 사람들은 의복을 직접 수선하고 꿰매어 착용합니다. 가구들 역시 자치적으로 운영되는 목공소에서 생산됩니다. 사람들은 대체로 편안한 옷을 입습니다. 여름에는 남녀 모두 원피스를 걸치고 생활합니다. "나체 문화(FKK)," 즉 사람들이 강과 해변의 특정 공간에서 나체로 생활하는 경우가 있는데, 어느 누구도 이를 이상한 눈으로 바라보지 않습니다. 흐린 날과 비

오는 날이 많은 유럽에서 일광욕은 자신의 몸의 건강을 위해서 필수적이라고 여깁니다. 건강을 도모하기 위하여 스포츠를 즐깁니다. 이곳 사람들은 남녀노소를 막론하고 요가와 수영 그리고 명상 등을 즐깁니다. 그렇지만 사람의 목숨을 잃게 하는 위험한 스포츠는 과감히 폐지되어 있습니다(Neuman A: 36). 대신에 사이클은 건강에 큰 도움이 된다고 이곳 사람들은 확신합니다. 그래서 레본나에서는 육체적, 심리적 건강을 중시하므로 병에 잘 걸리지 않고, 장수하는 사람들이 많습니다.

16. 성은 존재하고 결혼은 존재하지 않는다: "레본나"에서는 시민사회의 이른바 강압적인 성도덕은 존재하지 않습니다. 결혼 제도가 없으므로, 사람들이 성적으로 구속받지 않고 자유롭게 생활하는 것은 당연해 보입니다. 젊은이들은 아무런 거리낌 없이 자신의 성적 욕망을 실천할 수 있습니다. 동성애는 이성애와 동등한 것으로 취급됩니다. 레본나에서 성폭력이 사회적으로 문제가 되는 경우는 거의 없습니다. 왜냐하면 성인 남녀들은 언제나 상대방의 뜻을 존중하기 때문입니다. 남녀 사이에 폭력이 개입하지 않는다는 것은 푸리에의 팔랑스테르 공동체의 경우와 동일합니다. 놀라운 것은 젊은이들의 애정 관계가 대부분의 경우 오래 지속되지 않는다는 사실입니다. 통상적으로 우리는 남녀가 서로 만나서 오랫동안 함께 사랑하고 함께 지내는 것을 미덕으로 생각합니다. 그러나 레본나에서 살아가는 사람들은 이러한 태도를 전근대적이고 진부하다고 여깁니다. 오히려 하룻밤의 연인, 하루 낮의 연인이 현대의 권태롭기 이를 데 없는 사람의 고통을 달래 주고 치유해 주는 자극제가 될 수 있다는 것입니다. 이와 관련하여 사귄 지 1년 이상 관계를 지속하는 커플은 매우 드뭅니다. 이곳 사람들은 사랑의 감정을 "동물이라면 누구나 지니고 있는 성욕을 미화시킨 하나의 허울 좋은 마음가짐"이라고 간주합니다(바노이: 57). 새로운 생물학적 기술로 인하여 사람들은 콘돔과 같은 피임 도구를 사용할 필요가 없습니다. 아무런 부작용이 없는 사후 피임

약이 개발되어 있기 때문입니다. 파트너를 선정할 권한은 대체로 여성들에게 주어져 있습니다. 사랑과 성에 있어서 나이는 고려되지 않으며, 육체적으로 불구인가, 아니면 못생겼는가 하는 점은 별로 중요하지 않습니다.

17. 성숙한 싱글들의 공동체: 레본나 사회에서는 사랑과 결혼 그리고 일부일처제의 미덕이 무작정 전근대적으로 이해되는 것은 아닙니다. 그렇지만 대부분은 애틋한 사랑의 감정과 결혼식을 좋게 생각하지 않습니다. 왜냐하면 누군가를 사랑하고 누군가와 결혼하게 되면, 사랑하는 임을 위해서 자신의 상당 부분의 자유를 희생해야 하기 때문입니다. 그렇기에 레본나 사람들은 대부분의 경우 싱글로 살기를 원합니다. 사랑과 질투로 인한 고통에 시달리는 경우는 드뭅니다. 왜냐하면 사랑 없이도 자신의 성적 욕망은 대부분의 경우 충족되기 때문입니다. 어쩌면 성숙한 싱글들의 세상은 한반도에서 살아가는 우리에게는 낯설게 여겨질 수도 있습니다. 왜냐하면 대부분의 사람들은 사랑하는 임과 오랫동안 함께 살아가는 것을 하나의 미덕으로 여기기 때문입니다(Neumann A: 41). 혹자는 인간이 어떻게 사랑하는 감정 없이 타인과 살을 섞을 수 있는가 하고 항변할 수 있습니다. 싱글과 싱글의 만남은 동물 세계의 이종교배와 뭐가 다른가 하고 이의를 제기할 수도 있습니다. 그런데 레본나 사람들의 도덕성 유무를 따지기 전에 일차적으로 다음과 같은 사항을 숙고해 볼 필요가 있습니다. 즉, 레본나에서는 "조현병"이라는 감정의 페스트가 전혀 발생하지 않는다는 사항 말입니다. 가령 정신분열증은 한 개인의 심리를 수십 년 동안 괴롭히는데, 레본나 사람들은 이러한 질병에 시달리지 않습니다. 왜냐하면 그들은 "하고 싶은데 할 수 없는" 강제적 상황에 직면하지 않기 때문입니다. 또한 권위에 굴복하는 비민주적 인간형도 레본나에서는 더 이상 존재하지 않습니다.

18. 구체적 유토피아, 작가의 제안 사항: 마지막에는 작가가 제안하는 사항이 6페이지로 요약되어 있습니다. 1. "급진적이고 합리적인 평의회가 구성되어야 한다." 노이만의 유토피아는 간접민주주의, 즉 의회 민주주의의 폐해를 극복하고 직접민주주의를 실천할 수 있는 대안으로 이해될 수 있습니다. 소규모 공동체의 사회에서는 모두가 자신의 정치적 견해를 밝힐 수 있는데, 이는 가급적 단체에서 수용되어야 합니다. 사회의 규모가 작으면, 직접민주주의 체제는 얼마든지 작동될 수 있습니다. 이를 위해서는 정치적 세력이 더욱 세분화되어야 하고, 지방자치 운동이 활성화되어야 합니다. 2. "새로운 노동과 생산의 네트워크가 결성되어야 한다." 사회가 발전할수록 새로운 직업은 얼마든지 출현할 수 있습니다. 공동체는 이러한 벤처 기업에 대해 호의적 태도를 취하며 이를 받아들여야 합니다. 모든 재화는 물품 저장소에서 분배되므로, 경제적 이기심은 공동체 내에서는 결코 자라날 수 없습니다. 문제는 사람들이 공동체 운동을 통하여 시장 중심의 경제체제를 어떻게 허물 수 있는가 하는 물음입니다.

3. "사치스러운 물건을 생산하는 노동은 근절되어야 한다." 물건들 가운데에는 인간의 허영심을 충족시킬 수 있는 것들이 더러 있습니다. 이러한 유형의 노동과 생산품은 엄밀히 따지면 기본적인 삶을 영위하는 데 반드시 필요하지 않은 것들입니다. 삶에 필수적인 물품 외에는 어떠한 다른 물품도 생산하지 않는 게 생태계의 보호에 도움을 줄 수 있습니다. 4. "이윤 추구를 위한 상업적 광고는 철폐되어야 한다." 왜냐하면 레본나 공동체는 자본주의의 이윤 추구를 위한 생산과 분배를 용납하지 않기 때문입니다. 모든 사람들은 공동체 내에서 함께 물품을 생산하고, 이를 합리적인 방법으로 배분할 수 있도록 물품 저장소 내지 바자회 등의 행사를 치를 수 있습니다. 5. "주입식 교육은 사라지고, 학교는 철폐되어야 한다." 학생들은 학교에서 강제적으로 무언가를 배울 게 아니라, 스스로 자신의 미래를 구상하고 이에 상응하는 공부를 독자적으로 추구해

나가야 합니다. 배움이란 상부의 이익을 위한 게 아니라, 자기 자신, 다시 말해서 개인의 고유한 배움의 욕구를 충족시켜야 한다는 것입니다. 이를 위해서는 주입식 학교교육이 사라지고, 피교육자 자신이 필요로 하는 교육내용을 스스로 찾아서 그것을 습득해 나갈 수 있습니다. 이는 오로지 아래로부터의 창의적 대안 교육을 통해 피교육자가 자발적으로 자신의 능력을 향상시킬 수 있는 것이라야 합니다(Bräuer: 51).

6. "만인에게 최저 소득이 주어져야 한다." 기본 소득제의 실행은 하층민의 생계를 도울 뿐 아니라, 노동의 질적 향상에도 도움을 주는 일이 아닐 수 없습니다. 기본 소득으로 생계의 문제를 해결한 사람은 강제 노동에 몰두하지 않고, 자의에 의해서 그리고 자신의 삶의 가치를 질적으로 향상시킬 수 있는 노동을 선택할 수 있기 때문입니다. 유럽에서는 연간 10,000유로, 한국에서는 연봉 550만 원의 기본 소득을 권장하고 있습니다(강남훈: 322). 기본 소득 제도에 대한 반론으로서 세 가지 논거가 있습니다. 1) 재원 마련의 어려움, 2) 노동 욕구의 감소, 3) 과도한 사회보장으로 인한 신자유주의의 역풍 등이 그것입니다. 7. "기존의 권위주의 정치경제의 체제 내지 기관들은 해체되어야 한다." 모든 체제 내지 기관들은 의식적이든 무의식적이든 간에 국가의 권위를 신장시키는 데 기여합니다. 그렇기에 정치, 교육, 심리 분석 연구가들은 머리를 맞대고 새로운 삶과 노동의 공동체를 결성하기 위해서 토론해 나가야 합니다. 신앙은 필요하지만, 이것이 더 이상 개개인을 구속하는 이데올로기로 기능해서는 안 됩니다(Neumann C: 27). 8. "개개인들에게 편안한 거주 공간이 주어져야 한다." 이것이 실현되면, 사람들은 서로 대화를 나누게 되고, 국가 이데올로기의 영향 없이 자연스럽게 소통할 수 있게 될 것입니다. 거주 공간은 더 이상 노동자들이 잠시 쉬는 공간일 수는 없습니다. 그곳은 모든 인간이 행복하고 의미 있게 생활할 수 있는 유희의 거처여야 합니다. 9. "자가용은 서서히 철폐되어야 한다." 이는 환경을 보호하는 정책으로 활용될 수 있습니다. 그렇게 하기 위해서 사람들은 주요한 교통수

단을 무료로 활용해야 하며, 친환경 자동차를 개발해야 할 것입니다.

10. "모든 사람들은 자신의 심리를 자발적으로 분석해야 한다." 이를 위해서 의사·전문가들은 자료만 제시하고 진단만 내려야 하지, 개개인의 사적인 문제에 깊이 개입하거나 삶에 있어서의 어떤 결정에 함부로 간섭해서는 안 됩니다. 개인의 고유한 문제는 결코 하나의 강령 내지 학문적 체계에 의해서 해결책을 하달 받을 수는 없습니다. 각자 사회 구성원들이 세부적인 삶의 문제에 대해 스스로 어떤 해결책을 찾도록 도와주어야 할 것입니다. 11. "남성들이 나서서 여성의 해방을 인정하고, 이러한 노력을 지지해야 한다." 진정한 여성해방은 노이만의 견해에 의하면 남성들에 의해서 시작되어야 합니다. 왜냐하면 대부분의 페미니스트들은 여성으로 구성되어 있으므로, 남성들에게 그들의 고유한 의견이 아무런 장치 없이 전달되기 어렵습니다. 이로써 페미니스트들의 사회적 영향력은 처음부터 제한되어 있습니다. 12. "사회적 역할을 나누는 데 있어서 여성이 우선권을 지녀야 한다." 지금까지 사회적으로 가장 중요한 문제를 파악하고 결정을 내리는 일에 여성들이 배제되었습니다. 새로운 사고를 위해서는 여러 가지 페미니즘 사상이 절실하게 요청되고 있습니다.

19. 문제점: 발터 노이만의 유토피아는 계층 구도에 입각한 자본주의 산업사회를 지양하고, 자연 친화적이고 무정부주의적인 생태 공동체의 삶의 방식을 따르고 있습니다. 이는 20세기 후반의 여성운동과 평화운동의 방향과 밀접하게 관련됩니다. 물론 여기에는 문학 유토피아의 한계가 도사리고 있습니다. 첫째로, 『레본나』에서는 새로운 사회의 구도를 주도면밀하게 서술하는 데 몰두한 나머지, 문학적으로 가상화된 어떤 줄거리가 생략되어 있습니다. 따라서 우리는 주인공과 등장인물이 새로운 사회 환경에서 구체적으로 어떻게 행동하는가 하는 점을 전혀 파악할 수 없습니다. 둘째로, 발터 노이만의 유토피아는 경제 영역에서 제반 시스템이 명확히 구체적으로 언급되고 있지 않는 치명적 한계를 드러내

고 있습니다. 물론 레본나는 독일의 도시 하노버를 대체할 수 있는 대안 도시로서의 무정부주의적 구도를 보여 줍니다. 그러나 이러한 흐릿한 지적만으로는 대안 도시의 경제적 시스템을 명확하게 이해하기 어렵습니다. 이미 언급했듯이, 노이만이 설계한 『레본나』 공동체의 경우 시장과 화폐가 철폐되어 있습니다. 그렇지만 경제적 측면에서 재화의 생산과정과 물품의 분배 방식 등에 관한 필수적인 사항은 간략하게 처리되고 있습니다.

우리는 발터 노이만의 유토피아에서 주어진 시대 비판이라는 특징을 분명하게 발견할 수 없습니다. 특히 전통적 가족의 해체를 언급하지만, 임신과 출산의 문제 그리고 자녀 교육에 관한 문제는 논외로 하고 있습니다. 노이만은 최소한 플라톤과 캄파넬라가 언급한 여성 공동체와 공동 육아가 코뮌의 단체에서 어떠한 방식으로 이행될 수 있는지 명징하게 약술해야 했습니다. 게다가 작가는 사랑이 배제된 하룻밤의 동침이 과연 어떠한 측면에서 바람직한 사랑의 삶의 방식으로 정착될 수 있는지에 관한 객관적 논거를 제시하지 않고 있습니다. 빌헬름 라이히의 강제적 성윤리를 파기할 수 있는 구체적 방안이 무엇인지 등은 전혀 거론되지 않고 있습니다. 다른 현대의 문학 유토피아에 비해서 노이만의 유토피아를 긍정적으로 받아들이기 어려운 까닭은 현대인들이 오로지 강제적 성 윤리의 삶의 질서 속에서 살아가기 때문만은 아닌 것 같습니다. 강제적 성 윤리가 사라진다고 해서 모든 사람들이 성적 해방을 만끽하며 살아가는 것은 아니며, 심리적, 예술적 영역에 있어서 성의 문제가 전부를 차지하는 것도 아닙니다. 어쨌든 과거에는 학교와 감옥이 인간을 구속하는 수단이었다면, 일부일처제의 결혼 제도 역시 사랑하는 사람들에게서 어떤 고유한 자유를 앗아 가고 도의적 책임만을 강요해 왔다고 노이만은 주장하고 있습니다.

20. 몬드라곤과 파레콘: 상기한 사항과 관련하여 에스파냐 바스크 지

역에 위치한 몬드라곤 협동조합의 공동체 구도를 언급할까 합니다. 몬드라곤 사람들은 최소한의 생계를 유지할 수 있는, 무조건적인 기본 소득을 공동체로부터 수령합니다. 이러한 체제는 우리에게 기본 소득제의 실천 가능성 및 난제 등에 관한 많은 사항을 시사해 주고 있습니다. 몬드라곤 협동조합은 두 가지 화폐, 즉 달러와 쿠폰을 병행해서 사용합니다. 이로써 그들은 이윤 추구의 시장 경제의 폐해를 최소화하고 있습니다(라이트: 347). 달러는 생산이든 소비든 간에 상품 구매에 사용되는 반면, 쿠폰은 주식 시장에서만 사용하도록 못 박고 있습니다. 이 경우 달러와 쿠폰은 특별한 경우를 제외하고는 서로 교환할 수 없습니다(Roemer: 102). 몬드라곤 협동조합은 이러한 방식으로 계획경제를 실천하려고 하는데, 이는 존 로머(John Roemer)의 시장 사회주의에서 창안된 것입니다. 공동체는 과도기적으로 사유재산을 용인하며, 주어진 외부 현실의 시스템과 공조 관계를 유지하고 있습니다. 몬드라곤 협동조합과는 달리 파레콘 모델은 마이클 앨버트(M. Albert)에 의해 하나의 가능한 공동체로 설계된 것입니다. 앨버트는 고전적 시장경제학자 오스카 랑게(Oskar Lange)의 이론을 토대로 파레콘 모델을 설계하였습니다. 그는 "사회주의"라는 용어 대신에 "참여 경제"라는 용어를 사용합니다.

21. 아직 실천되지 않은 파레콘 모델: 첫째로, 파레콘 모델이 실행되려면, 우리는 기존 자본주의 시스템에서 나타나는 불균등한 소유 관계를 파기해야 합니다. 이를 위해서는 민주적인 평의회가 결성되어, 공평성, 연대, 다양성, 자율적 관리를 기준으로 하여 하나의 제도적 장치를 마련해야 합니다. 그렇게 되면 자본주의 체제 내의 모든 이윤 추구를 위한 단체는 줄어들고, 모든 사람들 간의 신분 차이는 사라지게 될 것입니다. 둘째로, 파레콘 모델은 노동이 어떻게 조직화되어야 하는가를 구명합니다. 과거에는 모든 경제적 정책이 정부 내지 재벌 기업에서 생성되었으나, 이제는 이러한 수직 구도의 경제 시스템은 철폐되어야 합니다. 이를테면

시장은 적절한 가격 지표를 제공합니다. 다시 말해, 가격은 존재하지만 이윤을 추구하는 시장의 기능은 존재하지 않습니다. 문제는 생산자와 소비자 사이의 균형적 체제를 갖추는 게 최상의 과제라는 사실입니다. 이를 행하는 기관은 균형적 직무 조합일 수 있습니다. 여기서 계층 사이의 위계질서를 공고히 하고 이윤을 추구하는 분업은 존재하지 않습니다. 사회의 지도적 위치에서 일하는 사람은 사회의 가장 낮은 계층이 행하는 일을 병행해 나가야 합니다. 이를테면 경영자가 청소와 같은 허드렛일을 동시에 맡는다는 것입니다. 파레콘의 모델에서는 어떻게 해서든 국가의 개입이 사전에 차단되고, 몇몇 대기업의 독점이 방지되어야 합니다. 셋째로, 파레콘 모델은 분배의 문제를 다음과 같이 해결합니다. 파레콘에서 재화는 개개인의 노력의 정도에 따라 분배됩니다. 다시 말해, 노동시간, 노동자의 개별적 기술 내지 재능, 노동자의 재산 등이 소득에 결정적인 것이 아니라, 오로지 노고, 다시 말해 노력의 정도가 소득을 정하는 결정적인 기준이 된다는 것입니다. 따라서 개별 사람들이 수령하는 재화의 차이는 작은 범위 내에서 용인되어야 합니다. 상기한 모든 사항은 노동자 평의회에서 결정됩니다. 물론 파레콘 공동체는 병자, 노인 등에 대해서는 처음부터 일정한 생활비를 지불해 줍니다. 그렇지만 노력에 따라 재화가 분배되는 방식은 노동의 생산성을 높이기 위한 최소한의 조처일 뿐이지, 계층 차이를 심화시키기 위한 조처는 결코 아닙니다. 대신에 소득 격차를 최소화하기 위한, 철저한 분배 메커니즘이 도입되고 있습니다.

22. 파레콘 모델의 취약점과 가능성: 물론 파레콘의 취약점은 엄연히 존재합니다. 첫째로, 가령 참여 경제의 모델은 현존하는 자본주의 경제 시스템과는 거리가 멉니다. 파레콘 모델이 어떠한 방식으로 주위의 경제적 현실 조건과 발맞추어 나가야 하는가 하는 문제는 당장 해결하기 힘든 난제가 아닐 수 없습니다. 요약하건대, 파레콘 모델은 국가 전체의 시스템으로 도입되는 것보다는 하나의 작은 공동체에서 실행되는 게 일차적

으로 바람직합니다. 파레콘 모델은 소규모 공동체를 통해서 실천되다가, 서서히 더 많은 공동체로 확장될 수 있을 것입니다. 둘째로, 시장의 수요 공급을 어떻게 사전에 계획하고 조정할 수 있는가 하는 물음입니다. 앨버트는 직불 카드 구매 방식으로 얼마든지 가능하다고 주장합니다(앨버트: 401). 그렇지만 인간의 구매 욕구는 미리 측정하기 어렵습니다. 가령 변덕스러운 가정주부는 시장에서 자신이 구매하려던 물품을 다른 것으로 바꾸곤 하지 않습니까? 그렇기에 하나의 공동체는 소비재의 생산과정, 운송 그리고 소비자에게 전해지는 모든 과정을 미리 총괄적으로 계획하기 매우 어렵습니다. 중요한 것은 시장이 어떠한 경우에도 이윤 추구의 현장으로 기능해서는 안 된다는 게 여러 참여 경제를 주장하는 학자들의 공통된 견해입니다. 셋째로, 앨버트는 사회적 효율성에 관해서 다각도에서 언급합니다. 그렇지만 파레콘 모델의 경제적 시스템 하에서는 더 많이 일하고 더 높은 생산력을 가진 자가 더 많은 소득을 얻을 수 있는 가능성이 차단되어 있습니다. 물론 중요한 것은 노동의 질이지, 노동의 양이 아닙니다(앨버트: 403). 그러나 사회 내에는 사회복지 체제를 악용하는 자들이 많이 있습니다. 이를테면 어슐러 K. 르 귄의 소설 『빼앗긴 자들』에 등장하는 누치니비들을 생각해 보십시오. 이들은 주어진 사회에 기생하는 인간군들로서, 사회복지 시스템을 이기적인 방식으로 악용하는 자들입니다. 그렇기에 막연하게 우리가 인간의 선한 양심만을 기대하면서 더 나은 경제 시스템을 과감하게 실천하려고 한다면, 이러한 노력은 때로는 이기주의자들 내지 놀고먹는 자들에 의해서 방해받을 수 있습니다.

참고 문헌

강남훈 외 (2014): 기본소득의 쟁점과 대안사회, 박종철 출판사.
라이트, 에릭 올린 (2012): 대안 유토피아. 좋은 사회를 향한 진지한 대화, 권하진 역, 들녘.
바노이, 레셀 (2003): 사랑이 없는 성. 철학적 탐구, 황경식, 김지혁 역, 철학과 현실사.
박설호 (2014): P. M.의 볼로의 볼로, 실린 곳: 오늘의 문예비평, 통권 93호, 309-327.
앨버트, 마이클 (2003): 파레콘, 자본주의 이후, 인류의 삶, 김익희 역, X북로드.
Bräuer, Rolf (1985): Soziale Konstitutionsbedingungen politischen Lernens in der Theorie Paulo Freires, Frankfurt a. M..
D'Idler, Martin (2007): Die Modernisierung der Utopie. Vom Wandel des Neuen Menschen in der politischen Utopie der Neuzeit, Lit: Münster.
Illich, Ivan (1980): Schattenarbeit oder vernakuläre Tätigkeiten: Zur Kolonisierung des informellen Sektors. In: Freimut Duve (hrsg.): Technologie und Politik. 15/1980, S. 48-63.
Kindhäuser, Urs (2015): Strafrecht, Allgemeiner Teil, Nomoslehrbuch: Baden Baden.
Neumann A. (1986): Neumann, Walter Gerd: Revonnah, Liebe und Gesellschaft im Jahre 2020. Eine utopische Erzählung, Hannover.
Neumann B. (2010): Neumann Walter Gerd: Marx ist out: Für eine Rätedemokratie, Bremen.
Neumann C. (2010): Neumann Walter Gerd: Wider Glaube und Religion. Der Katechismus des Atheismus, Bremen.
Roemer, John (1994): A Future for Socialism, Cambridge MA, Harvard Univ Press.
Schwendter, Ralf (1994): Utopie. Überlegung zu einem zeitlosen Begriff, Berlin.

15. 피어시의 『그, 그미 그리고 그것』

(1993)

1. 사이보그와의 공존과 갈등을 담은 소설: 마지 피어시의 작품 『그, 그미 그리고 그것(He, She and It)』은 페미니즘 계열의 사이언스 픽션에 편입됩니다. 왜냐하면 작가는 평화의 문제 외에도 성의 정체성에 관한 문제를 거론하기 때문입니다. 그럼에도 작품은 미래의 사이버 현실에 관한 사항을 다룬다는 측면에서 이른바 "컴퓨토피아"라는 유토피아의 성분을 보여 주고 있습니다. 왜냐하면 이른바 새로운 신화적 세계 질서가 사이버 현실 속에서 재편되고 있기 때문입니다. 가령 작품에 묘사되는 "티크바 공동체"는 오늘날 인종, 계급, 국가 그리고 젠더라는 장벽을 극복하기 위한 공동체입니다. 작품은 처음에는 "유리의 육체(Body of Glass)"라는 제목으로 해외에 소개되었는데, 영국에서 아서 클라크(Arthur Clarke) 문학상을 수상하기도 하였습니다. 작가는 더 이상 페미니즘 문제에 집착하지 않고, 성, 계급 그리고 젠더의 문제를 복합적으로 다루려고 했습니다. 인간과 기계, 인간과 동식물 등의 생명체, 물질과 형이상학 등과 같은 이원 구조의 갈등은 어느 정도의 범위에서 극복 가능한가 하는 물음을 생각해 보십시오. 이러한 물음은 종래의 인간학의 관점을 벗어나서 고도로 발전된 과학기술 사회에서 새롭게 제기될 수 있는 생명 윤리학과 관련됩니다. 이는 자연과학자, 생물학자 그리고 페미니즘 이론

가로 활동한 도나 해러웨이(Donna Haraway, 1944-)가 1985년에 발표한 「사이보그를 위한 성명서(A Manifesto for Cyborg)」에서 제기된 바 있습니다.

2. 도나 해러웨이의 「사이보그를 위한 성명서」: 해러웨이의 「사이보그를 위한 성명서」는 사이보그 내지 기계를 예찬하지는 않습니다. 오히려 페미니즘의 관점에서 과학기술 그리고 인간의 남성성과 여성성 등의 문제점을 밝히려는 문헌입니다. 지금까지 전통적 신학은 해러웨이에 의하면 남성 중심의 학문의 원칙을 내세우면서 신적 권능이라는 거짓 원칙을 내세웠다고 합니다. 여기서 말하는 학문의 원칙은 인간의 역사에서 진리로 통용되었는데, 이로 인해 수많은 폐해를 낳았습니다. 가령 남성은 여성을, 백인은 흑인과 황인을, 인간은 동식물을 무한대로 억압하고 착취해 왔다는 것입니다. 물론 여성 역시 이러한 착취에 동참하고 지배자의 정치에 직간접적으로 참여한 것이 부분적으로 사실입니다. 이와 관련하여 해러웨이는 다음과 같이 묻습니다. 즉, 성, 젠더 그리고 생명체 전체가 우주적으로 평등하게 상생할 수 있는 원칙은 과연 무엇인가? 해러웨이는 사이보그를 두 가지 서로 다른 개념으로 이해하고 있습니다. 그 하나는 물리적 측면에서 "과학기술과 조직의 결합체(cybernetic organism)"로서의 인조인간을 가리키며, 다른 하나는 문학적 상상력의 측면에서 포스트모던의 시대에 살아가는, 완강하게 저항하는 여성을 가리킵니다. 여성은 해러웨이에 의하면 "이질성, 차이 그리고 특수성"을 지니므로, "인간"이라는 카테고리에 편입될 수 없습니다(Haraway: 156). 왜냐하면 여성들은 생물학적으로, 심리학적으로 남성들과 결코 동일하지 않고, 그저 볼품없는 존재로 취급되기 때문입니다. 이를 고려할 때, 사이보그는 여기서 인조인간이라는 협소한 의미 영역을 넘어서서, 여성성을 상징하는 새로운 인간이라는 광의적 의미로 이해될 수 있습니다(Jens 13: 304).

3. 첫 번째 인조인간: 마지 피어시는 사이보그를 첫 번째 인조인간의 개념으로 사용합니다. 제목 "그, 그미 그리고 그것"은 내용상 "그이자 그것" 혹은 "그미이자 그것"에 해당하는 사이보그의 존재를 가리킵니다. 사이보그는 19세기에는 마치 프랑켄슈타인과 같은 괴물로 파악되었지만, 21세기에는 현대를 살아가는 새로운 인간으로 이해될 수 있습니다. 왜냐하면 현대인은 시력과 청력을 잃었을 경우 눈과 귀를 대체하는 기계부품을 사용하고, 사지를 기계 부품으로 대신 활용하는 시대에 살기 때문입니다. 일단 소설의 배경을 살펴보기로 하겠습니다. 2017년 이스라엘과 중동 지방에서 약 2주에 걸쳐서 원자폭탄 테러가 발생합니다. 이로 인하여 중동 지역 땅의 절반가량이 초토화되고 지구상의 많은 땅들이 완전히 사라지고 맙니다. 지상에는 끔찍한 원자폭탄의 여파로 작은 땅들만이 남게 되었습니다. 북아메리카 또한 이러한 피해를 벗어날 수 없었습니다. 작가는 쪼그라든 "북아메리카"를 "노리카(Norika)"라고 명명합니다. 핵무기의 테러에서 살아남은 사람들은 새로운 질서에 순응하지 않으면 안 됩니다. 바로 이러한 상황 속에서 도합 23개의 재벌 회사들이 팔을 걷어붙이고, 제각기 새로운 국가를 창건하였습니다. 이 국가들은 "멀티"라고 불립니다. 이들이 국가를 창건한 것은 사람들의 안녕을 위한 것이 아니라 자신의 이윤을 극대화하기 위해서였습니다.

4. 소설의 내레이터, 시프먼: 소설의 화자는 시프먼이라는 유대인 남자입니다. 그는 기이한 예술가이며, 동시에 감각에 충실한 섬세한 사내인데, 신비주의자이기도 합니다. 화자는 현재의 이야기만 일직선적으로 들려주지 않고, 과거의 이야기를 병렬시키고 있습니다. 가령 1600년 프라하의 유대인들의 게토에서 발생한 이야기를 예로 들 수 있습니다. 말하자면, 두 개의 서로 다른 이야기가 서로 중첩되어 복합적으로 전개된다고나 할까요? 이러한 시도를 통하여 작가는 카발라 신비주의의 과거 삶과 티크바 공동체에서의 미래 삶을 서로 대비할 뿐 아니라, 유대인의 신

비주의 사상과 합리적인 과학기술을 서로 병치시키고 있습니다.

  5. 시프먼이 들려주는 골렘 이야기: 소설은 가족 구성원과 남녀들 사이의 전통적 인간관계를 다룰 뿐 아니라, 여성 공동체, 자유로운 성생활 및 인간과 사이보그 사이의 혁신적이고 새로운 인간관계 등을 과감하게 도입하고 있습니다. 소설의 내레이터인 시프먼은 등장인물, 말카의 입을 빌려서 유대인 랍비 뢥의 "골렘(Golem)" 이야기를 들려줍니다. 17세기 프라하에 모여 살던 유대인들은 외부의 공격으로부터 스스로를 방어하기 위하여 "골렘"을 은밀하게 창안해 냅니다. 골렘은 유대인 전설에 등장하는 존재입니다. 랍비 뢥은 아교를 사용하여 인간과 유사한 모형을 만듭니다. 이로써 아교 모형에다 마력의 영혼이 주입됨으로써 인위적으로 만들어진 "한 개의" 인간이 세상에 태어나게 된 것입니다. 골렘은 스스로 초능력을 지니고 있으며, 사람들이 시키는 일을 충실히 행하지만, 한 마디도 말할 줄 모릅니다. 사람들은 기이한 인간인 골렘을 "요셉"이라고 부릅니다. 랍비 뢥의 손녀 샤바는 요셉에게 글 읽기와 글쓰기 등을 가르쳐 줍니다. 어느 날 외부의 기독교인들은 게토에 모여 살아가는 유대인들을 끔찍하게 박해하지만, 요셉은 자발적으로 사회의 소수로 살아가는 유대인들을 보호하고 구원해 줍니다. 유대인 박해가 사라졌을 때, 요셉은 다시 아교로 환원됩니다.

  6. 소설의 배경: 미래 사람들이 처한 여건은 우리의 현실과는 매우 다릅니다. 제반 국가들은 자외선을 차단하기 위하여 하늘 위에 거대한 둥근 차단막을 설치해 두었습니다. 일상의 삶을 지배하고 있는 것은 안타깝게도 전체주의의 폭력과 여러 가지 유형의 질병입니다. 일반 사람들은 "글롭(Glop)"이라는 거대한 슬럼에서 연명해 나갑니다. 이러한 현실 상황을 교묘하게 이용하는 자들은 국가의 재벌들, 즉 "멀티들"입니다. 모든 멀티들은 자신의 이익을 위해서 제각기 다른 법을 발표하였습니다.

그렇기에 이들 국가가 추구하는 목표 역시 조금씩 편차를 보여 줍니다. 제각기 질서를 지킨다고는 하지만, 세상은 무척 혼란스럽습니다. 2059년의 시점에도 멀티들이 존재하는데, 그럼에도 불구하고 이러한 권력자들의 영향을 비교적 덜 받는, 자유로운 도시들이 드물게 존재합니다.

7. 소설의 주인공, 시라 시프먼: 주인공, 시라 시프먼(Shira Shipman)은 야카무라-스팃헨(Y-S)이라는 멀티 체제 내에서 살아가는 30대의 여성입니다. 그미는 과학기술의 영역에서 놀라운 재능을 드러냅니다. 시라는 젊은 시절에 "가디"라는 남자와 사귄 바 있는데, 그와 헤어진 뒤부터 남자와의 사랑의 삶에 더 이상 미련을 두지 않고 자신의 연구에만 몰두합니다. 그미에게는 유치원에 다니는 아들, "아리"가 있습니다. 어느 날 시라는 남편, 요쉬와 이혼하게 되는데, 이때 당국으로부터 아들의 양육권을 포기하라는 명령을 받게 됩니다. 당국은 이러한 조처로써 전남편에게 유리한 판결을 내린 셈입니다. 시라는 멀티의 이러한 부당한 조처에 대해 경악을 금치 못하지만, 다른 한편으로 스스로 판결을 뒤엎을 만한 능력을 지니지 않은 데 대해 무척 낙담합니다. 그리하여 그미는 자신의 고향인 "티크바(Tikva)" 공동체로 낙향합니다. "티크바"는 유대인의 자유로운 거주 공간을 지칭합니다. 시라의 고향은 다른 지역에 비해 비교적 멀티의 영향을 덜 받고 있었는데, 그곳에는 어린 시절부터 자신을 보살피고 키워 준 할머니, 말카가 거주하고 있었습니다. 시라는 억척스럽고 생명력 넘치는 자신의 할머니 곁에 머물면서, 휴식을 취하며 앞으로의 삶을 구상해 나갑니다.

8. 주인공의 할머니, 말카: 말카는 젊은 시절에는 왕성한 생명력을 자랑하던 여자였지만, 나이 들어서는 더 이상 사랑과 성에 집착하지 않습니다. 그렇다고 그미가 남자로부터 완전히 등을 돌린 것은 아닙니다. 말카는 드물지만 가끔 끓어오르는 성욕을 주체하지 못할 정도로 육체적으

로 강건한 편입니다. 그미는 사이보그의 발명 작업에 참여하며, 과학기술 분야에 적극적 관심을 드러냅니다. 말카는 나이가 들었지만, 여전히 명석한 두뇌를 지니고 있습니다. 주인공, 시라는 할머니 집에서 휴식을 취하다가, 아브람이라는 나이 든 남자를 만납니다. 아브람은 자신이 과거에 사귄 바 있던 가디의 아버지로서, 말카와 함께 사이보그 발명에 박차를 가하는 전문 기술자입니다. 그는 아내가 죽은 뒤부터 다른 여자들에게 어떠한 관심도 보이지 않고, 오로지 자신의 실험에 심혈을 기울입니다. 가령 말카가 어느 날 밤에 술로써 그를 은근히 유혹했지만, 아브람은 여기에 걸려들지 않습니다.

9. 아브람, 사이보그 요드를 만들다: 아브람은 오래 전부터 외견상 인간과 아무런 차이도 없는 사이보그를 개발하려고 노력했습니다. 인간과 유사하게 생긴 사이보그를 만들면, 그는 군인으로서 티크바 공동체를 지키게 될 것이고, 그렇게 되면 공동체 사람들은 걱정 없이 평화를 누리며 살 수 있으리라고 믿었습니다. 그러나 멀티들, 특히 야카무라-스팃헨은 일반 사람들이 당국의 허락 없이 사이보그를 개발하는 일을 처음부터 용인하지 않습니다. 바로 이러한 이유에서 사이보그의 개발은 비밀리에 추진되었습니다. 어느 날 "요드"라는 이름을 지닌 사이보그가 마침내 "탄생"합니다. 아브람은 아홉 번이나 실패를 거듭했는데, 열 번째 시도에서 성공을 거두게 된 것입니다. "요드"는 히브리어로 "10번째의 편지"라는 뜻을 지니며, 카발라 신비주의에 의하면 이것은 "새로운 신"을 상징합니다. 요드는 말하자면 남성 사이보그로 이 세상에 태어났습니다. 주인공 시라는 엄격한 통제 속에서 사이보그, 요드가 어떻게 인간으로 행동해야 하는가를 하나씩 가르쳐 줍니다. 요드는 주인공을 통해서 식사 예절, 에티켓, 대화하는 방법 등을 하나씩 배워 나갑니다. 그렇게 해야만 사이보그가 적들의 눈에 띄지 않을 것 같았습니다. 티크바 공동체를 보호하기 위해서 만들어진 그의 능력은 참으로 놀랍습니다. 이를테면

요드는 인간과 유사한 희로애락의 감정을 지니고, 양심적 갈등 또한 느낄 수 있으며, 사랑, 협동 그리고 봉사가 무엇을 뜻하는지 분명히 감지하고 있습니다.

10. 사이보그, 요드는 사람처럼 느끼고 생각하는 기계 인간이다: 새로 태어난 사이보그, 요드는 신체적으로 건강한 남자와 다를 바 없습니다. 탄생 후에 요드는 말카의 유혹을 받고, 순진한 아기처럼 그미의 품에 안깁니다. 사이보그는 엉겁결에 그미와 동침하게 되는데, 이는 이후에도 여러 번 반복됩니다. 이때 요드는 성이 무엇인지를 자연스럽게 익히게 됩니다. 남녀의 성적 결합이 사랑을 확인하려는 인간의 끝없는 몸부림이라는 사실은 알 것 같은데, 자신이 말카를 사랑하는지 사랑하지 않는지는 도저히 알 길이 없습니다. 그런데 시라가 티크바 공동체에 온 뒤부터 요드는 더 이상 말카의 유혹에 넘어가지 않습니다(Piercy 2001: 57). 왜냐하면 요드는 오로지 시라에 대해 깊은 연정을 느꼈기 때문입니다. 시라는 단시간에 인간으로 행동하고 살아가는 모든 방식을 사이보그에게 가르쳐 줍니다. 사이보그에 대한 교육은 오로지 비밀리에 행해질 수밖에 없습니다. 그렇게 해야만 티크바 공동체는 실제 세계에서 그리고 온라인상에서 모든 해커들로부터 보호받을 수 있기 때문입니다.

11. 요드, 네트의 공간에서 시라를 만나다: "네트"는 오늘날의 인터넷 시스템이 발전된 공간을 가리킵니다. 네트가 존재하므로, 개별적 멀티들은 독자적인 공동체에서 살아가는 타자들과 정보를 공유하고 상호 소통할 수 있습니다. 네트의 참가자들은 모든 것을 공유합니다. 여기에는 어떠한 예외도 존재하지 않습니다. 자신의 의식 속에 도사린 세계관 또한 공유의 대상입니다. 말하자면, 전기쇼크 등을 통해서 정신과 세계관 역시 타인에게 전달되곤 합니다. 이러한 방식의 물리적 결합은 때로는 커다란 부작용을 낳습니다. 가령 전기쇼크는 때로는 인간의 뇌를 손상시키

거나 생명을 위협하곤 합니다. 문제는 티크바 공동체의 사람들이 네트를 통해서 얼마든지 참혹하게 공격당할 수 있다는 사실입니다. 요드는 이러한 무차별적인 공격에 대항할 수 있습니다. 요드의 몸은 거의 대부분 기계로 구성되어 있으므로, 어떠한 경우에도 거의 피곤함을 느끼지 않습니다. 주인공 시라는 요드에게 인간의 행동을 가르치다가 어느 순간 그에게서 어떤 훌륭한 성품을 발견하게 됩니다. 그리하여 시라는 사이보그에게 어떤 기이한 사랑의 감정을 느끼기 시작합니다. 시라는 사이보그를 통하여 자신과 맞는 이성을 발견하는 행운을 거머쥐게 된 것입니다.

12. 멀티와 맞서서 싸우는 사람들: 지구상에는 멀티와 맞서 싸우는 사람들이 많이 있습니다. 그들 가운데에는 말카의 딸이자 주인공 시라의 어머니인 "리바"도 있습니다. 리바는 처음부터 가족에 대해 커다란 애착을 느끼지 못했습니다. 어렸을 때 시라는 어머니의 품을 벗어나서 주로 할머니인 말카 곁에서 자라날 정도였습니다. 그렇기에 주인공에게 리바는 어머니가 아니라, 단순히 공동체의 책임자의 한 사람으로 다가올 뿐입니다. 리바는 이스라엘 지역을 거점으로 활동하고 있었는데, 현실적 정황이 급박하게 돌아가자, 여성 사이보그인 "닐리"에게 도움을 청합니다. 닐리는 이를테면 요드만큼 막강한 힘을 지니지는 않았지만, 그래도 사이보그로서 몇 가지 놀라운 능력을 활용할 줄 압니다. 그미는 지금까지 이스라엘의 지하 여성 공동체를 수호하는 임무를 수행해 왔습니다. 그렇기에 닐리는 항상 총 든 남자들과 상대하며 거칠게 살아가고 있습니다.

13. 사이보그, 닐리의 남성 체험기: 닐리는 처음에는 동성인 리바를 자신의 애인으로 받아들이지 않았습니다. 그미는 언젠가 우연히 가디를 만나 한 방에서 밤을 지새워야 했는데, 바로 이때 가디에게서 성폭력을 당합니다. 가디는 시라의 옛 애인으로서 몇 년 전에 어느 처녀에게 성폭력을 가한 죄로 공동체에서 추방당한 바 있는 저질의 사내입니다. 그는 젊

은 시절에 여성에 대한 과도한 집착 내지 변태성욕을 떨치지 못하다가, 나중에는 술과 마약에 찌든 채 살아갑니다. 그는 섹스와 노름 외에는 어떠한 능력도 발휘하지 못해서 자신의 아버지로부터 거의 버림받은 뒤에 허송세월을 보냅니다. 새로 만들어진 사이보그 닐리는 아직 인간으로서의 삶의 경험이 없었습니다. 그렇기에 인간과의 새로운 경험을 통하여 자신의 애정관 내지 이성관을 스스로 확립할 수밖에 없습니다. 가디와의 성관계 이후로 그미는 모든 남성들의 성을 두려워하거나 더럽다고 여기며 이에 대해 구역질을 느낍니다. 다시 말해, 남성들은 닐리에게는 언제나 함께 싸우는 동지 아니면 적일 뿐, 더 이상 안온하고 포근한 연인이 되지 못합니다.

14. 티크바 공동체, 사이보그인 요드에게 도움을 청하다: 어느 날 야카무라-스팃헨은 티크바 공동체를 무차별적으로 폭격합니다. 왜냐하면 말카의 불찰로 인하여 사이보그에 관한 비밀 프로젝트가 외부로 유출되었기 때문입니다. 멀티의 임원은 시라를 찾아와서 다음과 같이 협박합니다. 만약 시라가 당국을 돕지 않을 경우, 시라의 아들, 아리를 죽이겠다는 것입니다. 이러한 방식으로 야카무라-스팃헨은 새로 탄생한 사이보그, 요드를 반드시 자신의 소유물로 만들려고 합니다. 이로 인하여 지금까지 평화롭던 티크바 공동체는 일순간 화염 속에 휩싸이게 됩니다. 주인공 시라는 멀티의 공격에 대항하여 당당하게 싸웁니다. 그리하여 그미는 자그마한 승리를 구가합니다. 그것은 다름 아니라 요드의 도움으로 자신의 사랑하는 아들, 아리를 되찾게 된 것입니다. 어느 날 끔찍한 전투가 잠시 소강상태에 접어들게 됩니다. 이때 티크바 공동체 사람들은 기이한 사이보그와 그와의 공존에 관하여 갑론을박합니다. 과연 요드가 공동체의 일원으로 수용될 수 있는가 하는 게 논의의 핵심 사항이었습니다. 사람들은 전시에는 당연히 요드의 도움을 필요로 하지만, 평화기에는 초능력을 지닌 괴물, 사이보그가 행여나 끔찍한 일을 저지를지 모른다는 우

려감을 표명합니다. 결국 사람들은 이에 관해 주민 투표를 강행합니다.

15. 요드, 티크바 공동체를 위하여 적진에서 끝내 자폭하다: 주민 투표가 행해지기 직전에 아브람은 한 가지 계획을 세웁니다. 그것은 일종의 트로이의 목마와 같은 전술이었습니다. 만약 요드가 멀티의 지도부를 만나는 장소에서 스스로 폭파하게 되면, 야카무라-스팃헨의 중추적인 인물들이 순식간에 괴멸될지 모릅니다. 바로 이 틈을 노려서 시라의 어머니, 리바와 저항 운동가들은 멀티의 본부를 쏜살같이 급습하여, 그들 세력을 일거에 소탕할 수 있다는 것입니다. 요드는 아브람으로부터 이러한 계획을 직접 접합니다. 사악한 멀티들을 무찌를 수 있다면 죽음도 불사할 수 있다는 게 그의 소신이었습니다. 요드는 자신을 둘러싼 주민 투표의 소식을 전해 듣습니다. 그것은 안타깝게도 자신이 공동체의 일원이 될 수 없다는 소식이었습니다. 이때 요드는 깊이 숙고합니다. 자신의 존재가 티크바 공동체에게 때로는 이득이 되지만, 때로는 엄청난 손해를 끼칠 수 있다고 추측합니다. 스스로는 인간 존재와 다를 바 없지만, 정작 자신은 공동체의 일원으로 수용되지 않았던 것입니다. 이에 대해 요드는 소외감을 느낍니다. 특히 사랑하는 시라를 남겨 두고 자폭해야 하는 것을 못내 가슴 아파합니다.

16. 요드의 희생으로 멀티 괴멸되다: 요드는 거사를 치르기 전에 아브람의 실험실을 모조리 파괴해 버립니다. 적어도 사이보그를 생산해 내는 실험실이 존재하는 한, 자신과 같은 존재가 얼마든지 탄생할 수 있다고 믿었기 때문입니다. 티크바 공동체의 안녕을 위해서는 사이보그로 인한 혼란은 종식되어야 한다고 요드는 확신합니다. 실험실이 폭파되어 화염에 휩싸였을 때, 아브람은 미처 그곳을 빠져나오지 못하고 불에 타 죽습니다. 뒤이어 요드는 티크바 공동체를 위해서 적진에 뛰어들어 장렬하게 전사합니다. 티크바 공동체를 음으로 양으로 괴롭히던 야카무라-스팃헨은

요드의 자폭 행위로 인하여 끝내 몰락을 맞이합니다. 이로써 지금까지의 전쟁은 종언을 고하게 됩니다. 사이보그의 살아남은 애인, 시라는 요드의 죽음에 몹시 슬퍼합니다. 요드는 공동체를 위하여 자신의 목숨을 초개처럼 버리고 사라진 영웅이었습니다. 시라는 요드의 죽음으로 인하여 오랫동안 상심하지만, 요드의 의지를 받아들이고 말카의 집에서 계속 살아가기로 결심합니다. 마지막 장면에서 말카는 사이보그, 닐리를 데리고 이스라엘로 떠납니다. 왜냐하면 닐리는 전쟁을 치르는 동안 눈 하나를 잃어서, 조만간 예루살렘에서 봉합 수술을 받아야 하기 때문입니다.

17. 가부장적 수직 구도에 대한 비판: 작품에 나타난 기존 현실에 대한 작가의 비판은 수직 구도의 가부장주의적 폭력을 행사하는 야카무라-스팃헨에 대한 부정적 시각에서 드러납니다. 이를 통해서 마지 피어시는 인종차별, 계급 갈등, 국가 이기주의 그리고 젠더 등을 구별하려는 네 가지 처사를 비아냥거립니다. 왜냐하면 구별은 특정 인간을 물화시키고 차별을 낳기 때문입니다. 첫 번째 사항은 인종 사이의 갈등입니다. 유대인과 비유대인은 서로 대립하고 인종 간에 선을 긋습니다. 두 번째 사항은 엘리트 중심의 수직적 계층 구도의 갈등입니다. 사회의 모든 기관을 장악한 자들은 엘리트들이며, 이들에 의해서 일반 사람들은 수직적 종속 관계 속에서 음으로 양으로 박해당하고 있습니다. 세 번째 사항은 이기주의적 태도를 취하는 국가 사이의 갈등입니다. 예컨대 야카무라-스팃헨은 지극히 수직 구도를 강조하는 권위적인 남성적 사회의 전형입니다. 네 번째 사항은 남녀 사이의 젠더의 갈등입니다. 설령 사이보그라고 하더라도 남녀의 갈등으로부터 비켜 가기 어렵습니다.

18. 노리카는 정치 재벌과 원자력 마피아: 작가는 핵전쟁으로 망가진 대륙을 "찌그러진 노리카"라고 명명하고 있습니다. 노리카에서는 정치권력을 행사하는 원자력 마피아가 활개를 치고 있습니다. 바이오 에너지

개발이 인간의 삶에 유리하다는 것을 잘 아면서도, 그들은 석유와 자동차 산업 그리고 원자력 산업만을 강권합니다. 원자력 마피아는 고효율 저비용이라는 슬로건을 내세우면서 원자력발전소 건립에 박차를 가합니다. 그러나 "고효율 저비용"이라는 결론을 도출하게 한 통계적 자료에는 생태계 파괴로 인한 미래의 자연 복구를 위한 부수적 비용이 조금도 포함되어 있지 않습니다. 설령 원자력발전소가 안전하다 하더라도, 드럼통에 담겨 있는 핵폐기물의 방사능은 10만 년에서 20만 년이 지난 후에야 비로소 사라지게 되어 있습니다. 실제로 독일 정부가 2030년까지 독일에 있는 모든 원자로를 폐쇄하기로 결정한 것은 끔찍한 방사능의 피해를 후손들에게 물려주지 않기 위함입니다. 이와 관련하여 마지 피어시의 작품은 다음과 같이 경고합니다. 재벌들과 권력자들의 비밀스러운 대화에 관심을 기울이지 않으면, 일반 사람들은 결국 그들에게 이용당하면서 두려움과 고통 속에서 살아갈 수밖에 없다는 사실 말입니다. 실제로 노리카는 미래의 한반도를 연상시킬 수도 있습니다. 요약하건대, 작가는 21세기의 가장 비극적 파국이 정치 사회의 갈등에 의해서 나타나는 게 아니라 핵문제로 드러나게 되리라는 것을 예언하고 있습니다.

19. 피어시의 작품은 안티유토피아의 관점에서 파악될 수 있는가: 여기서 말하는 안티유토피아는 디스토피아와는 차원이 다른 개념으로서, 더 나은 사회를 공동으로 실현하려는 유토피아의 사고를 원천적으로 부정하는 태도를 가리킵니다. 안티유토피아와 관련하여 우리는 피어시의 문학에 나타난 사이보그의 의미를 다시 한 번 고찰할 필요가 있습니다. 100년 전에 이미 유럽의 작가들은 골렘이라는 가상적 인간을 문학적으로 설계하였습니다. 구스타프 마이링크(Gustav Meyrink)는 소설『골렘』(1915)에서 기계주의의 질곡을 박차고 출현한 파괴적인 힘으로서 골렘을 묘사한 바 있습니다. 사이보그의 존재는 ― 마치 자크 드 보캉송(Jacques de Vaucanson)의 기계 오리의 경우처럼 ― 기계 인간으로서의

"호문쿨루스"로 문학적으로 기괴하게 형상화되었습니다. 그런데 이러한 유형의 인조인간은 자신을 창조해 낸 과학자를 직접 공격한다는 점에서 메리 셸리의 『프랑켄슈타인』의 주제와 연결될 수 있습니다. 이와 관련하여 미하엘 빈터(Michael Winter)는 유토피아의 존재 가치를 부정하면서, 현대에 이르러 긍정적 갈망의 마지막 보루로서 사이버 공간으로 축소화되었다고 단언한 바 있습니다(Winter: 601). 그렇다면 피어시의 작품 역시 이러한 안티유토피아의 관점에서 해석되어야 할까요? 이에 대한 대답은 사이보그의 존재의 평가에 따라 얼마든지 달라질 수 있습니다. 물론 피어시의 문학은 인조인간을 사이버 가상공간 속에서 형상화하고 있습니다. 그렇지만 사이보그인 요드는 문학 유토피아의 관점에서 도입되고 있을 뿐, 작가가 유토피아를 처음부터 부정하기 위해서 의도적으로 사이버 공간 내지 사이보그를 도입한 것은 아니었습니다. 따라서 우리는 피어시의 야카무라-스팃헨을 하나의 비유로 수용하여 그 의미를 조심스럽게 추적할 수는 있지만, 사이보그라든가 사이버 공간 자체가 안티유토피아의 관점과 작위적으로 연결될 수는 없습니다.

20. 작품에 나타나는 유토피아의 성분: 일단 피어시의 작품을 객관적으로 관망하는 게 좋을 듯합니다. 유대인들의 자유로운 거주 공간인 "티크바(Tikva)"는 히브리어로 희망을 뜻합니다. 이와 관련하여 티크바 공동체는 새로운 신화적 세계의 질서를 보여 줍니다. 작품은 티크바 공동체의 구도와 시스템에 관해 구체적으로 설명하지는 않지만, 독자는 그것이 인종차별, 계급 차별, 국적 차별 그리고 성의 차별을 극복하기 위한 대안 사회라는 것을 간파할 수 있습니다. 티크바 공동체는 특정 인종에 대한 편견을 떨치고, 엘리트 정치를 지양하며, 자치와 자생을 기치로 삼으며, 성의 차별을 용인하지 않는 평등 공동체입니다. 이를 위해서 도입되는 것은 아나키즘의 자발적인 삶, 모계 중심의 사회 구도, 유대주의 그리고 생태적 사고에 입각한 생활 방식 등입니다. 또 한 가지 지적해야 할 사항

은 다음과 같습니다. 70년대 이후에 피어시는 무엇보다도 모성의 원리와 소피아의 여성 숭배를 강조하면서 페미니즘의 생태적 삶을 중시했는데, 1993년에 발표된 『그, 그미, 그것』에서는 모계 중심의 페미니즘의 생태적 삶 외에도 이성 중심의 아폴로주의와 가부장적 유대주의를 부분적으로 도입함으로써, 어떤 균형을 드러내고 있습니다(김일구: 83). 이를테면 주인공 시라 시프먼은 『시간의 경계에 선 여자』의 주인공 코니와는 달리 매우 지적이고, 놀라운 컴퓨터 능력을 갖추고 있으며, 실천적 사회 개혁가의 면모를 드러냅니다.

21. 새로운 인간 그리고 유대교의 신비적 체험: 작가는 이미 언급했듯이 17세기 프라하의 골렘 이야기를 21세기 북아메리카의 티크바 공동체의 이야기와 병치시켰습니다. 두 가지 이야기를 병렬시킴으로써 그미는 우리에게 다음의 사항을 말하려 했습니다. 즉, 인간이 맞이하게 될 미래의 삶은 분명히 과거의 삶과는 다르지만, 인간의 내면과 갈등에 있어서 아무것도 달라지지 않으리라는 사항 말입니다. 사람들은 예나 지금이나 간에 인간관계의 갈등으로 인하여 고뇌하며, 권력자로부터 피해당하고 있습니다. 국가는 거대 재벌과 결탁하여 막강한 힘을 행사합니다. 개별 인간으로서 이를 차단할 수 있는 방도는 거의 없습니다. 말하자면, 세계적으로 확장된 메가 시스템으로서 재벌 국가의 횡포는 극에 달해 있습니다. 이를 차단할 수 있는 유일한 존재는 "과학기술과 조직의 결합체"로서 인조인간밖에 없습니다. 이렇듯 작가는 가상적 현실 내지 인조인간을 가상적 미래에 대한 하나의 범례로 채택하고, 새로운 인간 사이보그에 커다란 기대감을 부여하고 있습니다. 19세기의 프랑켄슈타인이 인간에게 위협을 가하는 괴물로 투영된 데 비하면, 사이보그의 존재, 특히 여성 사이보그 릴리는 인간과 거의 동일한 존재로 간주되고 있습니다. 피어시에 의하면, 과학의 발전에 있어서 중요한 것은 때로는 (유대) 종교의 신비적 체험일 수 있는데, 그 이유는 이러한 체험이 인간의 제한된 인식

을 보다 넓혀 줄 수 있는 계기를 제공하기 때문입니다.

22. 사이보그와 젠더의 문제: 요약하자면, 사이보그의 논자들은 지금까지의 남성 중심의 세계관을 버리고 자연을 하나의 여성성으로 이해합니다. 이들은 —『서양 유토피아의 흐름』제3권에서 언급한 바 있듯이 — 일방통행의 관점에서 자연을 정복하면서 자연의 은밀한 곳, 즉 자궁의 내부를 탐색하려는 빅터 프랑켄슈타인의 자궁 선망의 의향을 처음부터 배격하고 있습니다(고정갑희: 99). 도나 해러웨이는 다음과 같이 주장한 바 있습니다. 만약 사이보그 제작 기술이 고도로 발전되어 실용화의 단계에 들어서게 되면, 그것은 가부장적인 지배라는 암묵적인 질서를 교란시키게 될 것이고, 결국에는 여성에게 해방의 기회를 가져다주게 되리라는 것입니다. 그렇다고 해서 젠더를 뛰어넘으려는 여러 가지 정치적, 생물학적 시도가 성의 평등에 크게 기여하지는 못할 것입니다. 사실 19세기 프랑스에서 커다란 물의를 일으켰던 양성 인간, 에르퀼린 바르뱅(Herculine Barbin)을 둘러싼 사건은 오늘날 더 이상 흥미를 유발시키지 못합니다. 그 이유는 21세기에 이르러 동성애자와 트랜스젠더들의 출현이 놀라울 정도로 급증했기 때문입니다(조현준: 180 이하). 모든 인간은 남자나 여자로 태어나지만, 태어난 뒤부터 남성성 혹은 여성성을 습득해 나갑니다. 주어진 사회의 관습, 도덕 그리고 법에 의해서 남자는 처음부터 남성으로, 여자는 처음부터 여성으로 길들여진다는 것입니다. 이는 작품 내에서 두 명의 사이보그에 의해 증명되고 있습니다. 요드는 강인한 체력을 지닌 남자의 면모를 지니게 되었지만, 두 명의 여성의 도움으로 인간으로 살아가는 데 필요한 모든 프로그램을 입력해 나갑니다. 이로 인해서 요드의 심리 구조는 마치 여성처럼 섬세하고 유연한 감성을 지니며, 타인을 배려하려는 마음을 품습니다. 릴리는 여성 사이보그이지만, 의외로 지극히 남성적으로 처신합니다. 왜냐하면 그미는 다른 사람으로부터 젠더에 관한 충분한 교육을 받지 못했기 때문입니다. 릴리는

과묵한 편이며, 사람들 틈에 섞여 살아가는 것보다는 고립된 삶을 즐깁니다. 그 까닭은 그미가 어린 시절부터 부모를 통해서 타인에 대한 행동, 법 그리고 사회성을 제대로 습득하지 못했기 때문입니다. 그렇기에 릴리는 자신의 목표와 자신의 감정을 밖으로 드러내는 것을 몹시 꺼립니다. 사이보그는 인간다움이 이데올로기에 의해 인위적(人爲的)으로 교화되는 과정을 적나라하게 보여 주는 객관적 상관물입니다.

23. 기계는 인간의 육체를 부분적으로 보조하거나 대신할 수 있다: 피어시는 기계와 자연과학에 대해서 무조건 부정적으로 이해하지는 않았습니다. 오히려 그 반대입니다. 기계는 부분적으로 혹은 전적으로 인간의 삶에 부수적인 기능을 담당합니다. 육체의 일부로서 혹은 사이보그로서의 기계는 더 나은 인간 삶에 유익하게 기능하리라는 것이 피어시의 지론입니다. 이를 고려할 때 피어시는 사이보그와 해방된 여성이 미래 사회의 발전과 평화에 궁극적으로 기여하게 되리라는 해러웨이의 견해에 전적으로 동의하는 셈입니다. 이를 고려한다면, 기계에 대한 피어시의 입장은 20세기 초의 작가인 E. M. 포스터의 그것과는 전적으로 반대됩니다. 포스터는 「기계는 멈춘다(The Machine stops)」라는 단편에서 인간의 행복한 문명을 철저하게 방해하는 대상으로서 기계를 예로 들고 있습니다(Forster: 141). 포스터의 작품은 거대한 시스템으로서 기술적 문명이 막강한 기계에 의해서 영위되며, 일반 사람들이 마치 작은 육각형의 벌집 같은 공간에 갇혀서 살아가는 모습을 섬뜩하게 묘사하였습니다. 마지막에 이르러 인간 삶을 모조리 장악한 기계는 순간적으로 파괴되고 맙니다. 포스터는 이렇듯 기계의 가공할 만한 악영향을 경고하려고 했습니다. 이에 비하면 피어시는 새로운 인간으로서 사이보그를 등장시킴으로써, 공동체의 평화를 마련하고, 행복한 삶을 이룩하는 데 결정적인 도움을 주도록 묘사하고 있습니다.

24. 공동체 내에서 순응과 통합 그리고 평화 공존: 또 한 가지 간과하지 말아야 할 주제가 있습니다. 그것은 어느 특정한 이질적 인간이 공동체 내에서 얼마만큼 동화되고, 동화될 수 있는가 하는 물음과 관계됩니다. 어느 사회든 간에 다른 인종은 일종의 이방인들로서, 언제나 타자로서 경원시 당하는 경우를 생각해 보십시오. 사이보그의 이야기는 이방인 내지는 타자(흑인, 사이보그, 로봇 그리고 외계 생명체)들이 어떻게 토박이들과 공존할 수 있는가를 고민하게 합니다. 결론적으로, 피어시는 다음의 사항을 은연중에 제시합니다. 즉, 여러 유형의 이방인 내지 타자는 스스로 행복한 삶의 충분조건을 갖출 수는 없지만, 그럼에도 인류의 행복한 삶의 조력자로 기능할 수 있다는 암시 말입니다. 현대에 이르러 인간의 장기 이식뿐 아니라, 사지, 인공 눈, 인공 달팽이관의 발명과 이식 수술 등을 생각해 보십시오. 그렇지만 이보다 더 중요한 사항은 차제에 사회 문화적으로 더욱 발전된 인간형을 가꾸어 나가고, 미래 사회에 이러한 인간형이 출현할 수 있는 가능성을 열어 주는 과업일 것입니다. 완전한 사이보그가 출현하려면 좀 더 시간이 필요하겠지만, 기계는 최소한 인간의 부족한 면을 채워 주는 도구의 역할을 담당할 수 있습니다.

25. 인간의 품위에 관한 놀라운 발언: 인간 개체는 지금도 지속적으로 탄생과 죽음의 과정을 거칩니다. 새로이 태어난 자는 지금까지 인류가 이룩한 제반 능력을 처음부터 고스란히 이어받지는 못합니다. 새로 태어난 아이는 "백지상태(tabula rasa)"로서 자신의 뇌에 모든 정보를 새롭게 입력해야 합니다. 한마디로 인간은 항상 원점에서 모든 것을 새롭게 배워야 합니다. 이 점이야말로 역사에 나타난 인간 삶의 비극이며, 발전과 진보를 더디게 만드는 이유가 아닐 수 없습니다. 그러나 차제에는 생명과학과 컴퓨터 기술의 발전과 함께 이른바 "트랜스 휴머니즘"이 발전 가도에 오르게 될 것입니다. 그렇게 되면 태어난 뒤부터 모든 것을 느리게 습득해 나가는, 이른바 인류의 전통적인 지식 습득 방식은 서서히 극복

되리라고 여겨집니다. 지금까지 생물학적으로 건강하고, 미학적 척도로 완성된 인간의 육체는 고대부터 지금까지 인간의 갈망 속에 내재한 하나의 상이었습니다. 그렇기에 인간은 서로 협동하는 공동체의 교육을 통해서 그리고 적절한 체제에 의해서 더 나은 생명체로 거듭날 수밖에 없습니다. 마지막으로, 르네상스의 인문주의자, 조반니 피코 델라 미란돌라(Giovanni Pico della Mirandola)의 문장을 인용할까 합니다. 피코 델라 미란돌라는 마치 신과 같은 존재의 혀를 빌려서 아담에게 놀라운 말씀을 전하고 있습니다. 그것은 인간이 언젠가 먼 훗날 행할 수 있는 놀라운 개방성과 가능성에 관한 발언입니다.

"아담이여, 우리는 그대에게 확고한 거주지도, 고유한 얼굴도 그리고 특별한 재능도 부여하지 않았노라. 그대 스스로 갈망하고 결정하는 대로 가옥을 짓고, 그대의 면모를 가꾸며, 스스로의 재능을 자발적으로 개발하기를 원했기 때문이다. 그 밖의 피조물의 경우 우리는 자연을 분명히 규정하였고, 우리가 정한 법칙 내에서 그것을 제한하였노라. 그대는 어떠한 제한이나 편견 없이 우리가 그대에게 부여한 측정의 능력을 발휘하여 스스로의 삶을 개척해야 하리라. 나는 그대를 세계 한가운데 우뚝 서게 하였노라. 이는 그대가 세상에 존재하는 모든 것을 편안하게 관망할 수 있도록 하기 위함이었다. 우리는 그대를 천국이나 지옥에서 창조하지 않았노라. 또한 그대를 사멸의 존재로서도 불멸의 존재로서도 만들지 않았노라. 이는 오로지 그대가 스스로 창조적 조각가라는 사명을 명예롭게 선택할 수 있도록 하기 위함이었다. 그대가 스스로 갈망하는 형상을 자발적으로 창조할 수 있도록 하기 위함이었다. 아담이여, 그대는 저열한 존재, 동물적 존재로 나락할 수 있겠지만, 그대의 영혼이 원할 경우, 보다 고결한 존재, 신적인 존재로 재탄생할 수 있으리라"(Pico della Mirandola: 52). 대부분의 사람들은 — 마치 죽음 직전에 자신의 망상을 깨닫는 돈키호테처럼 — 피코 델라 미란돌라의 이러한 청천벽력의 발언 속에 담긴 진의를 아주 뒤늦게 깨닫는지 모릅니다. 그럼에도 불구하고 새로운 인간은 우리에게 어떤 가능성을 전해 줍니다. 즉, 더 나은 세상을 창조하는 인조인간이 — 존 그레이(John Gray)가 서술한 바 있는 — 약탈하는 인간, 즉 "호모 라피엔스(Homo rapiens)"의 면모를 떨치고, 언젠가는 반드시 "지혜로운 인간(Ἄνθρωπος Σοφός)"으로 살아갈 가능성 말입니다.

참고 문헌

고정갑희: 에코 페미니즘(ecofeminism): 페미니즘의 생태학과 생태학의 페미니즘, 실린 곳: 외국문학 43호, 1995년 여름호, 96-118.

그레이, 존 (2010): 하찮은 인간, 호모 라피엔스, 김승진 역, 이후.

김일구 (2005): We are all cyborgs: 마지 피어시의 『그, 그녀, 그리고 그것』, 실린 곳: 현대영어영문학, 49권 3호, 23-45.

조현준 (2014): 젠더는 패러디다. 주디스 버틀러의 『젠더 트러블』 읽기와 쓰기, 현암사.

Forster, E. M. (1979): Collected Short Stories, Harmondsworth, 109-146.

Haraway, Donna (1991): A Cyborg Manifesto: Science, Technology and Socialist, Feminism in the Late Twenties Century, in: Simians, Cyborgs and Women: The Reinvention of Nature, New York.

Jens (2001): Jens, Walter (hrsg.): Kindlers neues Literaturlexikon, 22 Bde, München.

Pico della Mirandola, Giovanni (1942): De hominis dignitate, Heptaplus; De ente et uno; e scritti vari. Herausgegeben von Eugenio Garin. Vallecchi, Firenze.

Piercy, Marge (2002): Er, Sie und Es, übersetzt von Heidi Zerning, Hamburg.

Piercy, Margy (2001): Stufen aus Gras, München.

Winter, Michael (1998): Empfindung des Menschen. Utopien der Vollkommenheit oder der Verantwortungslosigkeit. Das Ende des Sozialen im Cyberspace, in: Dülmen, Richard von, Empfindung des Menschen Schöpfungsträume und Körperbilder, Wien, 597-607.

16. 나오는 말: 생태 공동체와 대아 유토피아

> "생태적 인간은 사회적 노동, 생태 운동 그리고 페미니즘 등을 통해서 더 나은 삶을 실천하게 될 것이다." (필자)
> "적색, 녹색 그리고 보라색의 운동은 개별적 각개전투의 방식으로, 혹은 정치적 연대라는, 어떤 포괄적이고 협동적 방식으로 추진될 수 있다." (고정갑희)

1. 서양 유토피아의 흐름에 나타난 세 가지 문제점: 서양 유토피아의 흐름은 대체로 유럽(북미)의 정신사와 병행해 왔습니다. 중세를 논외로 한다면, 그것은 주로 신, 국가 그리고 부권의 약화 과정으로 이해될 수 있습니다. 첫째로, 신들의 존재는 계층 차이를 천부적인 것으로 간주하도록 작용하였습니다. 재화는 불평등하게 분배되고 개개인의 직업 역시 천부적인 것으로 계승되었는데, 이는 고대에서 중세까지 사제들에 의해 철칙으로 정당화되었습니다. 그런데 현대에 이르러 종교는 자기반성이라는 심리적 위안의 기능으로 축소되었으며, 신의 권위는 옳든 그르든 간에 과학과 금력에 많은 부분 이양되었습니다. 둘째로, 국가의 체제는 시대의 흐름에 따라 강해졌습니다. 사실 국가란 고대부터 르네상스에 이르기까지 개개인의 생존과 안녕을 보장해 주고 배후에서 조력하는 체제에 불과했습니다. 그러나 국가는 18세기 말에 이르러 무소불위의 권력기관으로 변하게 됩니다. 개개인에 대한 국가의 폭력과 억압은 자본주의 체제와 접목되어 식민지 쟁탈이라는 명분으로 더욱 강화되었고, 오늘날에도 신-식민주의 형태로 남아 있습니다. 이에 병행하여 연속적으로 태동한 것은 무정부주의 내지는 반정부주의의 소규모 국가 체제 내지 지역

공동체 운동입니다. 셋째로, 가부장주의는 대체로 결혼 제도와 연계되어 있는데, 지금까지 여성을 억압하고 예속하는 도구였습니다. 이는 기원전 3000년부터 오늘날에 이르기까지 이어졌습니다. 가부장주의에 근거한 관습, 도덕 그리고 법은 정치적 토대의 하부구조로서, 특히 여성들과 아이들의 기본적 자유마저 차단하게 했습니다. 중요한 것은 20세기 후반부의 이른바 "물질 이후의 시대"(에릭 홉스봄)에 신, 국가 그리고 부권의 문제점이 백일하에 노출되었다는 사실입니다(Heyer 142).

2. 자본주의는 어떻게 극복되어야 하는가: 필자는 지금까지 서양 유토피아의 흐름을 역사적, 비판적 관점에서 서술했습니다. 마지막 장은 우리의 미래 삶, 즉 더 나은 삶의 가능성에 관한 논의에 할애되어야 할 것입니다. 필자는 이러한 거시적 물음을 전제로 하여 다음과 같은 네 가지 순서로 논의를 전개하려고 합니다. 첫 번째 사항은 경제적 문제로서 자본주의의 금력 구조에 근거하는 계층 사회에 관한 것입니다. 두 번째 사항은 정치적인 문제로서 성 평등의 유토피아 내지는 혼인에 관한 것입니다. 세 번째 사항은 긍정적 "헤테로토피아(Heterotopia)"로서의 생태 공동체에 관한 사항입니다. 네 번째 사항은 문화와 도덕의 문제로서 "아트만(大我)"의 삶과 관련되는 대아 유토피아와 관련되는 것입니다.

첫째로, 자본주의는 어떻게 극복되어야 할까요? 에릭 올린 라이트는 『생각해 낸 리얼 유토피아(Envisioning Real Utopia)』(2010)에서 자본주의를 극복할 세 가지 방안을 천착하였습니다. 첫 번째 방안은 혁명적 사회주의를 추구하는 "단절적 변모"를 가리키고, 두 번째 방안은 무정부주의를 지향하는 "틈새적 변모"를 지칭합니다. 세 번째 방안은 대체로 사회민주주의자들이 추구하는 "공생적 변모"를 가리킵니다. 첫 번째 방안의 경우, 우리는 계급투쟁을 통해서 부르주아를 물리치는 무력 운동을 생각할 수 있습니다. "만국의 노동자들이여, 궐기하라!"는 현대의 정보 산업 사회에서도 부분적으로 유의미한 구호입니다. 두 번째 방안의 경우는 새로운 생태 공동체의 네트워크를 결성하는 운동을 가리킵니다. 이 방법은 자본주의의 틈새에서 자치, 자활 그리고 자생을 추구하는, 작지만 활용 가치가 높은 대안으로 이해될 수 있습니다. 세 번째 방안은 노동조합 운동을 지칭합니다. 이것은 투쟁과 타협이라는 전략을 통해서 자본가들과의 공생 관계를 추구합니다(라이트: 421).

라이트도 수긍한 바 있지만, 자본주의를 극복할 방안에는 왕도(王道)가 없습니다. 분명한 것은 첫 번째 "단절적 변모"가 미래 사회에서 성공을 거둘 가능성이 희박하다는 사실입니다. 따라서 우리가 기대해야 할 방향은 두 가지 변모일 것입니다. 그 하나는 공생적 변모이며, 다른 하나는 틈새적 변모입니다. 비록 마르크스의 「고타 강령 비판(Kritik des Gothaer Programms)」(1875/1891)은 라살 등이 추진한 사민당의 "노동조합(Trade Union)" 운동을 신랄하게 비판했지만, 우리는 미래의 개발도상국가와 제3세계를 고려할 때 노동조합 운동의 가치를 파기할 수는 없을 것입니다. 왜냐하면 노동조합 운동은 자본가의 만행을 저지하고 노동자의 권익을 도모할 수 있는 마지막 보루로서의 수단이기 때문입니다. 자본주의 극복과 관련하여 중요한 것은 "틈새적 변모"라고 여겨집니다. 개인들은 자치, 자활 그리고 자생을 위한 경제 체제를 받아들여서 거대한 자본주의 메가 시스템으로부터 최소한의 자유를 구가할 수 있습니다. 특히 생태계 파괴가 극심한 21세기 지구 전체를 고려하면 생태 공동체 운동은 거의 필연적으로 출현할, 새로운 사회적 삶의 형태일지 모릅니다.

3. 21세기 유토피아의 세 가지 경향 (1), 핵에너지의 문제: 21세기에 출현한 세 가지 유형의 유토피아를 논의해 볼 필요가 있습니다. 첫 번째는 생태주의 유토피아와 관련되는 것입니다. 21세기의 가장 중요한 화두는 지구 전체로 확장된 독점 자본주의의 메가 시스템입니다. 이로 인하여 가진 자와 못 가진 자의 갈등은 부유한 나라와 가난한 나라의 갈등으로 비화했으며, 빈곤층은 아프리카 외에도 아시아와 라틴아메리카 지

역으로 확산했습니다. 인종 갈등으로 인한 전쟁들, "제노포비아"의 성향 등은 정치의 차원에서 해결되어야 할 당면한 과제이므로, 자본주의의 극복과 관련되는 사항으로서 별도로 다루어져야 할 것입니다. 우리는 에너지, 인구 그리고 생태계 파괴에 유념할 필요가 있습니다. 가령 체르노빌과 후쿠시마 사태에서 나타났듯이, 21세기 사회에서 핵에너지의 문제는 뜨거운 감자로 인지되기 때문입니다. 자고로 핵이란 헤시오도스의 표현에 의하면 판도라의 상자 속에 담긴 "아름다운 죄악(καλὸν κακόν)"에 근거한 "신의 선물"인데, 차제에 어떤 끔찍한 종말론적인 파국을 안겨 줄지 모릅니다. 현대의 작가들이 핵 문제를 다루고 있는 것은 원자력 에너지의 개발이 오늘날 얼마나 인간 삶을 위협하고 있는가를 지적하기 위함입니다. 나아가 인구의 증가 속도는 엄청나게 빨라졌습니다. 생태계의 변화가 기후변화를 초래하여 미래의 삶에 얼마나 크고 작은 영향을 끼칠지 아무도 예측할 수 없습니다.

    핵에너지와 관련하여 일련의 사이언스 픽션 작품들은 자연과학의 발달과 자연과학자의 눈먼 연구를 다루곤 하였습니다. 가령 어슐러 르 귄의 『빼앗긴 자들. 어떤 모호한 유토피아』에 묘사된 행성 유토피아는 바로 이러한 지구상의 제반 문제점과 관련하여 설계된 것입니다. 그렇지만 달에서 살아갈 가능성이라든가, 우주 개발을 통해 생활 터전을 마련하는 일은 아직도 요원합니다. 그렇기에 우리는 싫든 좋든 간에 (지구 중심적인) 프톨레마이오스의 시각을 포기할 수는 없습니다. 요컨대 21세기의 지구촌을 염두에 둘 때 과거의 정치적 유토피아의 기능은 완전히 소진하지 않았으며, 생태학의 차원에서 어떤 새로운 유토피아의 기능이 요청되고 있습니다. 이와 관련하여 우리는 국가 중심의 제반 행정 체제와 위로부터 아래로 향하는 상명하달의 정책 이행을 비판해 나가야 할 것입니다. 자본주의 시장경제를 추진하는 국가와 기존 사회주의 틀을 고수하는 권위주의 국가 체제 자체가 개인의 기본적 자유를 억압하는 요인으로 작용하고 있습니다. 뒤이어 언급되겠지만, 생태 공동체의 발전 내지는 확산 가능성은 미력하나마 국가의 권위주의적 전체주의 정책을 어느 정도의 범위에서 제동을 걸거나 제어할 수 있는 사회적 틀을 마련해 줄 것입니다. 물론 생태 공동체 운동은 어떤 거대한 세력을 지닌 것은 아니지만, 차제에는 반드시 "국가와 비-국가 사이의 투쟁"으로 발전될지 모릅니다 (아감벤: 118).

4. 21세기 유토피아의 세 가지 경향 (2), 성 평등의 문제: 21세기에 출현할 두 번째 유토피아는 이른바 남녀평등과 직결되는 성 평등의 유토피아를 가리킵니다. 우리나라에서는 결혼, 사랑, 가족, 여성 등에 관한 문제는 정치와 무관한 사사로운 걱정이라고 치부되고 있습니다. 이러한 기현상은 무엇보다도 지배 이데올로기의 농간 때문에 나타난 것입니다. 지배 이데올로기는 모든 영역을 폐쇄적으로 구분해 놓았습니다. 현재의 대학 입시제도는 젊은이의 미래를 학벌로써 결정짓게 할 뿐 아니라, 학문을 폐쇄적으로 구분하는 데 일조하였습니다. 모든 영역이 폐쇄적으로 분할된 사회에서는 정치가 오로지 정치가의 전유물로 되어 있습니다. 사랑과 성, 성과 결혼, 결혼과 출산의 문제는 이른바 개인의 사적인 영역이며, 사회와 국가가 담당해야 할 일감과는 구분된다는 것입니다. 그러나 사적인 것은 권력이 개개인에게 "빼앗은(privare)" 무엇입니다. 예컨대 빌헬름 라이히와 주디스 버틀러(Judith Butler) 등이 "성 정치(Sex-Politic)"라는 용어를 사용한 까닭은 사랑과 성이라는 문제가 사적인 영역을 넘어서 사회정치적인 함의를 포괄하기 때문입니다. 따라서 낙태, 매춘 그리고 이혼 등의 문제는 개인의 사적인 고민이 아니라, 그 자체 사회적 파장을 불러일으키는 정치적 사안입니다.

흔히 일부일처제는 인간의 영원한 이상으로 수용되고 있습니다. 사랑하는 남녀의 백년해로에 관한 이야기는 문학적으로 미화되어 왔습니다. 그렇기에 우리는 일부일처제의 하자를 지적하는 데 난감함을 느낄 수밖에 없습니다. 왜냐하면 일부일처제 속에는 사랑에 대한 인간의 원초적 갈망이 자리하기 때문입니다. 그런데 역사는 이러한 제도가 체제 안정과 가부장의 권익을 공고히 하기 위함이라는 사실을 말해 줍니다. 카를 크라우스(Karl Kraus)도 언급한 바 있지만, 가족주의 속에는 야만이라는 쓰라림이 도사리고 있습니다. 이는 가족 자체가 나쁘다는 게 아니라, 폐쇄적 가족주의 속에 어떤 음험함이 도사리고 있다는 말입니다(이득재: 111). 다른 한편, 일부다처제라고 해서 무조건 좋다고 말할 수도 없습니다. "일부다처제(Polygamie)"를 용인하는 이슬람 사회에서 남자들은 여러 명의 여성을 거느리지만, "다부일처제(Polyandrie)"가 용납되는 경우는 드뭅니다. 가령 결혼 없는 여성 공동체의 경우, 자식과 아버지 사이의 유대 관계가 거의 배제되어 있으므로, 미성년 교육에 어떤 치명적 취약점이 자리할 수 있습니다. 교육에 있어서 부모의 사랑과 관심은 매우 중요한데, 여성 공동체에서 아버지의 존재는 마치 무리를 배회하는 털북숭이 수사자처럼 "낯선 이방인" 내지는 "무서운 타자"라는 인식이 팽배할 수 있습니다. 그 밖에 우리는 동성애에 대한 부정적 시각도 문제 삼아야 할 것입니다. 어쨌든 여기서 어떠한 제도가 좋은가 하는 원론적인 물음이 중요하지는 않습니다. 이보다 더 중요한 것은 유교 중심의 가부장적 권위주의와 이로 인한 폐해를 어떻게 제거할 수 있는가 하는 물음입니다.

서양 유토피아의 흐름 속에서는 사랑의 삶에 관한 두 가지 성향이 출현합니다. 그 하나는 일부일처제의 혼인을 중시하는 경우이며, 다른 하나는 결혼이 사유재산에 대한 욕망을 부추긴다는 이유로 혼인 제도를 무시하는 경우입니다. 후자의 경우, 가족을 구성하는 결혼 제도는 없고, 오로지 아이들과 여성들이 함께 살아가는 여성 공동체의 구도만 존재합니다. 이를테면 모어, 안드레에, 윈스탠리, 모렐리, 슈나벨, 메르시에 그리고 카베 등은 일부일처제를 통한 가족 구도를 바람직하다고 채택한 데 비하면, 플라톤, 캄파넬라, 푸리에, 데자크 그리고 로시 등은 혼인을 통한 가족 체제 자체를 거부하면서, 가정 없는 여성 공동체가 바람직한 대안이라고 강하게 주장하였습니다. 그렇지만 두 가지 모두를 채택한 문학 유토피아로서 우리는 레티프 드 라 브르통의 문헌을 지적할 수 있습니다. 이와 관련하여 중요한 것은 다음의 두 가지 사실입니다. 첫째로, 사랑의 삶에서 행복을 누리는 방법은 일부일처제 하나만은 아니라는 점이며, 둘째로, 가족 중심의 삶은 — 캄파넬라가 주장한 바 있듯이 — 때로는 집단 이기주의로 이어져서 급기야는 사회와 국가 전체의 중요성을 망각하게 할 수도 있다는 점입니다. 요약하건대, 서양 유토피아의 흐름은 사람의 삶의 방식에는 하나의 정답만 있는 것은 아니라는 사실을 알려 줍니다.

5. 21세기 유토피아의 세 가지 경향 (3), 생태 공동체 운동: 21세기에 출현할 세 번째 유토피아는 소규모의 코뮌으로 이해되는 생태 공동체로 나타날 수 있습니다. 이는 노동조합 운동과 병행하여 전개되어야 할 운동으로서, 국가 중심의 자본주의 사회에 대한 하나의 작은 대안으로 이해될 수 있습니다. 실제로 사람들은 국가 중심이 아니라 비-국가 중심의 크고 작은 코뮌 운동을 추진해 왔습니다. 물론 우리가 미래를 예견할 수는 없겠지만, 주어진 여건을 고찰할 때, 전-지구적으로 확산된 자본주의의 폭력에 대항하기 위한 대안으로서 국가적 차원의 사회주의 혁명은 재차 출현하기 힘들 것 같습니다. 그러나 우리는 지역사회에 근거한 생태 공동체 운동에 최소한의 기대를 걸 수는 있습니다. 왜냐하면 사회생태학자, 머레이 북친(Murray Bookchin)도 암시한 바 있지만, 생태 공동체의 자치, 자활 그리고 자생의 운동은 작은 범위에서나마 거대한 국가 사이의 무역과 독점 자본주의 경제에 약간의 제동을 걸 수 있기 때문입니다.

비록 적은 노력이지만, 상부상조하고, 공동체로부터 기본 소득을 받으며, 자원을 아껴 쓰고, 자급자족하는 공동체의 삶은 자본주의 사회에서 소외된 개인들을 아우르게 할 것입니다. 그렇게 되면, 공동체들은 국가 중심의 거대한 자본주의 메가 시스템으로부터 거리를 두며, 위로부터의 정치적, 경제적 폭력에 피해당하지 않을 것입니다. 우리는 에스파냐에 있는 "몬드라곤 협동조합(Mondragón Corporación Cooperative)"이라든가, 마이클 앨버트가 구상한 바 있는 파레콘(Parecon) 공동체의 설계에서 많은 것을 배울 수 있습니다. 이를 위해서는 기존의 국가 중심의 불균등한 부의 분배 체제를 과감하게 파기하고, 새로운 공동체의 삶을 실험하려는 정신이 필요할 것입니다. 생태 공동체라고 해서 반드시 시골에 결성되어야 할 필요는 없으며, 무조건 기존 가족 체제로부터 벗어난 고착된 틀일 필요는 없습니다. 일단 우리는 가족 체제 자체를 생태 공동체의 기본 구조로 활용할 수도 있습니다. 만약 이웃 사이에 작은 문제를 해결하기 위해서 혈연과 무관하게 하나의 공동체 내지 대가족이 형성된다면, 이는 생태 공동체 운동의 출발로 이해될 수 있습니다.

6. 헤테로토피아 (1), 노동자 거주 지역: 여기서 우리는 중앙집권적 자본주의 국가에서 벗어난 헤테로토피아를 고찰해야 할 것 같습니다. 생태 공동체는 어떤 공간의 개념을 전제로 합니다. 그것은 유토피아의 의미가 함축하고 있는 "없는 곳(no place)"에다 어떤 구체적인 면모가 첨가된 범례이기도 합니다. 가령 프랑스의 마르크스주의 사회학자, 앙리 르페브르(Henri Lefèvre)는 일상성의 이론 외에도 무산계급의 공간 이론의 논거를 추적한 바 있습니다. 그는 오토 프리드리히 볼노(Otto Fr. Bollnow)의 공간개념을 통해서 타자의 공간개념에 관심을 기울였습니다. 예컨대 르페브르는 1960년대 프랑스 리스에 있는 공단 및 신도시와 인접해 있는 노동자 주거지를 고찰하면서 타자의 장소로서 공간 인식론을 추적해 나갔습니다(Lefèbvre: 196). 이것은 위로부터 모든 주거지를 구획하는 절대적 도시계획의 정책과 차이를 지니는 타자의 공간으로 이해됩니다. 여기서 논의되는 타자의 공간 내지는 타자의 장소는 상명하달의 일방적인 도시계획에 의해서 형성된 게 아닙니다. 오히려 르페브르의 헤테로토피아는 갈등과 충돌로 인한 차이를 통합하여 하나의 유토피아를 출현시키는 사

회적 공간으로 이해됩니다(장세룡: 291). 이로써 르페브르가 고찰하는 노동자 거주지는 타자의 공간성으로서 하나의 헤테로피아의 기능을 수행합니다.

7. 헤테로토피아 (2), 탈중앙집권주의: 르페브르의 헤테로토피아는 기능적인 측면에서 고찰할 때 미셸 푸코가 생각하는 저항과 경계를 뛰어넘는 부정적, 폐쇄적 장소로서의 헤테로토피아와는 약간 다릅니다. 푸코는 병원, 청소년 수련원, 양로원, 감옥, 정신병동, 군대의 막사, 홍등가 등을 헤테로토피아의 공간 구역으로 설정하였습니다. 푸코의 헤테로토피아는 자본과 권력에 의해 수행되는 폭력의 피난처로 이해될 수 있습니다. 이에 비하면 르페브르의 헤테로토피아는 자본의 탈-영토화와 관련되는 노동자 계층의 사회적 실천을 규합하고 확장하는 공간의 기능을 부분적으로 활용합니다(Kaufmann: 96). 물론 르페브르의 타자의 공간으로서 노동자 거주 집단은 일시적이지만 미학적으로 혐오스러운 면을 드러낼 수 있을 것입니다. 그렇지만 그것은 자본의 영역에서 벗어나서 뜨내기 혹은 토박이의 자생적 공동체의 공간을 형성하게 해 줍니다. 물론 여기서 문제가 되는 것은 다음과 같은 사항입니다. 즉, 르페브르가 역사 발전의 시간성과 마르크스주의의 혁명적 과정에다 어떤 사회적 실천으로서 공간성 개념을 도입하여 하나의 고향으로서 공동체 개념을 유추하게 해 주었다는 사실입니다. 우리가 염두에 두는 구체적 유토피아는 시간 개념과 공간개념을 변화시킨 갈망의 상인데, 이것은 생태 공동체의 시공간 유토피아를 설계하는 데 도움을 줍니다.

8. 유럽과 한국의 생태 공동체 (1), 사회보장의 차이: 실제로 생태 공동체는 자본주의로 인한 계층 사회의 타락상을 극복할 수 있는 헤테로토피아의 공간으로 축조될 수 있습니다. 그것은 가령 디즈니랜드와 같은 감시와 상행위로 이루어진 타락한 유토피아의 공간이 아니라, 인간답게 살아

갈 수 있는, 이른바 틈새의 장소를 일컫습니다. 생태 공동체 운동은 하나의 작은 장소를 전제로 한다는 점에서 모어의 유토피아와 궤를 같이 합니다 (하비: 222). 이 경우, 모어의 유토피아가 낯선 섬에서의 "공간적 유희 (jeux d'espaces)"라고 명명한 루이 마랭(Louis Marin)의 지적은 설득력을 지니고 있습니다. 왜냐하면 생태 공동체 운동은 새로운 도덕적 질서를 도입하는 하나의 독자적 공간을 전제로 하기 때문입니다. 일단 유럽과 한국의 생태 공동체에 관하여 간략하게 비교해 보기로 하겠습니다. 첫째로, 유럽과 한국의 생태 공동체를 염두에 둘 때, 공동체의 결성 이유와 계기는 — 약간의 편차는 존재하겠지만 — 서로 이질적입니다. 유럽인들이 생태 공동체를 통하여 공동의 삶을 영위하는 까닭은 무엇보다도 핵가족 사회에서 출현하는 고독과 소외감을 떨치기 위함입니다. 이에 비하면 한국 사람들은 농촌 살림과 생명 살림에 처음부터 관심을 기울이며 공동체를 결성합니다. 다시 말해, 사회보장제도가 완전히 정착되지 않고 빈부 차이가 극심한 환경에서 시대에 역행하며 살아가려는 사람들의 모임이 바로 생태 공동체의 실상입니다. 그렇기에 한국의 생태 공동체에서는 생존을 위해서 구성원들 사이에 더욱 강한 결속력이 요청됩니다.

9. 유럽과 한국의 생태 공동체 (2), 과학기술 도입의 차이: 둘째로, 유럽의 생태 공동체는 정도의 차이는 있지만 사회보장제도로 인하여 경제적 궁핍함을 겪지는 않습니다. 그들은 지방정부로부터 경제적 지원을 받고, 자원을 아끼며 생태 친화적으로 생활합니다. 놀라운 것은 일부 공동체가 생태 친화적인 건물을 건설하고, 고도의 과학기술을 실생활에 응용한다는 사실입니다. 예컨대 중세의 목조 가옥을 과감하게 짓는가 하면, 태양광 시설과 풍력 발전기를 설치하여 에너지를 자체적으로 조달합니다. 유럽에 비하면 한국의 생태 공동체는 중앙정부와 지방정부로부터 어떠한 경제적 보조도 받지 않습니다. 특수한 물품을 생산하여 이익을 극대화하지 않으면, 처음부터 파산의 위험에 처해 있습니다. 그렇기에 공동으로

생산한 특정 농산물을 자급자족해야 할 뿐 아니라, 외부에 판매하여 이윤을 창출해야 합니다. 그런데 놀라운 것은 한국의 생태 공동체가 유럽의 생태 공동체보다 더 절실하게 생태 의식을 견지하고 있다는 사실입니다. 이는 아마도 한국의 생태 공동체가 대체로 시골과 오지 마을의 사찰 근처에 위치하며, 불교의 생명 사상을 자연스럽게 받아들여 생태 친화적이고 영적인 삶을 자발적으로 실천할 수 있기 때문인 것 같습니다.

10. 유럽과 한국의 생태 공동체 (3), 사랑의 삶의 차이와 교육 프로그램: 셋째로, 유럽의 생태 공동체의 경우 사랑의 삶에서 상처 입은 사람들이 많습니다. 이들은 새로운 공동체에서 자신의 개인적 삶의 고통을 극복하려고 합니다. 이에 비하면 한국의 생태 공동체는 대체로 전통적 가족 구도를 고수합니다. 한국의 공동체들은 명상과 극기를 통해서 자신을 부자유스럽게 살게 만들던 자아의 구속 상태를 떨치려고 합니다. 말하자면 "에고"에서 해방되는 게 삶의 걱정을 떨치는 지름길입니다. 한국의 생태 공동체는 가족 해체와 같은 실험을 실천하기에 앞서서, 일차적으로 경제적 난관을 극복해야 합니다. 그 밖에 유럽과 한국의 생태 공동체는 한 가지 공통되는 일을 추진합니다. 그것은 교육 프로그램을 지칭합니다. 가령 생태 공동체는 교육 프로그램을 활성화해, 주말마다 특정한 테마로써 세미나를 개최합니다. 한국의 생태 공동체의 경우 도농 교류에 관한 사업, 신토불이 장터 등과 같은 프로그램을 만들어 방문객들에게 향토 음식과 잠자리를 제공할 수 있습니다. 공동체는 이러한 경제적 수입으로 농촌 경제에 활력을 불어넣을 수 있을 것입니다.

11. 유럽의 생태 공동체의 자치, 자활, 자생: 1990년부터 현대 유럽의 전 지역에서는 생태 공동체가 퍼져 나갔습니다. 독일의 경우, 80년대 말부터 생태 공동체가 확산되기 시작했는데, 사람들은 구동독 지역에 산재해 있는 땅과 가옥을 헐값으로 매입할 수 있었습니다. "지벤 린덴(Sieben

Linden)"이 이의 대표적인 예입니다. "지벤 린덴"에서는 시장도, 화폐도 존재하지 않습니다. 공동체 전반에 관한 문제점은 토론을 통해 해결됩니다. 사람들은 특정 분야에서 순번제로 일합니다. 분업을 통한 노동의 소외를 극복하기 위해서 사람들은 각자 여러 가지 일을 번갈아서 행합니다. 사람들은 행정의 영역에서도 순번제를 도입하여 교대로 일합니다. 이로써 공동체는 엘리트들의 횡포를 사전에 차단할 수 있습니다. 어떤 무엇을 결정할 경우 공동체 사람들은 모두 모여서 "야단법석"과 같은 회의를 치릅니다. 이로써 풀뿌리 직접민주주의가 실천될 수 있습니다. 개별 공동체는 주어진 여건 내지 크기에 따라 자신의 고유한 특성을 발전시킬 수 있습니다. 어떤 공동체에서는 농사를 짓는 등 특정 농산품 생산에 주력하기도 하고, 어떤 공동체에서는 교육 프로그램을 개발하여 주말마다 찾아오는 사람들에게 숙식을 제공하며, 어떤 테마로 교육 프로그램을 제공하거나 일상의 피로를 해소하게 합니다. 이러한 프로그램은 한국의 템플스테이와 유사한 것입니다. 이 경우 공동체는 방문객이 낸 숙박비와 식비를 공동체 수입으로 적립합니다. 그들은 나무와 짚 그리고 흙만으로써 생태 가옥을 건축하기도 합니다. 유럽의 생태 공동체는 지금도 갈등을 겪는 등 실험에 실험을 거듭하고 있습니다.

12. 탈원전은 필수적 사항이다. 생태 공동체의 온건한 과학기술의 활용: 공동체 사람들은 재생에너지를 활용하고, 농수산업과 축산업을 중시합니다. 지금까지 국가들은 생산력 신장을 추구하면서 산업 발전을 지속시켜 왔습니다. 이로 인하여 산업은 개별 국가에 성장을 가져다주었지만, 원자력은 현대인의 삶에 끔찍한 결과를 안겨 주었습니다. 공동체 운동은 오늘날 절실한 탈원전의 삶의 방식에 커다란 도움을 줄 수 있습니다. 특히 유럽의 생태 공동체는 태양에너지, 풍력 에너지, 바이오매스 등의 개발로 기후 위기에 대응하고 생태 친화적인 삶을 실천하려고 합니다. 바이오매스 에너지 개발과 바이오차(Biochar)의 활용은 탄소 배출을

줄이고 강의 오염을 막을 수 있습니다. 나아가 산업체들이 생산해 내는 화학제품 속에는 — 칼렌바크의 작품에 묘사되어 있듯이 — 암을 유발하는 물질이 내재되어 있으며, 제초제와 살충제는 여러 가지 유형의 암세포를 자라나게 합니다. 위정자들은 인구 증가에 대비하여 유전자조작 식품을 개발할 수 있다고 호언장담하지만, 이에 대한 부작용에 관해서는 침묵으로 일관합니다. 생태 공동체는 현대인의 건강에 도움을 줄 수 있습니다. 현대인들은 생태 공동체의 환경친화적인 식료품을 구매하여 소비할 수 있으며, 도농 교류 사업, 주말 생태 체험 학습 등을 통해서 자신의 삶을 윤택하게 만들 수 있습니다.

13. 가부장주의에 대한 생태 공동체의 대안: 생태 공동체는 가부장주의의 폐단을 어느 정도 극복할 수 있을 것입니다. 물론 생태 공동체 운동이 단기간에 전통적 가족제도를 혁파하고, 대가족제도라든가 가족 없는 여성 공동체를 만들어 내지는 못할 것입니다. 공동체 내에서 부부로 살기를 원하는 사람들은 얼마든지 이를 실천할 수 있습니다. 공동체 사람들이 주장하는 것은 오로지 일부일처제의 가족제도 속에 남아 있는 가부장의 비민주적인 권위주의의 역할만큼은 파기되어야 한다는 점입니다. 전통적인 가부장 제도는 무엇보다도 국가의 요구 사항들을 아무런 비판 없이 답습하게 하며 권위주의를 수용하게 합니다. 이 경우 가장은 가족 구성원들에게 국가의 강령을 명시적으로 그리고 묵시적으로 전달하는 임무를 맡습니다. 그런데 가부장 체제의 위계질서라든가 국가 중심의 권위주의는 공동체 속에서 약화될 수 있습니다. 왜냐하면 생태 공동체 속의 삶의 방식은 전통적 가족 구도와는 다른, 공동의 안녕을 도모하기 때문입니다. 그렇기에 그것은 남녀노소를 막론하고 인간의 소외와 갈등 문제를 어느 정도 해결할 수 있으며, 다양한 사랑의 삶의 방식을 실천하는 사람들, 이를테면 싱글, 동성애자, 트랜스젠더 등을 물심양면으로 도울 수 있을 것입니다.

14. 협동과 상호부조를 통한 "큰 자아(Atman)"의 추구: 기실 인간은 경제적, 심리적 관점에서 이기적 동물로 살아왔습니다. 인간이라면 누구나 제각기 더욱더 많은 행복을 추구합니다. 그러나 이러한 경제적, 심리적 갈망 내지 이기심을 극복하지 않으면, 공동체 내에서의 사랑의 삶의 시도는 실패할 공산이 큽니다. 왜냐하면 인간은 타인에게 상처를 가할 때보다, 오히려 타인으로부터 심리적인 상처를 받을 때 두 배 이상의 고통을 느끼기 때문입니다. 이 점은 근본 생태주의자, 루돌프 바로(Rudolf Bahro)와 아르네 네스(Arne Ness) 등이 지적한 사항입니다. 어쨌든 인간이 주어진 사회적 틀 속에서 타인에게 해를 가하지 않고 최대한 자신의 행복을 누리는 일은 어렵고도 험난한 여정입니다. 자신의 행복 추구는 때로는 주위 사람의 불행을 감수해야 할 때도 있습니다. 물론 인간의 행복이 타인의 안녕과 행복을 통해서 찾아오는 경우도 엄연히 존재합니다. 그러나 대체로 인간의 경제적, 심리적 욕구는 성생활에서 그리고 경제적인 관계 속에서 사랑하는 임 혹은 주위 사람들과의 관계 속에서 충족되거나 충족되지 못하기도 합니다. 그렇기에 자신의 행복 수치는 주위 사람들과의 관계 속에서 측정되는 경우가 허다합니다.

15. 제도냐, 의식이냐?: 상기한 이유로 인하여 공동체 사람들은 서양의 제도가 아니라 동양의 의식에 대해 어떤 더 큰 의미를 부여합니다. 유토피아는 그 자체 협동적 인간 삶 내지는 대아의 의미를 수용하고 있는데, 여기서 말하는 대아 유토피아는 인간의 의식과 관련되는 개념입니다. 그것은 전체주의적 권력의 횡포에 대해 개개인이 자신의 고유한 권리를 지키려는 노력에서 출발합니다. 사람들은 지금까지 사회주의 체제를 통하여 개개인의 권리가 사회적으로 확장되기를 갈구하였습니다. 개인의 권리가 사회로 확장되면, 사회는 보편적 권리를 개인에게 환원시키리라고 성급하게 믿었습니다. 그러나 이러한 노력은 동구의 사회주의 실험에서 드러났듯이 실패로 돌아갔습니다. 여러 가지 원인이 있겠지만, 가장

큰 이유는 소수의 엘리트 관료들이 일방적 관점에서 국가의 거대한 시스템을 작동시켰기 때문일 것입니다. 어쩌면 대아 유토피아는 무엇보다도 탈-국가의 코뮌 운동으로써 해결될 수 있을지 모릅니다. 더 큰 자아의 안녕을 추구하는 사고는 개개인 사이의 협동과 상호부조를 통하여 실천될 수 있을 것입니다.

16. 개인주의와 계약의 한계: 서구에서 주체의 개념은 너무 잘게 나누어져 있습니다. 서양에서 개인은 말 그대로 "더 이상 나누어지지 않는 존재(Individuum)"로 표현되지 않습니까? 이는 서양의 철저하게 분할된 소유 관계에서 기인합니다. 문제는 수많은 자아가 자신의 개별적 권리를 요구하고 이를 관철시키려는 데 있습니다. 작은 주체 내지 작은 자아들이 제각기 자신의 권한을 요구할 때에는 필연적으로 크고 작은 갈등이 출현합니다. 서양 사람들은 개인의 자기 권리를 법적으로 확보하기 위해서, 다른 한편으로는 개개인 사이의 갈등을 해소하기 위해서, 무엇보다도 계약에 근거하는 실정법을 강화해 왔습니다. 맨 처음 실정법은 개인의 자기 권리를 지키기 위해서 만들어진 것입니다. 이를테면 로마법이 확정된 근본적 계기가 채권자의 소유권을 보장하기 위함이라는 점을 고려해 보십시오(블로흐: 53). 자고로 계약은 올바른 법 규정을 필요로 합니다. 그러나 아무리 법 규정이 바람직하게 규정되어 있다고 하더라도, 개개인 사이의 알력과 마찰은 필연적으로 출현할 수밖에 없습니다. 둘째로, 개체의 권리는 전체의 권리로 확장되고, 전체의 권리는 개체의 그것으로 환원되어야 하는데, 계약 조건 하에는 제반 갈등이 완전히 해결되는 게 아니라 그저 조정될 뿐입니다. 다시 말해서, 대립하는 견해들이 제각기 소멸하는 게 아니라, 합리적 방식으로 일부 채택될 뿐입니다.

17. 사변적 실재론. 모든 개체는 부분이자 전체이다: 인간은 대체로 자아에 대한 집착을 버리지 않고 있습니다. 자아에 대한 집착은 자유에 대한

의식을 부추기고 자극하지만, 때로는 자신의 권리에 대한 끝없는 요구 사항으로 이어질 수도 있습니다. 그런데 자아에 대한 집착은 때로는 인간의 심리를 해치게 만들곤 합니다. 이에 반해서 영혼은 어떠한가요? 개별적 자아는 구분되지만, 개별적 영혼은 엄밀하게 구분되지 않습니다. 사랑과 우정은 자아의 개념으로 이해될 게 아니라, 믿음, 영혼 등을 지닌 대아의 개념으로 이해될 수 있을 것입니다. 이렇듯 자아는 개체로 분할되어 있지만, 개별적 자아의 영혼은 친구, 임, 지인들과 심리적 차원에서 정(情)이라는 고리로 연결되어 있습니다. 이 점을 고려할 때, 전체와 개인의 구분은 요소 환원주의에서 비롯한 편견입니다(김상일: 29). 우리에게 필요한 것은 자아에 대한 집착을 떨치고, 영혼의 차원에서 협동과 신뢰의 힘을 찾아내는 일일지 모릅니다. 그렇게 하면 우리는 의식 내지 영혼의 차원에서 개인주의를 극복할 수 있는 더 큰 자아를 도모하는 마음을 견지하게 될 것입니다. 만약 영혼이 인간과 인간을 연결하는 가교로서 충분하지 못하다면, 우리는 현상학의 차원에서 몸의 기능을 떠올릴 수 있을 것입니다(Merleau-Ponty: 16). 왜냐하면 나의 몸은 나의 소유이기에 앞서, 타인에게 사회적 존재로 의식되는 무엇 내지는 세계 내에서 소통하는 존재일 수 있기 때문입니다. 그런데 세계 속에서도 이러한 특성이 자리할 수 있습니다. 사람들은 이를 사변적 실재론이라고 명명합니다. 철학자, 셸링(Schelling)이 떠올린 세계영혼(Weltseele)을 생각해 보세요. 어쨌든 개인주의를 극복할 수 있는 공동체의 사고는 기존의 국가 체제 대신에 작은 소규모 공동체를 위한 사회 토대 속에서 발전될 수 있습니다.

18. 인간을 해치는 일곱 가지 편견들(계급, 종교, 정당, 국적, 인종, 성, 나이): 과거에는 "나누어라 그리고 지배하라(Divide et impera!)"는 격언이 대세를 이루고 있었습니다. 계층 사회의 정책은 지금까지 언제나 상명하달로 이어져 왔습니다. 그런데 20세기 후반부터 인간은 자본주의 체제 내에서 마치 신처럼 군림하는 엘리트에 더 이상 종속되지 않고, 자치적

으로 환경과 평화를 부르짖으며, 성 차별 없는 동등한 삶의 방식을 실천하기 시작했습니다. 이를 위해서 중요한 것은 두 가지 과제입니다. 그 하나는 자연에 대한 인간의 일방통행을 차단하는 일이며, 다른 하나는 인간을 자유롭고 평등하게 살지 못하도록 구속하는 일곱 가지 갇힌 사고를 파기하는 일입니다. 여기서 말하는 일곱 가지 갇힌 사고란 계급, 종교, 정당, 국적, 인종, 성, 나이 등과 같은 구분과 차별을 가리킵니다. 실제로 인간의 인간에 대한 구분과 차별은 결국 동서고금을 막론하고 한 지역에서 오래 살아가는 바닥나기의 무지와 편견에서 비롯된 것이었습니다. 로버트 오언은 이러한 토박이 속물들을 한마디로 "편견으로 가득 찬 지역화 된 동물(the localised animal of prejudice)"이라고 규정하였습니다(Owen: 76).

19. 생태 공동체 운동의 전제 조건: 인간의 의식은 마르크스도 언급한 바 있듯이 주어진 구체적 현실의 조건에 의해서 좌우됩니다. 한 인간의 경제적 토대가 그의 의식을 규정하는 것은 당연합니다. 이와 관련하여 마르크스는 「헤겔 법철학 비판(Zur Kritik der Hegelschen Rechtsphilosophie)」(1843) 서언에서 다음과 같이 말했습니다. "사고가 현실을 추동하는 것만으로는 충분하지 못하며, 현실 자체가 사고를 추동해야 한다"(Marx: 386). 따라서 중요한 것은 주어진 현실이 얼마나 하나의 변화를 위해서 무르익고 있는가 하는 물음입니다. 만약 개인이 이기심을 버리고 더 큰 자아의 삶의 방식을 실천하려면, 이를 뒷받침해 줄 수 있는 사회경제적 토대를 마련하는 일이 급선무일 것입니다. 이를 위해서는, 21세기의 현실적 특성을 고려할 때, 공동체 사람들은 소규모 공동체 운동이 적절하다고 믿습니다. 왜냐하면 국가 중심의 자본주의 계층 사회 속에서 살아가는 개개인들은 싫든 좋든 간에 자본주의적 경쟁 및 이윤 추구의 노동에서 벗어날 수 없기 때문입니다. 요약하건대, 개개인이 "포괄적 주체"로서 의미론적 확장을 이루려고 한다면, 일차적으로

하나의 제도적 장치, 구체적으로 말하자면 새로운 삶을 실천하려는 공동체의 틀을 갖추어야 할 것입니다. 기존 관습, 도덕 그리고 법의 구속에서 자유로울 수 있으려면, 인간은 일차적으로 경제적 독립을 실현해야 합니다.

20. 인간은 협동하고 아우르며 살아가는 영혼의 생명체이다: 인간은 예나 지금이나 결코 혼자 살아갈 수 없으며, 타자와 함께 공존해야 합니다. 불교에 의하면, 티끌 하나 속에 온 우주가 담겨 있으며(一微塵中含十方), 인간의 유전자 속에는 한 인간에 관한 모든 정보가 담겨 있습니다. 가령 유기질의 세포들은 개별적 개체들이지만, 상호 영향을 끼칩니다. 만약 조직체 전체가 건강하고 외부로부터의 위협이나 압력이 없는 경우, 유기적으로 서로 아우르고 협력합니다. 그 밖에 신경전달물질인 뉴런을 연결시켜 주는 시냅스를 생각해 보세요. 개체는 부분이 아니라, 전체와 유기적인 관련성을 지니고 있습니다(처칠랜드: 74). 대아 유토피아의 시각에서 고찰할 때, 유물론과 유심론의 차이 내지는 인간과 세계의 구분 등은 더 이상 용납될 수 없습니다. 외부로부터 어떤 근본적인 압력을 받거나 경제적 차원에서 이윤을 추구하는 경제 구도의 악영향을 받게 되면, 유기질 내부에 생동하는 세포들은 제각기 고립되어 아포로 응축되고 맙니다. 만물을 어떤 고착된 무엇으로 바라보는 명사적 요소론의 세계관은 궁극적으로 세계와의 공존이 아니라 세계를 정복하려는 인간의 지배 논리의 의향에서 비롯한 것입니다. 인간은 지배 논리가 아니라 평등과 협동의 논리에 의해 생존을 도모하는 생명체입니다. 이를 설명하기 위해서 이도흠 교수는 "상호 생성자(inter-becoming)"의 개념을 도입합니다. 그것은 "관계 속에서 형성되는 허상이지만, 자기가 공(空)하다고 함으로써, 타인을 생성시키고 타자의 아픔에 공감하며 자기 안의 부처, 곧 인간다운 본성을 형성하는 눈부처," 바로 그분이라는 것입니다(이도흠: 35). 나 자신이 자아가 아니라 타자가 자아라고 여길 때, 우리는 타자

의 아픔에 공감하는 눈부처가 될 수 있습니다. "인간-눈부처"가 공감하고 연대하는 존재일 수밖에 없는 까닭은 바로 그 때문이라고 여겨집니다. 이러한 의식이 실천으로 이어진다면, 자본주의 경쟁 사회에서 아집, 독선 그리고 편견을 견지하며 깍두기로 살아가는 사람들은 새로운 공동체에 합류하여 공생의 삶을 실질적으로 추구할 수 있게 될 것입니다.

21. 실천을 위한 은유로서 유토피아: 오늘날 우리는 주어진 세계적인 난제 앞에서 무엇을 선택해야 하는가 하는 질문을 제기해야 할 것입니다. 따라서 유토피아의 흐름을 서술하는 과업은 실천을 위한 은유로 이해될 수 있습니다(Roulet: 38f). 평화적 공존, 협동, 상호적 울력은 생태 공동체에서 대아 유토피아의 실천 방안이 아닐 수 없습니다. 특히 남한과 같은, 복지 없는 독점 자본주의 사회 내에서는 오로지 부딪치고 싸우는 자아들만 존재할 뿐입니다. 자본주의 체제에서 인간의 만남은 고객과 직원의 마주침, 즉 당구공과 당구공의 부딪침, 그 이상도 그 이하도 아닙니다. 자본주의 사회의 인간관계는 이로써 종횡으로 단절되어 있습니다. 사랑과 우정, 평등과 자유를 찾기 위해서는 자본주의의 모든 질서로부터 등을 돌리고, 새로운 구도 속에서 협동적 삶을 추구해 나가는 게 하나의 방안일 것입니다. 이는 바로 대아의 삶을 실천하는 길이기도 합니다. 경제적, 심리적 갈등을 떨치려면 우리는 각자 자아에 대한 집착을 버려야 하고, 새로운 공동체의 결성 가능성을 모색해 나가야 할 것입니다. 그것은 공동체를 결성하여 평등한 삶을 추구하는, 함께 연대하면서 "소욕지족(少欲知足)"의 삶을 실천하는 일을 가리킵니다. 이때 중요한 것은 인간의 의식을 바꾸는 일만이 아니라, 체제 내에서 어떤 제도를 개선하는 일입니다.

22. 생태 공동체 운동의 가능성과 방향: 생태 공동체 운동은 한국의 경우 지방자치와 관련된 직접민주주의, 공생 공존에 이바지할 수 있습니다.

비록 그것이 서양의 경우처럼 가족주의를 해체하고 새로운 사랑의 삶의 실험이 아니라고 하더라도, 함께 아우르는 공동의 삶은 여전히 시도할 만한 가치를 지니고 있습니다. 비록 현재에는 아직 부족한 면과 갈등이 온존하지만, 생태 공동체 운동은 언젠가는 여러 가지 문제점을 극복하고, 다른 환경·평화 운동과도 접목될 수 있을 것입니다. 마치 돌멩이 하나 빼내는 작은 일이 거대한 저수지의 썩은 둑을 무너뜨리듯이, 나사렛 출신의 그리스도가 믿음을 위한 작은 행동으로써 거대한 로마제국을 붕괴시키는 계기를 마련했듯이, 생태 공동체 운동은 ― 엘마르 알트파터(Elmar Altvater)가 말한 바 있듯이 ― 하나의 "태양의 협동 사회"를 위한 대안으로서(Altvater: 14), 나중에 전-지구적으로 확산된 자본주의 메가 시스템에 어떠한 크고 작은 영향을 끼칠지, 현재로서는 아무도 모릅니다. 따라서 우리에게 필요한 것은 적색과 녹색 그리고 보라색이 결합된 에코 페미니즘의 사회주의 공동체, 바로 그것입니다(고정갑희: 66). 오늘날 구체적인 유토피아는 차별 극복을 통한 자유와 평등 그리고 평화를 추구하는 노력에서 시작될 수 있습니다. 이러한 노력은 사회주의 노조 운동, 생태 공동체 운동 그리고 페미니즘 운동에서 실천될 수 있습니다.

참고 문헌

고정갑희 (2017): 가부장체제제론과 적녹보라 패러다임. 체제주의 전환과 운동 철학의 전환, 액티비즘.
김상일 (2007): 腦의 충돌과 文明의 충돌, 지식산업사.
라이트, 에릭 올린 (2012): 리얼 유토피아, 좋은 사회를 향한 진지한 대화, 권화현 옮김, 들녘.
블로흐, 에른스트 (2011): 자연법과 인간의 존엄성, 박설호 역, 열린책들.
아감벤, 조르조 (2014): 도래하는 공동체, 이경진 역, 꾸리에 북스.
앨버트, 마이클 (2003): 파레콘, 김익희 역, 북로드.
이도흠 (2015): 인류의 위기에 대한 원효와 마르크스의 대화, 자음과 모음.
이득재 (2001): 가족주의는 야만이다, 소나무.
장세룡 (2009): 헤테로토피아: (탈)근대 공간 이론을 위한 시론, 대구사학, 2009, 285-317.
처칠랜드, P. (2006): 뇌과학과 철학, 박재윤 옮김, 철학과 현실사.
하비, 데이비드 (2009): 희망의 공간, 세계화, 신체, 유토피아, 최병두 외 역, 한울.
Altvater, Elmar (2005): Ende des Kapitalismus, wie wir ihn kennen, Münster.
Bollnow, Otto Fr. (1963): Mensch und Raum, Stuttgart.
Bookchin, Murray (1985): Die Ökologie der Freiheit. Wir brauchen keine Hierarchien, Weinheim/Basel.
Heyer, Andreas (2006): Die Utopie steht links!. Ein Essay. Berlin.
Lefèbvre, Henri (1961): Utopie expérimentale: Pour un nouvel urbanisme, in: Revue française de sociologie, Vol 2, Nr. 3, 191-198.
Marcuse, Herbert (1967): Das Ende der Utopie, Berlin.
Marx, Karl (1875): Zur Kritik der Hegelschen Rechtsphilosophie. Einleitung, in: MEW, Berlin 1953.
Marx, Karl: Kritik des Gothaer Programms, MEW Band 19, 13-32.
Kaufmann, Christian (2011): Darstellung des Entwicklungsprozesses vom absoluten zum differenziellen Raum anhand des Konzepts des Produktion des Raums von Henri Lefebvre, München.
Marin, Louis (1973): Utopiques: jeux d'espaces, Paris.
Robert Owen, Robert (1970): The Book of the new moral world 1842, August M. Kelly publishers: New York.

Rinpoche, Sogval (2004): Das tibetische Buch vom Leben und vom Sterben - Ein Schlüssel zum tieferen Verständnis von Leben und Tod. Fischer: Frankfurt am Main,

Roulet, Gérard (1986): Gehemmte Zukunft. Zur gegenwärtigen Krise der Emanzipation, Darmstadt.

찾아보기

가다머 47, 56
간디 100
강남훈 302, 308
고돈 151, 161
고드윈 144
고르바초프 272
고세훈 61, 75, 78
고어, 엘 90
고정갑희 323, 328, 329, 348, 349
골드만, 엠마 66, 144
국중광 184, 226
권하진 308
귀르비치 208
그레이, 존 327, 328
그로피우스 38, 39
기어하트 205, 206
길먼, 샬롯 퍼킨스 205
김경옥 153, 161
김기혁 78
김상봉 237, 246
김상일 282, 288, 344, 349
김석희 184
김선형 270

김순식 256, 259, 270
김승진 328
김익희 308
김일구 322, 328
김종철 243, 246
김지혁 308
김용민 226
김용민 283, 288
김지은 206
김충완 56
깁슨 250

네스, 아르네 342
노이만 5, 13, 289-308
노이스 101
놀테, 울리케 21, 35
놀테, 에른스트 252

다윈 142
데일리, 메리 90
데자크 225, 334
드몽 141
디드로, 드니 88, 95, 104, 122

351

디들러 89-91, 95, 289, 308
디오도로스 크로노스 40

라덱 33
라말 119, 120
라블레 207, 225
라살 331
라옹탕 104
라이트, 에릭 올린 305, 308, 330, 331, 349
라이히 304, 333
랑게, 오스카 305
러셀, 버트런드 101
러스 141, 142
레비나스 53, 56
레싱 21
레오폴드 164
레티프 드 라 브르통 335
로랑 226
로머 305, 308
로스 32, 35
로시, 조반니 225, 334
로자크 84, 138, 140
롤레, 제라르 347, 350
뢰머 101, 120
뢰비트, 카를 75, 76, 78
루소, 장-자크 75, 87, 197, 206
르 귄 5, 10, 141-62, 186, 307, 332
르페브르, 앙리 336, 337, 349
리스먼 208, 209, 210, 226
리영희 271, 288
리헤르트 187, 206
린제, 울리히 82, 95
린포케 350

마랭, 루이 338, 349
마렌-그리제바흐 237, 246

마르쿠제, 허버트 8, 286, 349
마르크스 75, 92, 144, 214, 331, 336, 337, 345, 349
마이링크 320
마이어, 다니엘 54, 56
마이어, 한스 272
마키아벨리 117
마티센 160, 161, 182, 184
만, 토마스 40
말러, 구스타프 39
말러-베르펠, 알마 37, 38
망드라, 앙리 5, 11, 92, 207-26
매뉴얼 113, 120
매인홀드 184
맬서스 157
메르시에 139, 334
메를로-퐁티 344
머천트, 캐럴린 90, 95
모렐리 29, 139, 334
모리스, 윌리엄 88, 95, 104, 169, 225
모어, 토머스 11, 70, 71, 84, 100, 121, 129, 152, 163, 208, 212, 334
모일란 191, 206
뫼비우스 158, 161
묵자 53, 275
문순홍 95
뮤리 140
뮌스터, 아르노 75, 78
뮐러, 하이너 272

바게너, 한스 53, 56
바노이, 러셀 299, 308
바로, 루돌프 90, 182, 210, 226, 285, 288, 342
바르뱅 323
바르뷔스 18
바쉬쿤 33, 35

바이스 19, 35
박경서 57, 78
박상준 270
박설호 82, 160, 161, 184, 246, 289, 308
박재윤 349
박주영 188, 206
박호강 114, 120
박홍규 95
밴스팬커른 270
버넘, 제임스 74, 75, 78
버네이스 268, 270
버틀러, 새뮤얼 202
버틀러, 주디스 328, 333
변용란 206
베르크스트룀 18
베르펠 5, 7, 37-56
베버, 막스 209
베이컨, 프랜시스 101
벤담, 제레미 158
벨러미 100, 109
보바르, 시몬 드 188
보애스 143
보위에 5, 7, 17-35
보캉송 320
볼노 336, 349
볼레리 81
볼테르 75
볼프, 크리스타 5, 12, 270-88, 289
뵈르크 18
부갱빌 89, 122
부닌 187
부버, 마르틴 15
부커 203, 206
부하린 33
북친, 머레이 11, 90, 91, 207, 335, 349
불워-리턴 43
뷔테 78

브라이언트 142
브래드버리 12, 264-9, 270
브레히트 69, 78, 228, 245
브로이어 302, 308
블레이크 232
블로흐, 에른스트 95, 154, 161, 343, 349
빈터, 미하엘 321, 328

세르반테스 60
셰익스피어 101
셸리, 퍼시 144
셸리, 메리 321
셸링 344
셸스키, 헬무트 7, 210, 286, 288
소렐 75
소로 81, 84, 99, 100, 114, 118, 120, 164
송용구 81, 95
송은주 195, 196, 206
송의석 140
쉴데를레 243, 246
슈나벨 334
슈뢰더, 한스 58, 64, 78
슈뢰더, 하넬로레 247, 270
슈벤터 184, 293, 308
슈타이너, 루돌프 230
슐렌도르프 263
스나이더, 게리 84
스미스, 애덤 158
스위프트. 조너선 21, 57
스키너 5, 7, 10, 57, 79, 97-120, 152
스탈린 32, 57, 69. 77, 99
스탠턴 142

아감벤 333, 349
아놀드, 매슈 267
아메리, 장 92, 95
안겔루스 실레지우스 38

안드레에 197, 206, 334
알렉산드라 142
알크마이온 47
알트파터, 엘마르 81, 348, 349
앨버트 305, 307, 308, 336, 349
야쉬케 247, 270
얀젠 286, 288
애트우드 5, 12, 32, 247-69
어수갑 51. 56
에어리히 157, 161
엔데, 미하엘 87
엘리이모 229, 246
엠머리히 273, 288
엥겔스 144
예쉬케 141, 161
옌스, 발터 22, 27, 35, 43, 56, 66, 78, 103, 120, 140, 150, 161, 310, 328
오도예프스키 158
오언, 로버트 15, 104, 345, 349
오웰, 조지 5, 7, 9, 22, 32, 33, 57-78, 79, 97, 98, 102, 248, 249, 264
오코너, 제임스 91
와인버그 245
왓슨 101, 116
웰스, 허버드 조지 71, 298
우엘벡, 미셸 48, 56
원효 349
윤준 246
위클랜더, 닐스 104, 120
위티그 141
윈스탠리 208, 212
이도흠 346, 349
이득재 334, 349
이명호 206
이상해 56
이상화 123, 140
이수현 161

이장호 120
이필렬 285, 288
인너호퍼 43, 56
일리치, 이반 201, 206, 216, 226, 293, 308

자게, 리하르트 24, 35, 78, 107, 120, 140, 226, 246, 262, 270
자먀젠 9, 23
장세룡 337, 349
정상현 95
정정미 261, 270
정정순 246
정희성 206
제버, 울리히 145, 161
제임슨 151, 161
조현준 323, 328
존슨 164
쥘 베른 46

차야노프 207, 225
차클러, 하인츠 95
처칠, 윈스턴 63
처칠랜드 346, 349
쳄자우어 43, 50, 56
최병두 349
최인훈 147, 161
촘스키, 놈 98
최문규 50, 56
최재경 184, 246
치페스 268, 270

카베 334
카슨, 레이첼 81
카우프만, 에바 280, 288
카우프만, 크리스티안 337, 349
카프카 77, 160
칸트 217

칼렌바크 5, 11, 87, 163-84, 217, 227-46, 295, 341
캄파넬라 116, 217, 304, 334, 335
코온 268, 270
코코슈카 39
코페르니쿠스 243
코젤렉 243, 246
콘래드 278
쾨니히 230, 246
쿠네르트 245, 246, 279
쿠마르 118, 120
쾨스틀러, 아서 33, 34, 35
크라우스 334
크라코 143
크랄 290
크레치머 140
크로버 143
크로포트킨 15, 138, 142, 144, 145
클라러 249, 270
클라우쉬 270
클라크, 아서 309
키지 190, 206
킨트호이저 297, 308

타일러 99, 120
테오프라스토스 232
토어베르크 38, 56
톨랜드, 존 232
톰슨, 조지 275, 288
트로츠키 33

파농, 프란츠 10, 122
파블로프 101
파울젠 38, 56
파이어스톤 195, 206
펠너 227, 246
펠리너 165, 184

포, 에드거 앨런 166
포스캄프 246
포스터 324, 328
포이어바흐, 루드비히 92
포이어바흐, 안젤름 154
퐁트넬 248
푸리에, 샤를 104, 134, 225, 334
푸아니, 가브리엘 드 104, 191
푸코, 미셸 337
프레슬리 251
프로이트 125, 268
프롭스트, 울리히 82-4, 95
프루동 208
프리드만 208, 226
프톨레마이오스 332
플라톤 100, 304, 334
플러드 133, 140
피르초 121, 140
피어시, 마지 5, 11, 13, 185-206, 309-28
피어시, 더글러스 187
피어스 142
피코 델라 미란돌라 326, 328
피히테 181
핀터 263

하겔슈타인 283
하넬 19
하리히, 볼프강 93, 95
하버마스 252
하비 338, 349
하우크 19, 35
하이데거 50
하이어 77, 78, 84, 95, 211, 218, 226, 330, 349
하인, 크리스토프 272
한일섭 288
한젠, 클라우스 95

해러웨이, 도나 310, 323, 324, 328
허택 226
헉슬리, 올더스 5, 10, 28, 59, 116, 120-41, 163, 196, 261, 270
헤겔 345
헤르만트, 요스트 81, 82, 84-6, 95, 181, 184, 231, 246
헤밍웨이 276
헤시오도스 234, 332
헤어포르트 67, 78
헤일브런 191, 206

호메로스 274
호손 100
홀림, 얀 87-9, 95
홈머스 122, 140
홉스봄, 에릭 330
홍승용 35
황선애 178, 184, 217, 226
황은주 267, 270
히틀러 20, 32, 33, 57, 103

서양 유토피아의 흐름

제1권: 플라톤에서 모어까지 (고대 - 르네상스 초기)

서문
1. 가상에서 비판으로, 비판에서 실천으로
2. 신화와 유토피아, 그 일치성과 불일치성
3. 국가주의와 비-국가주의의 유토피아 모델
4. 플라톤의 『국가』
5. 플루타르코스의 『리쿠르고스의 삶』
6. 아리스토파네스의 「새들」
7. 스토아 사상과 세계국가 유토피아
8. 이암불로스의 태양 국가와 헬레니즘 유토피아
9. 키케로의 『국가론』
10. 기독교 사상 속에 도사린 유토피아
11. 아우구스티누스의 『신국론』
12. 조아키노의 제3의 제국
13. 천년왕국의 사고와 유토피아
14. 뮌처가 실천한 천년왕국의 혁명
15. 토머스 모어의 자유 유토피아

2019년 11월 출간

제2권: 캄파넬라에서 디드로까지 (르네상스 시가-프랑스 혁명 전후)

서문
1. 모어 이후의 르네상스 유토피아
2. 라블레의 "텔렘 사원"의 유토피아
3. 안드레에의 『기독교 도시국가』
4. 캄파넬라의 『태양의 나라』
5. 프랜시스 베이컨의 기술 유토피아
6. 계몽주의, 라이프니츠의 「우토피카 섬에 관하여」
7. 윈스탠리의 『자유의 법』
8. 베라스의 세바랑비 유토피아
9. 푸아니의 양성구유의 아나키즘 유토피아
10. 퐁트넬의 무신론의 유토피아
11. 페늘롱의 유토피아, 베타케 그리고 살렌타인
12. 라옹탕의 고결한 야생의 유토피아
13. 슈나벨의 유토피아, 『펠젠부르크 섬』
14. 모렐리의 『자연 법전』
15. 디드로의 『부갱빌 여행기 보유』

2020년 2월 출간

제3권: 메르시에에서 마르크스까지 (프랑스 혁명 전후-19세기 중엽)

서문
1. 루소와 볼테르 그리고 시간 유토피아
2. 메르시에의 시간 유토피아, 『서기 2440년』
3. 홍산 문화 그리고 빌란트의 『황금의 지침서』
4. 레티프의 『남쪽 지역의 발견』
5. 피히테의 「폐쇄적인 상업 국가」
6. 오언의 연방주의 유토피아
7. 횔덜린의 문학 속의 유토피아
8. 메리 셸리의 『프랑켄슈타인』
9. 생시몽의 중앙집권적 유토피아 사상
10. 푸리에의 공동체, 팔랑스테르
11. 카베의 유토피아, 『이카리아 여행』
12. 바이틀링의 기독교 공산주의
13. 데자크의 급진적 아나키즘 유토피아
14. 마르크스의 자유의 나라에 관한 유토피아
15. 아나키즘과 비국가주의 유토피아

2021년 1월 출간

제4권: 불워-리턴에서 헉슬리까지 (19세기 중엽 - 20세기 중엽)

서문
1. 불워-리턴의 『미래의 사람들』
2. 버틀러의 『에레혼』
3. 벨러미의 『뒤를 돌아보면서』
4. 헤르츠카의 『자유 국가』
5. 모리스의 『유토피아 뉴스』
6. 로시의 실증적 아나키즘 공동체
7. 헤르츨의 시오니즘의 유토피아
8. 웰스의 소설 『모던 유토피아』
9. 웰스의 타임머신 기타
10. 보그다노프의 화성 유토피아
11. 길먼의 여성주의 유토피아
12. 프리오브라센스키의 산업 유토피아, 차야노프의 농업 유토피아
13. 유토피아, 디스토피아, 대아 유토피아
14. 자먀찐의 디스토피아
15. 헉슬리의 『멋진 신세계』

2022년 10월 출간